Deutsches Lok-Archiv

Wolfgang Valtin

Verzeichnis aller Lokomotiven und Triebwagen

Band 1

Deutsches Lok-Archiv

Wolfgang Valtin †

Verzeichnis aller Lokomotiven und Triebwagen

Band 1

Numerierungssysteme bei den deutschen Bahnen

transpress

Titelfoto: Manfred Weisbrod

Valtin, Wolfgang:
Verzeichnis aller Lokomotiven und
Triebwagen. – 1. Aufl.
Berlin: Transpress
(Deutsches Lok-Archiv)
Bd. 1– 1992–

1. Numerierungssysteme bei den deutschen Bahnen. – 1992. – 180 S.:
zahlr. Tab.

ISBN 3-344-70739-6

1. Auflage

Französische Straße 13/14, O–1086 Berlin
Printed in Germany
Satz: Satzstudio MediaSoft, Berlin
Druck: Philipp Reclam jun., 7257 Ditzingen
Bindung: Karl Dieringer, 7016 Gerlingen
Manuskript abgeschlossen: Dezember 1991

Vorwort

Während der letzten Jahre ist das allgemeine Interesse an der Eisenbahn und besonders an den Triebfahrzeugen der Gegenwart und der Vergangenheit auch außerhalb der beruflich engagierten Fachleute sehr gewachsen. Die Kreise der Lokomotivhistoriker und -statistiker, der Freunde der Eisenbahn, des Modelleisenbahnwesens oder der Eisenbahnfotografie vergrößerten und verjüngten sich stetig. Der sich dabei immer mehr verlängernde zeitliche Abstand zu einzelnen technisch und historisch interessanten Entwicklungsstufen der Triebfahrzeuge, aber auch zu ihren mitunter recht oft veränderten Bezeichnungen und Eigentumsmerkmalen ließen bestehende, persönlich noch vorhandene Kenntnisse bezüglich überschaubarer Zusammenhänge und Ursachen allmählich verblassen und schließlich vollständig abreißen.

Steht in manchen Betrachtungen und Forschungsvorhaben die Bedeutung einer bestimmten Eisenbahn bei der wirtschaftlichen Erschließung begrenzter Territorien im Mittelpunkt, so ist in anderen Fällen die technische Entwicklung und Gestaltung der Triebfahrzeuge von besonderem Interesse. Anderenfalls könnte die Zugrundelegung historischer Aspekte dazu führen, den Weg der Lokomotive vom zuverlässigen Träger eines pünktlichen, sicheren Schienenverkehrs zum Instrument und Mittel des Krieges bis zur Beute oder Trophäe oder sogar bis zu dessen Opfer zu verfolgen.

Hieraus resultieren natürlich viele allgemeine und spezielle Fragen, deren Beantwortung und Beweisführung von entsprechender Literatur, von Dokumentationen oder von eindeutig bestätigendem Bildmaterial erwartet wird. Die Nachfrage nach derartigen Veröffentlichungen stieg deshalb auch sprunghaft an. Durch Kriegsereignisse und deren Folgen waren die diesbezüglichen Buchbestände und amtlichen Unterlagen stark dezimiert worden, wobei letztere wegen jeweils wohlbegründeter Geheimhaltung oder auch lediglich platter Geheimniskrämerei ohnehin nur einem begrenzten Interessentenkreis zugänglich waren.

Grundlage für das Verfolgen des historischen, technischen und wirtschaftlichen Entwicklungsprozesses der Lokomotiven und anderen Triebfahrzeuge sind die authentische, detaillierte Erfassung des jeweiligen Triebfahrzeugbestandes und deren kontinuierliche, exakte Fortführung innerhalb der betreffenden Triebfahrzeugstatistik. Die elementare Bedeutung dieses Teilgebietes des deutschen Eisenbahnwesens veranlaßte den Verfasser bereits Mitte der dreißiger Jahre, sich intensiv dieser aufschlußreichen und interessanten Materie zuzuwenden. Eine jahrzehntelange enge und vertrauensvolle Zusammenarbeit mit führenden Experten auf diesem Gebiet, wie Herrn Dipl.-Ing. Johannes Töpelmann, Herrn Fritz Schadow und vielen anderen, denen an dieser Stelle gedankt sei, aber auch die freundlicherweise seitens staatlicher Stellen gewährte Einsicht in amtliche Unterlagen schufen die Basis für das vorliegende Verzeichnis aller Lokomotiven und Triebwagen der DRG, der DB und der DR.

Der Umfang des genannten Vorhabens, aber auch die Fülle des gesammelten und durchgearbeiteten, zuweilen widersprüchlichen Materials schließen natürlich Lükken, Irrtümer und Fehler nicht aus! So wären dem Verfasser Konkretisierungen, Ergänzungen oder Korrekturen stets willkommen, und er wäre für entsprechende Hinweise aus dem Leserkreis sehr dankbar.

Wolfgang Valtin

Inhaltsverzeichnis

Der **Band 2** enthält das Verzeichnis der Dampflokomotiven und Dampftriebwagen, der **Band 3** das Verzeichnis der elektrischen Lokomotiven und Triebwagen sowie der Diesellokomotiven und Dieseltriebwagen.

Verzeichnis der Abkürzungen

AdColb	Altdamm-Colberger Eisenbahn (1903 an KPEV)
AKE	Altona-Kieler Eisenbahn (1884 an KPEV)
AKN	Eisenbahngesellschaft Altona–Kaltenkirchen–Neumünster
AL	Chemins de Fer d'Alsace et de Lorraine (1918–1938) (Eisenbahnen in Elsaß-Lothringen)
Altlb	Altlandsberger Kleinbahn
AltmK	Altmärkische Kleinbahn GmbH (bis 1937)
	Altmärkische Eisenbahn AG (ab 1937)
Alt-Z	Altenburg-Zeitzer Eisenbahn (1896 an KSäStB)
Arlbg	Arlbergbahn (mit KEB 1884 an kkStB)
Arn-I	Arnstadt-Ichtershausener Eisenbahn (bis 1945 Teil der Süddeutschen Eisenbahngesellschaft)
AsISN	Aschersleben-Schneidlingen-Nienhagener Kleinbahn
ATE	Aussig-Teplitzer Eisenbahn (1922 an ČSD)
AuspL	Auspitzer Lokalbahn
AW	Ausbesserungswerk (bei DB ab 1947)
bad	badisch, badische (Bauart)
BadStB	(Großherzoglich) Badische Staatseisenbahnen
bay	bayerisch, bayerische (Bauart)
BayOst	Bayerische Ostbahn (1875 an KBayStB)
BayStB	Bayerische Staatsbahn (1918–1920)
BBC	Brown, Boveri & Cie., Mannheim
BBÖ	Bundesbahnen Österreich (vereinfachend für gesamten Zeitraum 1918–1938)
BDŽ	Blgarski Drshawni Želesnizi (Bulgarische Staatseisenbahnen)
BEB	Buschtehrader Eisenbahn (1923 an ČSD)
Beb-A	Kleinbahn–AG Bebitz–Alsleben (Saale)
Beesk-F	Kreisbahn Beeskow–Fürstenwalde
bel	benzolelektrische Kraftübertragung
Bergw	Kleinbahn Bergwitz–Kemberg GmbH
Bez.	Bezirk (bei Ortsangaben)
Bhf	Bahnhof
bhydr	benzolhydraulische Kraftübertragung
BKK	Braunkohlenkombinat
BKW	Braunkohlenwerk
BLE	Braunschweigische Landeseisenbahn-Gesellschaft
BlnDr	Berlin-Dresdener Eisenbahn (1888 an KSäStB)
BLS	Bern-Lötschberg-Simplon-Eisenbahn
BMB	Böhmisch-Mährische Bahnen (1939–1945)
BME	Bergisch-Märkische Eisenbahn (1882 an KPEV)
bmech	benzolmechanische Kraftübertragung
BNB	Böhmische Nordbahn-Gesellschaft (1908 an kkStB)
Boiz	Boizenburger Stadt- und Hafenbahn
BöSp	Bötzow-Spandauer Eisenbahn
BRöth	Kleinbahn Brandenburg–Röthehof
BSE	Braunschweig-Schöninger Eisenbahn
BslWa	Breslau-Warschauer Bahn (1904 an KPEV)
BStB	Brandenburgische Städtebahn
Buck	Buckower Kleinbahn
Bukarest	Lokomotivfabrik »23. August«, Bukarest
Bunzl	Bunzlauer Kleinbahn-AG
Burgd	Burgdorfer Kreisbahn (ab 1911) [ursprünglich: Gewerkschaft Riedel, Hänigsen (Hannover)]
Butzb	Butzbach-Licher Eisenbahn AG
BVB	Berliner Verkehrsbetriebe [Berlin (Ost)]
BVG	Berliner Verkehrsbetriebe [Berlin (West)]
	(ex Berliner Verkehrsgesellschaft)
BZA	Bundesbahn-Zentralamt (Minden)
CasPe	Kleinbahn Casekow–Penkun/Oder
CC	Société Anonyme des Chemins de fer Cantonnaux Luxembourgeois (Luxemburgische Kantonalbahnen)
CEH	Chemins de fer de l'Etat Hellénique (Griechische Staatsbahnen)
CFB	Chemins de fer Belges (bis 1926) [(Staatliche) Belgische Eisenbahnen]
CFL	Société Nationale des Chemins de fer Luxembourgeois (Nationale Luxemburgische Eisenbahn-Gesellschaft)

CFR	Căile Ferate Romane (Rumänische Eisenbahnen)
ChAuA	Chemnitz-Aue-Adorfer Eisenbahn (1876 an KSäStB)
CheKo	Chemnitz-Komotauer Eisenbahn (1876 an KSäStB)
Chrz	Pierwsza Fabryka Lokomotyw w Polsce SA, Chrzanów (Erste Lokomotivfabrik in Polen AG, Chrzanów bei Krakau)
Cronb	Cronberger Eisenbahn (1914 an KPEV)
ČSD	Československé Státni Dráhy (Tschechoslowakische Staatsbahnen)
CV	Chemins de fer Vicinaux Luxembourgeois (bis 1934) (Luxemburgische Vizinalbahnen)
CVE	Chemins de fer à Voie Etroite (ab 1934) [(verstaatlichte luxemburgische) Schmalspurbahnen]
d	Drehstrom-(Motor)
Dah-U	Dahme-Uckroer Eisenbahn
Dalm	Dalmatiner Staatsbahn (1882 an kkStB)
DB	Deutsche Bundesbahn (ab 7. 9. 1949; jedoch vereinfachend für den gesamten Zeitraum ab 1945 für das Gebiet der westlichen Besatzungszonen, der Bundesrepublik Deutschland bzw. deren alte Bundesländer)
del	dieselelektrische Kraftübertragung
DelKB	Delitzscher Kleinbahn AG (urspr. Crostitzer Kleinbahn)
DemKBO	Demminer Kleinbahnen Ost
DemKBW	Demminer Kleinbahnen West
Des-W	Dessau-Wörlitzer Eisenbahn AG
dhm	dieselhydromechanische Kraftübertragung
dhst	dieselhydrostatische Kraftübertragung
dhydr	dieselhydraulische Kraftübertragung
dmech	dieselmechanische Kraftübertragung
DoGrE	Dortmund-Gronau-Enscheder Eisenbahn (1903 an KPEV)
DR	Deutsche Reichsbahn (vereinfachend für gesamten Zeitraum ab 1945 für das Gebiet der sowjetischen Besatzungszone, der DDR bzw. die neuen Bundesländer)
DRG	Deutsche Reichsbahn-Gesellschaft (1. 10. 1924–31. 12. 1935; jedoch vereinfachend auch für den gesamten Zeitraum 1920–1945)
DSB	Danske Statsbaner (Dänische Staatsbahnen)
DSG	Deutsche Schlafwagen- und Speisewagen-Gesellschaft
dt.	deutsch, deutsche
Dux-B	Dux-Bodenbacher Eisenbahn (1884 an kkStB)
DWK	Deutsche Werke, Kiel
Eb.	Eisenbahn (in Verbindung mit näherer Bezeichnung der Bahn)
EBOE	Elmshorn-Barmstedt-Oldesloer Eisenbahn AG
EbwFE	Eberswalde-Finowfurter Eisenbahn
ED	Eisenbahndirektion (bei DRG 26. 4. 1920–6. 7. 1922)
EDV	elektronische Datenverarbeitung
Einh	Einheitslokomotive, Einheitsbauart (der DRG)
ELE	Eutin-Lübecker Eisenbahn
EllrZ	Kleinbahn-AG Ellrich–Zorge
ELNA	Engerer Lokomotiv-Normen-Ausschuß (Gremium zum Entwerfen vereinheitlichter Nebenbahnlok.)
Erf-N	Kleinbahn Erfurt–Nottleben
Est	Compagnie des Chemins de Fer de l'Est (Französische Ostbahn, bis 1937)
ETAT	Chemins de Fer de l'Etat (Französische Staatsbahnen, bis 1937)
EWA	Eisenbahn Wien–Aspang (1937 an BBÖ)
EZA	Eisenbahn-Zentralamt
FB	Schleppbahnen Felixdorf–Blumau (1928 an BBÖ)
Fives	Compagnie de Fives-Lille pour Constructions Mécaniques et Entreprises, Fives bei Lille (Nordfrankreich)
FOD	Frýdlantské Okresní Dráhy (Friedländer Bezirksbahnen)
FrieK	Friedeberger Kleinbahn
FrzbK	Franzburger Kreisbahnen Nord (1000-mm-Spur)
FrzbS	Franzburger Südbahn
FrZeh	Kleinbahn Bad Freienwalde–Zehden
FS	Ferrovie dello Stato (Staatsbahnen Italiens)

FSDz	Eisenbahnen der Freien Stadt Danzig (1919–1939)
FVE	Farge-Vegesacker Eisenbahn-Gesellschaft
g	Gleichstrom-(Motor)
GalTr	Galizische Transversalbahn (1884 an kkStB)
GaMeu	Gaschwitz-Meuselwitzer Eisenbahn (1886 an KSäStB)
Gard-C	Kleinbahn-AG Gardelegen–Calbe/Milde (ab 1904)
Garde	Kleinbahn-AG Gardelegen–Neuhaldensleben–Weferlingen (ab 1922)
Gedob	Generaldirektion der Ostbahn, Krakau (1939–1945)
Genth	Genthiner Eisenbahn AG
Gera-M	Gera-Meuselwitz-Wuitzer Eisenbahn
Gernr	Gernrode-Harzgeroder Eisenbahngesellschaft
GHüp	Gewerkschaft Hüpstedt (später: Obereichsfelder Kleinbahn)
GKB	Graz-Köflacher Eisenbahn- und Bergbau-Gesellschaft (1860–1878; 1878 an Süd; ab 1924 erneut selbständig)
G-L	Société Royale Grand Ducale des Chemins de Fer Guillaume-Luxembourg (bis 1872) (Luxemburgische Wilhelm-Eisenbahn-Gesellschaft)
GOE	Großherzoglich Oldenburgische Eisenbahn
Goldb	Kleinbahn m.b.H. Goldbeck–Werben (Elbe)
GörlK	Görlitzer Kreisbahn AG
GostG	Kreisbahn Gostyń–Górka (Gostingen–Görchen) (1918–1939) (Gostinger Kreisbahn; 1904–1918 sowie 1939–1945)
Grf-G	Greifswald-Grimmener Eisenbahn
Grfhg	Greifenhagener Kreisbahn
Grf-W	Greifswald-Wolgast-Krösliner Eisenbahn
Grp-W-A	Kleinbahn Großpriesen–Wernstadt–Auscha
Grünb	Kleinbahn-AG Grünberg–Sprottau (Schlesien)
Grs-N	Kleinbahn-AG Gransee–Neuglobsow
Grß-K	Kleinbahn Greußen–Keula
Gstr-Pl	Güstrow-Plauer Eisenbahn (1890 an MFFE)
gthydr	Gasturbinenantrieb mit hydraulischer Kraftübertragung
GuttV	Kleinbahn Guttentag–Voßwalde/Vossowska (Schlesien)
GySEV	Győr-Sopron-Ebenfurti Vasút (Raab-Ödenburg-Ebenfurter Eisenbahn)
Hald	Haldenslebener Eisenbahn (ab 1922: Kleinbahn-AG Gardelegen–Neuhaldensleben–Weferlingen)
Halle	Halle-Hettstedter Eisenbahn
Ha-MA	Lokalbahn Hannsdorf–Mährisch Altstadt
HBE	Halberstadt-Blankenburger Eisenbahn
HDŽ	Hrvatske Državne Željeznice (1941–1945) (Kroatische Staatsbahnen)
HD-Zyl	Hochdruckzylinder (bei Dampfmaschinen in Verbundwirkung)
HeLud	Hessische Ludwigsbahn (1896 an KPEV)
Heu-M	Kleinbahn-AG Heudeber–Mattierzoll
HF	(Deutsche) Heeresfeldbahn (bis 1918)
HfBrm	Hafenbahn Bremen
HfFfm	Hafenbahn Frankfurt/Main
HfMz	Hafenbahn Mainz
HfRhe	Hafenbahn Rheinau (1904 an BadStB)
HfStn	Hafenbahn Stettin
Hoh-E	Hohenebra-Ebelebener Eisenbahn
HohfLb	Hohenfurther Lokalbahn (1912 an kkStB)
HoMB	Holsteinische Marschbahn (1890 an KPEV)
Horka	Kleinbahn Horka–Rothenburg (Lausitz)–Priebus (bis 1937) (ab 1937: Kleinbahn Wehrkirch–Rothenburg (Lausitz)–Priebus)
HV	Hauptverwaltung
Hzl	Heizlokomotive
i	Innenzylinder, Innentriebwerk
Ilmen	Ilmenau-Großbreitenbacher Eisenbahn
ISG	Internationale Schlafwagen-Gesellschaft
Jau-M	Kleinbahn AG Jauer–Maltsch (Oder)
JDŽ	Jugoslovenske državne železnice (1929–1954) (Jugoslawische Staatseisenbahnen)
Jüt-L	Jüterbog-Luckenwalder Kreiskleinbahnen

JŽ	Jugoslovenske železnice (ab 1954) (Jugoslawische Eisenbahnen)
Kais	Kaiserstuhlbahn
Kas-Nm	Kleinbahn Kassel–Naumburg
KBayStB	Königlich Bayerische Staatseisenbahn
KCrE	Königsberg-Cranzer Eisenbahn
KEB	Kaiserin-Elisabeth-Bahn (1882 an kkStB)
KED	Königliche Eisenbahn-Direktion (bei KPEV)
KEFE	Kiel-Eckernförde-Flensburger Eisenbahn (1903 an KPEV)
Kerkerb	Kerkerbachbahn A.G.
KFNB	Kaiser-Ferdinands-Nordbahn (1907 an kkStB)
kkStB	kaiserlich-königliche Staatsbahnen (in Österreich)
Klb.	Kleinbahn (in Verbindung mit näherer Bezeichnung der Bahn)
KlbKP	Kleinbahn Klockow–Pasewalk GmbH
KOB	Kaschau-Oderberger Bahn
Kohlf	Kleinbahn Kohlfurt–Rothwasser
Kön-R	Kleinbahn AG Könnern–Rothenburg/Saale
KönWh	Königs Wusterhausen-Mittenwalde-Töpchiner Kleinbahn
KostK	Kostener Kreisbahn (1900–1918 sowie 1939–1945) (Kleinbahn Kościan-Gostyń, 1918–1939)
KPEV	Königlich Preußische Eisenbahnverwaltung
KPMilE	Königlich Preußische Militäreisenbahn (bis 1918) (Berlin-Schöneberg–Zossen–Jüterbog)
KriRö	Lokalbahn Kriegsdorf–Römerstadt (Mähren)
KrNrWE	Kremmen-Neuruppin-Wittstocker Eisenbahn (bis 1913)
KrOE	Kreis Oldenburger Eisenbahn
Krsb.	Kreisbahn (in Verbindung mit näherer Bezeichnung der Bahn)
KrsBe	Kreis Bergheimer Kleinbahn (bis 1904); Bergheimer Kreisbahnen (ab 1904; 1912 an KPEV)
KrsJe	Kleinbahnen des Kreises Jerichow I
Krsklb.	Kreiskleinbahn (in Verbindung mit näherer Bezeichnung der Bahn)
KSäStB	Königlich Sächsische Staatseisenbahnen
kukFb	kaiserlich und königliche Feldbahnen (700-mm-Spur)
kukHRb	kaiserlich und königliche Heeres-Rollbahnen (600-mm-Spur)
kukHB	kaiserlich und königlich österreichische Heeresbahn (760-mm-Spur und 1435-mm-Spur)
KWStE	Königlich Württembergische Staatseisenbahnen
Kyffh	Kyffhäuser Kleinbahn-AG
LAG	Lokalbahn-AG, München
Langs	Langensalzaer Kleinbahn AG
LBE	Lübeck-Büchener Eisenbahn
LDE	Leipzig-Dresdner Eisenbahn (1876 an KSäStB)
LEG	Lausitzer Eisenbahn-Gesellschaft
LehnK	Lehniner Kleinbahn
Lett	Lettische Staatsbahn (1918–1940)
LEW	Lokomotivbau-Elektrotechnische Werke »Hans Beimler«, Hennigsdorf
LG	Lietuvos Geležinkeliai (1918–1940) (Litauische Staatsbahnen)
LHB	Linke-Hofmann-Busch, Breslau und Bautzen (ab 1928)
LHW	Linke-Hofmann-Werke, Breslau (bis 1928)
Liegn	Liegnitz-Rawitscher Eisenbahngesellschaft
Lissa	Lissa-Guhrau-Steinauer Kleinbahn
LKM	Lokomotivbau »Karl Marx«, Potsdam-Babelsberg
LMO	Lokalbahn Murnau–Oberammergau (1903 an LAG)
Lok	Lokomotive (Nr. ...)
LöLiR	Löwenberg-Lindow-Rheinsberger Eisenbahn (1920 an RuppE)
LOWA	Lokomotiv- und Waggonbau der DDR
LSB	Luxemburgische Sekundärbahnen (bis 1934)
Lu-Eg	Lokalbahn Lundenburg–Eisgrub (mit KFNB 1907 an kkStB)
LüP	Länge über Puffer (in mm)
LütjO	Kleinbahn Lütjenbrode (Holstein)–Orth (Fehmarn)
LVA	Lokomotiv-Versuchsamt
LWör	Lokalbahn-Aktiengesellschaft Wörishofen (1905 an LAG)
Mar-B	Marienborn-Beendorfer Kleinbahngesellschaft

MarbK	Marburger Kreisbahn
MaK	Maschinenbau Kiel GmbH, Kiel-Friedrichsort
MAN	Maschinenfabrik Augsburg-Nürnberg AG
MÁV	Magyar Államvasutak (Ungarische Staatseisenbahnen)
meck	mecklenburgisch, mecklenburgische (Bauart)
MeckB	Mecklenburgische Bäderbahn (Rövershagen–Graal-Müritz)
MeStB	Mecklenburgische Staatsbahn (1918–1920)
MeSüd	Mecklenburgische Südbahn (1894 an MFFE)
MFFE	Großherzoglich Mecklenburgische Friedrich-Franz-Eisenbahn
MFWE	Mecklenburgische Friedrich-Wilhelm-Eisenbahn
MGD	Militär-Generaldirektion
MGK	Maschinenbau-Gesellschaft Karlsruhe
Mlh-E	Mühlhausen-Ebelebener Eisenbahn
MNE	Main-Neckar Eisenbahn (1901 an KPEV)
MöLiB	Mödrath-Liblar-Brühler Eisenbahn (1912 an KPEV)
Mos	Moselbahn GmbH
MosbM	Kleinbahn Mosbach–Mudau (Odenwald)
MPSB	Mecklenburg-Pommersche Schmalspurbahn AG, Anklam
MSCB	Mährisch-Schlesische Centralbahn (1895 an kkStB)
Muld	Muldenthalbahn (1878 an KSäStB)
Münch	Müncheberger Kleinbahn
Musk	Gräflich v. Arnimsche Kleinbahn Muskau (Muskauer Waldbahn, bis 1945)
MWJoh	Motorenwerke Berlin-Johannisthal
MWM	Motorenwerke Mannheim
NaugK	Naugarder Kleinbahnen
Nbb-F	Neubrandenburg-Friedländer Eisenbahn
NbnEb	Niederbarnimer Eisenbahn AG (ab 1927) (Reinickendorf-Liebenwalde-Groß Schönebecker Eisenbahn AG)
Nburx	Kleinbahn Neuburxdorf–Mühlberg/Elbe
ND-Zyl	Niederdruckzylinder (bei Dampfmaschinen in Verbundwirkung)
Ndf-G	Nauendorf-Gerlebogker Eisenbahn AG
NdlsE	Niederlausitzer Eisenbahn
Neub	Neubau, Neubaulokomotive
Neu-W	Kleinbahn Neuhaldensleben–Weferlingen (bis 1922)
Nhs-B	Kleinbahn Neuhaus–Brahlstorf
NkME	Neukölln-Mittenwalder Eisenbahn (ab 1912)
NÖLB	Niederösterreichische Landesbahnen (1922 an BBÖ)
Nord	Compagnie du Chemin de fer du Nord (Französische Nordbahn, bis 1937)
NöWaldv	Niederösterreichische Waldviertelbahn (760-mm-Spur, mit NÖLB 1922 an BBÖ)
NS	Nederlandsche Spoorwegen (Niederländische Eisenbahnen)
NSB	Norges Statsbaner (Norwegische Staatsbahnen)
NstGo	Kleinbahn Neustadt (Schlesien)–Gogolin
Ns-War	Neustrelitz-Warnemünder Eisenbahn (1894 an MFFE)
NWE	Nordhausen-Wernigeroder Eisenbahn
ÖBB	Österreichische Bundesbahnen (vereinfachend für Zeitraum ab 1945)
OBD	Ostbahndirektion (1939–1945)
Obeich	Obereichsfelder Kleinbahn (Silberhausen–Hüpstedt, ursprünglich: Gewerkschaft Hüpstedt)
Oberh	Oberhessische Eisenbahn (1896 an KPEV)
Oberw	Oberweißbacher Bergbahn AG
Oderb	Oderbruchbahn
o.G.	ohne Gattungszeichen (bei der Ursprungsbahn)
Ohlau	Ohlauer Kleinbahn AG
old	oldenburgisch, oldenburgische (Bauart)
Oldis	Kleinbahn Oldisleben–Esperstedt (Kyffhäuser)
OldStB	Oldenburgische Staatsbahn (1918–1920)
ÖNWB	Österreichische Nordwestbahn (1909 an kkStB)
Oprig	Ostprignitzer Kreiskleinbahn
OR	Oberhohndorf-Reinsdorfer Eisenbahn

ORT	Oberleitungsrevisionstriebwagen (bei DR)
OrtbK	Ortelsburger Kleinbahn-AG (zeitweise Teil der Ostdeutschen Eisenbahngesellschaft)
OschS	Oschersleben-Schöninger Eisenbahn
OSE	Oberschlesische Eisenbahn (1884 an KPEV)
Osthv	Osthavelländische Kreisbahnen
Ost-P	Kleinbahn AG Osterburg–Deutsch Pretzier (Altmark)
OstpS	Ostpreußische Südbahn (1903 an KPEV)
Ost-W	Osterwieck-Wasserlebener Eisenbahn AG
ParchLud	Parchim-Ludwigsluster Eisenbahn (1894 an MFFE)
PE	Prignitzer Eisenbahn
PerlP	Kleinbahn Perleberg–Putlitz (1911 an Westp)
Pet-W	Kleinbahn Petersdorf (a.d.Teß)–Winkelsdorf
pf	pfälzisch, pfälzische (Bauart)
Pfalz	Pfälzische Eisenbahnen (1909 an KBayStB)
PH	Luxemburgische anonyme Prinz-Heinrich-Eisenbahn- und Erzgruben-Gesellschaft
PillkK	Pillkallener Kleinbahnen (zeitweise Teil der Ostdeutschen Eisenbahngesellschaft)
P_K	Kesselüberdruck
PKP	Polskie Koleje Państwowe (Polnische Staatsbahnen)
PLM	Compagnie des Chemins de fer de Paris à Lyon et à la Méditerranée (bis 1937, Paris-Lyon-Mittelmeer-Bahn)
PO	Compagnie du Chemin de Fer de Paris à Orléans (bis 1937, Paris-Orléans-Bahn)
pr	preußisch, preußische (Bauart)
PrDux	Prag-Duxer Eisenbahn (1884 an kkStB)
Prett	Prettin-Annaburger Kleinbahn AG
Prign	Prignitzer Kreiskleinbahnen (Zusammenfassung Oprig und Westp)
Privatb	diverse Privatbahnen in der DDR (1948–1951 an DR)
PrStB	Preußische Staatsbahn (1918–1920)
PrzlK	Prenzlauer Kreisbahn
PyrKl	Pyritzer Kleinbahnen
Randw	Randower Kleinbahnen
Rath	Kreisbahn Rathenow–Senzke–Nauen
Raw	Reichsbahn-Ausbesserungswerk (ab 1947 bei DR)
RAW	Reichsbahn-Ausbesserungswerk (DRG, bei DB und DR bis 1947)
Rbd	Reichsbahn-Direktion (bei DRG vom 6. 7. 1922 bis 15. 4. 1937; bei DR ab 1955)
RBD	Reichsbahn-Direktion (bei DRG ab 15. 4. 1937; bei DB, französische Zone, bis 7. 1946; dann: ED); britisch-amerikanische Zone, bis 12. 1949; dann: ED; ab 1. 1952: BD = Bundesbahn-Direktion)
REB	Reichseisenbahnen in Elsaß-Lothringen (bis 1918)
ReiLi	Reinickendorf-Liebenwalde-Groß Schönebecker Eisenbahn AG (bis 1927; dann: NbnEb)
Reko	Rekonstruktionslokomotive der DR
Ren-F	Kleinbahn Rennsteig–Frauenwald
RGTE	Reichenberg-Gablonz-Tannwalder Eisenbahn (1899 an kkStB)
Riesg	Riesengebirgsbahn GmbH (Zillerthal-Erdmannsdorf–Krummhübel)
RixME	Rixdorf-Mittenwalder Eisenbahn (bis 1912; dann: NkME)
RosKr	Rosenberger Kreisbahn
ROUE	Rechte Oder-Ufer Eisenbahn (1884 an KPEV)
Rügen	Rügensche Kleinbahnen AG
Ruhla	Wutha-Ruhlaer Eisenbahn
RuppE	Ruppiner Eisenbahn AG (ab 1913)
RuppKr	Ruppiner Kreisbahn (1913 an RuppE)
RussNWB	Russische Nord-West-Bahn (bis 1917)
RZA	Reichsbahn-Zentralamt
SAAR	Saar-Eisenbahnen
Saatz	Saatziger Kleinbahn (Anschlußbahn Stargard/Pommern)
sächs	sächsisch, sächsische (Bauart)
Salzw	Salzwedeler Kleinbahnen GmbH
SäStB	Sächsische Staatsbahnen (1918–1920)
SäThO	Sächsisch-Thüringische Ostwestbahn (1882 an KSäStB)
SäThü	Sächsisch-Thüringische Eisenbahn (1876 an KSäStB)

SBB	Schweizerische Bundesbahnen
Schafbb	Schafbergbahn
Sch-D	Kreisbahn Schönermark–Damme
Schleiz	Schleizer Kreisbahn AG
Sch-M	Kleinbahn AG Schildau–Mockrehna
Schneeb	Schneebergbahn (1937 an BBÖ)
SDAG	Sowjetisch-Deutsche Aktien-Gesellschaft
SDŽ	Srpske Državne Železnice (1889–1918) (Serbische Staatsbahnen)
SEG	Süddeutsche Eisenbahn-Gesellschaft
SFiE	Schipkau-Finsterwalder Eisenbahn-Gesellschaft (ab 1938, bis 1938: ZFE)
SFR	Sozialistische Föderative Republik Jugoslawien
SHMB	Schleswig-Holsteinische Marschbahn (1890 an KPEV)
SHS	Državne železnice kraljevine Srba, Hrvata i Slovenaca (Staatsbahnen des Königreichs der Serben, Kroaten und Slowenen, 1918–1929)
SNCB	Société Nationale des Chemins de fer Belges (ab 1926) (Belgische Staatseisenbahn-Gesellschaft)
SNCF	Société Nationale des Chemins de fer Francais (ab 1938) (Französische Staatseisenbahn-Gesellschaft)
SNDVB	Südnorddeutsche Verbindungsbahn (mit ÖNWB 1909 an kkStB)
SOK	Schienenoberkante
Spree	Spreewaldbahn (ab 1924, ursprünglich: Lübben-Cottbuser Kreisbahn)
Sprmb	Spremberger Stadtbahn
StaCü	Stargard-Cüstriner Eisenbahn (1903 an KPEV)
St-As	Kleinbahn-AG Stendal–Arendsee (bis 1914)
Ste-A	Kleinbahn-AG Stendal–Arneburg (bis 1914)
Steg	Maschinenfabrik der privilegierten österreich-ungarischen Staats-Eisenbahn-Gesellschaft, Wien
StEG	Österreichische Staats-Eisenbahngesellschaft (1909 an kkStB; bis 1898: Österreich-Ungarische Staatseisenbahngesellschaft)
Stend	Stendaler Kleinbahn AG (ab 1914)
Ste-T	Stendal-Tangermünder Eisenbahngesellschaft
Steyr	Steyrtalbahn (1931 an BBÖ)
Strau	Strausberg-Herzfelder Kleinbahn
Str-T	Stralsund-Tribseer Eisenbahn
Süd	(österreichische) Südbahn-Gesellschaft (1924 an BBÖ)
SWDE	Betriebsvereinigung der Südwestdeutschen Eisenbahnen (in der französischen Besatzungszone, 30. 8. 1947–1. 6. 1952)
SŽD	Sovjetskije Železnye Dorogi (Sowjetische Eisenbahnen)
TCDD	Türkiye Cümhuriyeti Devlet Demiryollari (Türkische Staatsbahnen)
TeFri	Industriebahn Tegel-Friedrichsfelde (1925 an ReiLi)
Teltw	Teltower Eisenbahn
ThEW	Thüringer Eisenbahnen Weimar (ab 1947, Zusammenschluß der Bahnen des Thüringer Raumes)
Tr-Grä	Lokalbahn Troppau–Grätz (Mohra)
Truse	Trusebahn AG
TVL	Tramways électriques de la Ville de Luxembourg (Luxemburger Straßenbahnen)
TWE	Teutoburger Wald-Eisenbahn
ÜK	Übergangs-Kriegslokomotive der DRG
Umb	Umbau, Umbaulokomotive
uz	umgezeichnet (mit neuer Betriebsnummer oder Bezeichnung versehen)
Uz	Umzeichnung
VESM	Versuchs- und Entwicklungsstelle für die Maschinenwirtschaft (der DR), Halle (Saale)
v_{max}	Höchstgeschwindigkeit
VogSb	Vogelsberger Südbahn (Hessen)
w	Wechselstrom-(Motor)
Wallw	Kleinbahn-AG Wallwitz–Wettin
WBBlE	Weimar-Berka-Blankenhainer Eisenbahn
Weg-C	Kleinbahn Wegenstedt–Calvörde
Wehrk	Kleinbahn Wehrkirch–Rothenburg (Lausitz)–Priebus (ab 1937, ursprünglich: Horka)
Wehrm	Deutsche Wehrmacht
WEM	Waldeisenbahn Muskau (ab 1945, ursprünglich: Musk)
Wen-O	Wenigentaft-Oechsener Eisenbahn
Werkb	Werkbahn, Werkbahnen

Werra	Werra-Eisenbahn (1895 an KPEV)
Westf	Westfälische Landes-Eisenbahn
Westh	Westhavelländische Kreisbahnen
Westp	Westprignitzer Kreiskleinbahnen
Wis-Ka	Wismar-Karower Eisenbahn (1890 an MFFE)
WL	Werklokomotive
Wol-C	Kleinbahn AG Wolmirstedt–Colbitz
WPE	Wittenberge-Perleberger Eisenbahn
W-P-Tr	Lokalbahn Wekelsdorf–Parschnitz–Trautenau
württ	württembergisch, württembergische (Bauart)
WüStB	Württembergische Staatseisenbahnen (1918–1920)
Wutha	Wutha-Ruhlaer Eisenbahn
WWB	Warschau-Wiener Bahn
ZFE	Zschipkau-Finsterwalder Eisenbahn-Gesellschaft (bis 1938; dann: SFiE)
ZiesK	Ziesarer Kleinbahn (Ziesar–Großwusterwitz)
ZiOyb	Zittau-Oybin-Jonsdorfer Eisenbahn (1906 an KSäStB)
ZiRei	Zittau-Reichenberger Eisenbahn (1905 an KSäStB)
Zsch-M-S	Zschipkau-Meuroweiche-Senftenberger Eisenbahn (1904 an KPEV)
ZwiFa	Zwickau-Falkensteiner Eisenbahn (1876 an KSäStB)

Schreibweisen von Ortschaften

In diesem Buch sind – bedingt durch historische Gegebenheiten bzw. durch Umbenennungen – deutschsprachige Namen von Ortschaften etc. angegeben, die sich zum überwiegenden Teil nicht auf deutschem Territorium befinden.
Zur Orientierung wird hier eine alphabetisch geordnete Zusammenstellung dieser Namen einschließlich der heutigen Bezeichnungen gegeben.

Agram	Zagreb/Kroatien
Allenstein	Olsztyn/Polen
Auscha	Úštěk/ČSFR
Auspitz	Šakvice/ČSFR
Auspitz Stadt	Hustopeče/ČSFR
Bodenbach	Podmokly/ČSFR
Böhmisch Leipa	Česká Lipa/ČSFR
Breslau	Wrocław/Polen
Bromberg	Bydgoszcz/Polen
Brünn	Brno/ČSFR
Budweis	Budějovice/ČSFR
Danzig	Gdańsk/Polen
Diedenhofen	Thionville/Frankreich
Eisgrub	Lednice/ČSFR
Friedeberg	Strzelce Krajeńskie/Polen
Friedland/Isergebirge	Frýdlant/ČSFR
Gdingen	Gdynia/Polen
Glatz	Kłodzko/Polen
Grätz	Hradec u Opavy/ČSFR
Großpriesen	Velké Březno/ČSFR
Halbstadt	Meziměstí/ČSFR
Hannsdorf	Hanušovice/ČSFR
Heinersdorf an der Tafelfichte	Jindřichovice pod Smrkem/ČSFR
Hermsdorf	Heřmanice/ČSFR
Jägerndorf	Krnov/ČSFR
Johannisburg	Pisz/Polen
Kattowitz	Katowice/Polen
Königgrätz	Hradec Králové/ČSFR
Königsberg	Kaliningrad/Rußland
Kohlfurt	Wegliniec/Polen
Kowno	Kaunas/Litauen
Krakau	Kraków/Polen
Kunersdorf	Kunowice/Polen
Laibach	Ljubljana/Slowenien
Leitmeritz	Litoměřice/ČSFR
Lemberg	Lwow/Ukraine
Libau	Liepaja/Lettland
Lundenburg	Břeclav/ČSFR
Mährisch Altstadt	Staré Město pod Sněžnikem/ČSFR
Mährisch Ostrau	Moravská Ostrava/ČSFR
Mährisch Schönberg	Šumperk/ČSFR
Marburg/Drau	Maribor/Slowenien
Memel	Klaipeda/Litauen
Mittelwalde	Miedzylesie/Polen
Nieder Salzbrunn	Wałbrzych Szczawienko/Polen
Oberschlesien	Gorny Šlask/Polen
Oderberg	Bohumin/ČSFR
Olmütz	Olomouc/ČSFR
Oppeln	Opole/Polen
Ortelsburg	Szczytno/Polen
Oststernberg	Rudnica/Polen
Pardubitz	Pardubice/ČSFR
Parschnitz	Trutnov-Poříčí/ČSFR
Petersdorf an der Teß	Petrov nad Desnou/ČSFR
Pilsen	Plzeň/ČSFR
Polaun/Grünthal	Polubny/Polen
Priebus	Przewóz/Polen
Puppen	Spychowo/Polen
Raspenau	Raspenava/ČSFR
Reichenberg	Liberec/ČSFR
Posen	Poznań/Polen
Schlesien	Šlask/Polen
Schreckenstein	Strekov/ČSFR
Sommerfeld	Lubsko/Polen
Sorau	Żary/Polen
Steinbrück/Save	Zidani most/Slowenien
Stettin	Szczecin/Polen
Stramberg	Štramberk/ČSFR
Teschen	Český Těšín/ČSFR, Cieszyn/Polen
Tetschen	Děčín/ČSFR
Teuplitz	Tuplice/Polen
Tilsit	Sowjetsk/Rußland
Trautenau	Trutnov/ČSFR
Troppau	Opava/ČSFR
Voßwalde/Vossowska	Fosowskie/Polen
Wehrkirch	Horka
Wekelsdorf	Teplice nad Metují/ČSFR
Wernsdorf	Veřevice/ČSFR
Wernstadt	Verneřice/ČSFR
Wilna	Vilnius/Litauen
Winkelsdorf	Kouty nad Desnou/ČSFR
Zehden	Cedynia/Polen
Ziebingen	Cybinka/Polen

1 Einführung

Es liegt in der Absicht des Verfassers, zunächst eine Einführung in allgemeine, technisch-konstruktiv determinierte Bauartbezeichnungen für Triebfahrzeuge und spezielle Hinweise zu gegebenenfalls hierbei auftretenden Besonderheiten zu geben. Dabei werden zuerst einige ältere, wichtige ausländische und gegenwärtig bedeutsame Bezeichnungen der Achsfolge erklärt, soweit sie in der Literatur gebraucht werden und dem Experten bekannt sein sollten. Außerdem sind Erläuterungen zur Form und Art des jeweiligen Antriebs erforderlich. Diese Erklärungen werden immer durch drei unterschiedliche Anwendungsbeispiele konkretisiert, so daß die Bauartbezeichnung als bekannt vorausgesetzt werden kann, wenn der Leser die jeweiligen Bände des Deutschen Lok-Archivs zur Hand nimmt.
Es folgt dann eine Einführung in die allgemeinen, für die juristische Identität und die Betriebszulässigkeit jedes Triebfahrzeugs unerläßlichen Angaben. Hierzu sind vor allem Lieferdaten und Ausmusterungszeitraum zu rechnen. Während im Rahmen dieses Verzeichnisses auf die Angabe der Lieferfirmen und Fabriknummern verständlicherweise verzichtet werden muß, finden Baujahr und Ausmusterungszeitraum ihre Berücksichtigung.
Da das vorwiegend technisch orientierte Deutsche Lok-Archiv kaum darüber berichtet, wird insbesondere auf die Bedeutung, aber auch auf die Art und Weise der Vergabe und das mitunter eigenartige Zustandekommen der von vielen Fachleuten und Freunden der Eisenbahn schon oft interessiert beobachteten Fabriknummern hingewiesen. Auch hier sind allen Betrachtungen und Sonderfällen jeweils drei erläuternde Beispiele angefügt.
Es schließt sich dann eine allgemeine Einführung in die Einteilung der Triebfahrzeuge für spezielle Verwendungsbereiche und die daraus resultierende Art der Bildung von Gattungsbezeichnungen bei den einzelnen Bahnverwaltungen an. Zur Verdeutlichung dieses recht vielschichtigen unterschiedsreichen, schwer überschaubaren Komplexes wird von der Entwicklung und einigen Charakteristika jener bedeutenderen Eisenbahnen ausgegangen, deren Betriebsmittel früher oder später durch Übertragung der Rechtsträgerschaft, durch Ankauf, Tausch oder Rückgabe sowie durch die Vorkriegs- und Kriegsereignisse der Jahre 1938 bis 1945 in den Fahrzeugpark der DRG, DR oder DB gelangten. Da derartige Gattungsbezeichnungen nicht überall erforderlich waren oder nur für eine bestimmte Zeit Gültigkeit besaßen, werden diese Darlegungen gleichzeitig auf den Bereich der Ordnungsbezeichnungen, also der Nummerung oder Namensgebung einzelner Triebfahrzeuge der betreffenden Eisenbahnen ausgedehnt. Auch hier trägt eine Vielzahl detaillierter Beispiele zum besseren Verständnis bei.
In entsprechender Weise wird dann auf Zustandekommen und Besonderheiten der vorläufigen und endgültigen Umzeichnungspläne für die Triebfahrzeuge der DRG sowie auf die dort gleichzeitig vor allem bei Dampflokomotiven zusätzlich eingeführten Betriebsgattungszeichen eingegangen. Es folgen Hinweise auf Grundanliegen, Vorgehen und Besonderheiten der im Jahre 1968 bei der DB und im Jahre 1970 bei der DR vorgenommenen Umstellung der Triebfahrzeugnummern für die elektronische Datenverarbeitung. Schließlich wird auf die 1992 gültige Angleichung der DR-Triebfahrzeugnummern an das DB-System eingegangen.

Das Hauptanliegen des vorliegenden Titels stellt das in Tabellenform abgefaßte, globale Verzeichnis der Betriebsnummern sämtlicher von der DRG, der DR und der DB eingesetzten Triebfahrzeuge dar. Da der wesentlich höhere Informationsgehalt eines Einzelnummernverzeichnisses nur einen begrenzten Kreis von Interessenten ansprechen würde, war mit Rücksicht auf den Umfang des Registers die vorwiegend gruppenweise Erfassung der Lokomotiven und Triebwagen als ausreichend anzusehen. Immerhin werden dadurch Rückschlüsse auf den Gesamtbestand bestimmter Bauarten, Gattungen oder Bauartreihen möglich. Somit wird auch ein Sammler in die Lage versetzt, einem mit erkennbarer Betriebsnummer vorhandenen Lokomotivbild bestimmte technische Dimensionen des darauf dargestellten Triebfahrzeugs zuzuordnen. Der Historiker kann durch die Art der Bezeichnungen Schlüsse auf den Zeitraum der Entstehung seiner Fotos ziehen und durch deren Identifizierung den Beweis für das Vorhandensein und den Einsatz einzelner Fahrzeuge innerhalb bestimmter zeitlicher oder geographischer Regionen erbringen. Dem Modelleisenbahner wird es möglich, die »richtige« Nummer für das selbst hergestellte Modell eines Triebfahrzeugs zu finden.

Die Traktionsarten werden dabei in der Reihenfolge ihrer historisch gewachsenen Bedeutung betrachtet. Am Anfang (Band 2) stehen deshalb die Dampflokomotiven und die Dampftriebwagen. Daran schließen sich die elektrischen Lokomotiven und Triebwagen an, gefolgt von den Triebfahrzeugen, deren Antriebssysteme auf der Nutzung von Verbrennungsmotoren beruhen (Band 3).

Die raumsparende, meist zu Gruppen zusammenfassende Darstellungsweise wird im Falle grundlegender Umbauten oder unterschiedlicher Herkunft einzelner Fahrzeuge innerhalb bestimmter Unterbauarten zugunsten von Einzelnummerangaben verlassen.

Soweit exakt bekannt und eingrenzbar, sind der durch Kriegsereignisse oder spätere Restitutionsforderungen nach 1944/45 bedingte Verbleib deutscher Triebfahrzeuge bei ausländischen Eisenbahnen und die in diesem Rahmen früher oder später durchgeführte Umnummerung berücksichtigt worden. Auf diese Umzeichnungen wird der engagierte Lokomotivstatistiker Wert legen.

Im Anschluß an einzelne Nummerngruppen, Unterbauarten oder Bauartreihen werden in Anmerkungen kurze Hinweise auf wichtige äußerliche Unterscheidungsmerkmale, konstruktive Besonderheiten oder Abweichungen sowie historische Details gegeben. Hierdurch soll eine Überleitung zu deren ausführlicher Darstellung in den einzelnen Bänden des Deutschen Lok-Archivs geschaffen werden.

1.1 Hinweise zur inhaltlichen Begrenzung und Gestaltung

Im Verzeichnis wird zunächst eine maximale Erfassung sämtlicher, bei Bildung der DRG am 1. April 1920 noch eingesetzter und in dem für die Dampflokomotiven gültigen 2. vorläufigen Umzeichnungsplan vom 25. Juli 1923 berücksichtigter Triebfahrzeugbauarten der einstigen deutschen Länderbahnen angestrebt.

Als Bezeichnungsgrundlagen dienen hierbei hauptsächlich die inhaltlich sehr bekannt gewordenen endgültigen Umzeichnungspläne für die im Jahre 1925 noch vorhandenen Dampflokomotiven und die im August 1926 noch im Dienst befindlichen elektrischen Lokomotiven. Für Triebwagen und Lokomotiven mit Verbrennungsmotoren wurden die weniger bekannten analogen Bestandsverzeichnisse dieser Zeit und die zu unterschiedlichen Terminen eingeführten Umzeichnungspläne zugrunde gelegt.

Um jedoch auf viele interessante, aber bereits vor Inkrafttreten dieser endgültigen Umzeichnungspläne aus der DRG ausgeschiedene Triebfahrzeugbauarten nicht verzichten zu müssen und sie auch als ehemalige Betriebsmittel der DRG nicht zu unterschlagen, wurde in solchen Fällen auf den bereits erwähnten 2. vorläufigen Umzeichnungsplan vom Jahre 1923 und die für diese Bauarten vorgesehenen Betriebsnummern zurückgegriffen. Da diese Nummern nur theoretischen Charakter hatten, werden die entsprechenden Angaben, wie allgemein üblich, in Klammern gesetzt. In diesem Zusammenhang sei darauf hingewiesen, daß das Deutsche Lok-Archiv diese bei der DRG noch in Betrieb gewesenen Fahrzeuge leider meist nicht berücksichtigt.

Entsprechend den erwähnten Numerierungsgrundsätzen werden

außerdem die von der DRG selbst beschafften und die durch Übernahme deutscher Privatbahnen erworbenen Triebfahrzeuge erfaßt.
Nach dem gleichen Bezeichnungsschema werden im Verzeichnis auch die ehemals deutschen und ausländischen Triebfahrzeuge berücksichtigt, deren oft nur zeitweilige Übernahme in den Betriebsmittelpark der DRG im Vorfeld oder im Verlaufe des Zweiten Weltkriegs nach kritischer, objektiver Aufarbeitung der Vergangenheit meist als unrechtmäßig bezeichnet werden muß. Die nummernmäßige Einordnung erfolgte entweder im Anschluß an die bereits besetzten DRG-Betriebsnummern oder als Zweitbesetzung auf einzelne Lücken oder geschlossene Bereiche inzwischen ausgemusterter älterer Triebfahrzeuge. Da jedoch der Kriegsverlauf eine Wiederinbetriebnahme mancher Fahrzeuge und das Anbringen der von der DRG dafür vorgesehenen Betriebsnummer mitunter verhinderte, treten auch hier eingeklammerte Nummernangaben auf. Auch bei dieser Gruppe der unter den genannten Umständen zur DRG gekommenen Triebfahrzeuge sei darauf hingewiesen, daß sie im Deutschen Lok-Archiv meist unberücksichtigt blieben.
Eine Sonderstellung nahmen dabei Fahrzeuge vorwiegend polnischer und sowjetischer Herkunft ein, die nicht in das Eigentum der DRG übergingen, sondern der Generaldirektion der Ostbahn (Gedob) unterstanden. Die Ostbahn war am 26. Oktober 1939 mit Hauptverwaltungssitz Krakau zur möglichst reibungslosen Wiederaufnahme und Weiterführung des Schienenverkehrs in den nicht durch Deutschland annektierten Gebieten Polens gebildet worden. Wenn auch durch Überschneidungen und Streitigkeiten zwischen militärischen Befehlsstellen, der Gedob und der »Regierung des Generalgouvernements« mehrfach Kompetenzverschiebungen vorkamen, behielt doch die Ostbahn bis zu ihrem Ende 1945 gegenüber der DRG eine weitgehende Selbständigkeit. So arbeitete man dort innerhalb der zunächst im Jahre 1939 gegründeten Ostbahn-Bezirksdirektionen (OBD) Krakau, Lublin, Radom und Warschau und der per 1. Dezember 1941 hinzugekommenen OBD Lemberg vorwiegend mit nichtdeutschem Personal und behielt teilweise auch ehemalige polnische Betriebsvorschriften und Organisationsformen bei. Lediglich bei der Bezeichnung der Fahrzeuge lehnte man sich sinngemäß an die Umzeichnungspläne und Nummerungsverfahren der DRG an. So trugen diese Triebfahrzeuge Betriebsnummern gleicher Form und Größe, allerdings mit dem Eigentumsvermerk »Ostbahn«. Da es infolge des Kriegsgeschehens hinsichtlich der Einordnung dieser Betriebsmittel keine eindeutigen Grenzen oder Nummernbereiche gab, sind sie an den entsprechenden Stellen des Verzeichnisses mit aufgenommen. Im Deutschen Lok-Archiv fehlen sie meist.
Während sich die etwa ab 1950 durch die DB beschafften Neubaudampflokomotiven in das eigentlich dort bis zum Jahre 1967 gültige DRG-Nummernschema gut einordnen lassen, müssen bei elektrischen Lokomotiven, Diesellokomotiven und Triebwagen meist eigenständige Abschnitte im Verzeichnis eingefügt werden. So weit auf EDV-Nummern umgestellt wurde, sind diese an entsprechender Stelle berücksichtigt.
Bei der Erfassung der Triebfahrzeuge der DR sind einige Besonderheiten zu beachten. Hier hatte zwar die DRG-Nummerung faktisch bis zum Jahre 1970 Gültigkeit, erfuhr aber im Jahre 1949 bei der Aufstellung des Umzeichnungsplans für die Triebfahrzeuge der noch vorhandenen ehemaligen Privatbahnen eine gewisse Erweiterung und Verfeinerung. Immerhin konnte der Experte nunmehr aus den ab 1. Januar 1950 hierfür eingeführten neuen Betriebsnummern Rückschlüsse auf Kuppelradsatz-Fahrmasse (Achsdruck), Dampfart (Heißdampf/Naßdampf) und Spurweite (bei Kleinbahnlokomotiven) ziehen. für die ab 1954 neu beschafften Dampflokomotiven fand dann zwar prinzipiell das bewährte DRG-Nummerungsschema Anwendung, doch berücksichtigte man bei gleichen Bauarten die eventuell schon vorher seitens der DB »besetzten« Betriebsnummern: Nachdem beispielsweise die DB ihre 1'C1'-h2-Personenzuglokomotiven auf die Nummern 23 001 bis 23 105 gesetzt hatte, bezeichnete die DR ihre annähernd gleiche Bauart als 23 1001 bis 23 1113. Auch bei den Tenderlokomotiven 65 001 bis 65 018 (DB) bzw. 65 1001 bis 1088 (DR) oder bei den elektrischen Lokomotiven E 10 (DB) bzw. E 11 (DR) »ging man sich aus dem Wege«. Bei der Einordnung neuer Dieseltriebwagen beschritt man allerdings durch die Einführung zweier völlig neuer Systeme etwas seltsame, glücklicherweise durch die spätere EDV-Umzeichnung schnell überwundene Wege.

1.2 Hinweise zu Reihenfolge, Anordnung und Darstellungsweise

Die Reihenfolge innerhalb der Traktionsarten ergibt sich aus den ansteigenden, fortlaufenden Betriebsnummern, die auf der Basis oder nach Art der vielzitierten DRG-Umzeichnungs- und Nummernpläne gebildet wurden. Da diese Betriebsnummern den Hauptbezugspunkt, gewissermaßen »die Achse« des Verzeichnisses darstellen, erscheinen sie jeweils etwa in Seitenmitte in einem umrandeten Feld.

Mögliche frühere Eigentümer und Gattungsbezeichnungen vor Übernahme der Triebfahrzeuge durch die DRG, DR oder DB werden vor diesem Mittelfeld vermerkt, so daß die sachlogische, zeitliche Reihenfolge des Eigentümerwechsels und der damit verbundenen Umbenennungen deutlich wird. Stammte also beispielsweise eine ältere Lokomotive von der Bayerischen Staatsbahn, der Rechtsnachfolgerin der einstigen Königlich Bayerischen Staatsbahn, so sind zuerst die Abkürzung für die Länderbahn und die bayerische Gattungsbezeichnung angegeben. Dann erst folgt im umrandeten Mittelfeld die DRG-Nummer. Handelt es sich hingegen um eine von der DRG beschaffte Einheitslokomotive, die also erstmalig nummernmäßig erfaßt wurde, so beginnt deren »Lebenslauf« erst im Mittelfeld. Ist das Fahrzeug jedoch durch Umbau aus einer anderen Bauartreihe entstanden, so steht dessen Ursprungsnummer vor dem Mittelfeld mit der neuen Betriebsnummer.

Nachfolgende Umzeichnungen durch Umbau, Umstellung auf EDV-Nummerung oder späteren Übergang auf Drittländer oder andere Bahnverwaltungen folgen gleichfalls der chronologischen Reihenfolge und werden deshalb im Anschluß an das Mittelfeld vermerkt.

Wie bereits erwähnt, werden Triebfahrzeuge mit übereinstimmenden konstruktiven Merkmalen oder historisch bedingten Gegebenheiten möglichst zu Gruppen zusammengefaßt. Sind jedoch derartige Übereinstimmungen nicht vorhanden, werden Einzelnummern eingefügt. Dies ist beispielsweise wegen der unterschiedlichen Herkunft bei vielen Fahrzeugen der Fall, die in der DDR per 1. 1. 1950 von ehemaligen Privatbahnen zur DR kamen. Liegen solche zusammenhanglosen Einzelnummern angleichenden Umbauten und anschließenden Neubezeichnungen (Umzeichnungen) zugrunde, so werden diese Ursprungsnummern geordnet in leicht überschaubaren Zehnerkolonnen angegeben.

Dadurch kann beispielsweise die Herkunft der durch Umbau oder »Rekonstruktion« entstandenen vielen 1′D-h2-Güterzuglokomotiven 56 201 bis 56 891 der DRG oder der Akkutriebwagen ETA 177 001 a/b bis ETA 177 026 a/b der DB oder der Rangier-Diesellokomotiven 101 501-5 bis 101 725-0 der DR fast lückenlos zurückverfolgt werden.

Vorgesehene Betriebsnummern für Fahrzeuge, die vor der eigentlichen Umzeichnung ausgemustert bzw. nicht fertiggestellt wurden oder aus dem DRG-Bestand ausschieden, werden in Klammern gesetzt.

So kam die große, ehemals badische 2′B1′-n4v-Schnellzuglokomotive der Gattung IId[2], Betriebsnummer 748, zwar noch zur DRG, wurde aber bald ausgemustert. Sie konnte daher im Jahre 1925 nicht mehr die für sie vorgesehene Betriebsnummer 14 453 erhalten. Die Darstellung erfolgt also als (14 453).

Anders sieht es bei der (77 1001) aus. Hier handelte es sich um den im Jahre 1939 begonnenen Umbau einer 1′C-h2-Personenzuglokomotive der ehemaligen Lübeck-Büchener Eisenbahn. Diese Lokomotive der Gattung G 6 hatte zunächst per 1. Januar 1938 die DRG-Nummer 37 202 zugewiesen bekommen und sollte in eine hochmoderne 1′Co2′-h6-Tenderlokomotive mit Dampfmotor-Einzelachsantrieb und Stromlinienverkleidung umgebaut werden. Bedingt durch »kriegswichtigere Aufgaben« konnte dann leider das RAW Lübeck im Jahre 1940 den interessanten Umbau nicht erfolgreich beenden.

Der Kriegsverlauf verhinderte im Jahre 1944 bei der (56 4156) der damaligen Ostbahn das Anbringen dieser für sie bestimmten deutschen Nummer. So wurde die ursprünglich aus Rußland stammende 1′D-n2v-Güterzuglokomotive unter ihrer späteren PKP-Bezeichnung Tr 103-21 am 6. Februar 1952 bei der DB ausgemustert und zerlegt.

Mitunter ist eine weitere Kennzeichnung zur Charakterisierung einer Betriebsnummer erforderlich. Wurde z. B. durch Ausmusterung oder Verkauf von Triebfahrzeugen deren Nummer »frei«, erfolgte in zahlreichen Fällen eine Zweitbesetzung einzelner Lücken oder geschlossener Freiräume.

So ordnete man die 2'C-h2-Personenzuglokomotiven der bekannten ehemaligen preußischen P 8-Bauart, die ab 1939 als Gattung Ok 1 von der Bahn des Freistaates Danzig und der Polnischen Staatsbahn zur DRG gelangten, einzeln in den entsprechenden Nummernbereich von 38 1001 bis 38 4051 ein.
Um eine Doppelbesetzung zu verhindern, mußte man die von der österreichischen EWA stammende kleine 1'B-n2-Güterzuglokomotive 52 7002 per 1. August 1942 in 53 7802 umzeichnen. Durch den forcierten Bau der 1'E-h2-Güterzuglokomotiven der Baureihe 52 war im Jahre 1942 das Erreichen des Zahlenraums um 52 7000 zu erwarten; doch erst im Juli 1943 lieferte die Wiener Lokomotivfabrik Floridsdorf die Zweitbesetzung der Nummer 52 7002 an die DRG ab.
Auch bei den elektrischen Lokomotiven gab es Zweitbesetzungen. Wenig bekannt war das zum Beispiel bei der eleganten E 18 01. Bevor nämlich diese stromlinienförmig verkleidete 1'Do1'-w4e-Schnellzuglokomotive vom 26. Juli 1935 an diese Nummer trug, hatte sie einer Einzelgängerin gehört, der späteren E 15 01.
Zur deutlichen Kennzeichnung solcher Zweitbesetzungen in betrieblichen Unterlagen, Listen, Statistiken, Briefen oder Fachbüchern bedient man sich hochgestellter römischer Zahlen, neuerdings oft nur noch hochgestellter kleiner Striche. Die obigen Beispiele werden demzufolge als 52 7002^{II} oder E 18 01^{II} dargestellt. Es sei darauf hingewiesen, daß solche Kennzeichnung an den Schildern der betreffenden Triebfahrzeuge nicht angebracht wurde.

In wenigen Fällen sind gleiche Betriebsnummern sogar dreimal vergeben worden. Dies war beispielsweise bei der ehemals französischen 2'D2'-h4v-Tenderlokomotive der Fall, die ab 1952 bei der Versuchsanstalt Halle (Saale) der DR als 79 001^{III} eingesetzt war.
Bei der Darstellung von Nummernfolgen ist von zwei unterschiedlichen Gegebenheiten auszugehen. So kann bei durchgehender, ununterbrochener, regelmäßiger Folge anstelle des »bis« ein Strich (–) eingesetzt werden. Hierbei ist es üblich, auch am Ende der Aufzählung die vollständige Nummer zu wiederholen, um Irrtümer oder Verwechslungen auszuschließen. Beispiele hierzu:

- elektrische Triebwagen der DRG: ET 41 01–ET 41 05
- Strecken-Diesellokomotiven der DB: V 200 001–V 200 086
- Leichttriebwagen der DR: 172 101-8–172 173-7.

Bei nicht durchgehender, unregelmäßig unterbrochener Nummernfolge werden drei Punkte (...) verwendet. Hinsichtlich der Reihenfolge derartiger Angaben wird von der jeweils im Mittelpunkt stehenden DRG-, DR- oder DB-Numerierung ausgegangen. Entsprechend dieser Reihenfolge werden davor- oder danachliegende Bezeichnungen in authentischer Form angegeben. Als Beispiele mögen hierfür dienen:

- Die D-h2-Güterzuglokomotiven 55 5059...55 3711 der DRG wurden umgebaut zu 56 530–56 534. (Der Umbau erfolgte im Januar 1938 im RAW Lingen bei 55 5059, 55 5208, 55 3473, 55 5215 und 55 3711.)
- Die B'B'-dhydr Strecken-Diesellokomotiven der DR 110 270-6...110 280-5 erhielten später 900-kW-Motoren. (Es handelte sich dabei 1981–83 um 110 270-6, 110 272-2, 110 275-5 bis 110 278-9 und 110 280-5, die man dann zu 112 270-4...112 280-3 umzeichnete.)
- Die C-dhydr Rangier-Diesellokomotiven der DB V 60 013–V 60 017 wurden später umgezeichnet zu V 60 300...V 60 179. (Diese Probelokomotiven wurden ab 1960 den Serienloks angepaßt und entsprechend eingeordnet als V 60 300, V 60 325, V 60 324, V 60 323 und V 60 179.)

2 Bauartbezeichnungen

Zur elementaren Identifizierung, Unterscheidung oder Einordnung der Triebfahrzeuge wurde es schon bald nach Entstehen der ersten Eisenbahnen erforderlich, nach Kurzformen zur grundsätzlichen Charakterisierung für den technisch-konstruktiven Aufbau der Lokomotiven zu suchen. Eine solche informationsintensive Bauartbezeichnung setzt sich aus Angaben zur Achsfolge sowie zu Antriebsart und -form zusammen.

2.1 Achsfolge

Das allgemeinste und meist sofort erkennbare Unterscheidungsmerkmal für Triebfahrzeuge ist die Achsfolge. Hierunter sind zunächst Angaben über Anzahl, Reihenfolge und Anordnung der unter dem Fahzeug befindlichen Lauf-, Kuppel- oder Treibradsätze zu verstehen. Die fortschreitende technische Entwicklung des Eisenbahnwesens hat allerdings allmählich eine Vielzahl unterschiedlicher Ausführungsformen hervorgebracht, die immer weiter verfeinerte, aussagekräftigere Bezeichnungsarten für die Achsfolge bedingten.

Die alte deutsche Bezeichnung, die noch häufig im Gebrauch ist, bezeichnet das Achskuppelverhältnis durch einen Bruch, dessen Nenner die Gesamtzahl der Achsen und dessen Zähler die Anzahl der gekuppelten Achsen angibt. Das schließt allerdings den Nachteil ein, beispielsweise bei einer 3/5-gekuppelten Lokomotive nicht eindeutig zwischen einer 2C-, 1C1- oder C2-Lokomotive unterscheiden zu können. Bei Lokomotiven mit geteilten Triebwerken (Bauarten Mallet, Meyer oder Fairlie) werden die Brüche für jeden Triebwerksteil getrennt aufgestellt und durch »+«-Zeichen verbunden. Sind beide Einzeltriebwerke einander gleich, wird nur eines bezeichnet und ihm das Zeichen »2×« (zweimal) vorgesetzt.

Dieses Schema hat die letzten Gattungsbezeichnungen der einstigen Königlich Bayerischen Staatsbahn in starkem Maße beeinflußt, wie man es beispielsweise von der berühmten S $^{3}/_{6}$ oder der mächtigen Gt 2× $^{4}/_{4}$ (DRG-Bauarteihen 18.4–5 bzw. 96.0) weiß.

Die alte amerikanische Bezeichnung versieht häufiger vorkommende Achsanordnungen mit speziellen, für den Laien nicht ohne weiteres deutbaren Namen. Diese wurden meist von der Eisenbahnverwaltung oder der Landschaft abgeleitet, wo diese Achsfolge erstmalig angewendet wurde. Recht bekannt dürfte die hierbei für die 2C1-Lokomotiven entstandene Bezeichnung »Pacific« sein. Da jedoch die Skala der Namensbezeichnungen für spätere Bauarten nicht mehr ausreichte, erweiterte man dieses Schema unter Zugrundelegung der entsprechenden Anzahl der Räder.

Die neue amerikanische Bezeichnung, die sich sehr bald auch in Großbritannien durchsetzte, wurde erstmalig im Jahre 1907 von F. M. Whyte in der Fachliteratur veröffentlicht. Gegenüber den bisherigen Schemata stellte sie einen großen Fortschritt dar, da sie die tatsächliche Reihenfolge der Radsätze berücksichtigt. Man geht hier von der Anzahl der auf den vorderen Laufachsen befindlichen Räder, den dann entsprechend folgenden Kuppelrädern und hinteren Laufrädern aus und stellt diese, jeweils durch Striche verbunden, mit arabischen Zahlen dar. Fehlende Laufräder müssen dabei durch die Ziffer »0« angedeutet werden.

Achsfolge	Alte deutsche Bezeichnung	Alte amerikanische Bezeichnung	Bezeichnung nach Whyte	Französische Bezeichnung	Neue deutsche Bezeichnung (DRG)
0 0	$^{2}/_{2}$	4-Wheel Switcher	0-4-0	020	B
o 0 0 o	$^{2}/_{4}$	Columbia	2-4-2	121	1B1
o o 0 0	$^{2}/_{4}$	8-Wheel American	4-4-0	220	2B
o o 0 0 o	$^{2}/_{5}$	Atlantic	4-4-2	221	2B1
0 0 0	$^{3}/_{3}$	6-Wheel Switcher	0-6-0	030	C
o 0 0 0	$^{3}/_{4}$	Mogul	2-6-0	130	1C
o 0 0 0 o	$^{3}/_{5}$	Prairie	2-6-2	131	1C1
o o 0 0 0	$^{3}/_{5}$	10-Wheel	4-6-0	230	2C
o o 0 0 0 o	$^{3}/_{6}$	Pacific	4-6-2	231	2C1
o 0 0 0 0	$^{4}/_{5}$	Consolidation	2-8-0	140	1D
o 0 0 0 0 o	$^{4}/_{6}$	Mikado	2-8-2	141	1D1
0 0 0 0 0	$^{5}/_{5}$	10-Wheel Switcher	0-10-0	050	E
o 0 0 0 0 0	$^{5}/_{6}$	Decapod	2-10-0	150	1E
o 0 0 0 0 0 o	$^{5}/_{7}$	Santa Fé	2-10-2	151	1E1
o 0 0 0 0 0 0	$^{6}/_{7}$	Centipede	2-12-0	160	1F
0 0 0 0	$^{2}/_{2} + ^{2}/_{2}$	8-Wheel Articulated	0-4 + 4-0	020-020	B + B

Bei der französischen Bezeichnungsweise wird die Anzahl der jeweils vorhandenen Achsarten in arabischen Zahlen (ohne Bindestriche) angegeben. Inzwischen hat die neue deutsche Bezeichnung die weitaus größte Verbreitung gefunden. Sie geht auf einen in der Fachzeitschrift »Organ für die Fortschritte des Eisenbahnwesens« veröffentlichten Vorschlag aus dem Jahre 1907 zurück, der bereits im folgenden Jahre vom Verein Deutscher Eisenbahnverwaltungen (VDEV) übernommen und für dessen Mitglieder als verbindlich erklärt worden ist. Die überzeugende Eindeutigkeit dieses neuen Schemas veranlaßte außer den im VDEV zusammengeschlossenen damaligen Länderbahnen und der später daraus hervorgegangenen DRG auch bald weitere europäische Bahnverwaltungen zu seiner Übernahme.

Im Jahre 1932 wurde die Gültigkeit dieser Bezeichnungsweise auf alle Mitglieder des inzwischen gegründeten Vereins Mitteleuropäischer Eisenbahnverwaltungen (VMEV) ausgedehnt. Schließlich fand das später mehrfach verfeinerte Schema durch seine Übernahme als Kodex 612 V der UIC (Union Internationale des Chemins de Fer) weltweite Anerkennung. Immerhin gehören zur UIC über 50 Bahnverwaltungen, darunter solche außereuropäischen wie Japan, Kanada und Marokko.

Bei der deutschen Bezeichnung gibt man die Anzahl vorhandener Laufachsen als arabische Ziffer und die der Kuppelachsen als Großbuchstabe in entsprechender Reihenfolge an. Für Fahrzeuge mit geteiltem Triebwerk wurde zunächst das bereits bekannte »+« beibehalten.

Die nachfolgende tabellarische Übersicht möge zur Erläuterung und Konkretisierung der aufgeführten fünf (wichtigsten) Achsfolgebezeichnungen dienen:

Für Laufachsen, die mit einem zusätzlichen, zeitweise abschaltbaren Hilfsantrieb ausgerüstet sind, werden kleine Buchstaben verwendet [vgl. DRG (14 121) und 36 861].

Die vorher nicht absehbare, jedoch später einsetzende stärkere Entwicklung elektrischer Lokomotiven mit Einzelachsantrieb ließ bald eine Schwäche des neuen deutschen Bezeichnungssystems deutlich erkennen. So mußten die späteren DRG-Bauartreihen E 92 (mit je drei einzeln angetriebenen Achsen in zwei Drehgestellen) zunächst als AAA + AAA oder die spätere E 16 (mit vorderer Laufachse, vier einzelnen Treibachsen mit Buchli-Antrieb und hinterer Laufachse) als 1 AAAA 1 bezeichnet werden.

Um hier Abhilfe zu schaffen, zählte man etwa vom Jahre 1926 an diese Treibachsen in gleicher Weise wie die Kuppelachsen mit gemeinsamem Antrieb, setzte jedoch zur Verdeutlichung des einzelnen, getrennten Antriebs hinter den üblichen Kennbuchstaben etwas tiefer eine kleine Null. So wurde aus der genannten E 92 eine $C_0 + C_0$ und aus der E 16 eine 1 D_0 1.

Daß diese Bezeichnungsart im Rahmen des technischen Fortschritts auch einmal bei Dampflokomotiven oder Dampftriebwagen angewendet werden sollte, ahnte allerdings damals noch niemand. Auch, daß man heute aus drucktechnischen Gründen die kleine »0« meist in gleicher Zeilenhöhe bringt und sie oft auch aus einer gewissen sprachlichen Bequemlichkeit heraus nicht mehr als »Null«, sondern als (Buchstabe!) »O« interpretiert, war nicht beabsichtigt.

Eine noch weitergehende, informationsintensive Verfeinerung der Bezeichnungsweise beriet der Technische Ausschuß des VMEV

vom 27. bis 29. Mai 1936 in Innsbruck. Es ging hier um eine zusätzliche Kennzeichnung der nicht im Hauptrahmen des Triebfahrzeugs gelagerten, radial einstellbaren Achsen oder Achsgruppen. Hierunter fallen vor allem die Adams-Achsen, die Bissel-Achsen, die Laufachsen von Krauss-Helmholtz-Gestellen sowie die in besonderen Rahmengestellen beweglich angeordneten Laufachs-, Kuppelachs- oder Treibachsgruppen.
Die Beweglichkeit wird durch einen hinter dem Achssymbol hochgestellten Beistrich (′) gekennzeichnet. Besteht das Achssymbol jedoch aus mehr als einer Ziffer oder einem Buchstaben, wird ein solches Triebgestell in Klammern gesetzt. Dabei bleiben allerdings die im Rahmen quer verschiebbaren Achsen unberücksichtigt. Beispielsweise werden das Seitenspiel der Treib- oder Kuppelachse eines Krauss-Helmholtz-Gestells, aber auch die Seitenbeweglichkeit zahnradgekuppelter Endradsätze beim Luttermöller-Antrieb (vgl. DRG-Bauartreihe 87) nicht kenntlich gemacht.
Das bisherige »+« wird nur noch angewendet bei Triebfahrzeugen, die aus mehreren, einzeln verfahrbaren oder betriebsfähigen Teilen bestehen.
Die DRG übernahm diese zusätzliche Kennzeichnung im Mai 1937 und erfaßte sie in ihrem Normenblatt LON 52.
Als erläuternde Beispiele seien hierzu genannt:

2′C 1′ (DRG: Schnellzuglokomotive Baureihe 01)
= zwei Laufachsen im vorderen Drehgestell, drei Kuppelachsen im Hauptrahmen, hintere Laufachse als Adamsachse

D′D (BayStB/DRG: Tenderlokomotive Baureihe 96)
= vier Kuppelachsen im vorderen Drehgestell, vier Kuppelachsen im Hauptrahmen (Bauart Mallet)

2′Bo′ (DRG: Dampftriebwagen DT 59)
= zwei Laufachsen im vorderen Drehgestell, zwei einzeln durch Dampfmotoren angetriebene Achsen im hinteren Drehgestell)

1′Do 1′ (DRG: elektrische Schnellzuglokomotive Baureihe E 18)
= eine Laufachse im vorderen Krauss-Helmholtz-AEG-Gestell, vier Achsen mit Einzelachsantrieb im Hauptrahmen, eine Laufachse im hinteren Krauss-Helmholtz-AEG-Gestell)

(1 A)Bo(A 1)
(BBÖ/DRG: elektrische Schnellzuglokomotive E 22)
= eine Laufachse und eine einzeln angetriebene Achse im vorderen Drehgestell, zwei Achsen mit Einzelachsantrieb im Hauptrahmen, eine Treib- und eine Laufachse im hinteren Drehgestell

2′1 + B′1 + 1 2′
(KPEV/DRG: dreiteiliger elektrischer Triebzug der Baureihe ET 87)
= zwei Laufachsen im vorderen Drehgestell und eine feste Achse im Hauptrahmen des vorderen Steuerwagens, zwei Kuppelachsen in einem Drehgestell und eine feste Achse im Hauptrahmen des eigentlichen Triebwagens, eine feste Laufachse im Hauptrahmen und zwei Laufachsen im hinteren Drehgestell des hinteren Steuerwagens

Do + Do (Deutsche Wehrmacht/DB: Diesellokomotive Baureihe V 188/288.0)
= vier Achsen der dieselelektrischen Doppellokomotive mit Einzelachsantrieb im Hauptrahmen der vorderen Fahrzeughälfte, vier Achsen mit Einzelachsantrieb im Hauptrahmen der hinteren Fahrzeughälfte

C′C′ DR: Diesellokomotive Baureihe V 180/118.4)
= drei über Gelenkwellen gekuppelte Achsen im vorderen Drehgestell, drei gleichartige Kuppelachsen im hinteren Drehgestell

2′Bo′2′ (DRG: Schnelltriebwa-

gen 877a/b) (»Fliegender Hamburger«)
= zwei Laufachsen im vorderen Drehgestell, zwei Achsen des dieselektrischen Triebwagens mit Einzelachsantrieb im mittleren Jakobs-Drehgestell, zwei Laufachsen im hinteren Drehgestell

Hinsichtlich der Schreibweise muß darauf hingewiesen werden, daß Großbuchstaben und Ziffern als Achssymbole zur Vermeidung von Irrtümern (vgl. Achsfolge des hinteren Steuerwagens des ET 87) jeweils durch gleichartige Abstände voneinander zu trennen sind. (Die Nebenzeichen ″ (″ oder ″′″werden dabei nicht berücksichtigt.)
In den letzten Jahren kam es noch zu einer zusätzlichen, inoffiziellen Erweiterung der Achsfolge-Bezeichnungen. Werden nämlich bei dieselhydraulischen Lokomotiven die Radsätze mehrerer Drehgestelle mittels durchgehendem Gelenkwellenstrang miteinander gekuppelt, so werden die entsprechenden Achsfolgesymbole auch durchgehend unterstrichen.
So werden die V 100/110.0 der DR, die V 90/290.0 und die V 160/216.0 der DB als B′B′ bezeichnet.

2.2 Antriebsart/Antriebsform

Wie bereits eingangs angedeutet, müssen zur Achsfolge weitere Angaben hinzutreten, um zu einer möglichst genauen, eingrenzenden, eindeutigen Bauartbezeichnung zu kommen.
Bei Dampflokomotiven handelte es sich um Kurzzeichen für die Dampfart (Kesselbauart) und für die Maschinenform. Diese Zusätze waren mit der Achsfolge durch einen Strich zu verbinden, wie es preußische Musterblätter und DRG-Merkbücher sowie viele entsprechende Veröffentlichungen zeigen (wenn man auch heute meist ohne diesen Bindestrich auszukommen versucht). Es handelte sich um die nachfolgenden Symbole, die sich allerdings, wohl vor allem sprachlich begründet, fast nur in Deutschland und in Österreich durchzusetzen vermochten:

- Dampfart:
  n = Naßdampf
  t = Trockendampf (Symbol setzte sich nicht durch)
  h = Heißdampf
- Maschinenform:
  2, 3, 4 usw. = Zylinderzahl (ursprünglich etwas hochgestellt)
  v = Zylinder in Verbundwirkung arbeitend
  (einfache Dampfdehnung bei Zwillings-, Drillings- und Vierlingslokomotiven wird nicht besonders vermerkt)
  i = Innentriebwerk

Für elektrische Lokomotiven und Triebwagen sind Angaben über Stromart, Anzahl der Motoren und Antriebsart von besonderer Wichtigkeit. Die Symbole für diese zusätzlichen Angaben haben sich allerdings bisher nur in begrenztem Rahmen in Mitteleuropa erfolgreich anwenden lassen.

- Stromart:
  w = Wechselstrom
  g = Gleichstrom
  d = Drehstrom
- Motorenzahl:
  Die Anzahl der Motoren wird mit kleinen arabischen Ziffern angegeben (ursprünglich hochgestellt).
- Antriebsart:
  k = Kurbelantrieb ohne Vorgelege
  u = Kurbelantrieb mit Übersetzungsvorgelege
  e = Einzelachsantrieb mit hochliegenden, im Rahmen gelagerten Motoren
  t = Einzelachsantrieb mit auf den Achsen ruhenden Tatzlagermotoren
  gf = gefederter Einzelachsantrieb mit im Drehgestell gelagerten Motoren

Bei Triebfahrzeugen mit Verbrennungsmotoren haben ergänzende Kurzzeichen nur eine verhältnismäßig geringe Verbreitung gefunden. Man beschränkt sich hierbei lediglich auf Angaben zur jeweiligen Energiequelle und zur Art der Kraftübertragung.

- Energiequelle:
  b = Benzin, Benzol (Vergasermotor)
  d = Dieselöl (Dieselmotor)
- Kraftübertragung:
  mech = mechanisch
  pneu = pneumatisch
  hydr = hydraulisch
  el = elektrisch

Es ist noch zu erwähnen, daß die DRG bei ihren Kleinlokomotiven gewisse technische Details durch kleine Kennbuchstaben bei der Festlegung der Betriebsnummern berücksichtigte.

2.3 Kurzbezeichnung für die Bauart der Tender

Schlepptender werden mit der Achsfolge, mit dem für Tender vorgesehenen Kennbuchstaben »T« und mit der Menge des Wasservorrats in Kubikmetern gekennzeichnet. Der Kohle- oder Ölvorrat wird nicht angegeben. Kondenstender wurden mit der Zusatzbezeichnung »Kon« oder »Kondens«, Tender mit Ölbunkern mit »Öl« von den Normalbauarten unterschieden.

Bei den Achsfolgebezeichnungen ging man analog der bereits erläuterten Schreibweise für Laufachsen vor. So wurden die in Drehgestellen gelagerten Tenderachsen gleichfalls mit hochgestelltem Beistrich versehen. Bei fest im Hauptrahmen des Tenders befindlichen Achsen entfiel eine weitere Kennzeichnung.

Zur Verdeutlichung der Herkunft und daraus resultierender konstruktiver Besonderheiten wurden die Tenderbezeichnungen anfangs noch mit Kurzzeichen der ehemaligen Bahnverwaltung versehen.

So waren preußische Güterzuglokomotiven oft mit dem »preuß. 3 T 16,5« gekuppelt. Dieser Tender preußischer Herkunft hatte drei fest im Hauptrahmen gelagerte Achsen und konnte 16,5 m^3 Wasser aufnehmen. Die größeren sächsischen Schnellzuglokomotiven hatten einen »sächs. 2′2 T 31«. Hier waren zwei Achsen in einem Drehgestell, die beiden hinteren jedoch fest im Rahmen gelagert. Der Wasservorrat betrug 31 m^3. Bayrische S $^3/_6$-Schnellzuglokomotiven waren oft mit einem »bay. 2′2′ T 31,7« gekuppelt. Dieser hatte zwei Drehgestelle. Die DRG-Einheitslokomotiven der Baureihe 43 erhielten den »Einheits-2′2′ T 32«.

2.4 Beispiele

Abschließend seien noch einige repräsentative Beispiele für Anwendung und Informationsgehalt der vollständigen Bauartbezeichnungen aufgeführt:

1′C 2-h^{4}v-Schnellzuglokomotive mit österr. 2′2′T 21
: (Hier handelt es sich um Karl Gölsdorfs Meisterstück, die kkStB-Reihe 310, später bei der DRG als 16 001^{II}–16 041.)

1′C 2′-n^2-Tenderlokomotive
: (Die von den Pfälzischen Eisenbahnen beschaffte Lokomotivbauart erhielt das Gattungszeichen P 5 und erstreckte sich auf die Betriebsnummern 310 bis 321. Später auf Heißdampf umgestellt, kam sie als 77 001–77 012 zur DRG.)

1′C 2′-w^{1}k-Personenzuglokomotive für den elektrischen Betrieb Berchtesgaden–Salzburg
: (Diese bayerische Lokomotivbauart kam als E 36 01…E 36 24 zur DRG.)

D-n^{2}v-Güterzuglokomotive mit preuß. 3 T 12
: (Von dieser Bauart beschaffte die KPEV als Gattung G 7^2 immerhin 1641 Stück!)

D-w^{1}u-Rangierlokomotive für den elektrischen Betrieb
: (Diese von den BBÖ als Reihe 1070.1 beschaffte Bauart wurde als E 61 117–E 61 122 von der DRG nachgebaut.)

D-hydr Rangierlokomotive
: (Nachdem eine größere Anzahl als V 60 von LKM Babelsberg an die DR geliefert worden war, übernahm LEW Hennigsdorf den Weiterbau.)

Bo′Bo′-w^{4}t-Personenzuglokomotive für elektrischen Betrieb
: (Diese Bauart kam als E 44 zur DRG.)

Bo′Bo-del-Schlepptriebwagen
: (Hier handelt es sich um den ehemaligen T 1 der NWE, der als 137 561 zur DR gelangte.)

Bo′Bo′-g^{4}t-Triebwagen
: (Dieser Bauart entspricht der frühere ET 165 612 der Berliner S-Bahn.)

3 Lieferdaten / Ausmusterungen

Der § 36 Absatz 3 der »Eisenbahn-Bau- und Betriebsordnung« vom 17. Juli 1928 schreibt vor:
»Lokomotiven und Triebwagen müssen folgende Anschriften tragen:

a) den Namen der Eigentumsverwaltung,
b) die Betriebsnummer oder den Namen,
c) den Namen des Herstellers, die Fabriknummer und das Jahr der Herstellung ...«

3.1 Hersteller

Hier wären zunächst einmal die betreffenden Lokomotivfabriken zu nennen, bei denen Bestellung, spätere Auslieferung und entsprechende Beschilderung oder Kennzeichnung erfolgten.
Es muß jedoch darauf hingewiesen werden, daß es hierbei »Grenzfälle« gab. Beispielsweise lieferte Steg, Wien, im Jahre 1922 unter der Fabriknummer 4668 die Teile der für Polen bestimmten 1'D-h2-Güterzuglokomotive Tr 21-1 (später im DRG-Nummernplan als 56 3901). Diese Teile wurden dann lediglich in der neugegründeten polnischen Lokomotivfabrik Chrzanów zur Tr 21-1 montiert, jedoch von Chrz als Fabriknummer 1 bezeichnet und entsprechend beschildert.
Kriegsbedingt kam es zu Produktionsverlagerungen, wenn der vorgesehene Hersteller seinen Lieferverpflichtungen nicht nachkommen konnte und der Bau der Fahrzeuge von anderen Lokomotivfabriken übernommen werden mußte. So war z. B. die bei der DR am 25. 12. 1947 ausgemusterte 52 692 von Borsig für 1944 als Fabriknummer 15 789 geplant. Die Lieferung der Lokomotive erfolgte jedoch im Jahre 1944 durch Henschel unter der Fabriknummer 27 885.
Zuweilen wurden aber auch Triebfahrzeuge von Bahnwerkstätten oder Ausbesserungswerken gebaut oder montiert. So baute das Raw Stendal 1948/49 aus vorhandenen oder aufgearbeiteten Teilen die 1'E-h2-Güterzuglokomotiven 42 001^{II}, 42 002^{II} und 42 003^{II} unter den Fabriknummern 1, 2 und 3 für die DR.
Eine gewisse Sonderstellung unter den Lokomotivherstellern nahm zweifellos die seinerzeit in Breslau ansässige Firma Smoschewer & Co. ein, die sich mit Herstellung, Aufarbeitung und Umbau von Feldbahnmaterial beschäftigte. So wurde dort eine von LHW im Jahre 1920 unter der Fabriknummer 2712 gebaute B-n2-Tenderlokomotive für 900-mm-Spur nach einem Umbau auf Regelspur für den Einsatz auf der Oberweißbacher Bergbahn (später bei DR als 98 6009) sogar mit dem Fabrikschild »Smoschewer 1922: 712« versehen.

3.2 Baujahre

Für die im Verzeichnis enthaltenen Angaben über die Baujahre sind die Lieferlisten und die hieraus resultierenden Fabrikschilder der Herstellerfirmen maßgebend, obgleich verspätete Fertigstellung oder festgestellte Mängel bei der Endabnahme zu verzögerter Anlieferung geführt haben könnten. Drei Beispiele mögen dies verdeutlichen:

DRG: 03 1001	= Borsig, Hennigsdorf, 1939: Fabriknummer 14 711; Endabnahme erst am 27. Februar 1940
DB: E 40 1558	= Krauss-Maffei, München,

1964: Fabriknummer 19 072; Endabnahme erst am 26. Januar 1965

DR: 119 018-0 = »23. August«, Bukarest, 1979: Fabriknummer 23 908; Abnahme am 14. Juli 1980 (Saalfeld)

Erfolgten nach Fertigstellung und erstem Betriebseinsatz größere Umbauten und technische Veränderungen an Fahrzeugen, deren DRG-, DB- oder DR-Betriebsnummer daraufhin nicht geändert wurde, haben also die angegebenen Baujahre nur noch bedingte Bedeutung, so sind die entsprechenden Angaben in Klammern gesetzt:

DRG: 17 401 = (Baujahr: 1903) denn: erbaut von Maffei 1903: Fabriknummer 2356; dann jedoch Umbau im Jahre 1925 im Raw Ingolstadt von 2'C-n4v in 2'C-h4v

DR: 08 1001 = (Baujahr: 1931) denn: erbaut von Fives-Lille 1931: Fabriknummer 4696 für die Französische Ostbahn (EST 241-004); als 241 A 4 der späteren SNCF seit 1945 im Schadpark der Rbd Greifswald; Umbau auf Kohlenstaub am 30. Juni 1952 im Raw Zwickau und Übernahme in den DR-Betriebspark als 08 1001

DB: E 69 02 = (Baujahr: 1909) denn: erbaut von Krauss & Comp., München, 1909: Fabriknummer 8086 für LAG; nachdem die Lokomotive nach der Übernahme durch die DRG als E 69 02 zunächst weiterhin mit Einphasenwechselstrom von 5 kV bei 16,7 Hz betrieben worden war, erfolgte am 18. März 1955 bei DB im AW München-Freimann ein Umbau auf 15 kV bei 16,7 Hz

Auf Zeitpunkt und Art derartiger Umbauten wird in den jeweiligen Anmerkungen zu den einzelnen Tabellen des Verzeichnisses hingewiesen.

Bei weitgehenden Umbauten (Rekonstruktion), die zu einer Umzeichnung der Fahrzeuge führten, wird in Klammern das Umbaujahr angegeben, in dem der für die jeweilige neue Einordnung entscheidende bauliche oder konstruktive Zustand hergestellt wurde. Hierfür drei Beispiele:

DRG: 56 787: (Umbaujahr 1939) denn: 55 3616 (erbaut von Schwartzkopff 1915, Fabriknummer 5711) wurde am 29. Juni 1939 im RAW Lingen (Ems) von D-h2 auf 1'D-h2 mit höhergelegtem, nach vorn verschobenem Kessel umgebaut und dann umgezeichnet zu 56 787.

DB: 50 4031: (Umbaujahr 1959) denn: 50 1781 (erbaut von Schichau, Elbing, 1941, Fabriknummer 3482) wurde am 1. September 1959 von Henschel unter der Fabriknummer 29 822 umgebaut und dabei mit Franco-Crosti-Kessel mit Abgasvorwärmer ausgerüstet, anschließend umgezeichnet zu 50 4031.

DR: 101 539-5: (Umbaujahr 1976) denn: V 15 2296 (erbaut von LKM 1963, Fabriknummer 261 309) wurde zunächst im Jahre 1970 umgezeichnet in 101 296-2; dann Umbau am 29. Dezember 1976 im Raw Halle, wobei die Lokomotive einen 162-kW-Motor erhielt; diese Erhöhung der Leistungsfähigkeit erforderte eine Einordnung in die Gruppe 101.5.

Innerhalb der jeweils folgenden Anmerkungen zu den Listenteilen der Umbaufahrzeuge werden die ursprünglichen Betriebsnummern (ggf. in Zehner-Kolonnen) angegeben.

3.3 Fabriknummern

Besonders wichtig für die juristische Identität eines Triebfahrzeugs war und ist bei den deutschen Eisenbahnen seine Fabriknummer. Deshalb wurde sie auch oft mehrmals auf besonderen Schildern am Fahrzeug angebracht oder in geeignete Konstruktionsteile eingeschlagen. So trugen Dampflokomotiven meist am

Rahmen, an Zylinderverkleidungen oder an Radkästen sowie zusätzlich am Kessel mitunter künstlerisch gestaltete, auch der Werbung dienende Fabrikschilder, deren wichtigste Angabe die Fabriknummer darstellte.
Bei elektrischen Lokomotiven kam oft noch ein zweites Fabrikschild mit Hinweisen auf den Hersteller der elektrischen Fahrzeugausrüstung hinzu, für die meist eine besondere Fabriknummer vergeben wurde.
Die übersteigerte Sammelleidenschaft einiger sogenannter Freunde der Eisenbahn führte leider zu allzu häufigen Diebstählen von Fabrikschildern noch in Betrieb befindlicher Fahrzeuge. Nachdem diese Schilder anfänglich mehrmals ersetzt worden waren, ging man schließlich bei einigen Eisenbahnen (u. a. auch bei der DB) dazu über, diese »Plaketten« nur noch durch Klebfolien oder einzelne Klebziffern und -buchstaben zu ersetzen.
Während bei den meisten mitteleuropäischen Bahnen (so auch bei DRG, DB und DR) grundsätzlich die jeweils auf dem Rahmen befindliche oder verbliebene Fabriknummer ausschlaggebend für die beizubehaltende Betriebsnummer des Fahrzeugs war und ist, ging man beispielsweise bei der PKP meist von der Fabriknummer des Kessels, mitunter sogar von der des Tenders aus. Hieraus ergaben sich natürlich in den Jahren von 1941 bis 1944 und 1945 bis 1947 bei der Übernahme oder Wiedereingliederung polnischer Fahrzeuge oftmals Schwierigkeiten, Zweifelsfälle und Doppelbesetzungen im Rahmen der erforderlichen Identifizierung und Umzeichnung.
Bei der Vergabe der Fabriknummern gingen die Lokomotivfabriken sehr unterschiedlich vor. In den meisten Fällen ergab sich die Fabriknummer durch fortlaufendes Zählen der gebauten Lokomotiven. Einige Lieferwerke erweiterten dieses Schema jedoch bald auf alle Lieferprodukte, um im Konkurrenzkampf mit möglichst hohen Fabriknummern Prestige und damit größere Aufträge zu gewinnen. So wurden mitunter zu den Lokomotiven noch Ersatzkessel, Lokomobile, Umbauten, Baggerkessel und stationäre Heizkessel hinzugezählt. In manchen Werken addierte man sogar die zu den Dampflokomotiven gehörenden Tender, denen man eine gesonderte Fabriknummer erteilte.
Außerdem wird der Lokomotivstatistiker und -historiker durch die von einigen Firmen vorgenommene werbewirksame Vergabe von »Jubiläums«-Fabriknummern mitunter vor Rätsel, Probleme und Unregelmäßigkeiten im Nummernsystem gestellt.
So konnte sich die Lokomotivfabrik Richard Hartmann nicht entschließen, ihre für die damalige Zeit hochmoderne 2'B1'n4v-Schnellzuglokomotive (später bei DRG als 14 202) unter der nichtssagenden, aber eigentlich anstehenden Fabriknummer 2491 im Jahre 1900 zur Weltausstellung nach Paris zu entsenden. Man »griff etwas vor« und »rundete auf« zu 2600!
Natürlich durfte auch die im Jahre 1918 anstehende Jubiläumsfabriknummer 4000 nur an eine »besondere« Lokomotive vergeben werden. So erhielt die für die Sächsische Staatsbahn bestimmte große 1'D1'-h4v-Schnellzuglokomotive der Gattung XX HV, Betriebsnummer 66 (später bei DRG als 19 005), statt der 3981 die 4000.
Bedenklich wurde diese Praxis jedoch, als Borsig gleich zwei Lokomotiven der Gattung G 12 (MÜNSTER 5555 und MÜNSTER 5566, später bei DRG als 58 1011 bzw. 58 1099) im Jahre 1918 mit der zweifellos bedeutsamen Fabriknummer 10 000 präsentierte!
Völlig verständlich erscheint es hingegen heute noch, wenn Henschel im Jahre 1941 der mit ihrem Einzelachsantrieb und der Stromlinienverkleidung bahnbrechenden 1'Do1'-h8-Schnellzuglokomotive 19 1001 die Fabriknummer 25 000 zuerkannte.
Aber auch bei der Bildung und der Zählung der Fabriknummern gab es bemerkenswerte Besonderheiten. So unterschied die Firma Krauss & Comp., München, zwischen gelieferten Dampflokomotiven und elektrischen Lokomotiven. Die späteren E 69 02 und E 69 03 erhielten zunächst 1909 bzw. 1912 die Fabriknummern EL 3 bzw. EL 25, die den dafür unbesetzt gebliebenen »normalen« Fabriknummern 8086 und 8108 entsprachen. Erst später gab man diese getrennte Zählung auf.
Recht interessant ist es auch, daß die beiden zu Krauss & Comp. gehörenden Lokomotivfabriken in Linz (Donau) und München bis zum Jahre 1921 eine gemeinsame Fabriknummernfolge hatten. So stammten die im Jahre 1907 für die Bayerische Staatsbahn bestimmte 1'C-n2v-Güterzuglokomotive Nr. 1643 (später bei der DRG als 54 1409) als Fabriknummer 5654 aus München, die österreichische 1 A 1'-n2v-Tenderlokomotive Nr. 112.01 (später bei DRG als 69 011) als Fabriknummer 5655 hingegen aus Linz.

Aber noch in einem anderen Zusammenhang muß Krauss, München, genannt werden. Als sich nämlich im Jahre 1931 diese Firma mit Maffei zur Krauss-Maffei AG zusammenschloß, addierten beide ihre Fabriknummern (8512 + 5896), rundeten etwas nach oben auf und zählten dann gemeinsam weiter mit 15 330! So erhielten die elektrischen 1'Do1'-Schnellzuglokomotiven (mit Buchli-Antrieb) E 16 19 im Jahre 1932 noch die Krauss-Fabriknummer 8508, die im Jahre 1933 erbaute, nachfolgende E 16 20 jedoch die Krauss-Maffei-Fabriknummer 15 356! Für die 1932/33 erfolgte Lieferung der elektrischen Ausrüstungen beider Lokomotiven ließ BBC besondere Schilder mit den erteilten Fabriknummern 5115 bzw. 5116 anbringen.

Durch Fehler bei der Herstellung, Vergabe und Anbringung von Fabrikschildern kam es zuweilen auch zur Doppelbesetzung von Fabriknummern, so daß diese gleichzeitig an verschiedenen Fahrzeugen auftauchten. So gibt es bei der DR in der von Woroschilowgrad gelieferten Baureihe 132 eine ganze Reihe solcher »Pärchen«. Dies trifft beispielsweise für die 132 183-5 und die 132 197-5 mit der gemeinsamen Fabriknummer 0401, für die 132 218-9 und die 132 224-7 mit der Fabriknummer 0434 und schließlich für die 132 425-0 und 132 450-8 mit der gemeinsamen Fabriknummer 0660 zu.

Namentlich bei Dampflokomotiven kam es zu mehrfachen Vergaben von Fabriknummern. So war die spätere 38 3255 zunächst als Elberfeld 2607 am 2. Juli 1921 von Henschel unter der Fabriknummer 18 359 an die DRG geliefert worden. Als sie nach erfolgtem Umbau zur Versuchslokomotive mit Abdampf-Turbinenantriebtender am 11. Mai 1926 zur DRG zurückkam, trug sie das Fabrikschild Henschel 1925: 20 444. Ähnlich war es bei der 03 1020 der DRG. Am 29. März 1941 unter der Fabriknummer 15 000 von Borsig angeliefert, erhielt sie nach ihrer am 26. Mai 1959 abgeschlossenen Rekonstruktion vom Raw Meiningen die Fabriknummer 35. Als weiteres Beispiel sei die 1'E-h3-Güterzuglokomotive 44 1239 der DR angeführt. Ihr Bau war in deutschem Auftrage bei der dänischen Firma Frichs Maskinfabrik & Kedelsmedie, Århus, im Jahre 1943 unter der Fabriknummer 334 begonnen worden. Die Fertigstellung erfolgte jedoch im LEW, Hennigsdorf bei Berlin, am 22. März 1949 als Fabriknummer 16 325.

Bei häufigen Umbauten wurden mitunter auch mehrere Fabriknummern zugeteilt. Dies war bei den besonders sparsam wirtschaftenden Königlich Württembergischen Staatsbahnen oft der Fall. Glücklicherweise blieb hierbei immer die Betriebsnummer 58 der Lokomotive FRANKFURT erhalten, die als Beispiel dienen möge: Es handelte sich um eine kleine 1B-n2-Personenzuglokomotive, die noch als 34 8131 im vorläufigen Nummernplan der DRG enthalten war. Ursprünglich von der Maschinenfabrik Esslingen 1854 unter der Fabriknummer 259 als 2B-n2 gebaut, erhielt sie nach erstem Umbau im Jahre 1869 zur 1B-n2 von der Bahnwerkstätte Esslingen die Fabriknummer 39 und schließlich nach erneutem Umbau 1895 von der Bahnwerkstätte Aalen die Fabriknummer 67.

Leider hat sich im Triebfahrzeugbau der letzten Jahrzehnte seitens mancher Lieferer der Brauch durchgesetzt, statt der durch fortlaufende Zählung anstehenden Fabriknummern eine Kombination werksinterner Lieferserienbezeichnungen und Ordnungsnummern zu vergeben. Recht einleuchtend erscheint hierbei die von MaK, Kiel-Friedrichsort, geübte Praxis, die jeweilige PS-Leistung mit einer Serienzählnummer zu kombinieren. So erhielten die Diesellokomotiven V 36 417, V 60 003 und V 100 1026 in den Jahren 1950, 1956 bzw. 1961 die Fabriknummern 360 026, 600 003 bzw. 1000 044. Leider lassen die in der DDR von LKM benutzten Serienbezeichnungen derartige Rückschlüsse nicht zu und wurden willkürlich festgelegt. So übernahm die DR im Jahre 1955 die 1'D2'-h2-Tenderlokomotive 65 1003 mit der Fabriknummer 121 001, im Jahre 1959 die 1'C1'-h2-Personenzuglokomotive 23 1057 mit der Fabriknummer 123 057 und deren Tender schließlich mit der Fabriknummer 143 057.

Noch komplizierter wird es, wenn sogar Vertragsnummern als Fabriknummern fungieren: Im Jahre 1956 kamen die beiden Personenzuglokomotiven 23 1001 und 23 1002 als 656 002/1 und 656 002/2 von LKM Babelsberg zur DR, während die nicht von der DR übernommenen Diesellokomotiven V 180 001 und V 180 002 im Jahre 1960 mit den »Fabriknummern« 656 015/1 und 656 015/2 ihre Probefahrten aufnahmen.

In ähnlicher Weise gingen viele Firmen im Triebwagen- und Waggonbau vor. Als Beispiel seien

hierfür zwei aus vorderem Triebwagen, mittlerem Beiwagen und hinterem Triebwagen bestehende dreiteilige Triebzüge der heutigen DB-Baureihe 471 für die Hamburger S-Bahn genannt. Dorthin hatte LHB, Breslau, im Jahre 1940 als letzten Triebzug eines Bauloses den 1517a/1517c/1517b (später umgezeichnet zu ET 171 017a/EM 171 017/ET 171 017b) unter den Fabriknummern 6192-10a, 6192-10c und 6192-10b geliefert. Beim folgenden Baulos 1941, beginnend mit 1518a/1518c/1518b, später ET 171 018a/EM 171 018/ET 171 018b, wurde bei den Fabriknummern die neue Bestellnummer berücksichtigt. Sie lauteten nun 11 200-1a, 11 200-1c und 11 200-1b.
Die große Bedeutung der Fabriknummern wird auch dadurch deutlich, daß man sie beim Verlust von Betriebsbüchern oder anderen schriftlichen betrieblichen Unterlagen, welche Angaben oder Rückschlüsse bezüglich der früheren Betriebsnummer oder sonstigen Bezeichnung des Triebfahrzeugs ermöglicht hätten, zur Fahrzeugbezeichnung nutzte. Von dieser Möglichkeit machten übrigens auch kleinere Bahnen Gebrauch, bei denen kein eigenes Bezeichnungssystem bestand. Hierfür seien abschließend noch die folgenden Beispiele genannt:

- C-n2-Tenderlokomotive = Henschel 1898: 4937 = (Werklokomotive Raw Halle) = DR 89 4937
- B-n2-Tenderlokomotive = Smoschewer 1922: 712 = Oberweißbacher Bergbahn Nr. 712 = DR 98 6009
- B-dhydr Diesellok = Deutz 1942: 36 622 = Deutsche Wehrmacht Nr. 36 622 = DR V 20 006.

3.4 Ausmusterungen

Ermöglicht der technische Zustand eines Triebfahrzeugs dessen sicheren oder wirtschaftlichen Betriebseinsatz nicht mehr, besteht für einen solchen Einsatz kein Bedarf mehr oder ist nach einem Unfall eine finanziell und materiell vertretbare Wiederherrichtung nicht mehr möglich, so erfolgt nach Abstimmung zwischen Heimatdienststelle, Unterhaltungs-Raw und dem für die Maschinenwirtschaft verantwortlichen Teil der betreffenden Bahnverwaltung die Ausmusterung als verwaltungstechnische Beendigung der juristischen Existenz. Sie wird in Lokomotivlisten und statistischen Nachweisen bezeichnenderweise durch ein »+« gekennzeichnet. Natürlich ist eine derartige Entscheidung, namentlich bei größeren und neueren Triebfahrzeugen, von vielen Faktoren und Erwägungen abhängig. Manchmal erscheint sie später, aus größerem zeitlichem Abstand betrachtet, durchaus nicht immer logisch.
So waren die Massenausmusterungen der betrieblich sparsamen, unterhaltungstechnisch anspruchslosen ehemals preußischen G 8[1] (DRG: 55 2501 bis 55 5622) in den Jahren 1930–34 zunächst scheinbar gerechtfertigt. Nicht technische Mängel, sondern ein »Lokomotivüberhang« infolge von Auswirkungen der Weltwirtschaftskrise auf die DRG und der damit verbundene starke Rückgang von Beförderungsleistungen hatten zu dieser folgenschweren Entscheidung geführt. Einige Jahre später machte sich das Fehlen dieser über 1100 (!) zerlegten D-h2-Güterzuglokomotiven peinlich bemerkbar.
Als jedoch am 2. März 1943 eines der »Paradepferde« der DRG, die 2'C2'-h3-Schnellzuglokomotive 05 001, vor einem D-Zug in Ashausen (Kreis Harburg) in voller Fahrt mit der im Bahnhof haltenden 93 543 frontal zusammenstieß und dabei fast Totalschaden erlitten hatte, kam eine Ausmusterung überhaupt nicht in Frage. Trotz angespannter personeller und materieller Lage mußte das RAW Braunschweig die Lokomotive vom 8. April 1943 bis zum 20. Oktober 1943 »ausbessern«, praktisch aber neu aufbauen.
Die bei der DB in den ersten Nachkriegsjahren verfügte radikale Ausmusterung der robusten »Kriegslokomotiven« der bekannten Baureihe 52 zugunsten der Erhaltung der empfindlicheren, wartungstechnisch anspruchsvolleren Baureihe 50 ist später nicht ohne Kritik geblieben. Auch die bei der DR bis ins Jahr 1982 reichende volle Wiederaufarbeitung vieler noch vorhandener Dampflokomotiven läßt die Frage zu, ob angesichts der Entwicklung der Energieträgersituation nicht manche kurzfristig verfügte und anschließende schnelle Zerlegung zugunsten einer gewissen Reservehaltung hätte vermieden werden können. Immerhin gibt es eine ganze Reihe von Beispielen, bei denen eine bereits verfügte Ausmusterung wieder rückgängig gemacht und wegen bestehenden Lokomotivmangels eine Wiederaufarbeitung angeordnet wurde. So kam es bei diesen Fahrzeugen zu einer

zweiten Ausmusterung! Hierfür einige Beispiele:

- DB: 50 2549 + 14. Oktober 1947, jedoch Wiederaufarbeitung 6. Februar 1952, ab 1. Januar 1968: 052 549-3 + 28. September 1976
- DR: 38 1502 + 17. November 1958, jedoch Wiederaufarbeitung 1963, ab 1. Juli 1970: 38 1502-4 + 28. Juli 1971
- ÖBB: 38 2052 + 15. Mai 1948, jedoch Wiederaufarbeitung 3. Juni 1949, ab 1. Januar 1953: 638 2052 + 20. Juni 1966

Es gibt aber auch eine Reihe von Fällen, in denen eine Ausmusterung erst nachträglich »buchmäßig« erfolgte. So endet der Lebenslauf der D-h2-Güterzuglokomotive 55 4060 anläßlich der am 30. Juli 1943 vorgenommenen Ausmusterung mit dem bezeichnenden Vermerk über die nachträglich durchgeführte Absetzung vom Bestand: »In Feindes Hand gefallen«. Als im Rahmen von Restitutionen die 1'C-n2-Tenderlokomotive 91 1948 am 10. Oktober 1945 abgefahren worden war, wurde ihre buchmäßige Ausmusterung erst am 14. Januar 1946 seitens der Rbd Schwerin vorgenommen. Ein wesentlich größerer Zeitabschnitt zwischen Verlust und nachträglicher Ausmusterung verging bei der B'B'-dhdr Diesellokomotive 118 165-0 der DR. Für sie wurde nach einem schweren Auffahrunfall im Juni 1974 am 15. Dezember 1975 vom Unterhaltungs-Raw Karl-Marx-Stadt der Ausmusterungsantrag gestellt. Dem wurde jedoch nicht entsprochen. Obgleich die Ausmusterung noch immer nicht genehmigt war, wurden die Fahrzeugreste im Jahre 1978 in Cottbus zerlegt. Die »amtliche« Ausmusterung erfolgte erst zum 31. Dezember 1981.

Natürlich führt die Ausmusterung nicht immer zur sofortigen Zerlegung des Fahrzeugs. In manchen Fällen bedeutete sie auch Freigabe zum Verkauf an spätere Nutzer oder Freigabe für museale Zwecke.

Die im vorliegenden Verzeichnis enthaltenen Angaben über den Ausmusterungszeitraum der Fahrzeuge beziehen sich jeweils nur auf das Gros der jeweiligen Bauart oder Fahrzeuggruppe. Vorzeitige Ausmusterungen einzelner Triebfahrzeuge durch Unfall oder Kriegseinwirkung bzw. die längere Erhaltung von Museumsobjekten sind nicht berücksichtigt.

Sind die Angaben über den Ausmusterungszeitraum in den Verzeichnissen in Klammern gesetzt, so deutet das darauf hin, daß die überwiegende Anzahl der betreffenden Fahrzeuge bereits 1944/45 durch Kriegsgeschehen oder -folgen aus dem DRG-Bestand ausgeschieden war, bevor sie später bei anderen Bahnen (PKP, ČSD, ÖBB, JDŽ usw.) ausgemustert wurde.

4 Die geschichtliche, organisatorische und technische Entwicklung der Eisenbahnen

4.0 DRG, DB und DR

Die Entstehung und der Entwicklungsweg einer einheitlichen deutschen Reichseisenbahn sind nur verständlich in Verbindung mit den geschichtlichen Ereignissen und Gegebenheiten der damaligen Zeit, auf die deshalb nachfolgend ausführlicher eingegangen werden muß.
Als Geschehen und Verlauf des Ersten Weltkriegs zu einer wirksamen Zusammenfassung aller deutschen industriellen Kräfte gezwungen hatten, fanden sich Vertreter des Maschinenbaus, der Elektrotechnik und der Feinmechanik im Mai 1917 zusammen, um über einheitliche Festlegungen hinsichtlich der Form, der Abmessungen, des Materialeinsatzes sowie der Güteanforderungen und Belastbarkeit technischer Gebilde und Systeme zu beraten. Unter dem Zwang der Ereignisse überwand man das bisherige Konkurrenzdenken und kam zu den ersten Deutschen Industrie-Normen (DIN), die später allmählich auch die Konstruktionen des deutschen Schienenfahrzeugbaus beeinflußten.
Ähnliche, vorher fast unvorstellbare Erwägungen führten im Jahre 1917 auch im damaligen Deutschen Reichstag zu dem Antrag auf wirtschaftliche und finanzielle Vereinheitlichung des deutschen Eisenbahnwesens. Zielte dieser Antrag vor allem auf verwaltungstechnische Verbesserungen ab, so konzentrierte sich ein noch im Jahre 1918 von Vertretern der Königlich Württembergischen Staatseisenbahnen den übrigen Bahnverwaltungen unterbreiteter Vorschlag auf Bildung einer Betriebs- und Finanzgemeinschaft der größeren deutschen Eisenbahnen vorwiegend auf technische Aspekte.
Doch das Ende des Ersten Weltkriegs führte für das damalige Deutsche Reich zu tiefgreifenden politischen, sozialen, ökonomischen und territorialen Veränderungen, von denen auch Eigentumsform, Organisation, Größe und Fahrzeugbestand des deutschen Eisenbahnwesens nicht unberührt blieben. So ergab sich zwangsläufig für die deutschen Länderbahnen die Notwendigkeit einer einheitlichen Betriebsführung, um deren ökonomischen Fortbestand und für diese Bahnen einen planmäßigen Fahrdienst zu sichern.
Eine Frage nach der künftigen Eigentumsform der deutschen Länderbahnen stellte sich zunächst nicht, nachdem sich der damalige amerikanische Präsident Thomas Woodrow Wilson am 8. Januar 1918 in seinen bekannten 14 Punkten und Vorbedingungen zur möglichen Annahme eines deutschen Waffenstillstandsersuchens seitens der Entente lediglich unter anderem auf die Abdankung des deutschen Kaisers beschränkt hatte.
Doch die einsetzende bürgerlich-demokratische Revolution führte am 7. November 1918 zur Ausrufung der Republik in Bayern, am 9. November 1918 auch zum Sturz der Monarchie in Berlin und den anderen Landeshauptstädten. Aber erst am 10. November 1918 verließ Kaiser Wilhelm II. das deutsche Hauptquartier in Spa (Belgien) und begab sich nach Holland ins Exil.
Aus den deutschen Königreichen, Großherzogtümern, Herzogtümern und Fürstentümern wurden nun republikanische Freistaaten. Während Frankreich sofort die bisherigen Reichseisenbahnen in Elsaß-Lothringen beansprucht hat-

te, wurden nun die bisherigen Länderbahnen den neuen örtlichen Staatsregierungen unterstellt als Preußische Staatsbahn, Bayerische Staatsbahn, Sächsische Staatsbahn, Württembergische Staatsbahn, Badische Staatsbahn, Hessische Staatsbahn, Mecklenburgische Staatsbahn und Oldenburgische Staatsbahn. Hierbei blieben die bisherigen Verwaltungsstrukturen weitgehend erhalten. Laufende Beschaffungsprogramme bei Triebfahrzeugen und Waggons wurden meist weitergeführt und Bezeichnungssysteme beibehalten.

Am 11. November 1918 wurde im Wald von Compiègne bei Paris im Salonwagen des französischen Marschalls Ferdinand Foch (dem ursprünglichen ISG-Speisewagen Nr. 2419) das Waffenstillstandsabkommen zwischen der Entente und Deutschland unterzeichnet.

Einzelne Artikel dieses Abkommens stellten dem deutschen Eisenbahnwesen besonders schwere Aufgaben und forderten von ihm besonders große Opfer. Damit wurden Bedeutung, Wert, Leistungsfähigkeit und straffe Organisation der damaligen Länderbahnen bei der Kriegsführung besonders herausgestellt.

- Nachdem kriegsbedingter Einsatz im Ausland und dortiger Verbleib sowie schwere Beschädigung oder völlige Zerstörung zahlreicher Schienenfahrzeuge den gegen Kriegsende noch verfügbaren deutschen Eisenbahn-Betriebspark bereits stark dezimiert hatten, verlangte Artikel II des Teiles A (die Westfront betreffend) der Waffenstillstandsbedingungen, daß die deutschen Heeresverbände, das Verwaltungspersonal und die technischen Hilfskräfte einschließlich ihrer Waffen, Fahrzeuge, Pferde und sonstigen Materialien innerhalb von 15 Tagen die besetzten belgischen, französischen, luxemburgischen und elsaß-lothringischen Gebiete zu räumen hätten.
- Außerdem forderte Artikel V des Teiles A (im Rahmen der dort geplanten Entmilitarisierung) die Räumung der linksrheinischen deutschen Gebiete von allen deutschen Armeeverbänden. Alle genannten Transporte hatten also mindestens bis zur rechten Rheinseite zu erfolgen.
- Im Teil B (die Ostfront betreffend) verpflichtete außerdem der Artikel XII zum umverzüglichen Rücktransport aller deutschen Truppen aus Österreich-Ungarn, Rumänien und der Türkei. (Hinsichtlich der sich auf den vor dem Kriege zu Rußland gehörigen Gebieten befindlichen deutschen Truppen sah der Artikel XII, in ganz offizieller Abhängigkeit von der dort durch die Oktoberrevolution 1917 eingeleiteten Entwicklung, deren Zurückgehen erst vor, wenn es »unter Berücksichtigung der inneren Lage dieser Gebiete« den Allierten »für geboten« erschiene.)
- Der Artikel VII des Teiles A verlangte u. a., den assoziierten Mächten »5000 gebrauchsfähige Lokomotiven und 150 000 Eisenbahnwagen in gutem Zustand mit allen Ersatzteilen und nötigen Gebrauchsgeräten« auszuliefern! Zuzüglich der vorherigen Kriegsausfälle gingen also über 8000 Lokomotiven, etwa 13 000 Personenwagen und 280 000 Güterwagen für Normalspur und Schmalspur verloren, die von den verschiedenen damaligen deutschen Länderbahnen, Heeresfeldbahnen und auch zahlreichen Privatbahnen stammten.
- Außerdem bezog sich der Artikel XIX des Teiles D (allgemeine Bestimmungen betreffend) auch auf das noch vorhandene Eisenbahn-Betriebs- und -Baumaterial. Hier hieß es nämlich: »Während der Dauer des Waffenstillstands darf der Feind keine öffentlichen Werte beseitigen, welche den Alliierten als Sicherheit für die Deckung der Kriegsschäden dienen könnten.«

Die weitere Entwicklung des deutschen Eisenbahnwesens und der entsprechenden Zulieferindustrie wurde anschließend in starkem Maße von den Bestimmungen des Friedensvertrags von Versailles beeinflußt.

Am 28. Juni 1919 war dieses Friedensdiktat unterzeichnet worden, dessen Inhalt und Verpflichtungen zuweilen unter Vorgabe von Befriedungsabsichten, Sicherheitsbedürfnissen oder berechtigten Restitutions- und Reparationsforderungen Deutschland künftig als Rivalen vom Weltmarkt verdrängen und die deutsche Konkurrenz beseitigen sollten. Das betraf sowohl die Erzeugnisse des deutschen Lokomotiv- und Waggonbaues als auch den Anteil deutscher Eisenbahnen am internationalen Verkehrsgeschäft.

- Für die deutschen Eisenbahnen bedeuteten die im II. und III. Teil des Versailler Vertrags angeordneten territorialen Veränderungen nicht nur eine wesentliche Verkleinerung ihrer Netze (um

7868 km Betriebslänge), sondern auch eine völlige Veränderung der Verkehrsströme, eine Abtrennung von Rohstoff- und Industriegebieten und den Verlust wichtiger betrieblicher Anlagen.

- Die im VIII. Teil des Vertrags enthaltenen Wiedergutmachungsforderungen behinderten in starkem Maße den Neubeginn und die Wiederaufnahme eines planmäßigen Eisenbahnverkehrs im verbliebenen Reichsgebiet. So schlossen beispielsweise die zunächst unbegrenzten Reparationszahlungsverpflichtungen (sie wurden erst nachträglich am 30. Januar 1921 auf 226 Milliarden Goldmark festgelegt) die Abzweigung von Finanzmitteln für notwendige Reparaturen oder Ersatzbauten fast völlig aus. Die insbesondere an Frankreich und Italien zu liefernden Kohlemengen führten bei Eisenbahnen, Betrieben und Haushalten zu akutem Brennstoffmangel. Die Forderung der Allierten auf (kostenlose) pünktliche Abwicklung des Eisenbahnverkehrs für die Besatzungsmächte im besetzten linken Rheinufergebiet bedingte außerdem eine Konzentration betriebsbereiter, leistungsfähiger Lokomotiven in den deutschen Westgebieten.
- Mit der Begründung, eine schnelle, unkontrollierbare Wiederaufnahme der Produktion schwerer Waffen verhindern zu wollen, wurden dem deutschen Lokomotivbau durch den XIII. Vertragsteil zunächst sogar Beschränkungen hinsichtlich Konstruktion und Herstellung schwerer Lokomotiven auferlegt. So ist es zu erklären, daß z. B. für die seinerzeit fertiggestellte schwere 1'D1'-h3-Personenzuglokomotive der Gattung P 10 zunächst (nach der Art der damaligen Bezeichnungen und Maßangaben) nur ein Reibungsgewicht von 68,0 t und demzufolge ein Achsdruck von nur 17 t angegeben wurden. Erst später bezog man sich auf das tatsächliche Reibungsgewicht von 75,5 t (heute: Reibungskraft von 740,655 kN) und bildete das richtige Betriebsgattungszeichen P 46.19, dabei also einen Achsdruck von 19 t zugrunde legend. Bei der bekannten schweren 1'E1'-h2-Tenderlokomotive der Gattung T 20 gab man vorsichtigerweise im Betriebsgattungszeichen Gt 57.18 auch anfangs einen geringeren Achsdruck an. Das reale Reibungsgewicht von 95,3 t (heute: Reibungskraft von 934,893 kN) führte erst später zum richtigen Gt 57.19.
- Besonders bedeutsam für die künftige rechtliche Stellung, die künftige Eigentumsform und die weitere Entwicklung der deutschen Eisenbahnen wurde jedoch der Artikel 248 im IX. Teil des Versailler Vertrags. Er bestimmte nämlich, daß die deutschen Eisenbahnen für die Kriegsschulden zu haften hätten.

Die wirtschaftlichen Notwendigkeiten, die Forderungen der ehemaligen Feindstaaten und die politischen Verhältnisse führten schließlich in der am 19. Januar 1919 gewählten Deutschen Nationalversammlung zu der Überzeugung, daß nur noch die organisatorische und juristische Vereinigung sowie eine einheitliche Betriebsführung aller deutschen Länderbahnen deren Bestand, Betriebsmöglichkeit und Leistungsfähigkeit sichern könnten. Damit hatten die deprimierenden Gegebenheiten jener Zeit nun endlich Prioritätsdenken und Partikularismus überwunden, die vorher schon lange einen optimalen Eisenbahnbetrieb behindert hatten. Die hieraus resultierenden Überlegungen und Schlußfolgerungen fanden besonders in den Artikeln 89, 90, 91, 92 und 171 der am 11. August 1919 in Kraft getretenen Weimarer Verfassung ihren Niederschlag.

- So hieß es im Artikel 89: »Aufgabe des Reiches ist es, die dem allgemeinen Verkehr dienenden Eisenbahnen in sein Eigentum zu übernehmen und als einheitliche Verkehrsanstalt zu verwalten ...« Daher konnte nun die »Verreichlichung« der bisher im Besitz der deutschen Freistaaten befindlichen Staatsbahnen erfolgen.
- Im Artikel 92 wurden künftiger Name und Leitlinien der künftigen Rechnungsführung der dem Deutschen Reich gehörenden Bahnen angegeben: »Die Reichseisenbahnen sind als ein selbständiges wirtschaftliches Unternehmen zu verwalten, das seine Ausgaben einschließlich Verzinsung und Tilgung der Eisenbahnschuld selbst zu bestreiten und eine Eisenbahnrücklage anzusammeln hat.«
- Schließlich sah der Artikel 171 vor, daß die einzelnen Staatsbahnen spätestens am 1. April 1921 auf das Reich übergehen sollten.

Der schlechte technische Zustand zahlreicher Eisenbahnanlagen und vieler Fahrzeuge, die allgemein hoffnungslose Finanzlage

und die daraus resultierenden Verkehrsnotstände zwangen die zuständigen Staatsregierungen bereits früher, als es der genannte Artikel 171 vorgesehen hatte, zu entsprechenden Verhandlungen mit dem Reich. So beschloß die Reichsregierung im November 1919 die »Verreichlichung« der deutschen Staatsbahnen mit Wirkung vom 1. April 1920.
Nachdem als letzte dann auch am 24. April 1920 in Darmstadt die Hessische Staatsregierung, am 27. April 1920 in Schwerin die Mecklenburg-Schwerinsche Staatsregierung und am 29. April 1920 in Oldenburg schließlich auch noch die Oldenburgische Staatsregierung durch Unterschrift den Übergang ihrer Eisenbahnen auf das Reich besiegelt hatten, konnte das neue, vereinigte Verkehrsunternehmen, nunmehr Reichseisenbahnen genannt, den Betrieb aufnehmen.
Die Gliederung der Reichseisenbahnen erfolgte zunächst nach der am 26. April 1920 erlassenen »Vorläufigen Verwaltungsordnung der Reichseisenbahnen«. Hiernach wurden die bisherigen Hauptverwaltungen der zusammengefaßten acht Staatsbahnen in »Eisenbahn-Generaldirektionen« umgewandelt.
Die Größe der ehemals preußischen und bayerischen Streckennetze machte eine weitere Unterteilung erforderlich. So wurden nun die durch Gebietsabtrennungen nicht betroffenen und die wegen territorialer Veränderungen neugebildeten ehemaligen preußischen Staatsbahndirektionen und weiterhin auch die ehemaligen bayerischen Staatsbahndirektionen zu Eisenbahndirektionen (ED).
Am 6. Juli 1922 wurden die Eisenbahn-Generaldirektionen den Eisenbahndirektionen gleichgestellt und trugen nun einheitlich die bekannte Bezeichnung Reichsbahndirektion (Rbd). Nach Stabilisierung der dortigen politischen und territorialen Verhältnisse wurde auch die für den ehemaligen Bereich der ED Kattowitz am 18. Juni 1922 eingerichtete Verwaltungsstelle nun als Rbd Oppeln bezeichnet.
Diese gut durchdachte Verwaltungsstruktur blieb für lange Zeit nahezu unverändert erhalten und wurde weitgehend sogar noch nach 1945 von der späteren Deutschen Bundesbahn und der Deutschen Reichsbahn angewandt. Das spätere Betriebsgeschehen, aber auch das Streben nach Wirtschaftlichkeit und Verwaltungsvereinfachung führte zur Vergrößerung einiger Rbd-Bezirke. Die Rbd Würzburg wurde am 31. März 1930, die Rbd Magdeburg am 1. Oktober 1931, die Rbd Oldenburg am 1. Januar 1935 und die Rbd Ludwigshafen am 31. März 1937 aufgelöst. Die Rbd Altona wurde am 1. April 1937 umbenannt in Rbd Hamburg.
Für die Reichseisenbahnen entstand jedoch schon bald eine komplizierte Lage, als in den Jahren 1921 bis 1923 Truppen einiger Ententestaaten plötzlich schrittweise auch noch das Ruhrgebiet besetzten. Durch diese Maßnahme, die man mit absichtlicher Nichterfüllung oder Verzögerung deutscher Reparationslieferungen begründete, verloren die Reichseisenbahnen (mitunter inoffiziell auch kurz »Reichsbahnen« genannt) weitere wichtige Rohstoffbasen und bedeutende Inudstriezentren sowie deren lebhaften, gewinnbringenden Güter- und Personenverkehr. Außerdem wurden dem noch verfügbaren Fahrzeugpark weitere Betriebsmittel entzogen.
Nachdem jedoch Großbritannien am 20. Juli 1923 und die USA am 11. August 1923 von Frankreich die sofortige Beendigung der Ruhrbesetzung gefordert hatten, trat am 30. November 1923 ein alliiertes Expertenkomitee zur Feststellung der tatsächlichen deutschen Zahlungs- und Lieferfähigkeiten zusammen. Unter der Leitung des amerikanischen Bankiers Charles Gates Dawes erarbeitete man einen Plan zur Absicherung der weiteren deutschen Zahlungs- und Lieferverpflichtungen, aber auch zur verstärkten finanziellen Infiltration durch angelsächsische Monopole.
Dieser als Dawesplan bekannt gewordene Vertrag sah als Hilfsprogramm eine Anleihe in Höhe von 800 Millionen Goldmark an Deutschland vor, damit dieses durch Wiederbelebung seiner Wirtschaft den künftigen weiteren Reparationsforderungen entsprechen konnte. Dafür mußten u. a. die Reichseisenbahnen aus dem übrigen Reichsvermögen herausgelöst werden, um als Sondervermögen in Einnahmen und Ausgaben von der allgemeinen (unsicheren) Finanzverwaltung und -entwicklung unabhängig sein und als Pfand für die Anleihe und die fälligen Reparationsverpflichtungen dienen zu können. Deshalb mußten nun die bisherigen Reichseisenbahnen in Form einer selbständigen Gesellschaft weitergeführt werden.
Nachdem in der Zeit vom 16. Juli 1924 bis 16. August 1924 die beteiligten Staaten auf der Londoner

Konferenz den Dawesplan erörtert und bestätigt hatten, wurde auf Grund des Reichsgesetzes vom 30. August 1924 ab 1. Oktober 1924 die **Deutsche Reichsbahn-Gesellschaft** (DRG) gegründet.
Die Wirren der Inflation, aber auch die Forderung des Artikels 92 der Weimarer Verfassung hatten bereits am 15. November 1923 dazu geführt, die Reichseisenbahnen praktisch aus dem Reichshaushalt herauszulösen (so daß sie nun beispielsweise keine Staatszuschüsse mehr erhielten). Doch die sich abzeichnenden Empfehlungen und Forderungen des seit dem 30. November 1923 in Vorbereitung des Dawesplanes arbeitenden alliierten Expertenkomitees verlangten von der damaligen Reichsregierung offizielle Schritte.
So wurde durch Verordnung vom 12. Februar 1924 verfügt, die Reichseisenbahnen in ein wirtschaftlich und finanziell selbständiges Unternehmen **»Deutsche Reichsbahn«** (hier zum ersten Male die amtliche Verwendung dieser Bezeichnung) umzuwandeln.
Der Status der DRG beließ dem Reich nur noch Tarifhoheit und technische Aufsichtsrechte, während über Kapitalverwendung, Reparationszahlungen, Dienst- und Besoldungsverhältnisse nunmehr der Verwaltungsrat der DRG bestimmte. Diesem Verwaltungsrat gehörten neben der eigentlichen Hauptverwaltung (HV) der DRG auch noch fünf Interessenvertreter der ausländischen Kreditgeber an. An die Spitze der HV der DRG trat ein Generaldirektor, für dessen Amt man in der Person des Dr. Julius Dorpmüller einen hervorragenden Eisenbahnfachmann und umsichtigen Organisator gefunden hatte. Seine politische Grundhaltung in der Zeit von 1933 bis 1945, sein Ansehen als international anerkannter Fachmann und das ihm durch seine Freundschaft mit zahlreichen leitenden Persönlichkeiten des ausländischen Eisenbahnwesens entgegengebrachte Vertrauen führten im Jahre 1945 seitens der drei westlichen Alliierten dazu, Dr. Dorpmüller für die Leitung des Wiederaufbaues des deutschen Eisenbahnwesens vorzusehen. Bevor er sich jedoch dem schwierigen Wiederaufbau widmen konnte, starb er plötzlich im Juli 1945.
Die neuen organisatorischen Gegebenheiten der DRG, aber auch strenge Arbeitsdisziplin und hohes Verantwortungsbewußtsein aller Beschäftigten, schufen allmählich Möglichkeiten, das Streckennetz schrittweise zu modernisieren, den Fahrzeugpark auf den damaligen technischen Höchststand zu bringen, die Betriebstechnik dem seinerzeit höchsten Niveau anzupassen, den Betriebsablauf sicher und fahrplanmäßig zu gestalten. So führte die Arbeit der DRG in den Jahren 1925 bis 1936 zu einem Überschuß der Betriebseinnahmen gegenüber den Betriebsausgaben in Höhe von 5,346 Milliarden Reichsmark! Aus diesen Überschüssen führte die DRG von 1925 bis 1931 etwa 4,200 Milliarden Reichsmark für Reparationszahlungen zugunsten des Reiches ab.
Doch die Weltwirtschaftskrise von 1929 bis 1932 unterbrach jäh diese positive Entwicklung und führte auch bei der DRG zu erheblichen Einnahmeverlusten. Der Betrieb mußte zeitweilig eingeschränkt werden, was Personalentlassungen und infolge des »Lokomotivüberhangs« in den Jahren 1930 bis 1934 vorzeitige Ausmusterungen vieler betriebsbereiter, verwendungsfähiger Lokomotiven zur Folge hatte.
Auf deutschen Antrag fand deshalb vom 11. Februar 1929 bis 7. Juni 1929 in Paris unter Vorsitz des amerikanischen Finanziers Owen D. Young eine Sachverständigenkonferenz statt, um zu einer Anpassung und Neuregelung der deutschen Reparationszahlungsverpflichtungen zu kommen. Die Einigung zwischen den Ententestaaten und Deutschland am 20. Januar 1930 führte durch Annahme des Youngplans zu einer konjunkturabhängigen Herabsetzung der einzelnen Reparationsraten bei zugestandener Verlängerung der Zahlungsfristen bis zum Jahre 1988 (!). In der DRG entfielen nun die ausländische Kontrolle im Verwaltungsrat und auch die durch die Verpfändung bedingte bisherige finanzielle Abhängigkeit. Allerdings legte der Youngplan auch direkt fest, daß die noch bis zum Jahre 1988 zu zahlenden Reparationsraten hauptsächlich aus den Betriebserträgen der DRG zu erbringen wären. Das Reichsbahngesetz vom 13. März 1930 bestätigte die Änderung.
Die vorher mehrmals kurzzeitig veränderten Besitz- und Unterstellungsverhältnisse, aber auch der verhältnismäßig lange Zeitraum der nahezu unveränderten Verwaltungs- und Betriebsstruktur der Deutschen Reichsbahn-Gesellschaft führten schließlich in gewisser Vereinfachung und bei Eliminierung anderer Bezeichnungsvarianten dazu, die Abkürzung DRG generell für den gesamten Zeit-

raum von 1920 bis 1945 zu gebrauchen.
Die sich vom Jahre 1933 an in Deutschland abzeichnenden neuen machtpolitischen Entwicklungstendenzen änderten zunächst am Status der DRG nichts. Die Reparationszahlungen wurden eingestellt. Das führte allerdings nicht dazu, die von der DRG erwirtschafteten Finanzmittel nunmehr voll zum weiteren Ausbau des Schienenverkehrs zu nutzen! Größere Geldbeträge, aber auch technische Hilfsmittel und Teile des gut funktionierenden Verwaltungssystems der DRG mußten vielmehr für den sofortigen Baubeginn der Reichsautobahnen zur Verfügung gestellt werden. Diese als Maßnahme zur »Motorisierung Deutschlands« im Rahmen von »Arbeitsbeschaffungsprogrammen« von der Staatsführung propagandistisch geschickt ausgeschlachteten Bauvorhaben verschleierten jedoch eine Entwicklung, die sich sehr bald als verhängnisvoll für Eisenbahn, Bevölkerung und Staat erweisen sollte. Die DRG war nun als Verkehrsunternehmen gezwungen, ihre eigene künftige Konkurrenz zu fördern, den großen Bevölkerungskreisen als erstrebenswert dargestellten individuellen Straßenverkehr zu begünstigen und leistungsfähige Rollbahnen für schnelle Truppenaufmärsche im Zuge insgeheim bereits geplanter politischer Gewaltakte und kriegerischer Entwicklungen zu bauen.
Um schließlich auch äußerlich die Abkehr von bedingungsloser »Erfüllungspolitik« und von ausländischer Finanzabhängigkeit zu dokumentieren, erließ die HV der DRG auf Veranlassung der Reichsregierung am 30. November 1936 eine entsprechende Verfügung. Hierdurch änderte man nämlich nun rückwirkend ab 1. Januar 1936 die Namensbezeichnung der DRG in Deutsche Reichsbahn (DR) und führte an den Fahrzeugen als »Hoheitszeichen« den Reichsadler mit der Schriftumrandung »Deutsche Reichsbahn« ein.
Weitergehende Änderungen ergaben sich dann aus dem »Gesetz zur Neuregelung der Verhältnisse der Deutschen Reichsbank und der Deutschen Reichsbahn« vom 10. Februar 1937:

- Die DRG wird mit Wirkung vom 2. Februar 1937 für erloschen erklärt.
- Die noch bestehenden internationalen Bindungen der DRG, abgeleitet von der Verfassung, werden für ungültig erklärt.
- Die DR wird der unmittelbaren Verwaltung des Reiches unterstellt.
- Dr. Dorpmüller, der bisherige Generaldirektor der DRG, wird zum Reichsverkehrsminister ernannt.
- Die bisherige HV der DRG geht in den »Eisenbahnabteilungen des Reichsverkehrsministeriums« auf.

Aus diesen Veränderungen resultierte anschließend eine Reihe neuer Bezeichnungen, Abkürzungen und Symbole. So führten die Reichsbahndirektionen laut Erlaß vom 15. April 1937 nunmehr die Abkürzung RBD. Während im außerdienstlichen Schriftverkehr sowie im Rahmen internationaler Zusammenarbeit in Fachverbänden, Fahrplanausschüssen und technischen Gremien die Deutsche Reichsbahn weiterhin als DR zu bezeichnen war, legte ein Erlaß vom 4. Februar 1938 dafür die Abkürzung DRB fest. Vom 12. November 1938 an waren Fahrzeuge, Dienstvorschriften, Akten usw. in entsprechender Weise mit Hoheitszeichen zu versehen, die nunmehr aus Reichsadler und den beiden Großbuchstaben DR bestanden.
Die Wirtschafts- und Rechnungsführung der DR wurde zunächst noch durch das Gesetz vom 10. Februar 1937 geregelt. Danach wurden das Anlagevermögen (Bahnanlagen, Fahrzeuge, Werkstätten) und das Umlaufvermögen (Kasse, Betriebsvorräte, Bankguthaben) als Sondervermögen des Reiches, getrennt vom allgemeinen Reichshaushalt, behandelt und geführt. Doch die Reichsbahn-Gesetze vom 1. Januar 1939 und vom 4. Juli 1939 hoben diese Eigenständigkeit weitgehend auf. Die gesamte DR und ihr Vermögen wurden nun der einseitig auf Aufrüstung und Autarkie orientierten Wirtschaftsführung und der aggressiven Außenpolitik des Reiches untergeordnet, was zu einer groben Vernachlässigung der DR und zu einer Unterschätzung der Bedeutung und tatsächlichen Leistungsfähigkeit des Schienenverkehrs führte. Erst während des Krieges erkannte man die Wichtigkeit der Eisenbahntransporte und ließ von der bereits völlig überlasteten Industrie beschleunigt noch etwa 6200 »Kriegslokomotiven« der Baureihe 52 und etwa 860 der Baureihe 42 für die DR sowie noch 150 Kriegslokomotiven entsprechend der Baureihe 52 für verbündete und befreundete Länder bauen!
Das Jahr 1945 beendete dann inmitten von Trümmern, Verwüstung und unermeßlichem Leid die Entwicklung und die Geschichte der als Einheit verwalteten und

betriebenen Deutschen Reichsbahn.

Fahrzeuge

Fahrzeugbestand und Streckenlänge der Reichseisenbahnen/DRG/DR waren durch die wirtschaftliche Entwicklung, aber auch durch Rückschläge während der Weltwirtschaftskrise 1929/32, durch Ankauf und Übernahme von Privatbahnen, durch Konfiszierungen ausländischer Bahnen im Rahmen der aggressiven deutschen Außenpolitik oder der Kriegshandlungen einem stetigen Wechsel unterworfen.
In den Abschnitten 4.1. bis 4.9. werden nachfolgend die Ursprungsbahnen der am 1. April 1920 gebildeten Reichseisenbahnen, geordnet nach Größe und Bedeutung, vorgestellt. Ab Abschnitt 4.10. folgen dann, entsprechend der zeitlichen Reihenfolge der Übernahme, die späteren Zugänge zur DRG und DR. Die Abschnitte 4.37. bis 4.42. beziehen sich dann auf die Entwicklung nach 1945.
Dabei wird jeweils von geschichtlichen Entwicklungen und technischen Besonderheiten der einzelnen Bahnen ausgegangen. Dem schließt sich ein Überblick über den entsprechenden Triebfahrzeugpark, über übliche Gattungsbezeichnungen und Nummerung bzw. Bezeichnung einzelner Fahrzeuge an. Abschließend werden meist in Tabellenform die von DRG/DR bzw. DR/DB übernommenen Triebfahrzeuge mit ihren neuen Bezeichnungen zusammengefaßt.
Der den Reichseisenbahnen verbliebene Triebfahrzeugpark mußte zunächst exakt erfaßt, hinsichtlich seiner Einsatzfähigkeit oder seiner Reparaturwürdigkeit untersucht und geordnet werden. Bei zahlreichen älteren, unwirtschaftlich arbeitenden und in der Wartung aufwendigen Lokomotiven oder Triebwagen war über eine eventuelle Weiterverwendung oder sofortige Ausmusterung zu entscheiden.
So wurden beispielsweise die letzten Exemplare folgender Gattungen nach nur noch kurzer Dienstzeit abgestellt und ausgemustert:

- 1'B-n2v-Schnellzuglokomotiven der ehemaligen preußischen Gattung S 1
- 2'B-n4v-Schnellzuglokomotiven der ehemaligen preußischen Gattung S 5^1
- 2'B1'-n4v-Schnellzuglokomotiven der ehemaligen preußischen Gattung S 7 (Bauart von Borries)
- 2'B1-n4v-Schnellzuglokomotiven der ehemaligen preußischen Gattung S 7 (Bauart de Glehn)
- 1'B1'-n3v-Schnellzuglokomotiven der ehemaligen württembergischen Klasse E
- 1'B1-n2-Personenzuglokomotiven der ehemaligen preußischen Gattung P 3 (ex Hessische Ludwigsbahn)
- 2'C-n4v-Personenzuglokomotiven der ehemaligen preußischen Gattung P 7
- D-n2-Güterzuglokomotiven der ehemaligen badischen Gattung VIII a
- B'B-n4v-Güterzuglokomotiven der ehemaligen preußischen Gattung G 9 (Bauart Mallet)
- E-n3v-Güterzuglokomotiven der ehemaligen württembergischen Klasse G (Bauart Klose)
- 1B-n2-Tenderlokomotiven der ehemaligen badischen Gattung Vb
- 1'C1'-n2-Tenderlokomotiven der ehemaligen preußischen Gattung T 6 (Umbau aus 1'C1'-n3)
- B-n2-Tenderlokomotiven der ehemaligen oldenburgischen Gattung T 1^1 (Umbau aus Gattung G 1)
- 2'Bo'-bel-Verbrennungstriebwagen der ehemaligen KPEV.

Damit verschwand manche technisch interessante Bauart.
Dann wandte man sich den nur noch in geringer Stückzahl vorhandenen Triebfahrzeuggattungen, den sogenannten Splittergattungen, zu. Deren aufwendige Ersatzteilbevorratung und die aus dem üblichen Rahmen fallenden Instandhaltungsarbeiten belasteten die Werkstätten in besonderem Maße.
Man bereinigte dabei den Triebfahrzeugbestand nicht nur durch Ausmusterung oder Verkauf älterer, schwächerer Bauarten, sondern trennte sich auch von neueren Einzelgängern.
Bei den 2'B1'-n4v-Schnellzuglokomotiven schied man zum Beispiel zwischen 1922 und 1925 die noch vorhandenen ehemals badischen IId (Baujahre 1902/05), sämtliche ehemals pfälzischen P 4 (Baujahre 1905/06) und fast alle verbliebenen ehemals preußischen S 9 (Baujahre 1908/10) aus. Aber auch die berühmte bayerische 2'B2'-h4v-Schnellfahrlokomotive der Gattung S $^{2}/_{6}$ aus dem Jahre 1906 und die drei erst »neunjährigen« 1'C1'-h2-Schnellzuglokomotiven der ehemals oldenburgischen Gattung S 10 verschonte man nicht.
Nach der Außerdienststellung der

noch brauchbaren C-n2-Güterzuglokomotiven und der schweren E-n2-Tenderlokomotiven der ehemals pfälzischen Gattungen G 2^{I} bzw. T 5 gelang es wenigstens, einige davon noch an größere Industriebetriebe zu verkaufen.
Im Rahmen dieser Ausmusterungen schieden beispielsweise auch die von der KPEV stammenden elektrischen Schnellzuglokomotiven ES 1, ES 3 und ES 6, der von der ehemaligen Militäreisenbahn übernommene A 1-h2-Dampftriebwagen 301 sowie der ehemals sächsische Bo+Bo-g4t-Akkumulatortriebwagen E 1 aus dem Triebfahrzeugbestand aus.
Bei einigen im Erhaltungsbestand der DRG verbliebenen, bewährten Dampflokomotivbauarten versuchte man nun, Leistungsfähigkeit und Wirtschaftlichkeit durch Modernisierungsmaßnahmen zu steigern.
So wurden zum Beispiel die ehemals bayerischen Naßdampf-Schnellzuglokomotiven der Gattung S $^3/_5$ N im Jahre 1925 mit Überhitzern ausgerüstet. Auch die ehemaligen bayerischen 2′C-n4v-Personenzuglokomotiven der Gattung P $^3/_5$ N, die ehemaligen oldenburgischen D-n2v-Güterzuglokomotiven der Gattung G 7^1 und auch einige ehemals preußischen 1′C-n2-Tenderlokomotiven der Gattung T 11 stellte man 1925/26 auf Heißdampfbetrieb um. Zur Beschleunigung des Güterverkehrs versah man ab 1934 viele D-h2-Güterzuglokomotiven der bekannten, ehemals preußischen Gattung G 8^1 mit vorderer Laufachse.
Vom Jahre 1925 an wandte sich die DRG auch einer ganzen Reihe von Einzelversuchen zu. Es sei in diesem Zusammenhang an die 2′C-h3v-Hochdrucklokomotive H 17 206, die beiden Turbinenlokomotiven T 18 1001 und T 18 1002 sowie an die 2′C-h2-Personenzuglokomotive T 38 3255 mit Abdampfturbinen-Triebtender erinnert.
Wertvolle Erkenntnisse für die spätere technische Entwicklung lieferten auch die elektrischen Schnellzuglokomotiven E 21 01, E 18 01 (später als E 15 01 bezeichnet), E 21 51, E 16 101 und E 21 02 mit ihren unterschiedlichen Antriebs- und Laufwerksformen.
Während man sich beim Bau von Triebwagen mit Verbrennungsmotoren recht experimentierfreudig zeigte und hiervon zahlreiche unterschiedliche Ausführungsformen beschaffte, blieb man bei den entsprechenden »Motorlokomotiven« zunächst sehr zurückhaltend. Im Jahre 1924 wurden lediglich die drei B-dmech-Rangierlokomotiven V 6001 bis V 6003 (später als V 16 001 bis V 16 003 bezeichnet), im Jahre 1925 die beiden dreiachsigen Personenzuglokomotiven V 3601 und V 3601 sowie im Jahre 1926 die 1′B1′-dhydr-Personenzuglokomotive V 3001 beschafft. Erst vom Jahre 1930 an folgte man dem internationalen Trend, für den lokalen Rangierdienst Kleinlokomotiven mit Verbrennungsmotor einzusetzen.
Bemerkenswert sind auch die Versuche mit der Braunkohlenstaub-Feuerung, die ab 1928/30 in Verbindung mit der Industrie auf 1′D-h2-Güterzuglokomotiven der ehemals preußischen Gattung G 8^2 und auf 1′E-h3-Güterzuglokomotiven der ehemals preußischen Gattung G 12 erfolgreich durchgeführt worden sind.
Nach dem Zusammenschluß der deutschen Länderbahnen hatte der Dampflokomotivpark der Reichseisenbahnen zunächst etwa 350 unterschiedliche Gattungen umfaßt. Durch die erwähnte Ausmusterung der ältesten Bauarten und der Splittergattungen verringerte sich diese Typenvielfalt jedoch in spürbarem Maße. Allerdings schrumpfte dadurch auch der noch verfügbare Triebfahrzeugbestand zusammen. Die entstandenen Lücken mußten also möglichst schnell durch Neubauten wieder geschlossen werden.
In der Hauptverwaltung der Reichseisenbahnen herrschte völlige Übereinstimmung darüber, daß man künftig mit ganz wenigen Lokomotivtypen, analog den unterschiedlichen Verwendungszwecken, auskommen könnte. Deshalb wurde eine Reihe noch von den Länderbahnen erteilter Aufträge auf Weiterlieferung bereits bewährter Bauarten nicht storniert. Dadurch kam es zu folgenden Nachlieferungen:

Baujahre	Bauart	Ursprungs-gattung	Spätere DRG-Nummern
1920/23	1′D1′-h4v-Schnellzuglokomotiven	sächs XX HV	19 006 – 19 023
1921	1′B1′-n2-Tenderlokomotiven	old T 5^1	71 419 – 71 420
1920	1′C1′-h2-Tenderlokomotiven	württ T 5	75 064 – 75 093
1921	1′C1′-n2-Tenderlokomotiven	bad VIb	75 261 – 75 280
1920/22	2′C2′-h2-Tenderlokomotiven	pr T 18	78 184 – 78 282
1921/22	1′C-n2-Tenderlokomotiven	meck T 4	91 1944 – 91 1950
1922/23	D′D-h4v-Tenderlokomotiven	bay Gt 2× $^4/_4$	96 016 – 96 025

Nun kamen auch Lokomotiven zur Auslieferung, deren Konstruktion noch von einzelnen Länderbahnen geschaffen oder begonnen worden war. Diese völlig neuen Bauarten vermehrten zwar wieder die Typenvielfalt, wurden später aber auch zur Basis weiterer DRG-Beschaffungen:

Baujahre	Bauart	Gattung	Spätere DRG-Nummern	
1921	2'C-h4v-Personenzuglokomotiven	(bay P $^{3}/_{5}$H)	38 401	– 38 480
1922	1'D1'-h3-Personenzuglokomotiven	(pr P 10)	39 001	– 39 010
1919/20	1'D-h3-Güterzuglokomotiven	pr G 8^{3})	56 101	– 56 185
1919/22	1'D-h2-Güterzuglokomotiven	(pr G 8^{2})	56 2001	...56 2485
1921/22	D-h2-Tenderlokomotiven	(old T 13^{1})	92 401	– 92 413
1922	1'E1'-h2-Tenderlokomotiven	(pr T 20)	95 001	– 95 010
1923/25	E-h2(4v)-Zahnradlokomotiven	(württ Hz)	97 501	– 97 504

Am 18. Mai 1921 trat in Oldenburg ein Gremium erfahrener Fachleute aus Industrie und Reichseisenbahnen zusammen, um über das Vorgehen bei künftigen Lokomotivbeschaffungen zu beraten. Hierbei wurden zwei unterschiedliche Konzeptionen deutlich, die durch entsprechende Argumente auch fachgerecht begründet werden konnten:
Eine Gruppe sprach sich dafür aus, noch einmal bereits bewährte Länderbahnbauarten und auch einige der genannten Nachkriegskonstruktionen zu bestellen. Für eine solche Entscheidung sprachen der Wegfall langfristiger Entwicklungszeiten, das Nichterweitern des Typen- und Ersatzteilsortiments, das Vertrautsein des Fahr- und Werkstättenpersonals mit diesen Maschinen sowie die bereits erwiesene Wirtschaftlichkeit und Zuverlässigkeit. Gegenargumente waren jedoch, daß die meisten der in Aussicht genommenen Bauarten schon viele Jahre vorher entstanden waren und demzufolge nicht in allen Details als neue Konstruktionen gelten konnten.
Die andere Gruppe forderte deshalb die Schaffung völlig neuer, einheitlicher Dampflokomotivbauarten für die Reichseisenbahnen. Dieser Konzeption entsprach ein vom Oberingenieur der Borsig-Lokomotivwerke, August Meister, dem Gremium vorgelegter Typisierungsvorschlag. Die damals bereits fertig ausgearbeitete Entwurfsreihe sah vor, identische Baugruppen einer Lokomotivbauart weitgehend komplett auch für andere Konstruktionen unter maximaler Verwendung von Normteilen zu übernehmen. Diese Projekte einer

- 2'C-h2-Personenzuglokomotive
- 1'D1'-h3-Personenzuglokomotive (der späteren P 10)
- 1'D-h2-Güterzuglokomotive
- 1'E-h2-Güterzuglokomotive
- E-h2-Tenderlokomotive
- 1'D1'-h2-Tenderlokomotive und
- 1'E1'-h2-Tenderlokomotive (der späteren T 20)

mit ihren hochliegenden, großen Kesseln und dem kurzen Schornstein mit weitem Blasrohr entsprachen fast durchweg dem charakteristischen wuchtigen Erscheinungsbild der unter A. Meisters Leitung damals bereits im Bau befindlichen preußischen Gattungen P 10 und T 20. Wenn auch die übrigen Projekte später in dieser Form von der DRG nicht realisiert wurden, so wurde dieser Typisierungsvorschlag mit seinen Leitlinien zur Grundlage der später entwickelten Einheitslokomotiven.
Doch bevor die Neukonstruktionen der Einheitslokomotiven gründlich beraten und in größerer Anzahl in Auftrag gegeben werden konnten, deckte man den dringendsten Bedarf an leistungsfähigen Neubauten durch weitere Nachbeschaffungen bereits erfolgreich in Betrieb befindlicher Bauarten. Hiervon wurden einzelne Gattungen noch zu einer Zeit beschafft, in der schon die ersten neuen Einheitslokomotiven ausgeliefert worden waren. Beispielsweise reichte der Beschaffungszeitraum der bekannten, ehemals preußischen Gattungen G 10, T 14^{1}, T 16^{1} und T 20 bis zum Jahre 1924. Die P 10, G 8^{2} und T 18 wurden sogar bis 1927/28 gebaut. Besonders bemerkenswert sind wohl folgende Nachlieferungen:

Baujahre	Bauart	Ursprungsgattung	Spätere DRG-Nummern	
1923	1'C1'-n2-Tenderlokomotiven	bad VIb	75 281	– 75 302
1923	1'C2'-h2-Tenderlokomotiven	bay Pt $^{3}/_{6}$	77 110	– 77 129
1923/24	E-h4v-Güterzuglokomotiven	bay G $^{5}/_{5}$	57 551	– 57 590
1923	E-h2-Tenderlokomotiven	sächs XI ℌT	94 2088	– 94 2139
1923/27	2'C-h2-Personenzuglokomotiven	sächs XII ℌ 2	38 322	– 38 334
1927	1 B-h2-Tenderlokomotiven	bad Ig	70 126	– 70 133
1923/30	2'C1'-h4v-Schnellzuglokomotiven	bay S $^{3}/_{6}$	18 479	– 18 548

Es erübrigt sich, auf die Entwicklung der weitgehend bekannten Einheitslokomotiven und deren spätere Varianten und Sonderbauarten näher einzugehen.
Die inzwischen erfolgreiche technische Entwicklung in anderen Traktionsbereichen ließ jedoch bereits unter der Regie der DRG den Einsatzbereich der Dampflokomotiven schrumpfen. Eine verstärkte Elektrifizierung setzte ein.
Nach dem Vorbild der ehemals preußischen Akkumulator-Triebwagen beschaffte die DRG 1926/28 eine modernere Version dieser sparsamen Fahrzeuge.
Die Züge des Stadt- und Vorortverkehrs im Raum Berlin waren jahrzehntelang trotz entsprechender Rauch- und Rußbelästigungen vor allem von Dampflokomotiven geführt worden. Obgleich dabei im Berufsverkehr auf bestimmten Strecken bis zu 25 Züge pro Stunde in einer Richtung abgefertigt werden konnten, verlangte der sprunghaft ansteigende Nahverkehr eine weitere Verkürzung der Zugfolgezeiten, eine höhere Fahrgeschwindigkeit und auch einen verbesserten Reisekomfort. Diese Anforderungen veranlaßten bereits im Dezember 1919 die PrStB zur Vorbereitung der Elektrifizierung einiger nördlicher Vorortstrecken. Doch erst unter der Regie der DRG konnte dann am 8. August 1924 der elektrische Zugbetrieb vom Stettiner Vorortbahnhof in Berlin bis Bernau aufgenommen werden. In den folgenden Jahren konnte dann auch die Betriebsumstellung der Verbindungen nach Oranienburg und Velten vollzogen werden. Nachdem weitere Strecken elektrifiziert worden waren und sich ab 1930 die Bezeichnung „S-Bahn" durchzusetzen begann, stieg auch der Bedarf an Fahrzeugen.
Da man sich von den veralteten Abteilwagen der Strecke Berlin Potsdamer Vorortbahnhof–Lichterfelde Ost lösen wollte, hatte man zunächst sechs verschiedenartige Versuchszüge beschafft. Aus deren unterschiedlichen Fahrgasträumen, Türanordnungen und Laufwerksformen wollte man die verkehrstechnisch optimale Variante ermitteln. Diese 12 Halbzüge mit je zwei Endtriebwagen und drei zweiachsigen Mittelwagen wurden zum Vorbild der 17 fünfteiligen Halbzüge der Bauart 1924 (ab 1941 als ET/EB 169 bezeichnet). Der unruhige Lauf der zweiachsigen Mittelwagen führte dann zur Bauart 1925 (ab 1941: ET/ES 168), bei der ein vierachsiger Triebwagen mit einem gleichfalls vierachsigen Steuerwagen einen Viertelzug bildete. Mit nur geringen Änderungen entwickelte man daraus die spätere Baureihe ET/ES 165, wohl eine der am häufigsten gebauten Triebwageneinheiten der Welt. Es spricht für den allgemeinen Weitblick und die Zweckmäßigkeit der damaligen Konstruktionen, daß sich diese teilweise noch heute im täglichen Betrieb bestens bewähren!
Während man sich in Berlin für einen Fahrbetrieb mit 0,8 kV Gleichstrom in seitlicher Stromschiene entschied, blieb man in Hamburg zunächst noch bei Einphasenwechselstrom von 6,3 kV bei 25 Hz in normaler Oberleitung. Für den dort bereits am 1. Oktober 1907 aufgenommenen Betrieb der Stadt- und Vorortbahn Blankenese–Ohlsdorf hatte die KPEV zweiteilige Fahrzeuge beschafft, die zu längeren Zügen vereinigt werden konnten. Die DRG ließ ältere Fahrzeuge davon ab 1924 modernisieren und beschaffte 1924/33 neue zweiteilige Gelenktriebzüge mit mittlerem Jakobs-Drehgestell. Besonders bemerkenswert ist, daß ab 22. April 1940 prallel zum bestehenden Wechselstrom-Oberleitungssystem schrittweise der Betrieb mit 1,2 kV Gleichstrom in seitlicher Stromschiene unter Einsatz neuentwickelter Fahrzeuge eingeführt wurde. Nach längerem Zweissystembetrieb mit beiden Fahrzeugarten gab man erst unter der Regie der DB am 20. Mai 1955 den Wechselstrombetrieb auf.
Die sehr kostenaufwendige Fortsetzung der Elektrifizierung bereits vorhandener Fernbahnabschnitte (15 kV Einphasenwechselstrom bei 16,7 Hz) wurde von der DRG im Rahmen der finanziellen Möglichkeiten vor allem im süddeutschen Raum betrieben. Während im Jahre 1920 die Länge der elektrisch betriebenen Strekken lediglich rund 300 km betrug, wuchs sie bis zum Frühjahr 1929 (einschließlich der erwähnten Stadtbahn- und Vorortstrecken) auf etwa 1560 km an. Den Kern der Fernbahnstrecken stellten dabei vor allem die von München in nördlicher, östlicher und südlicher Richtung ausgehenden Linien dar. Eine Verbindung zum Netz im Raume Leipzig–Halle–Magdeburg war zunächst nicht vorhanden. Auch die schlesischen Gebirgsbahnen und die ehemals badische Wiesen- und Wehratalbahn stellten gewissermaßen »Inselbetriebe« dar. Erst ab 1933 konnten die enormen Vorteile des elektrischen Betriebs auch auf den steigungsreichen, schwierigen Strecken Württembergs genutzt werden. Am 2. No-

vember 1942 wurde dann endlich über Nürnberg–Lichtenfels–Saalfeld–Weißenfels–Großkorbetha eine Verbindung des süddeutschen Netzes mit Leipzig und Halle möglich.
Erwähnenswert ist auch der von der DRG ab 1933 vorbereitete Versuchsbetrieb auf der Höllental- und Dreiseenbahn. Diese Schwarzwaldstrecken mit starken Neigungen und engen Gleisbögen hatte man allerdings mit Einphasenwechselstrom von 20 kV bei 50 Hz elektrifiziert. Dieser Betrieb bestand vom 6. Januar 1936 bis zum 20. Mai 1960.
Der vermehrte Bedarf an entsprechenden Triebfahrzeugen wurde zunächst durch die Realisierung einiger noch von KPEV, KBayStB und BadStB ausgearbeiteter Entwürfe gedeckt. Die anschließende, weitgehend bekannte Entwicklung der elektrischen Lokomotive bei der DRG konzentrierte sich vor allem auf schnellere Triebfahrzeuge für den Reisezugdienst. Für die übrigen, langsameren Lokomotiven konnten daraus jeweils zweckentsprechende Konstruktionen abgeleitet werden. Bedeutende Persönlichkeiten jener Zeit, wie Wilhelm Wechmann (Reichsbahndirektor im RZA Berlin), Walter Reichel (Direktor der Siemens-Schukkert-Werke), Hans Tetzlaff (Dezernent im RZA Berlin) und Regierungsrat Walter Kleinow (Konstruktionsleiter bei AEG), steuerten mit großem Weitblick die erfolgreiche Entwicklung vom Stangenantrieb zu den unterschiedlichen Ausführungen der Einzelachsantriebe in zweckentsprechenden Laufwerken. Einheitliche, bewährte Motortypen, Stromabnehmer, Transformatoren, Hauptschalter, Druckluftausrüstungen und Sicherheitsfahrschaltungen ermöglichten einen zuverlässigen Betrieb, eine einfache Bedienung und eine ökonomische Wartung der Fahrzeuge. Am Ende dieser Entwicklungsarbeit standen dann die formschönen, schnellen Lokomotiven der bekannten Baureihen E 18 und E 19 aus den Jahren 1935 bzw. 1939. Konstruktion und Ausführung der anläßlich der Weltausstellung in Paris im Jahre 1937 ausgestellten E 18 22 fanden mit dem »Grand Prix« höchste internationale Anerkennung. Weniger spektakulär verliefen dagegen Entwurf, Bau und langjähriger erfolgreicher Einsatz der E 44 und der E 94 aus den Jahren 1932 bzw. 1940. Technische Zweckmäßigkeit und richtige Dimensionierung beider Bauarten sind eindeutig aus der Tatsache abzuleiten, daß erstere bei der DR als Baureihe 244 und letztere bei der DB als Reihe 194, bei der DR als Baureihe 254 und bei den ÖBB als Reihe 1020 noch heute zuverlässig ihren Dienst tun.
Zur Verdichtung der Zugfolge wurden im Nahverkehr und auch im Fernreiseverkehr mit steigendem Erfolg auch Einphasenwechselstrom-Triebwagen verschiedener Bauarten eingesetzt.
Triebfahrzeuge mit Verbrennungsmotoren lösten vor allem in Form der Kleinlokomotive manche alte Dampflokomotive im örtlichen leichten Rangierdienst ab.
Diesel-Triebwagen unterschiedlicher Größen und Antriebsformen verdichteten auf nicht elektrifizierten Nahverkehrs- und Fernstrekken sowie auf schwach frequentierten Nebenbahnen den Zugverkehr. Die Schnellfahrt des Triebwagens 877 a/b, bekannt unter dem Namen »Fliegender Hamburger«, am 15. Mai 1933 vom Lehrter Bahnhof in Berlin nach Hamburg wurde zum Auftakt eines erfolgreichen Fernschnellverkehrs zwischen den größten deutschen Städten. Formschönes Design der Fahrzeuge, gebotener Reisekomfort und kurze Fahrzeiten ließen die Nachfrage nach derartigen Schnellverbindungen rasch ansteigen. Leider verhinderte dann der Zweite Weltkrieg eine weitere Entwicklung, da ab 1939 auch der DRG der erforderliche Treibstoff fehlte.

Gattungszeichen

Die Betriebs- und Einsatzleitungen der Reichseisenbahnen benötigten für eine optimale Verwendung der vielen verschiedenartigen Triebfahrzeuge eine einfache Unterscheidungsmöglichkeit. Es war vorgesehen, den Verwendungszweck und den durch Achszahlen und Reibungsgewicht charakterisierten Leistungsbereich in einem Gattungszeichen zusammenzufassen. Hierbei sollten die Großbuchstaben S, P oder G auf den Verwendungszweck als Schnellzug-, Personenzug- oder Güterzuglokomotive hinweisen. In einer dann folgenden dreistelligen Kennzahl sollten die erste Ziffer die über 10 t hinausgehende Kuppelachsfahrmasse, die zweite Ziffer die Anzahl der Kuppelachsen und die dritte Ziffer die Gesamtachszahl angeben.
So war die Gattungsbezeichnung P 524 für die ehemalige sächsische 2'B-n2v-Personenzuglokomotive der Gattung VIII V2 mit 15 t Kuppelachslast, zwei Kuppelachsen und vier Achsen insgesamt vorgesehen.

Die ehemals bayerische S $^{3}/_{6}$ sollte als 2'C1'-h4v-Schnellzuglokomotive mit 16 Mp Kuppelachslast als S 636 bezeichnet werden.
Für die bekannte, noch von Preußen entworfene 1'D1'-h3-Personenzuglokomotive der Gattung P 10 war die neue Gattungsbezeichnung P 746 vorgesehen, da man zunächst nur von 17 Mp Kuppelachslast ausging.
Es zeigte sich jedoch bald, daß die vorgesehene Gattungsbezeichnungsweise nur einen ungenügenden Informationsgehalt hatte. So konnten Kuppelachslasten unter 10 Mp nicht dargestellt werden. Außerdem erwies sich die Angabe der Gesamtachszahl für eine Leistungseinschätzung als überflüssig.
Recht gut bewährte sich dagegen eine dementsprechende dreistellige Reihenbezeichnung der ČSD, bei der die Anzahl der Kuppelachsen, die Höchstgeschwindigkeit und die Kuppelachslast Berücksichtigung fanden. Auch die dreistellige Reihenbezeichnung der MÁV, abgeleitet aus Anzahl der Kuppelachsen, Lokomotivbauart (Schlepptenderlokomotive/Tenderlokomotive) und Kuppelachslast, erfüllte jahrzehntelang ihren Zweck.
Unter Erweiterung der vorgesehenen Bezeichnungsweise führte man ab 1923 das Betriebsgattungszeichen ein. Dieses dreiteilige Unterscheidungszeichen wurde von der DRG bei allen Dampflokomotiven und bei den wenigen größeren Verbrennungsmotorlokomotiven angewendet. Die vorgesehene Einbeziehung der elektrischen Lokomotiven unterblieb, da deren Konstruktion meist ohnehin eine breitere Einsatzpalette ermöglichte.
Da sich aber doch für recht unterschiedliche Dampflokomotivbauarten gleichlautende Betriebsgattungszeichen ergaben, benutzte man oftmals zusätzlich weiterhin die alten Gattungsbezeichnungen der ehemaligen Länderbahnen. Bei der DB entschloß man sich deshalb bereits im Jahre 1952, keine Betriebsgattungszeichen mehr anzubringen und sie ab 1960 gänzlich zu entfernen.
Die Entwicklung der DRG/DR führte später zur Erweiterung der ursprünglichen Dreiteilung beim Informationsgehalt der Betriebsgattungszeichen und zur Nutzung zusätzlicher Kennbuchstaben.
In ganz offensichtlicher Anlehnung an bayerische und preußische Vorbilder symbolisierten die jeweils am Anfang stehenden Buchstaben die unterschiedlichen Betriebsgattungen:

- S = Schnellzuglokomotive mit Schlepptender
- P = Personenzuglokomotive mit Schlepptender (auch bei einigen Verbrennungsmotorloks angewendet)
- G = Güterzuglokomotive mit Schlepptender (auch bei einigen Verbrennungsmotorloks angewendet)
- St = Schnellzugtenderlokomotive
- Pt = Personenzugtenderlokomotive
- Gt = Güterzugtenderlokomotive
- Z = Zahnradlokomotive (Regelspur)
- L = Lokalbahnlokomotive
- K = Schmalspur (Kleinspur-)lokomotive
- Kz = Zahnradlokomotive (Schmalspur)

Dann folgte mit etwas kleineren Schriftzeichen eine zweistellige Kennzahl zur Symbolisierung des Achskuppelverhältnisses. Hierbei erschien an erster Stelle die für die Ermittlung der Lokomotivzugkraft entscheidende Anzahl der gekuppelten bzw. angetriebenen Achsen. In der zweiten Stelle wurden dann sämtliche Achsen gezählt, wodurch zusätzliche Unterscheidungs- und Erkennungsmöglichkeiten entstanden.
Die nun nach einem Punkt folgende ein- oder zweistellige Zahlenangabe erfolgte mit noch kleineren Schriftzeichen. Sie bezog sich auf den Achsdruck, die durchschnittliche Kuppelachslast, angegeben in Tonnen.
Im Rahmen einer Präzisierung bei der Anwendung physikalischer Grundbegriffe haben bestimmte technische Bezeichnungen und die dafür genutzten Maßeinheiten seit der Einführung des Betriebsgattungszeichens mehrfach gewechselt. Die erst in jüngerer Zeit auf internationaler Ebene erfolgte Einführung der SI-Einheiten wurde durch Gesetz für die DB ab 2. Juli 1970 und für die DR ab 1. Januar 1980 verbindlich.

- Damit das jeweilige Antriebssystem eines Triebfahrzeugs für die Zugkraft voll genutzt werden kann, bedarf es einer ausreichenden Reibung zwischen angetriebenen Rädern und Schiene. Diese Reibung ist abhängig von der durch Wägung feststellbaren Größe des Reibungsgewichts G_r (anfangs auch Adhäsionsgewicht und später Reibungslast genannt) sowie vom trockenen oder feuchten, glatten oder rauhen Zustand der Oberfläche des Schienenkopfes.
- Der dabei auf eine angetriebene Achse entfallende Teil des Rei-

bungsgewichts wird Achsdruck, Kuppelachslast oder Achsfahrmasse genannt.

Eine Multiplikation der an vorderer Stelle des Betriebsgattungszeichens angegebenen Anzahl der gekuppelten bzw. angetriebenen Achsen mit dem hinter dem Punkt folgenden Achsdruck führt also zum jeweiligen Reibungsgewicht.

- Die neuerdings als Reibungsgewichtskraft Q_r definierte, auf die Schienen wirkende Größe ist im Gegensatz zu vorgenannten Gewichten oder Massen in kN anzugeben.
- Die größte Zugkraft am Zughaken eines Triebfahrzeugs kann mit Hilfe der Angaben des Betriebsgattungszeichens mit annähernder Genauigkeit bestimmt werden.

Dazu ist das ermittelte Reibungsgewicht (unter der Voraussetzung trockener, glatter Schienen) mit dem Reibungsfaktor 0,2 zu multiplizieren.

Nach dieser Faustformel konnte man beispielsweise bei folgenden, sehr unterschiedlichen Lokomotiven von einer übereinstimmenden größten Zugkraft ausgehen:

03 122	=	2'C1'-h2-Schnellzuglokomotive	Betriebsgattungszeichen:	S 36.17 (Einh)
38 2383	=	2'C-h2-Personenzuglokomotive	Betriebsgattungszeichen:	P 35.17 (ex KPEV)
74 1230	=	1'C-h2-Tenderlokomotive	Betriebsgattungszeichen:	Pt 34.17 (ex KPEV)
75 6776	=	1'C1'-h2-Tenderlokomotive	Betriebsgattungszeichen:	Pt 35.17 (ex HBE)

Die jeweils mit der 3 durchzuführende Multiplikation des übereinstimmenden Achsdrucks führt zu einem Reibungsgewicht G_r von 51,000 t bzw. zu einer Reibungsgewichtskraft Q_r von 500,310 kN. Diese Werte führen, mit 0,2 multipliziert, bei den vorgenannten Lokomotiven zu einer größten Zugkraft von 10,2 t bzw. 100,062 kN.

Über der letztgenannten Angabe des Achsdrucks konnten weitere Zusatzzeichen auf den am Führerstand beidseitig angebrachten Betriebsgattungsschildern erscheinen. So wiesen gegebenenfalls eine Dreiecksfläche und ein darüber angeordneter waagerechter Strich auf das Überschreiten des üblichen Lichtraumprofils in bezug auf Höhe und Breite hin.

- Diese Zeichen konnten entfallen, wenn das Lichtraumprofil I (größte Höhe über Schienenoberkante bis 4280 mm) nicht überschritten wurde. Das war z. B. der Fall bei den »niedrigen« Dampflokomotiven der Baureihen 24, 64, 71, 81 und 86.
- Konnte durch Abbau entbehrlicher Teile (Schornsteinaufsätze, Dachlüftungsklappen etc.) die Begrenzung des vorgenannten Lichtraumprofils I noch eingehalten werden, so war dies durch Dreieck und waagerechten Strich zu kennzeichnen. Hierunter fielen beispielsweise die ehemals preußischen Gattungen P 8 und G 8[1], aber auch die Einheitslokomotiven der Baureihen 01, 03 und 41.
- War jedoch die jeweilige Bauart völlig an das größere Lichtraumprofil II konstruktiv gebunden, so wurde über der Angabe des Achsdrucks eine Dreiecksfläche erforderlich. Zu diesen, durch besonders hohe Kessellage oder hohe Kesellaufbauten gekennzeichneten Lokomotiven gehörten die mächtigen Maschinen der Baureihen 42 und 43 sowie die ersten zehn Probelokomotiven der Baureihe 44. Auch die für Österreich entworfenen 1'D2'-h2-Schnellzuglokomotiven der Reihe 214 und die 1'F1'-h2(4)-Zahnradlokomotiven der Reihe 369, bei der DRG innerhalb der Baureihen 12 bzw. 97 zu finden, gehörten zu diesen »Riesen«.

Die Reichseisenbahnen/DRG führten ab 1920 noch ein eigenes Gattungssystem für elektrische Lokomotiven ein, das allerdings nur auf eine Zusammenfassung gleicher Bauarten abzielte. Die wenigen vorhandenen elektrischen Lokomotiven sollten zunächst keine neuen Nummern erhalten. Bei den dann einsetzenden Neubeschaffungen wendete man die bisherigen preußischen, bayerischen oder badischen Nummerungsgrundsätze an.

Die Gattungsbezeichnungen der vorhandenen, ehemals bayerischen Lokomotiven glich man nun dem preußischen System an und fügte spätere Neubeschaffungen sinngemäß ein bzw. an:

- Die 1'C1'-w[1]k-Personenzuglokomotiven der bayerischen Gattung EP $^3/_5$ aus dem Jahre 1913 wurden nun zur DRG-Gattung EP 1 (später E 62 01 bis E 62 05).
- Als EP 2 folgten dann die neuen 1'C1'-w[2]u-Personenzuglokomotiven aus den Jahren 1924/25 (später E 32 06 bis E 32 34).

- Die kleinere und die größere Ausführung der 1'C2'-w[1]k-Personenzuglokomotiven der ursprünglichen Gattung EP $^{3}/_{6}$ aus dem Jahre 1914 schlossen sich dann, getrennt in EP 3 und EP 4, an (später E 36 01 bis E 36 04 und E 36 21 bis E 36 24).
- Für die großen 2'BB2'-w[4]u-Neubauten der Jahre 1924/25 wählte man die nachfolgende Gattungsbezeichnung EP 5 (später E 52 01 bis E 52 35).
- Ähnlich verfuhr man bei den damals bayerischen Güterzuglokomotiven und den ersten Neubeschaffungen.
- Da die neuen 1'Do1'-w[4]e-Schnellzuglokomotiven der Jahre 1926/27 in Bayern keinerlei Vorläufer besaßen, bezeichnete man die späteren E 16 01 bis E 16 10 zuerst als Gattung ES 1.
- Für die Lokomotiven der preußischen Netzteile bildete man die neuen Gattungszeichen einfach durch Weglassen der jeweils nachfolgenden Betriebsnummern, kam dadurch allerdings nicht zu eindeutigen Aussagen. So gehörten nun beispielsweise zur Gattung ES sehr unterschiedliche Schnellzuglokomotiven der Achsfolgen 2'B1' und 1'C1'. Aber auch die neuen 2'C2'-w[1]k-Schnellzuglokomotiven der Jahre 1923/24 (später E 06 01 bis E 06 07) wurden als Gattung ES geführt.
- Die vorgenannten Gattungsbezeichnungen für die bayerischen, preußischen und badischen Netzteile wurden durch die ab 1927 begonnene neue Nummerung der elektrischen Lokomotiven schließlich entbehrlich.

Es ergab sich für die DRG auch die Notwendigkeit, Gattungsbezeichnungen für Triebwagen festzulegen. Die zunehmende Anzahl dieser anfangs noch sehr unterschiedlichen Triebfahrzeuge und deren sich ständig erweiternde Einsatzbereiche, aber auch die Einrichtung bzw. Abschaffung der 4. und 3. Wagenklasse sowie die Einführung neuer, aussagekräftigerer Betriebsnummern führten jedoch zu mehrfachen Änderungen einzelner Bezeichnungsgrundsätze. Die jeweiligen Gattungszeichen hatten/haben bei den Triebwagen also nur immer innerhalb eines bestimmten Zeitraums Gültigkeit und waren/sind von der jeweiligen Nummerung der Fahrzeuge abhängig. Im vorliegenden Verzeichnis wird immer nur von der ursprünglichen DRG-, DB- oder DR-Gattungsbezeichnung ausgegangen.

Die Gattungszeichen der Triebwagen enthalten Angaben über Raumaufteilung und -nutzung, (über die Anzahl 2 hinausgehende) Achszahl und konstruktive Details.

Da alle Triebwagen zunächst von der DRG innerhalb freier Nummernräume bei den Reisezugwagen (ohne weitere Zusatzbezeichnung) eingeordnet wurden, war aus diesen Nummern kein Rückschluß auf die Antriebsart möglich. Deshalb fügte man dem entsprechenden Gattungszeichen eine Angabe über Antriebsart/Wagenart an. Durch Verfügung des RZA München vom März 1940 wurde bei den elektrischen Triebwagen die bekannte Bezeichnungsweise mit den vorangestellten Kennbuchstaben ET, ES und EB eingeführt. Deshalb entfiel hier die Notwendigkeit dieses Zusatzes.

Da es jedoch eine vergleichbare Änderung bei den Verbrennungstriebwagen nicht gab, sei ausdrücklich darauf hingewiesen, daß diese bis etwa 1947/48 im wesentlichen lediglich mit Nummern zwischen 701 und 934, 10 001 und 10 005 sowie 133 000 und 137 903a versehen wurden. Die Antriebsart war hier nur aus der Gattungsbezeichnung ersichtlich. Die oftmals in der Literatur irrtümlich für die Verbrennungstriebwagen und die entsprechenden Steuer- oder Beiwagen gebrauchten Betriebsnummern mit den vorangestellten Kennbuchstaben VT, VS oder VB sind also falsch und entbehren jeder amtlichen Grundlage, wie auch jedes Foto aus diesem Zeitraum völlig eindeutig beweist!

Innerhalb der Gattungszeichen für Trieb-, Steuer- und Beiwagen unterscheidet man zwischen Hauptgattungszeichen und Nebengattungszeichen. Dann folgte eine Angabe über Antriebsart bzw. Wagenart. Außerdem gab man auf Zeichnungen und anderen technischen Dokumentationen noch meist das Konstruktionsjahr an.

- Hauptgattungszeichen:
  - A = Sitzplätze 1. Klasse
  - B = Sitzplätze 2. Klasse
  - C = Sitzplätze 3. Klasse (bis 1956)
  - D = Sitzplätze 4. Klasse (bis 1928)
  - Pw = Gepäckabteil (später gekennzeichnet mit D = Dienstabteil)
  - Post = Postabteil
  - R = Speiseabteil
  - WR = Speisewagen
  - W = Wirtschaftsabteil (nur bei DB)
  - L = Lokalbahnfahrzeug
  - K = Schmalspurfahrzeug

– Nebengattungszeichen:
  - i = Wagen mit offenen Übergängen
  - ü = Wagen mit Übergangsbrücken und Faltenbälgen
  - g = Wagen mit geschlossenen Übergängen und Gummiwülsten
  - tr = Wagen mit Traglastenabteil
  - k = Wagen mit Küchenabteil
  - y = Wagen mit geschlossenen Übergängen, Mittelgang od. offenem Seitengang
  - e = Wagen mit elektrischer Heizung
  - a = dreiachsiger Wagen
  - aa = zweiachsiger Wagen

Weitere, speziellere Nebengattungszeichen mit zeitlich eng begrenzter Gültigkeit haben im Rahmen dieser Zusammenstellung nur eine geringfügige Bedeutung.

– Antriebsart/Wagenart:
  - elT = Elektrotriebwagen für Oberleitung
  - elS = Steuerwagen zu Elektrotriebwagen für Oberleitung
  - el = Beiwagen zu Elektrotriebwagen für Oberleitung
  - esT = Elektrotriebwagen für Stromschiene
  - esS = Steuerwagen zu Elektrotriebwagen für Stromschiene
  - es = Beiwagen zu Elektrotriebwagen für Stromschiene
  - eaT = Akkumulatortriebwagen (Speichertriebwagen)
  - vT = Triebwagen mit Verbrennungsmotoren
  - vS = Steuerwagen zu Triebwagen mit Verbrennungsmotoren
  - v = Beiwagen zu Triebwagen mit Verbrennungsmotoren
  - dT = Dampftriebwagen
  - dS = Steuerwagen zu Dampftriebwagen

Nachstehende konkrete Beispiele mögen die praktische Anwendung der Gattungszeichen für Triebwagen in Abhängigkeit von der jeweiligen Betriebsnummer verdeutlichen. Man beachte dabei die nicht immer einheitliche Reihenfolge innerhalb der Haupt- und Nebengattungszeichen sowie auch die nicht immer vollständige/ausführliche Bezeichnungsweise.

Art des Fahrzeugs	Betriebsnummer	Gattung
Hinterer Elektrotriebwagen für Oberleitung	1823b Breslau	BCiü4 elT
dto. (spätere Bezeichnungen)	ET 25 009b	BC4iü
Vorderer Elektrotriebwagen für Oberleitung	1303a Nürnberg	CPost4 elT
dto. (spätere Bezeichnungen)	ET 31 003a	CPost 4
Hinterer Steuerwagen für Elektrotriebwagen (mit 4.-Klasse-Abteil)	2011 Breslau	CD3itr elS
dto. (spätere Bezeichnungen, nach Wegfall der 4. Klasse)	ES 87 01b	CC3itr
Mittlerer Akkumulatortriebwagen (zweiachsig)	205 Magdeburg	Ciütr eaT
dto. (spätere Bezeichnungen)	AT 0549	Ciütr
Verbrennungstriebwagen »Fliegender Hamburger« (zweiteilig)	877a/877b Berlin/Berlin	B6 vT
Verbrennungstriebwagen Bauart Hamburg (Serienbauart, zweiteilig)	137 151a/137 151b Berlin/Berlin	B6 vT
Dampftriebwagen	59 Berlin	BCPw4itr dT

Umzeichnungspläne und Betriebsnummern

Nach dem Zusammenschluß der ehemaligen deutschen Länderbahnen zu den Reichseisenbahnen ergab sich die Notwendigkeit, für die sehr unterschiedlichen Triebfahrzeug- und Wagenbauarten mit ihren sehr voneinander abweichenden Bezeichnungen eine einheitliche Bezeichnungsregelung zu erarbeiten.

Bei den Dampflokomotiven mußten zunächst einmal generell alle im Erhaltungsbestand verbleibenden Bauarten hinsichtlich technisch vergleichbarer Details erfaßt werden, um zu gewissen Zusammenfassungen kommen zu können.

So entstand der Entwurf einer ersten vereinheitlichenden Bezeichnungsweise für Dampflokomotiven. Entsprechend dem Verwendungszweck, der Art des Mitführens von Betriebsvorräten (ob Schlepptenderlokomotive oder Tenderlokomotive) und der Achsfolge schuf man dabei Gruppierungen, die mit zweistelligen Kennzahlen versehen wurden.

An den Anfang der jeweiligen Bezeichnungsgruppen stellte man bewährte, neuere Länderbahngattungen, die zunächst noch weiterbeschafft werden sollten. Für andere, noch zu erwartende Neukonstruktionen ließ man jeweils einige dieser Reihenbezeichnungen frei. Dann folgten die übrigen vorhandenen Bauarten, geordnet nach steigendem Kupplungsgrad und der steigenden Anzahl der Laufachsen.

Bei diesem ersten Entwurf fällt allerdings auf, daß bei der vorgesehenen Vergabe der Reihenbezeichnungen einige Gattungen bevorzugt wurden. Beispielsweise beanspruchte man für die bayerischen und preußischen 2'C-Personenzuglokomotiven der Gattungen P $^3/_5$ bzw. P 8 die beiden selbständigen Reihen 15 und 16, während für die übrigen bayerischen, württembergischen, sächsischen und badischen 2'C-Personenzuglokomotiven auch noch die Reihennummer 29 vorgesehen wurde. Ähnlich verhielt es sich bei den 2'C-Schnellzuglokomotiven. Hier sollte die ehemals preußische Gattung S 10^1 als Reihe 01 ganz an den Anfang gesetzt werden, während für die anderen preußischen, bayerischen und sächsischen 2'C-Schnellzuglokomotiven die Reihennummer 13 vorgesehen war.

Da sich nach genauerer Überprüfung der Anwendbarkeit des geplanten neuen Bezeichnungssystems aber schon recht bald dessen Grenzen zeigten, brach man die weitere Entwurfsarbeit ab. Deshalb fanden die vorhandenen Güterzugtenderlokomotiven, die Zahnradlokomotiven, die Lokalbahnlokomotiven und die Schmalspurlokomotiven im Entwurf keine Aufnahme. (Schnellzugtenderlokomotiven waren zu jener Zeit noch nicht im Betriebsbestand.)

Nachstehend ist eine Übersicht über diesen ersten (unvollendeten) Entwurf einer vereinheitlichenden Bezeichnungsweise für

Achsfolge/Bauart	Reihe	Bemerkungen
2'C-h4v-Schnellzuglokomotiven	01	nur vorgesehen für pr S 10^1 (Bauart 1914)
1'D1'-h4v-Schnellzuglokomotiven	02	nur vorgesehen für sächs XX HV
Diverse Schnellzuglokomotiven	03 bis 07	frei für spätere Neukonstruktionen
1B- und 1'B-Schnellzuglokomotiven	08	–
2'B-Schnellzuglokomotiven	09	–
2'B1-, 2'B1'-Schnellzuglokomotiven	10	–
2'B2'-Schnellzuglokomotive	11	nur vorgesehen für bay S $^2/_6$
1'C1'-Schnellzuglokomotiven	12	nur vorgesehen für old S 10
2'C-Schnellzuglokomotiven	13	–
2'C1'-Schnellzuglokomotiven	14	–
2'C-h4v-Personenzuglokomotiven	15	nur vorgesehen für bay P $^3/_5$ H
2'C-h2-Personenzuglokomotiven	16	nur vorgesehen für pr P 8
1'D1'-h3-Personenzuglokomotiven	17	nur vorgesehen für pr P 10
Diverse Personenzuglokomotiven	18 bis 23	frei für spätere Neukonstruktionen
B-Personenzuglokomotiven	24	–
1B-, 1'B-Personenzuglokomotiven	25	–
1'B1-Personenzuglokomotiven	26	–
2'B-Personenzuglokomotiven	27	–
1'C-Personenzuglokomotiven	28	nur vorgesehen für pr P 6
2'C-Personenzuglokomotiven	29	–
1'C-h2-Güterzuglokomotiven	30	nur vorgesehen für bay G $^3/_4$ H
1'D-h2-Güterzuglokomotiven	31	nur vorgesehen für pr G 8^2
1'D-h4v-Güterzuglokomotiven	32	nur vorgesehen für bay G $^4/_5$ H
E-h2-Güterzuglokomotiven	33	nur vorgesehen für pr G 10
1'E-h3-Güterzuglokomotiven	34	nur vorgesehen für pr G 12
Diverse Güterzuglokomotiven	35 bis 45	frei für spätere Neukonstruktionen
B-Güterzuglokomotiven	46	–
1B-, 1'B-Güterzuglokomotiven	47	–
C-Güterzuglokomotiven	48	–
1'C-Güterzuglokomotiven	49	–
D-Güterzuglokomotiven	50	–
1'D-Güterzuglokomotiven	51	–
E-Güterzuglokomotiven	52	–
1'E-Güterzuglokomotiven	53	–
1'F-Güterzuglokomotiven	54	im Original fälschl. als Achsfolge F
1'C-h2-Personenzugtenderlokomotiven	55	nur vorgesehen für pr T 12
2'C2'-h2-Personenzugtenderlokomotiven	56	nur vorgesehen für pr T 18
1'D1'-h2-Personenzugtenderlokomotiven	57	nur vorgesehen für pr T 14^1
Diverse Personenzugtenderlokomotiven	58 bis 64	frei für spätere Neukonstruktionen
B1-, B1-Personenzugtenderlokomotiven	65	–
1B-, 1'B-Personenzugtenderlokomotiven	66	–
1'B1'-Personenzugtenderlokomotiven	67	–
2'B-Personenzugtenderlokomotiven	68	–
1'B2'-Personenzugtenderlokomotiven	69	–
1'C-Personenzugtenderlokomotiven	70	–
1'C1'-Personenzugtenderlokomotiven	71	–
2'C-Personenzugtenderlokomotiven	72	nur vorgesehen für pr T 10
1'C2'-Personenzugtenderlokomotiven	73	–
1'D1'-Personenzugtenderlokomotiven	74	nur vorgesehen für pr T 14
Diverse Güterzugtenderlokomotiven	75 bis 76	frei für spätere Neukonstruktionen
1'E1'-Güterzugtenderlokomotiven	77	nur vorgesehen für pr T 20

etwa gleichartige Bauartreihen von Dampflokomotiven mit Hilfe zweistelliger Reihennummer dargestellt (im Falle der Zusammenfassung unterschiedlicher Lokomotivgattungen, wie beispielsweise bei den Reihen 13 und 29, auch als »Stammnummer« bezeichnet): (siehe Seite 48)

Erster vorläufiger Umzeichnungsplan für Dampflokomotiven (Januar 1923)

Im Jahre 1922 führte man bei den Reichseisenbahnen eine Bestandsermittlung der vorhandenen Fahrzeuge durch. Die bei dieser Inventur ermittelten Stückzahlen führten dann in Verbindung mit dem vorstehend erläuterten Bezeichnungsentwurf zum ersten vorläufigen Umzeichnungsplan für Dampflokomotiven. Obgleich dieser Umzeichnungsplan nur weitgehend theoretischen Charakter besaß, muß auf einige Details genauer eingegangen werden.
Bei der Zuordnung bestimmter Gattungen zu den Hauptgruppen der Schnellzug-, Personenzug-, Personenzugtender- und Güterzugtenderlokomotiven führten subjektive Einflüsse zu gewissen Merkwürdigkeiten und Fehlern. So nahm man für die nur noch wenigen, veralteten 1B-n2-Schnellzuglokomotiven der preußischen Gattung S1 (mit überhängenden Zylindern) noch eine ganze Reihennummer innerhalb der Schnellzuglokomotiven in Anspruch, verwies dagegen aber die moderneren 1'B-Schnellzuglokomotiven der bayerischen Gattung BX und der sächsischen Gattung VIb𝔙 in die Gruppe der Personenzuglokomotiven mit der Stammnummer 25. Auch die schnellen 2'B-Schnellzuglokomotiven der badischen Gattung IIc (mit 2100 mm Kuppelraddurchmesser) verwies man in die Gruppe der Personenzuglokomotiven. Die später als Güterzuglokomotiven bezeichneten 1'D1'-h2 der preußischen Gattungen T14 und T14^1 wiederum erfaßte dieser Plan als Personenzugtenderlokomotiven. Für die sächsische Gattung XVℌT𝔙 war eine Einordnung bei den Güterzuglokomotiven vorgesehen. Später kamen diese beiden großen CC-h4v zu den Personenzugtenderlokomotiven.
Fotos aus dieser Zeit beweisen, daß einzelne Lokomotiven kurzzeitig tatsächlich derartige Nummern getragen haben. So waren Lokomotiven der preußischen Gattungen P 10, G 8^2, G 10 und T 20 von den Herstellern als 17 016, 31 672, 33 2262 und 77 008 ausgeliefert worden (spätere DRG-Nummern 39 016, 56 2702, 57 3262 und 95 008). Hierbei entsprachen Form und Größe der verwendeten Ziffern bereits dem von den späteren DRG-Nummernschildern her allseits bekannten charakteristischen Erscheinungsbild.
Die für bestimmte Lokomotivgattungen vorgesehenen Ordnungsnummern wurden innerhalb einer Stammnummer durch Hunderter- oder Tausendergruppen getrennt. Nicht wesentlich voneinander abweichende Ausführungsformen einer Gattung einer ehemaligen Länderbahn wurden außerdem manchmal noch durch Zehnergruppen getrennt. »Damit der Nummernplan nach ihrer Ausmusterung nicht bald Lücken aufweise« (so die amtliche Begründung), sah man für ältere, bald auszumusternde Gattungen Ordnungsnummern über 7000 vor. Diese vorausschauende Regelung erwies sich allerdings sehr bald als Fehlschlag, da »die alten 7000er« mitunter noch jahrzehntelang im Dienst standen, wogegen es Vertreter der ersten Nummernbereiche schon bald nicht mehr gab. (Man denke dabei an die preußischen C-n2- bzw. C-h2-Gattungen T 3 bzw. T 8.)
Obgleich jedoch beispielsweise bei badischen Lokomotiven oft nur die unterschiedlichen Lieferzeiträume zu Unterteilungen der Ordnungsnummern geführt hatten, fanden beispielsweise die signifikanten konstruktiven Unterschiede zwischen der Bauart 1911 und der Bauart 1914 innerhalb der preußischen Gattung S 10^1 keinerlei Berücksichtigung.
Noch unsichere Verhältnisse an den Grenzen und daraus resultierende wechselnde Besitzansprüche sowie verspätete Reparationsforderungen, aber auch offensichtliche organisatorische Mängel bei der Erfassung des vorhandenen Fahrzeugbestands führten leider zu Ungenauigkeiten und Fehlern bei der Festlegung der einzelnen Ordnungsnummern. Beispielsweise vergaß man die nach Kriegsende der Generaldirektion Dresden zugewiesenen Lokomotiven. Auch einige Ausmusterungen und vorzeitige Verkäufe von Lokomotiven konnten nicht immer berücksichtigt werden.
Da man sich aber bald für die Einführung eines anderen Reihensystems entschieden hatte, wurden auch die Erfassungsarbeiten im Bereich der Ordnungsnummern vorzeitig unterbrochen. So stellte man diesen ersten vorläufigen Umzeichnungsplan nur für die

Schnellzug-, Personenzug- und Güterzuglokomotiven auf.
Es war beabsichtigt, gleichzeitig mit diesem Umzeichnungsplan auch die ersten Gattungszeichen einzuführen.

Bauart	Betriebsnummern	Gattung	Herkunft
2'C-h4v-Schnellzuglokomotiven	01 001 bis 01 131	S 735	ex pr S 10^1 (1911)
2'C-h4v-Schnellzuglokomotiven	01 132 bis 01 208	S 735	ex pr S 10^1 (1914)
1'D1'-h4v-Schnellzuglokomotiven	02 001 bis 02 023	S 746	ex sächs XX HV
1B-n2-Schnellzuglokomotiven	08 7001 bis 08 7004	S 423	ex pr S 1
2'C1'-h4v-Schnellzuglokomotiven	14 231 bis 14 242	S 636	ex bad IV f^3
2'C1'-h4v-Schnellzuglokomotiven	14 251 bis 14 258	S 636	ex bad IV f^4
1B-n2-Personenzuglokomotiven	25 7201 bis 25 7204	P 323	ex meck P 2
1B-n2-Personenzuglokomotiven	25 8131 bis 25 8134	P 223	ex württ Ab
1'D-h2-Güterzuglokomotiven	31 001 bis 31 485	G 645	ex pr G 8^2
1'F-h4v-Güterzuglokomotiven	54 001 bis 54 015	G 667	ex württ K

Zweiter vorläufiger Umzeichnungsplan für Dampflokomotiven (Juli 1923)

Am 25. Juli 1923 wurde der zweite vorläufige Umzeichnungsplan für Dampflokomotiven fertiggestellt und veröffentlicht. Während man sich dabei hinsichtlich der Festlegung der Ordnungsnummern wiederum auf die Bestandsermittlung des Jahres 1922 (mit allen Ungenauigkeiten und Fehlern) stützte, enthielt dieser Plan eine Reihe grundlegender Änderungen.
Man verblieb zwar bei den zweistelligen Reihenbezeichnungen, veränderte aber deren Geltungsbereiche und erweiterte das Bezeichnungssystem nun auch auf die Güterzugtender-, Zahnrad-, Lokalbahn- und Schmalspurlokomotiven. Da inzwischen eine eindeutige Entscheidung für die Beschaffung der neu zu entwickelnden Einheitslokomotiven getroffen worden war, sah man jetzt für diese die jeweils ersten Stammnummern vor. Dann erst sollten die Länderbahnlokomotiven folgen, nunmehr jedoch bei gleicher Achsfolge unter einer Stammnummer zusammengefaßt. Nur bei den zahlreichen, voneinander abweichenden Bauarten innerhalb der Hauptgattungen der Zahnrad-, Lokalbahn- und Schmalspurlokomotiven mußte man von diesem Grundsatz abweichen und faßte unter den Stammnummern 97, 98 bzw. 99 Lokomotiven unterschiedlicher Achsfolge zusammen. Einheitslokomotiven setzte man hier nicht an den Anfang.
Für die Hauptgattungen der Dampflokomotiven sah man nun die nachfolgend aufgeführten und auch heute noch weitgehend bekannten Stammnummernreihen vor:

Schnellzuglokomotiven mit Schlepptender	01 bis 19
Personenzuglokomotiven mit Schlepptender	20 bis 39
Güterzuglokomotiven mit Schlepptender	40 bis 59
Personenzugtenderlokomotiven	60 bis 79
Güterzugtenderlokomotiven	80 bis 96
Zahnradlokomotiven	97
Zahnradlokomotiven (teilweise auch mit Schlepptender)	98
Schmalspurlokomotiven aller Spurweiten	99

Für die Lokomotiven dieser Hauptgattungen war die zusätzliche Anbringung der neuen Betriebsgattungszeichen beabsichtigt.
Wenn auch die vorstehend erläuterte Bezeichnungsweise für die Dampflokomotiven inhaltlich als weitgehend bekannt vorausgesetzt werden darf, so muß doch auf einige, oft in diesem Zusammenhange gebrauchte, zuweilen aber auch verwechselte oder falsch zugeordnete Begriffe hingewiesen werden:

- Innerhalb einer Stammnummer vergab man für Lokomotiven mit identischen Bauartmerkmalen oder für solche von völlig gleicher Bauart jeweils eine größere oder kleinere Reihe aufeinanderfolgender Betriebsnummern.
- Um eine solche Nummernfolge leicht und eindeutig zitieren zu können, konnte man die beiden letzten Ziffern (bei den jeweils nur wenigen identischen Schmalspurlokomotiven allerdings nur die letzte Ziffer) der Ordnungsnummern weglassen und deren noch verbleibende Ziffern als hochgestellten Index hinter die Stammnummer setzen. Diese, eine bestimmte Bauart innerhalb einer Stammnummer charakterisierende Kurzform nannte man Bauartreihe. Beispielsweise ergaben sich nun innerhalb der für die 2'C1'-Schnellzuglokomotiven vorgesehenen Stammnummer 18 folgende Bauartreihen:

  18 001 – 18 010 = 18^0 (ex sächs XVIII H)
  18 101 – 18 137 = 18^1 (ex württ C)
  18 201 ... 18 258 = 18^2 (ex bad IVf)

18 301 ... 18 328 = 18^3 (ex bad IVh)
18 401 ... 18 480 = 18^4 (ex bay S $^3/_6$)

Aus den vorgesehenen Nummern für die bayerischen 1'D-h4v-Güterzuglokomotiven 56 901–56 1034 konnte man die Bauartreihe 56^{9-10} bilden. Die Bauartreihe 99^{740} symbolisierte die für die ehemals preußische Gattung T 31 vorgesehenen Betriebsnummern 99 7401–99 7404.

Aus schreibtechnischen oder drucktechnischen Gründen kann neuerdings auch statt der hochgestellten Indizes eine Darstellungsform auf gleicher Zeile unter Einfügung eines Punktes angewendet werden. Die angeführten Beispiele würden sich als 18.0, 18.1, 18.2, 18.3, 18.4, 56.9–10 und 99.740 wiedergeben lassen.

Analog der beispielsweise in Österreich bereits jahrzehntelang verbreiteten Gepflogenheit, bestimmte bauartmäßig identische Nummerngruppen von Lokomotiven als Reihe zu bezeichnen, kam man in Deutschland sehr bald von der etwas unklaren Bezeichnung Stammnummer ab und verwendete dafür (zunächst inoffiziell) auch bei der DRG den sprachlich einfacheren Begriff Reihe. Gab es innerhalb einer vollständigen Reihe keine Bauartunterschiede, also auch keine Bauartreihen, so ging man (beispielsweise bei den späteren Einheitslokomotiven) allmählich zum bekannten Begriff Baureihe über. Dieser, ursprünglich innerhalb der Umzeichnungspläne nicht vorgesehene Name erfuhr einen gewissen Bedeutungswandel und setzte sich schließlich allgemein durch. Der Begriff Stammnummer geriet dagegen fast völlig in Vergessenheit.

Auch dieser zweite vorläufige Umzeichnungsplan hatte nur theoretischen Wert, da keine seiner Betriebsnummern jemals an den Lokomotiven angeschrieben oder angebracht war. Dennoch ist die Beschäftigung mit dieser listenmäßigen Erfassung für den Lokomotivhistoriker und -statistiker unerläßlich, da sie eine Ermittlung des damaligen Betriebsbestands und auch eine zeitliche Eingrenzung damaliger Ausmusterungen oder Abgaben ermöglicht.

Würde man die vorgesehenen Nummern des zweiten vorläufigen Umzeichnungsplans unberücksichtigt lassen, könnten an manchen Stellen des späteren, endgültigen Nummernplans durch vorzeitige Ausmusterungen Lücken entstehen, die den Zusammenhang der Betriebsnummernfolgen unmotiviert unterbrechen würden.

So verblieben beispielsweise innerhalb der für die C-Güterzuglokomotiven vorgesehenen Stammnummer 53 Maschinen der Bauartreihe 53.3. Die als 53.4 und 53.5 vorgesehenen Lokomotiven wurden 1923/25 ausgemustert. Im endgültigen Umzeichnungsplan folgte deshalb auf die 53 327 erst die 53 601.

Um das häufig erforderliche Zitieren aus diesem zweiten vorläufigen Umzeichnungsplan zu erleichtern, ist es üblich geworden, dessen vorgesehene Betriebsnummern durch Einklammern kenntlich zu machen.

Als Beispiele für Anwendung, Bedeutung und Schreibweise der Betriebsnummern des zweiten vorläufigen Umzeichnungsplans gegenüber den späteren, endgültigen Nummern mögen die drei ersten badischen 2'C1'-h4v-Schnellzuglokomotiven der Gattung IVf^1 sowie vier ehemals preußische D-n2-Güterzuglokomotiven der Gattung G 7^1 mit Angabe ihrer Lieferdaten dienen (siehe nachstehende Tabelle):

Lieferfirma, -jahr und -nummer				Vorläufige Betriebsnummer	Endgültige Nummer	Ausmusterung
Maffei	1907:2512	bad IVf^1	751	(18 201)	–	bereits 1923/24
Maffei	1907:2513		752	(18 202)	–	bereits 1923/24
Maffei	1907:2514		753	(18 203)	18 201	
Schwartzkopff	1908:4057	pr G 7^1	Essen 4780	(55 517)	55 500	
Schwartzkopff	1908:4058		Essen 4781	–	bereits 1920 an PKP	
Schwartzkopff	1908:4059		Essen 4782	(55 518)	irrtümlich im U-Plan erfaßt	
Schwartzkopff	1908:4060		Essen 4783	(55 519)	55 501	

(Essen 4781 wurde bei PKP zu Tp 1-95, später zu DRG 55 177''. Essen 4782 war bei AL als 5315.)

Der endgültige Umzeichnungsplan für Dampflokomotiven (Februar 1926)

Obgleich die ehemaligen deutschen Länderbahnen seit 1920 nicht mehr bestanden, trugen viele Dampflokomotiven noch für mehrere Jahre Betriebsnummern der früheren Eigentümer oder nach deren Bezeichnungsart gebildete Kennzeichen. Wenige Neubauten waren dagegen bereits nach den Grundsätzen des ersten vorläufigen Umzeichnungsplans genummert worden. So entsprach der in den Jahren 1925/26 aufgestellte endgültige Umzeichnungsplan für Dampflokomotiven einem dringenden Bedürfnis von Verwaltung, Betrieb und Werkstätten.

Da Inhalt und Grundsätze dieses Planes als bekannt vorausgesetzt werden können, soll nachstehend nur auf einige Besonderheiten eingegangen werden.

Der Geltungsbereich der Stammnummern (»Baureihen«) blieb zunächst gegenüber dem zweiten vorläufigen Umzeichnungsplan unverändert. Erst später wurden die Stammnummern 61 und 60 für Schnellzugtenderlokomotiven in Anspruch genommen.

Hinsichtlich des Grundsatzes, für eine bestimmte Achsfolge jeweils eine Stammnummer vorzusehen, kam es im Laufe der Zeit zu Abweichungen. So sah man für Einheitslokomotiven gleicher Achsfolge jeweils eine besondere Stammnummer vor, wenn es sich um abweichende Konstruktionen handelte. Man denke dabei beispielsweise an die 2'C1'-Schnellzuglokomotiven der »Baureihen« 01, 02, 03 und 04.

Die spätere Entwicklung der DRG zwang mitunter auch zur Zusammenfassung unterschiedlicher Achsfolgen unter einer Stammnummer. Zum Beispiel erhielten ehemals österreichische und polnische Schnellzuglokomotiven der Achsfolgen 1'D2' bzw. 2'D1' die Reihenbezeichnung 12. Unter der Stammnummer 77 liefen ehemals pfälzische und bayerische 1'C2'-Personenzugtenderlokomotiven, aber auch ehemals österreichische, polnische und tschechoslowakische 2'C1'.

Für Sonderkonstruktionen sah man als Vorsatz zur jeweiligen Stammnummer die Großbuchstaben T, H und M für Turbinen-, Hochdruck- und Mitteldrucklokomotiven vor. Berücksichtigung fand dieser Zusatz später aber nur bei Turbinenlokomotiven und Hochdrucklokomotiven, beispielsweise bei T 18 1002 und H 17 206.

Voraussetzung für die nun endlich durchführbare Umzeichnung der Lokomotiven war eine erneute Bestandsermittlung in den Jahren 1924/25. Hierbei ergaben sich gegenüber den Stückzahlen der vorläufigen Umzeichnungspläne durch inzwischen erfolgte Ausmusterungen, Verkäufe und verspätete Reparationsabgaben sowie aber auch durch Erfassung bisher nicht mitgezählter Fahrzeuge gewisse Differenzen bei der Festlegung der drei- oder vierstelligen Ordnungsnummern.

Den seinerzeit noch nicht einheitlich arbeitenden Verwaltungsstellen fiel es natürlich nicht leicht, fast 20 000 Dampflokomotiven ordentlich zu erfassen und fehlerfrei in das nun neu vorgegebene Nummerungsschema einzuordnen. Hierbei führte beispielsweise das vieldeutige preußische Bezeichnungssystem zu Unklarheiten, Mißverständnissen und Fehlern im Umzeichnungsplan, die erst später berichtigt werden konnten. Hierfür seien nachstehend für den engagierten Lokomotivstatistiker und -historiker einige Beispiele aufgeführt:

- Der Nummernplan enthält eine Lücke von 13 601 bis 13 650. Hier sollten eigentlich die ehemals preußischen 2'B-n4v-Schnellzuglokomotiven der Gattung S 5^1 (Bauart v. Borries) eingeordnet werden. Diese waren jedoch im Rahmen der ersten Typenbereinigung bereits im Jahre 1922 vollständig ausgemustert und später nur noch versehentlich listenmäßig erfaßt worden.
- Die 2'B-n2v-Personenzuglokomotiven 36 024 (ex Osten 1919, Henschel 1900: 5295) und 36 601 (ex Posen 1915, LHW 1903) wurden fälschlich mit gleichen Lieferdaten angegeben.
- Unklare Besitzverhältnisse führten zu der Lücke zwischen den 1'C-n2v-Güterzuglokomotiven 54 982 und 54 985 sowie später zur richtigen Einordnung der 54 313. Hier die berichtigten Angaben:

Betriebs-Nr.	Herkunft	Lieferdaten	Ursprüngliche Erfassung
54 313	(ex Trier 4173,	Henschel 1900: 5314)	als 54 983
54 983	(ex Frankfurt 4228,	Humboldt 1907: 448)	als 54 313
54 984	(ex Stettin 4121,	Humboldt 1908: 453)	unklar, ob in Deutschland verblieben

- Die ehemals bayerische G $^{4}/_{5}$ H Nummer 5615 fehlt im Umzeichnungsplan, da sie erst im Jahre 1924 aus Belgien zurückkehrte. Sie sollte dort die CFB-Nummer 7345 erhalten. Nach entsprechender Aufarbeitung wurde diese Lokomotive (Maffei 1917: 4809) noch rechtzeitig als 56 994 eingeordnet. Die DRG-Betriebsnummern der nachfolgenden Lokomotiven (ex 5616...5695, Maffei 1917/18: 4810...4982) mußten deshalb »erhöht« werden auf 56 995 bis 56 1035.
- Eine Lücke blieb bei 57 2726, da man diese E-h2-Güterzuglokomotive als 57 3101 an den Anfang einer neuen Nummerngruppe stellte.
- Auch zwischen den 1′C-h2-Personenzugtenderlokomotiven 74 543 und 74 545 blieb eine Lücke, da man hier eigentlich eine Lokomotive mit der »gut passenden« Fabriknummer 6216 einfügen wollte. Es stellte sich jedoch noch rechtzeitig heraus, daß es sich dabei um eine erst im Jahre 1910 von Grafenstaden erbaute Maschine handelte. So ordnete man diese Trier 7716 noch richtig als 74 817 ein.

Innerhalb der Betriebsnummernfolgen gab es aus unterschiedlichen Gründen an einigen Stellen größere Unterbrechungen. Diese Lücken wurden allerdings später zum Teil durch übernommene Lokomotiven von SAAR, PKP, LG etc. geschlossen.

- Um innerhalb bewährter Länderbahn-Bauarten, deren Weiterbeschaffung beschlossen worden war, zwischen der Ursprungsausführung und der neueren, unter Berücksichtigung der inzwischen eingeführten Lokomotivnormen entstandenen Form unterscheiden zu können, trennte man beide Ausführungen nummernmäßig.

Ursprungsausführung	Genormte Ausführung
38 1001 bis 38 3832	ab 38 3951
56 2001 bis 56 2485	ab 56 2551
57 1001 bis 57 2726	ab 57 2892 (57 2726 = 57 3101!)
78 001 bis 78 282	ab 78 351
94 502 bis 94 1377	ab 94 1501

Die unterschiedlichen Freiräume wurden nötig, da nicht genau abzusehen war, ob einzelne Firmen noch Lokomotiven in der Ursprungsausführung angearbeitet hatten und demzufolge nach anliefern würden.

- Einige Nummernfolgen mußten auch kriegsbedingt unterbrochen werden. So konnten während des Zweiten Weltkriegs manche Bestellungen nicht mehr voll realisiert werden, da die Produktion durch Feindeinwirkung gestört wurde oder man einige Aufträge seitens der DRG storniert hatte. Dies war der Fall bei den Bauartreihen 01.10 und 03.10 sowie innerhalb der »Baureihen« 42, 44, 52 und 86.
- Als man wegen der Kriegsverhältnisse individuellen Bestellerwünschen nicht entsprechen konnte, entstand eine Lücke anderer Art. Man zweigte nämlich für den dringenden Bedarf der Elmshorn-Barmstedt-Oldesloer Eisenbahn einfach aus einem für die DRG bestimmten Baulos die 1′C1′-h2-Personenzugtenderlokomotive 64 493 ab. Die Lokomotive stand dann bei dieser Privatbahn als Nr. 11 bis zum Jahre 1955 im Dienst.

Aus verschiedenen Gründen war es nicht immer möglich, die laut endgültigem Umzeichnungsplan oder einem der späteren vielen Nachträge für eine Lokomotive bestimmte Betriebsnummer auf Schildern oder nur als einfache Anschriften an den betreffenden Fahrzeugen anzubringen.

- Die Umzeichnungsaktion zog sich bei einzelnen Reichsbahndirektionen teilweise bis zum Jahre 1927 hin. Da bis zu diesem Zeitpunkt jedoch Splittergattungen oder einzelne schadhafte Lokomotiven bereits ausgemustert worden waren, konnten diese die für sie vorgesehene DRG-Nummer nicht mehr erhalten. Hierzu zählten beispielsweise die im folgenden aufgezählten Lokomotiven:
  15 001
  36 155, 36 159, 36 191, 36 195, 36 197
  38 1034, 38 1112
  55 831, 55 1054, 55 1055, 55 1060, 55 1126, 55 7201 bis 55 7215
  94 001 bis 94 004
- Auch zahlreiche ehemalige ČSD-Lokomotiven, welche die DRG von den BMB für die Strekken des sogenannten Olsagebiets am 1. Januar 1940 übernommen hatte, erhielten keine DRG-Nummern. Sie wurden unter ihrer ursprünglichen ČSD-Bezeichnung zunächst an die BMB vermietet, später wurden sie verkauft.
- Später verhinderten oftmals wechselvolles Kriegsgeschehen, Kampfhandlungen und Feindeinwirkung die Anbringung von DRG-Nummern an erbeuteten Triebfahrzeugen. Die Betriebsnummern folgender Dampflokomotiven standen so-

mit nur noch auf dem Papier:
14 003
17 179, 17 180
35 704, 35 803, 35 821, 35 826, 35 828
38 3890, 38 3891, 38 3900, 38 3906, 38 4612
56 3840, 56 4154, 56 4156, 56 4254

Es wurde bereits darauf hingewiesen, daß zahlreiche Nummern des endgültigen Umzeichnungsplans nach durchgeführten Ausmusterungen später durch übernommene Lokomotiven gleicher Bauart erneut besetzt wurden.

Hierbei führte ein Übermittlungsfehler zu dem Kuriosum, daß man im Jahre 1941 irrtümlich der ehemals polnischen Ok 1-216 (Schwartzkopff 1922: 7857) die Nummer 38 2351 gab, obgleich deren eigentliche »Inhaberin« (Henschel 1919: 16504) »noch lebte«. Als man den Fehler bemerkt hatte, erhielt die ehemalige PKP-Lokomotive im Jahre 1943 die noch unbesetzte Betriebsnummer 38 3877. Die »echte« 38 2351 wurde am 30. September 1960, die 38 3877 am 29. Mai 1961 bei der Deutschen Bundesbahn ausgemustert.

Der Umzeichnungsplan sah für jede Achsfolge (außer bei den Hauptgattungen Z, L und K) eine bestimmte Stammnummer vor. Auch hinsichtlich der Einhaltung dieses Grundsatzes gab es einige Abweichungen, auf die hingewiesen werden muß:

- Während man für die Güterzuglokomotiven der Achsfolgen D bzw. 1'D die Stammnummern 55 bzw. 56 festgelegt hatte und bei den Güterzugtenderlokomotiven die Achsfolgen C1' bzw. 1'C innerhalb der Stammnummern 90 bzw. 91 zusammengefaßt werden sollten, kam es zu falschen Zuordnungen. Die nicht eindeutigen preußischen Bezeichnungen sind als Ursache dafür anzusehen.
  So wurden die von Hanomag im Jahre 1895 als Fabriknummern 2670 und 2671 gelieferten 1'D-n2v-Güterzuglokomotiven richtig als 56 001 und 56 002 eingeordnet. Dagegen kam die zum gleichen Baulos gehörende 1'D-n2v (Hanomag 1895: 2669) als 55 701 zu den Güterzuglokomotiven ohne Laufachse.
- Die zur ehemals preußischen Gattung T 9^2 gehörenden 1'C-n2-Güterzugtenderlokomotiven 90 022, 90 023, 90 110, 90 123 und 90 222 gehörten eigentlich zur Stammnummer 91! Dagegen handelte es sich bei 91 109, 91 110, 91 111, 91 301 und 91 302 um C1'-Lokomotiven der Gattung T 9^1, denen die Stammnummer 90 vorbehalten war.
- Der gleiche Fehler trat allerdings später bei der DR noch einmal auf, als man am 1. Juli 1950 zwei von der Niederbarnimer Eisenbahn stammende C1'-h2-Güterzugtenderlokomotiven als 91 6590 und 91 6591 einordnete.

Die Betriebsnummern des endgültigen Umzeichnungsplans schufen eine sichere Grundlage zur Charakterisierung oder Identifizierung von DRG-Dampflokomotiven. Wenn sich nun auch die Möglichkeiten einer solchen Zuordnung am konkreten Beispiel einer noch im Betrieb oder im Museum befindlichen Maschine immer mehr verringern, so veranschaulichen unzählige Bilddokumente und Schnappschüsse manche seltene Betriebsgattung, manche imposante Bauart oder auch manche »durchschnittliche« Lokomotive, die nach jahrzehntelangem, zuverlässigem Dienst dem technischen Fortschritt weichen mußten.

Leider gibt es aber auch Fotos, die dem Eisenbahnkenner fast unlösbare Rätsel aufgeben, da die auf den betreffenden Fotos deutlich wiedergegebenen »sensationellen Betriebsnummern« gefälscht sind!

- So muß es bedenklich stimmen, wenn ein renommierter Lokomotivfotograf beispielsweise am 9. Juni 1934 bzw. am 8. August 1936 im RAW Meiningen die dortigen Werklokomotiven mit imaginären Anschriften als 70 7017 bzw. 70 7007 versehen läßt, um spektakuläre »historische« Fotos anzufertigen.
- Eine ehemals preußische G 5^4 wurde mit der völlig unzutreffenden Nummer 54 215 abgelichtet. Auch der Ursprung von Bildern der »legendären« allerersten preußischen T 3 als 89 7001 ist ungeklärt, da das fehlende Eigentumsschild und der neuere Kessel nicht zu der aus dem Jahre 1883 stammenden Veteranin passen wollen.

Umzeichnungsplan und künftige Bezeichnungsgrundsätze für elektrische Lokomotiven (August 1926)

Die in der genannten Umzeichnungsverfügung enthaltenen Bezeichnungsgrundsätze wurden zunächst bei der Umzeichnung der vorhandenen elektrischen Lokomotiven in den Jahren 1926/27 und dann bei den nachfolgenden

Neubeschaffungen angewendet. Auch nach 1945 behielten die Nachfolgeverwaltungen der DRG, die DB und die DR, diese Richtlinien sinngemäß bei.

Mit Ausnahme der Lokomotiven der Gruppenverwaltung Bayern war vorgesehen, jede Lokomotive mit vier Schildern zu versehen. Je ein Schild mit der neuen Betriebsnummer sollte an den Längswänden und an den Stirnwänden angebracht werden. Bei den Lokomotiven der Gruppenverwaltung Bayern war die Anbringung von Nummernschildern nur für die Längswände geplant. An den Stirnwänden sollten an die Stelle der Schilder nur Anschriften treten.

Jedes Schild bzw. jede Anschrift sollte an erster Stelle den Buchstaben E als allgemeines Kennzeichen der elektrischen Lokomotiven, an zweiter Stelle die Stammnummer und an dritter Stelle, jeweils durch eine kleine Lücke getrennt, die Ordnungsnummer enthalten.

Für die Festsetzung der Stammnummer waren mehrere Grundsätze ausschlaggebend, deren Bedeutung bzw. Rangfolge aus nachstehender Aufzählung zu entnehmen ist:

- Grundsätzlich ging man erst einmal von der Höchstgeschwindigkeit der Lokomotiven aus:
  über 90 km/h: Stammnummern 00 bis 29
  über 65 km/h bis 90 km/h: Stammnummern 30 bis 59
  unter 65 km/h: Stammnummern zwischen 60 und 99.
- Innerhalb der genannten drei Bereiche ordnete man nach der Anzahl der Treib- und Kuppelachsen:
  zwei Treibachsen (seinerzeit nur im ersten Bereich vorkommend): Stammnummer 00,
  drei Treibachsen (je nach Höchstgeschwindigkeit): Stammnummern ab 01, 30 bzw. 60,
  vier Treibachsen (je nach Höchstgeschwindigkeit): Stammnummern ab 10, 40 bzw. 70,
  sechs und mehr Treibachsen (seinerzeit nur bei Güterzuglokomotiven): Stammnummern ab 90.
- Bei den am häufigsten vorkommenden Lokomotiven mit vier Treibachsen wurde die Berücksichtigung eines weiteren Gesichtspunkts erforderlich. Man bezog hier die Anzahl der Laufachsen mit ein:
  bis zwei Laufachsen Stammnummern ab 10, 40 bzw. 70,
  mehr als zwei Laufachsen Stammnummern ab 20, 50 bzw. 80.
- Auch die Antriebsart fand Berücksichtigung. So erhielten bei Übereinstimmung der genannten Kennzeichen und Konstruktionsmerkmale die Lokomotiven mit Stangenantrieb die niedrigeren Stammnummern. Dann erst folgten die Lokomotiven mit Einzelachsantrieb.

Zu den vorgenannten Einteilungsgrundsätzen muß allerdings kritisch angemerkt werden, daß die spätere technische Entwicklung Erweiterungen und Änderungen erforderte.

- Man sah nun Baureihenbezeichnungen unter Verwendung zwei- und dreistelliger Stammnummern vor:

E 01 bis E 99	= Wechselstrom-Lokomotiven (16,7 Hz)
E 101 bis E 199	= Gleichstrom-Lokomotiven
E 201 bis E 299	= Wechselstrom-Lokomotiven (50 Hz)
E 301 bis E 399	= Zweifrequenz-Wechselstrom-Lokomotiven (16,7 Hz und 50 Hz)
E 401 bis E 499	= Viersystem-Lokomotiven (Wechselstrom 16,7 Hz und 50 Hz; Gleichstrom 1,5 kV und 3 kV)

- Innerhalb dieser fünf Gruppen änderte man die Geschwindigkeitsbereiche und leitete nun daraus die folgenden letzten Stellen der Stammnummern neu ab:

.01 bis .19	= Höchstgeschwindigkeit über 120 km/h
.20 bis .59	= Höchstgeschwindigkeit von 90 km/h bis 120 km/h
.60 bis .99	= Höchstgeschwindigkeit unter 90 km/h

- Natürlich kam es innerhalb dieses Bezeichnungssystems zu Ausnahmen. So behielt man für die E 15, E 16 und E 17 (mit 110 km/h Höchstgeschwindigkeit) die bisherigen Bezeichnungen bei. Die Abweichung, die bekannte Co'Co'-w⁶t-Lokomotive mit 90 km/h als E 94 einzuordnen, wurde später bei der DR in der Weise korrigiert, daß man sie bei der Umstellung auf die EDV-Nummerung als Reihe 254 einordnete.

Auch bezüglich der Festlegung der neuen Ordnungsnummern gab es einige Besonderheiten:

- Im Rahmen der Umzeichnung der vorhandenen elektrischen Lokomotiven und für die ersten Neubauten wurden durchweg zweistellige Ordnungsnummern vergeben. Erst bei späteren Beschaffungen ging man zur Unterscheidung bestimmter Bauarten oder zur Kennzeichnung der Zugehörigkeit zu einem bestimmten elektrifizierten DRG-Netz zu dreistelligen Ordnungsnummern über. Rein stückzahlmäßig wurde die Inanspruchnahme dreistelliger Ordnungsnummern zuerst nur bei E 44 und E 94 erforderlich.

- Um die Gewöhnung des Personals an die neuen Nummern zu erleichtern, legte man bei fast allen vorhandenen Lokomotiven die neuen Ordnungsnummern so fest, daß die letzten beiden Ziffern der bisherigen Betriebsnummer erhalten blieben. Dadurch entstanden zuweilen Nummernfolgen, deren Anfang oder Ende scheinbar jeder Logik entbehrten. Hierzu einige konkrete Beispiele:
  Da die erste Serienlokomotive der ehemals preußischen 1'C1'-w¹k-Schnellzuglokomotiven ursprünglich 9 Halle hieß, wurde daraus die E 01 09, die dann am Anfang dieser Reihe stand. Eine E 01 01 bis E 01 08 gab es also überhaupt nicht!
  Es gab auch keine E 70 01; denn hier zeichnete man die 502 Halle als erste Lokomotive dieser Bauart um in E 70 02.
  Die Baureihe E 50 begann mit der E 50 36. Die E 71 11 war die erste der B'B'-w²u-Güterzuglokomotiven.
- Bei gleichartiger Bauart erhielten die Lokomotiven der Gruppenverwaltung Bayern und der Rbd Karlsruhe die niedrigeren, die der Rbds Altona, Breslau, Halle und Magdeburg die höheren Ordnungsnummern. So gehörten E 17 01 bis E 17 18, E 73 01 bis E 73 02, E 75 01 bis E 75 12 und E 77 01 bis E 77 31 zum süddeutschen Netz. E 17 101 bis E 17 120, E 73 03...E 73 06, E 75 51 bis E 75 69 und E 77 51 bis E 77 75 waren in den ehemals preußischen Rbds beheimatet.
  Als man in den Jahren 1935/36 die 1'Do1'-w⁸e-Schnellzuglokomotiven E 17 17, E 17 18, E 17 15 und E 17 16 von der Rbd München zur Rbd Breslau umsetzte, zeichnete man sie deshalb sogar noch um in E 17 121 bis E 17 124!
- Bei Lokomotiven, die aus zwei selbständig verfahrbaren Teilen bestanden, wurde eine neue Regelung erforderlich. Die preußische Bezeichnungsweise sah hier für beide Lokomotivteile getrennte Betriebsnummern vor, während man nun nur noch eine DRG-Nummer jeweils vergab. Das führte zwangsläufig dazu, daß hier aus der alten oder neuen Betriebsnummer zunächst keine Schlüsse auf Ursprungsnummer oder Umzeichnungsnummer möglich waren.
  Beispielsweise wurde nun aus der zweiteiligen 2'B+B1'-w²u-Personenzuglokomotive 211 Breslau/212 Breslau die E 49 02. Bei den C+C-w⁴u-Güterzuglokomotiven 551 Breslau/552 Breslau bis 569 Breslau/570 Breslau ergaben sich nun die DRG-Nummern E 90 51 bis E 90 60.

Innerhalb der Baureihe E 44 führten DRG und DB später noch Zusatzbuchstaben zur Symbolisierung bestimmter technischer Details ein. So erhielten die ab 1943 an die DRG gelieferten E 44 mit elektrischer Widerstandsbremse Betriebsnummern ab E 44 152W. Bei Lokomotiven mit Wendezugsteuerung setzte die DB ab 1954 den Großbuchstaben G (geschobener Zug) hinter die Betriebsnummer. Das W verschwand 1962.

Bezeichnungsgrundsätze für Lokomotiven mit Verbrennungsmotoren (bis 1930/ab 1931)

Für die zahlenmäßig zunächst unbedeutende Gruppe der Lokomotiven mit Verbrennungsmotoren bediente man sich bei der DRG bis zum Jahre 1930 zunächst eines Provisoriums. Vom Jahre 1931 an galt dann ein durchaus brauchbares, aussagekräftiges Bezeichnungssystem.

Innerhalb des Provisoriums wählte man, analog der Kennzeichnung elektrischer Lokomotiven, den Kennbuchstaben V. Diesem folgte dann, ohne Abstand auf dem Schild getrennt, die jeweils vierstellige Betriebsnummer. Diese stellte eine Einheit von Reihenbezeichnung und Ordnungsnummer dar.

- Die beiden Anfangsziffern der Betriebsnummer stellten in Verbindung mit dem Kennbuchstaben V eine Art Stammnummer dar. Hierbei waren folgende Gruppierungen vorgesehen:
  ab V01 = für Schnellzuglokomotiven
  ab V30 = für Personenzuglokomotiven
  ab V60 = für Verschiebe- und Güterzuglokomotiven.
- Die beiden letzten Ziffern der Betriebsnummer bildeten, jeweils mit 01 beginnend, die Ordnungsnummer. Hierbei fällt allerdings auf, daß Lokomoti-

ven sehr unterschiedlicher Leistung unmittelbar nacheinander genummert wurden.
- Die wenig aussagekräftigen Betriebsnummern ergänzte man durch Betriebsgattungszeichen.

Die ab 1931 eingeführte, recht praktikable Bezeichnungsweise behielt auch nach 1945 bei der DB und der DR ihre Gültigkeit und beeinflußte sogar noch die heutige EDV-Nummerung beider Bahnverwaltungen.

Zunächst trennte man die wenigen größeren Lokomotiven mit einer Leistung von mehr als 150 PS von den sich damals dann sehr bald zahlenmäßig stark entwikkelnden »Kleinlokomotiven« mit Verbrennungsmotoren. Für die größeren Maschinen behielt man den Kennbuchstaben V bei und fügte, durch kleine Abstände getrennt, die zwei- oder dreistellige Reihennummer und die immer mit 001 beginnende, dreistellige Ordnungsnummer an. Hierbei ging man von folgenden Grundsätzen aus:

- Wie allgemein bekannt, leitete man die Stammnummern von der Lokomotivleistung ab. Hierbei entsprach die Stammnummer etwa einem Zehntel der Leistung (in PS). Eine V 16 »hatte« also 160 PS, die V 120 001 leistete etwa 1200 PS oder die V 140 001 brachte es auf 1400 PS.
- Hinsichtlich der Ordnungsnummern waren folgende Gruppierungen vorgesehen:
  Regelspurlokomotiven von 001 bis 899,
  Schmalspurlokomotiven von 901 bis 999.
- Das Betriebsgattungszeichen konnte nun entfallen.

Normalspurlokomotiven mit Antrieb durch Verbrennungsmotor, Elektromotor oder Dampfmotor mit einer Motorleistung unter 150 PS und einer 30 km/h nicht überschreitenden Höchstgeschwindigkeit wurden nun als Kleinlokomotiven bezeichnet und entsprechend erfaßt. Für diese Kleinlokomotiven sah man den Kennbuchstaben K vor. Außerdem wurden einige technische Details durch anschließende Kleinbuchstaben symbolisiert:

b	= Benzol, Flüssiggas	(Vergasermotor)
ö	= Öl	(Dieselmotor)
f	= Flüssigkeitsgetriebe	(Kraftübertragung mittels Flüssigkeitsgetriebe vom Vergaser- oder Dieselmotor)
d	= Dampf	(Dampfmotor)
s	= Speicher	(Speicher und Elektromotor, bei DB bis 1960 gebräuchlich)
a	= Akkumulator	(Akkumulator und Elektromotor, bei DB ab 1960 eingeführt)

- Folgende Kombinationen wurden nun beispielsweise für die technische Charakterisierung der Kleinlokomotiven möglich:

Kb	= Vergasermotor und schaltbares Rädergetriebe
Kö	= Dieselmotor und schaltbares Rädergetriebe
Ks/Ka	= Speicher/Akkumulator und Elektromotor
Kbs	= Vergasermotor mit Kraftübertragung über Generator, Ladeanlage, Speicher und Elektromotor
Kbe	= Vergasermotor mit Kraftübertragung über Generator und Elektromotor
Köe	= Dieselmotor mit Kraftübertragung über Generator und Elektromotor
Kbf	= Vergasermotor mit Kraftübertragung über Flüssigkeitsgetriebe
Köf	= Dieselmotor mit Kraftübertragung über Flüssigkeitsgetriebe

- Die dann folgenden vierstelligen Betriebsnummern symbolisierten die Zugehörigkeit zu den sogenannten Leistungsgruppen I oder II:
  0001 bis 3999 für die Leistungsgruppe I (bis 39 PS Motorleistung)
  4000 bis 9999 für die Leistungsgruppe II (ab 40 PS Motorleistung)
  Eine Unterscheidung möglicher Schmalspurlokomotiven war nicht vorgesehen.

In den Jahren nach 1945 wurde das bisherige Bezeichnungssystem bei beiden Nachfolgeverwaltungen etwas modifiziert. Da die DB und die DR eine ganze Reihe größerer Diesellokomotiven und Kleinlokomotiven von der ehemaligen Deutschen Wehrmacht übernehmen konnten, mußten dafür neue Stammnummern und Ordnungsnummern festgelegt werden. Abgeleitet von der Motorleistung gab es nun neue V 16, V 20, V 22, V 27, V 36 und V 188. Ernste Probleme traten dagegen bei der Vergabe der Ordnungsnummern auf, da ja Doppelbesetzungen nach damaliger Überzeugung beider zuständiger Verwaltungsstellen möglichst vermieden werden sollten. So beschränkten sich die DB und die DR auf bestimmte Nummernbereiche und schlossen damit Doppelbesetzungen und Überschneidungen aus:

- V 22 001 ... V 22 019 = DB
  V 22 045 – V 22 047 = DR
  V 22 100 = DB
  V 36 001 – V 36 003 = DB
  V 36 015 ... V 36 080 = DR
  V 36 101 – V 36 126 = DB
- Bei der DR bildete man innerhalb des Zahlenraums V 36 015 bis V 36 080 besondere Gruppen unter Berücksichtigung der jeweiligen Motor-Bauart:
  V 36 015 – V 36 036 = Deutz-Motor
  V 36 050 – V 36 053 = DWK-Motor
  V 36 060 – V 36 067 = MWM-Motor
  V 36 080 = DDR-Motor
- Während man die zur Erfassung der Kleinlokomotiven bereits erwähnten Leistungsgruppen bei der DR auch später noch unverändert beibehielt, führte man bei der DB neue Leistungskriterien und eine dritte Leistungsgruppe ein. Dabei wurden den stärkeren und schnelleren Neubaufahrzeugen auch neue Betriebsnummernbereiche zugeordnet:
  K. 0001 bis K. 3999 = Leistungsgruppe I (Motorleistung bis 50 PS/37 kW)
  K. 4001 bis K. 9999 = Leistungsgruppe II (Motorleistung von 51 PS/38 kW bis 150 PS/110 kW)
  K. 10 001 bis K. 20 000 = Leistungsgruppe III (Motorleistung über 150 PS/110 kW)
  K. 99 501 bis K. 99 999 = Schmalspur-Kleinlokomotiven

Bei der DR wurden die in den Jahren 1959/60 erstmalig beschafften B-dhydr-Rangierlokomotiven mit der Motorleistung von 150 PS/110 kW nicht zu den Kleinlokomotiven gerechnet und demnach als V 15 1001 bis V 15 1020 bezeichnet.

Bezeichnungsweise für Dampftriebwagen (ab 1932)

Wie bereits früher erwähnt, wurden alle Triebwagen von der DRG innerhalb freier Nummernräume bei den Reisezugwagen eingeordnet.
Hierbei nutzte man zunächst einige Bereiche des für »Sonderwagen« vorgesehenen Nummernraums von 1 bis 10 199. Mit der Betriebsnummer 10 201 beginnend, folgten dann Salon-, Schlaf- und Sonderwagen für FFD-Züge. An letzter Stelle standen schließlich hinter den D-Zug- und Personenwagen die Gepäckwagen, für die der Nummernraum von 105 001 bis 132 999 vorgesehen war. Den sich anschließenden Freiraum ab 133 000 nutzte man später für Triebwagen mit Verbrennungsmotoren.

- Für die Dampftriebwagen sah man die Betriebsnummern 1 bis 200 vor. Diese Betriebsnummern wurden lediglich durch den Namen der jeweiligen Heimat-Rbd ergänzt. Rückschlüsse auf die Antriebsart des Fahrzeugs ermöglichte also diese Bezeichnungsweise nicht! Daß es sich um einen Dampftriebwagen handelte, konnte somit nur aus den Buchstaben dT des Gattungszeichens entnommen werden.
- Nachdem die DRG vorher eine Reihe übernommener, sehr unterschiedlicher Dampftriebwagen ausgemustert oder verkauft hatte, kam nun der ehemals badische A1-h2-Dampftriebwagen Nr. 1000 an die »Spitze« als 1 Karlsruhe. Weiteren zweiachsigen Fahrzeugen gab man die Betriebsnummern 2 bis 16.
- Die vierachsigen Dampftriebwagen folgten dann im Nummernraum 51 bis 63. Eigenartigerweise fügte man im Jahre 1938 einen ehemals österreichischen Vierachser unter der Bezeichnung 17 München bei den kleineren Fahrzeugen ein.
- Da die genannten Betriebsnummern keine besondere Aussagekraft besaßen, verwendete man in der Nachkriegszeit bei einigen Fahrzeugen inoffiziell die Kennbuchstaben DT.

Bezeichnungen für Elektrotriebwagen mit Fremdenergiezuführung

Da die technische Entwicklung und der daraus resultierende Bestand der Elektrotriebwagen mit Energiezuführung durch Oberleitung oder Stromschiene zunächst nicht abzusehen waren, wurden deren Bezeichnungen mehrfach verändert. Bei diesen Umzeichnungen wurden den Fahrzeugen jeweils andere Nummernbereiche innerhalb der Reisezugwagen zugewiesen. Da die Bezeichnungen anfangs nur aus Betriebsnummer und darunter angegebener Heimat-Rbd bestanden, waren Rückschlüsse auf die Antriebs-

form oder Bauart nicht möglich.
Die DRG zeichnete im Jahre 1924 erstmalig die vorhandenen Elektrotriebwagen der Rbd Altona (Oberleitung, Wechselstrom von 6,3 kV bei 50 Hz), der Rbd Breslau (Oberleitung, Wechselstrom von 15 kV bei 16,7 Hz) und der Rbd München (Oberleitung, Gleichstrom von 1 kV) um und beseitigte damit die unterschiedlichen, ehemals preußischen und bayerischen Bezeichnungen.

- Ohne Rücksicht auf Stromart, Bauart oder Höchstgeschwindigkeit sah man für die Triebwagen generell Betriebsnummern ab 501 und für die zugehörigen bzw. gekuppelten Steuer- und Beiwagen Betriebsnummern ab 5001 vor. Hierzu einige Beispiele:
  Der erste der alten zweiteiligen Bo'1+1(1A)-w³t-Triebwagen für die Hamburger Vorortbahn setzte sich nun aus den Fahrzeugen 501 Altona und 5001 Altona (ursprünglich ex KPEV 2100 Altona und 2101 Altona, vom Jahre 1910 ab 551 Altona und 552 Altona) zusammen.
  Der erste der aus vorderem Steuerwagen, mittlerem Triebwagen und hinterem Steuerwagen bestehenden 2'1+B'1+1 2'--w²k-Triebzüge, später bekannt als ET/ES 87, enthielt nun die Fahrzeuge 5009 Breslau, 501 Breslau und 5015 Breslau (ex KPEV 831 Breslau, 831a Breslau und 832 Breslau). Der erste der auf der Strecke Berchtesgaden–Schellenberg–Landesgrenze eingesetzten straßenbahnähnlichen Bo-g²t-Triebwagen und sein zweiachsiger Beiwagen hießen nun 501 München und 5001 München. Bei der KBayStB hatten sie die Nummer 101 bzw. die Nummer 501 getragen.
- Spätere Neubeschaffungen für die Rbd Magdeburg, die Rbd Halle und die Rbd München (sämtlich Oberleitung, Wechselstrom von 15 kV bei 16,7 Hz) wurden ab 551 Magdeburg, 601 Halle bzw. 701 München in gleicher Art genummert. Sie gehörten später zu den Baureihen ET 82, ET 41 bzw. ET 85.
- Den Fahrzeugen der inzwischen entstandenen Berliner S-Bahn (Stromschiene, Gleichstrom 0,8 kV) wies man dagegen andere Nummernbereiche zu.
  Beispielsweise wurden die vierachsigen Triebwagen der Versuchszüge A, C, D, E, F und B, die der Bauart 1924 (später bekannt als ET 169) und der Bauart 1925 (später bekannt als ET 168) durchgehend genummert als 2051 Berlin bis 2074 Berlin, 2101 Berlin bis 2134 Berlin und 2135 Berlin bis 2184 Berlin.
  Den zugehörigen zweiachsigen Beiwagen ordnete man die Bezeichnungen 5051 Berlin bis 5086 Berlin und 5101 Berlin bis 5151 Berlin zu. Die vierachsigen Steuerwagen der Bauart 1925 folgten dann als 5152 Berlin bis 5201 Berlin. Bei der letztgenannten Bauart konnte allerdings aus betrieblichen Gründen keine systematische Kupplung entsprechend der Nummernfolge mit den Triebwagen vorgenommen werden.

Der angewachsene Bestand an Elektrotriebwagen veranlaßte im Jahre 1930 die DRG erneut, fast alle Fahrzeuge umzuzeichnen und spätere Zugänge oder Beschaffungen in entsprechender Weise neu einzuordnen. Lediglich der Fahrzeugbestand für den S-Bahnbetrieb der Rbd Altona wurde in diese Umnummerung vorerst noch nicht einbezogen (Umzeichnungsverfügung vom 24. Oktober 1931).

- Für alle Trieb-, Steuer- oder Beiwagen wurden nun generell vierstellige, durchgängig weiterlaufende Betriebsnummern unter Nennung der Heimat-Rbd vorgesehen. Jede Betriebsnummer war nunmehr also nur noch einmal vorhanden. Diese Bezeichnungsweise ließ Rückschlüsse auf Antriebsart oder Bauart nur zu in Verbindung mit den dazu zusätzlich entwickelten Gattungszeichen.
- Die Oberleitungstriebwagen wurden nun weitgehend nach der Beschaffungsfolge geordnet und im Nummernraum zwischen 1001 und 1999 zusammengefaßt. Der mit Stangen angetriebene alte Triebwagen 501 Breslau aus dem Jahre 1914 stand nun »an der Spitze« als 1001 Breslau. Der moderne »gläserne« Aussichtstriebwagen des Jahres 1936 bildete als 1999 München den Schluß. Den im Jahre 1938 von BBÖ und ČSD übernommenen Fahrzeugen wurde die noch unbesetzte Betriebsnummernlücke zwischen 1401 und 1477 zugewiesen.
- Während man die drei unterschiedlichen Triebwagenbauarten der Rbd Breslau unmittelbar hintereinander genummert hatte, wurden in anderen Fällen Bauartunterschiede bei der Vergabe getrennter Ordnungsnummerngruppen oder ganzer Hunderter-Reihen berücksichtigt. So folgten auf 1001 Breslau bis 1021 Breslau (später ET 87, ET 88 und ET 89) die Nummern-

gruppen 1031 bis 1032 (später ET 82), 1061 bis 1066 (später ET 41), 1101 bis 1136 (später ET 85), 1201 bis 1225 (später ET 65), 1301 a/1301 c/1301 b bis 1313 a/1313 c/1313 b (später ET 31), 1401 bis 1408 (später ET 83) und andere.

- Die Betriebsnummern der zugehörigen Steuerwagen lehnten sich anfangs, jeweils um 1000 erhöht, an die der Triebwagen an. In der Rbd Breslau hatte man 2001...2028 (später ES 87, ES 88 und ES 89). Es folgten 2061 bis 2063 (später ES 41), 2101 bis 2134 (später ES 85), 2201 bis 2224 (später ES 65). Bei den späteren Steuerwagen ließ sich die Betriebsnummer allerdings dann nicht mehr auf die der zugehörigen Triebwagen zurückführen.
- Die Fahrzeuge der Berliner S-Bahn wurden nun durchgehend genummert. Sie erhielten wiederum vierstellige Ordnungsnummern. Auf die Triebwagen der Versuchszüge der Bauart 1924 und der Bauart 1925 entfiel nun die Nummerngruppe von 3001 bis 3106. Unmittelbar schlossen sich dann, mit 3107 Berlin beginnend, die vielen späteren ET 165 an.

  Den vierachsigen Steuerwagen 5001 Berlin bis 5050 Berlin der Bauart 1925 folgte dann als 5051 Berlin der erste der späteren ES 165.

  Die zweiachsigen Beiwagen der Versuchszüge und der Bauart 1924 erhielten nun Betriebsnummern ab 6001 Berlin.

Erst im Jahre 1932 wurden die verbliebenen Fahrzeuge der Hamburger Vorortbahn neu erfaßt und umgezeichnet. Ab 1927 hatte man dort eine ganze Reihe altersschwacher Fahrzeuge ausgemustert und in kurzgekuppelte zweiteilige Reisezugwagen oder Bahndienstwagen umgebaut. Die übrigen vorhandenen Fahrzeuge, inzwischen durch Umbau mit verstärkten elektrischen Ausrüstungen versehen, wurden durch neuere zweiteilige Gelenktriebzüge mit mittlerem Jakobs-Drehgestell ergänzt.

- Die verbliebenen, ehemals preußischen Fahrzeuge und die Neubauzüge erhielten nun durchgehende, vierstellige Betriebsnummern. Der Zusatzbuchstabe a deutete auf den jeweils vorderen Triebwagenteil, der Buchstabe b auf den hinteren Triebwagen- oder Steuerwagenteil hin.

  Aus dem alten Doppeltriebwagen 501 Altona/5001 Altona wurde nun 1501 a Altona/1501 b Altona. Den Schluß bildeten 1645 a Altona/1645 b Altona aus dem Jahre 1933.
- Als man auf der Hamburger Stadt- und Vorortbahn, nunmehr der am 1. April 1937 umbenannten RBD Hamburg unterstellt, am 1. Oktober 1939 den elektrischen Versuchsbetrieb mit Gleichstrom von 1,2 kV in seitlicher Stromschiene aufnahm, wurden für die entsprechenden neuen Fahrzeuge auch neue Bezeichnungen erforderlich. Da man hoffte, recht bald den veralteten Wechselstrombetrieb mit 1501 a Hamburg/1501 b Hamburg bis 1645 a Hamburg/1645 b Hamburg aufgeben zu können, sah man für die Neubauten gleiche Betriebsnummern vor. So begann die Serie der aus vorderem Triebwagen, mittlerem Beiwagen und hinterem Triebwagen bestehenden dreiteiligen, hochmodernen Triebzüge mit 1501 a Hmb/1501 c Hmb/1501 b Hmb.

Erst durch die Verfügung des RZA München vom März 1940 wurde die allseits bekannte, aussagekräftige Bezeichnungsweise für die Elektrotriebwagen eingeführt. Durch Kennbuchstaben und zwei- oder dreistellige Stammnummern entstanden nun endlich eindeutige und sehr informative Bezeichnungen.

- Folgende Kennbuchstaben wurden den Stammnummern vorangestellt:

  ET = Elektrotriebwagen
  ES = Steuerwagen für Elektrotriebwagen
  EB = Beiwagen für Elektrotriebwagen
  EM = Mittelwagen in mehrteiligen Elektrotriebzügen (später eingeführt, ursprünglich EB genannt)
- Bei der Festlegung der Stammnummern berücksichtigte man nun mehrere Gesichtspunkte und schuf damit endlich die Möglichkeit, aus dieser Kennzahl Rückschlüsse auf technische und betriebliche Details zu ziehen.
- Für die vorhandenen drei unterschiedlichen Stromsysteme wurden grundsätzlich drei Gruppen von Stammnummern vorgesehen:

  Zweistellige Stammnummern behielt man den Fahrzeugen für Einphasenwechselstrom von 16,7 Hz und von 25 Hz vor.

  Dreistellige Stammnummern, jeweils mit einer 1 beginnend, sollten die Fahrzeuge für Gleichstrombetrieb kennzeichnen.

  Dreistellige Stammnummern, mit einer 2 beginnend, sollten

die Fahrzeuge anderer Stromarten charakterisieren. Von dieser Möglichkeit machte man allerdings erst im Jahre 1950 Gebrauch, nachdem ein durch Kriegseinwirkung ausgebrannter ET 25 von der Waggonfabrik Rastatt für den Dienst auf der mit Einphasenwechselstrom von 20 kV bei 50 Hz betriebenen Höllental- und Dreiseenbahn wieder aufgebaut worden war. Ab November 1950 lief das zweiteilige Fahrzeug als ET 255 01 a/ET 255 01 b.

- Die beiden bzw. beiden letzten Stellen der Stammnummer deuten auf Verwendungszweck, Höchstgeschwindigkeit und Inneneinrichtung der Triebwagen hin. Folgende Gruppen wurden nun gebildet:

  ET 01 bis ET 09 = Fernschnelltriebwagen
  ET 10 bis ET 39 = Schnelltriebwagen
  ET 40 bis ET 59 = Eiltriebwagen
  ET 60 bis ET 79 = Nahverkehrstriebwagen
  ET 80 bis ET 89 = Nebenbahntriebwagen
  ET 90 bis ET 99 = Sondertriebwagen

- Die einzelnen Teile mehrteiliger Triebzüge wurden durch die der Ordnungsnummer angefügten Kleinbuchstaben a, b, c oder d gekennzeichnet.

Unter Einschluß möglicher dreistelliger Stammnummern sei nachstehend auf folgende konkrete Anwendungsbeispiele dieser Gruppierungen hingewiesen:

- Aus der Gruppe der Fernschnelltriebwagen stammen die Betriebsnummern ab 403 001-1, ab 404 001-0 und ab 404 101-8 für die vierteiligen Stromlinien-Triebzüge der DB aus dem Jahre 1973.
- Während der ET 25 als Schnelltriebwagen weitgehend bekannt geworden ist, bedarf es wohl des Hinweises, daß auch die für 140 km/h ausgelegten »Bankierzüge« der Berliner S-Bahn folgerichtig als ET 125 bezeichnet wurden.
- Dem Nahverkehr in Stuttgart diente der ET 65. In Berlin gab es ET 165, ET 166, ET 167, ET 168 und ET 169. In Hamburg liefen ET 171.
- Die von der LAG im Jahre 1938 übernommenen Bo-g^{2}t-Triebwagen für die Nebenbahn Mekkenbeuren–Tettnang erhielten die Betriebsnummern ET 184 41 und ET 184 42.
- Zweifellos waren die beiden Aussichtstriebwagen und die beiden von BBÖ übernommenen Gütertriebwagen als ET 91 bzw. ET 94 zu den Sondertriebwagen zu rechnen.
- Da man ihre baldige Ausmusterung beabsichtigte, waren für die von der DRG beschafften Bo2'2'-w^{2}t-Triebwagen 1589 a Hamburg/1589 b Hamburg bis 1645 a Hamburg/ 1645 b Hamburg die Betriebsnummern ab ET 99 01 a/ET 99 01 b vorgesehen. Zu dieser Umzeichnung kam es jedoch nicht mehr. Auch ein späterer Umzeichnungsentwurf des EZA München vom 20. Juli 1951, die noch vorhandenen Fahrzeuge aller Bauarten als ET 99 001 a/ET 99 001 b bis ET 99 070 a/ET 99 070 b zu bezeichnen, wurde nicht mehr realisiert.
- Die Stammnummer 99 wurde lediglich für einige Sonderfahrzeuge ganz anderer Art genutzt. Es handelte sich um fünf Gepäckwagen, die vorwiegend auf der Strecke Hirschberg–Polaun hinter den als »Rübezahl« bekannten ET 89 als EB 99 01 bis EB 99 05 liefen.

Bezeichnungen für Akkumulator-Triebwagen (Speicher-Triebwagen)

Die Bezeichnungen der Elektrotriebwagen mit eigener Energiequelle in Form mitgeführter Akkumulator-Batterien wechselten mehrfach und entsprachen meist einfachen Waggonbezeichnungen.

Bei der KPEV war es zunächst jeder KED überlassen, ihre Akkutriebwagen nummernmäßig zu erfassen und einzuordnen.

- So traten innerhalb bestimmter Direktionen zweistellige, innerhalb anderer KED dreistellige und innerhalb weiterer KED sogar vierstellige Betriebsnummern auf. Diese Nummern wurden durch die Angabe der Heimat-KED ergänzt.
- Die bekannten Wittfeldschen Doppelwagen erhielten aufeinanderfolgende Nummern, wobei die jeweils höhere auf den Wagen mit Gepäckabteil hindeutete.

Vom Jahre 1910 ab vereinheitlichte man dann die Bezeichnungsweise:

- Für jedes Fahrzeug wurde nun, mit 201 beginnend, eine dreistellige Betriebsnummer vorgesehen. Da jede Nummer nur einmal vorkam, konnte die Angabe der Heimat-KED in der Bezeichnung entfallen.
- Inoffiziell setzte man auch die Kennbuchstaben AT vor die Betriebsnummer.

- Die Mittelwagen dreiteiliger Akkutriebzüge wurden durch den der ersten Fahrzeugnummer angefügten Kleinbuchstaben a gekennzeichnet. Beispielsweise wurde anläßlich der Baltischen Ausstellung im Jahre 1914 der AT 553/AT 553a/AT 554 in Malmö (Schweden) gezeigt.

Die DRG verließ leider im Jahre 1924 die durchaus brauchbare bisherige Bezeichnungsweise der KPEV und führte ein neues System ein. Hierbei nutzte man noch freie Nummernbereiche innerhalb der Reisezugwagen und wies den Akkutriebwagen im Anschluß an die Dampftriebwagen den Bereich von 201 bis 700 zu.

- Jede Direktion begann nun die Erfassung ihres Bestands mit der Nummer 201, was natürlich wieder zu der Notwendigkeit führte, die Heimat-Rbd mit anzugeben.
- Der Grundsatz, den Doppelwagen aufeinanderfolgende Nummern zu geben, wurde beibehalten. Lediglich in den Rbd Erfurt und Halle wich man davon ab. Dort zählte man, offensichtlich durch einen Übermittlungsfehler bedingt, zunächst alle vorderen Triebwagenteile und alle hinteren Triebwagenteile hintereinander. So standen dort die Wittfeld-Wagen 201 Halle/207 Halle bzw. 201 Erfurt/212 Erfurt am der Spitze.
- Da nunmehr für jedes Fahrzeug eine andere Nummer vorgesehen war, entfiel das a für den Mittelwagen dreiteiliger Einheiten. Aus dem AT 553/AT 553a/AT 554 wurde nun beispielsweise 210 Magdeburg/211 Magdeburg/212 Magdeburg.

Da sich sehr bald die offensichtlichen Nachteile dieses Bezeichnungssystems zeigten, änderte man bereits im Jahre 1927 erneut die Betriebsnummern der Akkutriebwagen. Immerhin schloß das Schema des Jahres 1924 die Notwendigkeit ein, bei Umsetzungen in andere Direktionsbezirke auch die Fahrzeuge umzuzeichnen. Als beispielsweise im Jahre 1925 der 203 Elberfeld/204 Elberfeld vom Bw Schwerte zum Bw Allenstein umgesetzt wurde, erhielt er die Bezeichnung 225 Königsberg/226 Königsberg.

- Grundsätzlich kehrte man nun zur Nummerung des Jahres 1910 zurück (vgl. S.). Die angefügten Direktionsbezeichnungen konnten also wieder entfallen.
- Hinsichtlich der Mittelwagen dreiteiliger Triebzüge führte man allerdings eine neue Regelung ein. Statt des angefügten Kleinbuchstabens a erhielt nun der Mittelwagen die Nummer des jeweiligen vorderen Triebwagens, der man eine 0 voranstellte. Aus dem mehrfach zitierten dreiteiligen Triebzug wurde nun AT 553/AT 0553/AT 554.
- Da eine amtliche Verfügung zur Kennzeichnung der Triebwagenart (mit den inoffiziell häufig benutzten Kennbuchstaben AT) nicht bestand, war dieses technische Detail der Gattungsbezeichnung durch die Buchstaben eaT zu entnehmen.
- Dieses Bezeichnungssystem blieb bei der DR bis zur Ausmusterung der beiden letzten Akkutriebwagen AT 587/AT 588 und AT 613/AT 614 des Bw Gotha am 25. November 1968 gültig.

Bei der DB wurden die verbliebenen Akkutriebwagen neu erfaßt und entsprechend den Grundsätzen des RZA München vom März 1940 mit Wirkung vom 15. September 1948 umgezeichnet.

- Den Stammnummern wurden folgende Kennbuchstaben vorangestellt:

ETA	= Elektrotriebwagen für Akkumulatorbetrieb
EBA	= Beiwagen für Akkutriebwagen
ESA	= Steuerwagen für Akkutriebwagen

- Bezüglich der Festlegung von Stammnummern ging man von der am Anfang stehenden 1 aus, die ja als Kennzeichen für Gleichstrom-Fahrzeuge diente. Die vorhandenen älteren Wittfeld-Triebwagen mit Fahrschalter-Steuerung wurden der Gruppe der Nebenbahntriebwagen zugeordnet und hießen nun ETA 180. In die Gruppe der Nahverkehrstriebwagen kamen dagegen die Wittfeld-Fahrzeuge mit Schützen-Steuerung als ETA 178, während die moderneren DRG-Doppeltriebwagen der Jahre 1927/28 als ETA 179 erfaßt wurden.
- Die mit 001 beginnenden Ordnungsnummern führten 2. und 3. Wagenklasse. Ordnungsnummern ab 101 deuteten auf die einfachere Einrichtung der 3. Klasse, ab 1956 dann 2. Klasse, hin.
- Als Zusatz zur Betriebsnummer traten die bekannten Kleinbuchstaben a oder b zur Kennzeichnung des vorderen oder hinteren Wagenteils. Der noch vorhandene einzige dreiteilige Akkutriebzug AT 535/AT 0535/AT 536 der DB wurde nun umgezeichnet in ETA 178 051a/ETA 178 051b/ETA 178 051c.

- Nach den gleichen Gesichtspunkten wurden später die Neubauten der Baureihen ETA 176 und ESA 176 der Jahre 1952/54 sowie auch die ETA 150 und ESA 150 der Jahre 1954/65 bezeichnet.

Für eine ganze Reihe von Fahrzeugen wurde mit Wirkung vom 2. Januar 1952 eine weitere Umzeichnung erforderlich:

- Für modernisierte Akkutriebwagen der Bauartreihen ETA 180.0 und ETA 180.1 schuf man nun unter Berücksichtigung der unterschiedlichen Wagenklassen die Bauartreihen ETA 177.0 bzw. ETA 177.1.
- Die nicht modernisierten, verbliebenen Fahrzeuge der Bauartreihen ETA 180.0 und ETA 180.1 wurden neu geordnet, und, wiederum mit ETA 180 001 a/ETA 180 001 b beginnend, als Baureihe ETA 180 umgezeichnet.
- Aus geeigneten zweiachsigen Reisezugwagen und Beiwagen für Verbrennungstriebwagen baute man eine größere Anzahl von Fahrzeugen um und bezeichnete sie nun als ESA 177, EBA 177 und ESA 178.

Bezeichnungen für Triebwagen mit Verbrennungsmotoren

In vorstehenden Abschnitten wurde bereits mehrfach darauf hingewiesen, daß die Triebwagen der DRG zunächst in freie Nummernbereiche der Reisezugwagen eingeordnet wurden. Da es jedoch für die unterschiedlichen Bauarten keine Kennbuchstaben gab, waren Hinweise auf Antriebsart oder andere technische Details aus diesen Bezeichnungen nicht zu ersehen. Eine solche Information war nur aus den Gattungszeichen zu entnehmen.

Die ersten Triebwagen mit Verbrennungsmotoren wurden im Anschluß an die Akkutriebwagen, beginnend mit 701 Osten, genummert. Der vorgesehene Nummernraum von 701 bis 899 wurde allerdings unter Berücksichtigung der Motorart und der Achszahl mehrfach unterteilt. Die Angabe der jeweiligen Heimat-Rbd ergänzte diese Bezeichnungen:

- 701 bis 750 = Triebwagen mit Vergasermotoren, zweiachsig
  751 bis 799 = Triebwagen mit Vergasermotoren, vierachsig
  801 bis 850 = Triebwagen mit Dieselmotoren, zweiachsig
  851 bis 899 = Triebwagen mit Dieselmotoren, vier- und mehrachsig
- Die spätere Entwicklung erforderte allerdings einige Veränderungen dieses Systems. Als beispielsweise im Jahre 1938 die Triebwagen der BBÖ von der DRG übernommen wurden, schloß man sie nummernmäßig unter Berücksichtigung der entsprechenden Gruppen den vorhandenen DRG-Triebwagen an. Da jedoch eine größere Anzahl drei- und vierachsiger Fahrzeuge mit Dieselmotoren unterzubringen war, mußte hierfür auch der Zahlenraum ab 900 genutzt werden.
- Obgleich ein Anschließen an die letzten, ehemals österreichischen Triebwagen möglich gewesen wäre, setzte man zwei im Jahre 1941 von der MFWE übernommene vierachsige Wagen mit Vergasermotoren als 749 Stettin und 750 Stettin vor die entsprechende Gruppe.
- Einigen vierachsigen Gütertriebwagen mit Dieselmotoren wurde im Jahre 1930 der zusätzliche Nummernbereich ab 10 001 eingeräumt.
- Während man für kurzgekuppelte Doppeltriebwagen aufeinanderfolgende Betriebsnummern vorsah, unterschied man die beiden Teile des »Fliegenden Hamburgers« in 877 a Berlin/877 b Berlin.

Als die technische Entwicklung auch bei der DRG zu einem verstärkten Einsatz von Triebwagen mit Verbrennungsmotoren führte, reichten die bisher vorgesehenen Nummernbereiche nicht mehr aus. Man mußte nun den Freiraum hinter dem für Gepäckwagen bis zur Nummer 132 999 vorgesehenen Bereich ab 133 000 nutzen. Leider blieb man auch jetzt bei der wenig aussagekräftigen Form der Wagennummern, bei denen lediglich Betriebsnummer und Heimat-Rbd (ohne Kennbuchstaben VT!) genannt wurden. Nur die bisherige vierfache Gruppenteilung nach Motorart und Achszahl wurde beibehalten. Erstmalig wurden nun auch Beiwagen und Steuerwagen miteingeplant.

Da man sich seinerzeit bei der wagenbaulichen Gestaltung vor allem auf eine allgemeine Gewichtsverminderung konzentrierte, floß dieser Gesichtspunkt in die neue Verfügung vom 21. Oktober 1932 über die künftige Nummerung der Triebwagen mit Verbrennungsmotoren, Beiwagen und Steuerwagen mit ein:

- Für die vorhandenen schwereren Triebwagen blieb die bisherige Nummernfolge ab 701 erhalten. Einige bereits in Leichtbauweise beschafften zwei- und vierachsigen Fahrzeuge zeichnete man jedoch um und fügte sie in die neugebildeten entsprechenden Gruppen ein.

– Folgende neue Nummernbereiche wurden nun für die neuen »Leichttriebwagen« usw. vorgesehen:

133 000 bis 133 999	= Triebwagen mit Vergasermotoren, zweiachsig
134 000 bis 134 999	= Triebwagen mit Vergasermotoren, vierachsig
135 000 bis 136 999	= Triebwagen mit Dieselmotoren, zweiachsig
137 000 bis 138 999	= Triebwagen mit Dieselmotoren, vier- und mehrachsig
140 000 bis 143 999	= Beiwagen, zweiachsig
144 000 bis 144 999	= Steuerwagen, zweiachsig
145 000 bis 146 999	= Steuerwagen, vierachsig
147 000 bis 149 999	= Beiwagen, vierachsig

(Da kaum noch Fahrzeuge mit Vergasermotoren beschafft wurden, gab es in der Gruppe ab 133 000 nur ganz wenige entsprechende Triebwagen. Die Nummerngruppe ab 134 000 blieb sogar völlig ungenutzt.)

Es fällt auf, daß man (wohl österreichischen Vorbildern folgend) die Ordnungsnummern jeweils mit 000 begann. Festgelegte Nummernfolgen gab es nicht, so daß innerhalb jeder Gruppe in der Reihenfolge der Anlieferung Fahrzeuge recht unterschiedlicher Bauart aufeinander folgten. Beispielsweise folgte auf den kleinen B'2'-dhydr-Schmalspurtriebwagen 137 325 Dresden (für die Strecke Zittau–Oybin) unmittelbar der große, zweiteilige (A1)2'+2'(1A)-dhydr-Nahverkehrstriebwagen 137 326a Stettin/137 326b Stettin.

Da man die weitere technische und betriebliche Entwicklung abwarten wollte, kam es leider zunächst nicht mehr zu einer Bildung von Baureihen mit vorderen Kennbuchstaben und eindeutiger Stammnummer (wie bei den Elektrotriebwagen). Man bediente sich deshalb inoffiziell verschiedener Ersatzbezeichnungen. Zwar waren Fahrzeuge der Bauart Hamburg, der Bauart Leipzig oder der Bauart Stettin bekannt, kaum bekannt war aber, daß deren Betriebsnummern je nach Lieferung mit 137 149 und 137 224 bzw. 137 153 und 137 233 bzw. 137 326 und 137 367 begannen.

In den amtlichen Betriebsstatistiken nahm die DRG nur eine Unterscheidung nach der Motorleistung vor. Einteilige und mehrteilige, zweiachsige und mehrachsige Triebwagen waren beispielsweise in den Gruppen bis 200 PS, von 200 PS bis 500 PS und von 500 PS bis 1000 PS zusammengefaßt.

Die vierachsigen Hauptbahn-Triebwagen wurden vom Kenner unterschieden nach »Eilzugwagen-Grundriß« (ohne Mitteleinstieg), »Essener Grundriß« (mit etwa mittlerem Mitteleinstieg) und »Einheits-Grundriß« (mit etwas seitlichem Mitteleinstieg).

Eigenartigerweise ordnete man die im Rahmen von Kriegshandlungen im Jahre 1938 von ČSD, 1939 von PKP, 1941 von Lett und 1942 von CVE übernommenen Triebwagen mit Verbrennungsmotoren nicht in die bestehenden Gruppen ein, sondern schuf für diese Fahrzeuge eine neue Nummerngruppe. Ohne Rücksicht auf Spurweite, Motorbauart oder Achszahl wurden alle ab 136 001 erfaßt. Im Gegensatz zur fortlaufenden Bezeichnungsweise der DRG berücksichtigte man Bauartunterschiede dadurch, daß man bestimmten Bauarten bestimmte Ordnungsnummergruppen, jeweils durch Lücken getrennt, zuordnete.

– So begannen die ersten Gruppen der ehemals tschechoslowakischen Fahrzeuge mit 136 001, 136 026, 136 051, 136 071. Später, im Jahre 1943 von den BMB durch die DRG angekaufte gleichartige Triebwagen wurden nicht mehr umgezeichnet.
– Einige vierachsige, ehemals polnische Triebwagen erhielten Betriebsnummern ab 136 500.
– Ein ehemals lettischer Schmalspur-Triebwagen wurde umgezeichnet in 136 600.
– Mehrere ehemals luxemburgische Schmalspur-Triebwagen wurden ab 136 751 erfaßt.

Das auch noch nach 1945 bestehende RZA München erarbeitete im September 1947 für die in den vier Besatzungszonen Deutschlands verbliebenen Triebwagen mit Verbrennungsmotoren einen Umzeichnungsplan, der nun endlich eindeutige Bezeichnungen mit den Kennbuchstaben VT, einer zweistelligen Stammnummer und einer Angabe über die Art der Kraftübertragung innerhalb der Ordnungsnummer vorsah.

Ab 1948 wurden die in den drei westlichen Besatzungszonen verfügbaren Fahrzeuge nach folgenden Gesichtspunkten geordnet und umgezeichnet:

- VT 01 bis VT 19 = Triebwagen mit Drehgestellen für 120 km/h und mehr
  VT 20 bis VT 39 = Triebwagen mit Drehgestellen für 100 km/h bis 119 km/h
  VT 40 bis VT 59 = Triebwagen mit Drehgestellen für 85 km/h bis 99 km/h
  VT 60 bis VT 69 = Triebwagen mit Drehgestellen für 65 km/h bis 84 km/h
  VT 70 bis VT 79 = Triebwagen mit Lenkachsen für 65 km/h bis 85 km/h
  VT 80 bis VT 89 = Triebwagen mit Lenkachsen für weniger als 65 km/h
  VT 90 bis VT 99 = Schienenbusse, Leichttriebwagen, Schmalspurtriebwagen, Sondertriebwagen
  VS = Steuerwagen
  VM = Mittelwagen
  VB = Beiwagen
- Die erste Ziffer der drei- oder vierstelligen Ordnungsnummern kennzeichnete die Art der Kraftübertragung:
  0 bis 4 = elektrische Kraftübertragung
  5 bis 8 = hydraulische Kraftübertragung
  9 = mechanische Kraftübertragung

Bei der DR wurden die Triebwagen mit Verbrennungsmotoren nach ihrer Aufarbeitung zunächst mit der bekannten Wagennummer und den vorher inoffiziellen Kennbuchstaben VT bezeichnet. Außer dieser »klassischen« Nummerung gab es jedoch später noch zwei andere Schemata, die bei Neubauten Anwendung fanden. Bis zum Jahre 1970 galten also bei der DR für die Triebwagen mit Verbrennungsmotoren gleichzeitig drei unterschiedliche Bezeichnungssysteme! Einige Beispiele mögen zunächst die Anwendung der herkömmlichen Nummerung verdeutlichen:

- Der von der Spreewaldbahn stammende A1-dmech-Schmalspurtriebwagen 501 wurde per 1. Januar 1950 bei der DR zum VT 133 523. Er war vorher lange Zeit bekannt als »Fliegender Spreewälder«.
- Recht kurios erscheint folgende Entwicklung: Der DRG-Schnelltriebwagen 137 152a Berlin/137 152b Berlin der Bauart Hamburg war nach 1945 bei der DB verblieben und dort nach dem vorgenannten System vom September 1947 als VT 04 102a/-VT 04 102b eingeordnet worden. Nach seinem Verkauf an die DR erhielt er im März 1959 die Anschriften VT 137 152a/VT 137 152b.
- Daß man hinsichtlich der Kennbuchstaben VT nicht immer konsequent vorging, zeigte der moderne (1A) (A1)-dmech-Triebwagen T 4 der ehemaligen Niederbarnimer Eisenbahn: Ab 1. Januar 1951 trug er die Anschrift 137 528 Berlin!
- Nicht konsequent war man auch bei der Vergabe der Kennbuchstaben c oder b für die Mittelwagen dreiteiliger Fahrzeuge, wie manches Bild beweist.

Im Jahre 1954 führte die DR ein für Triebwagen wenig sinnvolles Bezeichnungssystem ein, das dann allerdings nur bei drei (!) vierteiligen, aus Ungarn importierten Schnelltriebzügen zur Anwendung kam. Hierbei folgte den Kennbuchstaben VT eine dreiteilige, jeweils zweistellige Zahlenkennung. Die ersten beiden Ziffern symbolisierten 10 % der Höchstgeschwindigkeit. Durch Punkt getrennt, folgte die Angabe der durchschnittlichen Achslast. Nach einem weiteren Punkt wurde die gleichfalls zweistellige Ordnungsnummer angegeben.

- VT 12.14.03b war also der hintere Triebwagen des dritten Triebzuges für 120 km/h bei 14 t Achslast.

Für weitere Neubeschaffungen bediente man sich ab 1956 einer anderen, gleichfalls mehrteiligen Bezeichnungsweise. Man berücksichtigte dabei in verschlüsselter Form Motorleistung (1 %) und Höchstgeschwindigkeit (10 %). Grundsätzlich dreistellige Ordnungsnummern ließen die Absicht erkennen, nunmehr eine größere Anzahl von Triebwagen zu beschaffen und entsprechend zu bezeichnen. Lediglich bei den Schnelltriebwagen blieb man bei zweistelligen Ordnungsnummern.

- VT 2.09.273 kennzeichnete einen Schienenbus von etwa 200 PS für 90 km/h.
- VT 4.12.02 war ein Leichttriebwagen von etwa 400 PS für 120 km/h.
- VT 18.16.10a war die Bezeichnung des zweiten Reserve-Maschinenwagens für die Schnelltriebzüge der Bauart Görlitz von 1800 PS für 160 km/h.
- Beiwagen, Steuerwagen und Mittelwagen wurden in gleicher Weise unter Voranstellung der Kennbuchstaben VB, VS bzw. VM gekennzeichnet.

EDV-gerechte Nummerung bei der DB und bei der DR

Die Deutsche Bundesbahn und die Deutsche Reichsbahn stellten im Rahmen wirtschaftlich bedingter Rationalisierungsmaßnahmen alle Buchungsvorgänge, Leistungsberichte, Statistiken sowie Ausbesserungs-, Umbau- und Bestandsnachweise auf elektronische Datenverarbeitung um. Dazu wurden auch alle Triebfahrzeuge, Steuer- und Beiwagen beider Bahnverwaltungen nach eigenen Systemen codiert erfaßt und bei der DB per 1. Januar 1968, bei der DR per 1. Juli 1970 computergerecht umgezeichnet. Bei dieser Umzeichnung gingen allerdings die DB und die DR unterschiedliche Wege.

Unter weitgehender Bezugnahme auf die bis dahin bei beiden Bahnverwaltungen noch genutzten DRG-Betriebsnummern und unter Anwendung zahlreicher bisheriger Bezeichnungsgrundsätze erhielten nun alle Triebfahrzeuge einschließlich der Kleinlokomotiven sowie sämtliche Steuer- und Beiwagen einheitlich eine sechsstellige, numerisch aufgebaute Kennzeichnung mit einer Kontrollziffer.

Da eine Datenerfassung und -fernübertragung bisheriger gemischter Buchstaben-Ziffer-Bezeichnungen (wie beispielsweise E 44 108, V 200 100, Köf 4956, ET 25 014 oder VM 08 522) nicht möglich ist, mußten die bisher angewandten Kennbuchstaben durch bestimmte Ziffern ersetzt werden.

Die Berücksichtigung der früheren, gewissermaßen historisch gewachsenen Bezeichnungen erleichterte bei den entsprechenden Beschäftigten des Betriebs-, Werkstätten- und Verwaltungsdienstes die Einführung und sachgemäße Anwendung der neuen, EDV-gerechten Betriebsnummern.

Der erste Teil der Kennzeichnung wurde durch eine drei- oder zweistellige Baureihennummer bzw. Bauartreihennummer gebildet. Der in kurzem Abstand folgende zweite Teil gab die drei- oder vierstellige Ordnungsnummer an. Um Programmierungsirrtümer oder Übermittlungsfehler auszuschließen, fügte man nach einem Bindestrich eine sogenannte Selbstkontrollziffer an.

Während die Bildung der neuen Baureihen- oder Bauartreihennummern bei beiden Bahnverwaltungen recht unterschiedlich vorgenommen wurde, konnte die jeweilige Kontrollziffer nach einheitlichem Algorithmus ermittelt werden.

Zur Ermittlung der Kontrollziffer wurden die Zahlenwerte der ungeraden Stellen der Fahrzeug-Betriebsnummer (also deren erste, dritte und fünfte Ziffer) mit eins und die der geraden Stellen (also die zweite, vierte und sechste Ziffer) mit zwei multipliziert. Aus den Ziffern dieser sechs Produkte wurde nun die Quersumme gebildet. Diejenige Zahl, die zur Ergänzung der Quersumme auf den nächstfolgenden vollen Zehnerwert erforderlich ist, wurde als Kontrollziffer angegeben. Stellte die Quersumme bereits einen vollen Zehnerwert dar, so war als Kontrollziffer eine Null einzusetzen.

Hierzu einige Beispiele:

Ursprüngliche DRG-Fahrzeugnummer:	03 114	E 94 055
Neue DB-Betriebsnummer:	003 114	194 055
Multiplikationsfaktoren:	121 212	121 212
Multiplikationsprodukte:	003 218	1184 0510
Quersumme der Ziffern:	0+0+3+2+1+8 =14	1+1+8+4+0+5+1+0 =20
Kontrollziffer	6	0
Vollständige DB-Betriebsnummer:	003 114-6	194 055-0

Ursprüngliche DRG-Fahrzeugnummer:	38 3276	E 94 056
Neue DR-Betriebsnummer:	38 3276	254 056
Multiplikationsfaktoren:	12 1212	121 212
Multiplikationsprodukte:	316 34712	2104 0512
Quersumme der Ziffern:	3+1+6+3+4+7+1+2 =27	2+1+0+4+0+5+1+2 =15
Kontrollziffer:	3	5
Vollständige DR-Betriebsnummer:	38 3276-3	254 056-5

EDV-gerechte Nummerung bei der DB

Bei der DB wurden aus bisherigen Baureihenbezeichnungen und einigen Bauartreihenbezeichnungen neue, grundsätzlich dreistellige Baureihennummern entwikkelt. Da allerdings für die Kleinlokomotiven der Leistungsgruppen I und II entsprechende nutzbare Bezeichnungen nicht vorlagen, mußten für diese Fahrzeuge völlig neue Gruppierungen geschaffen werden. Bei den Kleinlokomotiven der Leistungsgruppe III konnte man wenigstens die bisherigen Ordnungsnummern nutzen. Bei anderen Fahrzeuggruppen machte leider die Reduzierung ursprünglich vierstelliger Ordnungsnummern auf lediglich drei mögliche Stellen einige Ersatzlösungen nötig, auf die detailliert eingegangen werden muß.

Die neue Baureihennummer hat gewissermaßen nun einen doppelten Aussagecharakter. Die jeweils erste Ziffer gibt dabei Aufschluß über Traktions- oder Fahrzeugart und tritt, Dampflokomotiven ausgenommen, an die Stelle der bisherigen Kennbuchstaben E, V, Kö, ET, AT usw.:

0 = Dampflokomotive
1 = Elektrische Lokomotive
2 = Lokomotive mit Verbrennungsmotoren
3 = Kleinlokomotive (unterschiedliche Antriebsarten)
4 = Elektrotriebwagen mit Fremdenergiezuführung (ohne Rücksicht auf Stromart)
5 = Akkumulator-Triebwagen
6 = Triebwagen mit Verbrennungsmotoren
7 = Schienenbus, Leichttriebwagen, Diensttriebwagen mit Verbrennungsmotoren
8 = Steuer-, Bei- oder Mittelwagen für Elektro- und Akkumulator-Triebwagen
9 = Steuer-, Bei- oder Mittelwagen für Triebwagen mit Verbrennungsmotoren

- Die dann noch folgenden beiden Ziffern der Baureihennummer sind meist weitgehend aus den ursprünglichen Baureihenbezeichnungen hervorgegangen. Waren diese ursprünglich zweistellig, so bedürfen sie keiner weiteren Erklärung, da die Herkunft einer 038, einer 163, einer 236 oder eines 825 eindeutig ist.
  Nur bei den früheren V 20, V 29 und den schwereren V 60 änderte man auf 270, 299 bzw. 261.
- Um konstruktive Besonderheiten oder Bauartabweichungen zu berücksichtigen, schuf man auch eine Reihe neuer Baureihennummern. Hierbei ging man meist von früheren Bauartreihenbezeichnungen aus, bei denen ja eine zusätzliche dritte bzw. vierte Ziffer als Index enger begrenzte Nummerngruppen kennzeichneten:

Dampflokomotiven

01.10	wurde nun 011
01.10 Öl	wurde nun 012
41 Öl	wurde nun 042
44 Öl	wurde nun 043
50.10-19	wurde nun 051
50.20-29	wurde nun 052
50.30-31	wurde nun 053
98.11	wurde nun 097

Elektrische Lokomotiven

E 10.12	wurde nun 112
E 40.11	wurde nun 139
E 44.11	wurde nun 145

Triebwagen etc.

VT 11.50	wurde nun 601
VT 12.6	wurde nun 613
VT 23.5	wurde nun 624
VS 12.6	wurde nun 913
VM 11.51-54	wurden nun 901
VM 12.6	wurde nun 913
VM 23.5	wurde nun 924

- Völlig andere Lösungen wurden erforderlich, wenn bereits dreistellige Baureihenbezeichnungen vorlagen. Dies war beispielsweise bei manchen elektrischen Lokomotiven und Triebwagen sowie bei Akkumulator-Triebwagen der Fall gewesen, um die jeweilige Stromart zu kennzeichnen. Bei Lokomotiven mit Verbrennungsmotoren ließ sich nun die früher angestrebte Symbolisierung der Motorleistung nicht mehr überall aufrechterhalten. Auch bei Steuer- und Beiwagen waren einige Baureihennummern neu festzulegen:

Elektrische Triebfahrzeuge etc.

E 310	wurde nun 181
E 320	wurde nun 182
E 344	wurde nun 183
E 410	wurde nun 184
ET 170	wurde nun 470
ET 171	wurde nun 471
EM 170	wurde nun 870
EM 171	wurde nun 871
ETA 150	wurde nun 515
ETA 176	wurde nun 517
ESA 150	wurde nun 815
ESA 176	wurde nun 817

Triebfahrzeuge mit Verbrennungsmotoren etc.

V 100.10-13	wurden nun 211
V 100.20-23	wurde nun 213

V 100.23	wurde nun	213	V 188	wurde nun	288	VB 141	wurde nun	941
(für Steilstreckenbetrieb)			V 200.0	wurde nun	220	VB 142	wurde nun	995
V 160	wurde nun	216	V 200.1	wurde nun	221	VB 147	wurde nun	947
V 162	wurde nun	217	V 300	wurde nun	230			
V 169	wurde nun	219	VS 145	wurde nun	945			

Für die *Kleinlokomotiven* wurden nun erstmalig ordentliche Baureihennummern eingeführt:

Kleinlokomotiven mit Verbrennungsmotor, Leistungsgruppe I	wurden nun	311
Kleinlokomotiven mit Verbrennungsmotor, Leistungsgruppe II,	30 km/h, mechanische Bremse	321
Kleinlokomotiven mit Verbrennungsmotor, Leistungsgruppe II,	30 km/h, Druckluftbremse	322
Kleinlokomotiven mit Verbrennungsmotor, Leistungsgruppe II,	45 km/h, Druckluftbremse	323
	und	324
Kleinlokomotiven mit Verbrennungsmotor, Leistungsgruppe II,	Schmalspur 1000 mm	329
Kleinlokomotiven mit Verbrennungsmotor, Leistungsgruppe III,	30 km/h, Kettenantrieb	331
Kleinlokomotiven mit Verbrennungsmotor, Leistungsgruppe III,	45 km/h, Kettenantrieb	332
Kleinlokomotiven mit Verbrennungsmotor, Leistungsgruppe III,	45 km/h, Gelenkwellen	333
Akkumulator-Kleinlokomotiven, ältere Bauarten	wurden nun	381
Akkumulator-Kleinlokomotiven, Nachkriegs-Bauarten	wurden nun	382

Man war weitgehend bemüht, ursprüngliche Ordnungsnummern beizubehalten. Waren diese jedoch bisher vierstellig, mußten Ersatzlösungen gefunden werden, die leider oftmals bestehende Nummernfolgen aus entsprechenden Lieferfolgen unterbrachen und demzufolge mögliche Rückschlüsse auf Alter oder auch ursprüngliche Betriebsnummer völlig unmöglich machen:

44 1268 (Borsig 1943: 15 254)	wurde nun 044 268-1,
44 269 (Maffei 1939: 15 738)	wurde nun 044 269-9,
44 1269 (Borsig 1943: 15 255)	wurde nun 044 270-7,
94 1538 (Schwartzkopff 1922: 8 085)	wurde nun 094 538-6,
94 539 (Schwartzkopff 1913: 5 230)	wurde nun 094 539-4,
94 1539 (Schwartzkopff 1922: 8 086)	wurde nun 094 540-2.

Gegenüberstellung ursprünglicher und neuer, verändert oder unregelmäßig umgezeichneter Betriebsnummern von DB-Dampflokomotiven:

38 2111 = 038 110-3
38 2770 = 038 769-6

44 1044 = 044 045-3
44 1050 = 044 046-1
44 1070 = 044 071-9
44 1096 = 044 095-8
44 1118 = 044 117-0
44 1122 = 044 121-2
44 1143 = 044 142-8
44 1169 = 044 171-7
44 1174 = 044 173-3
44 1178 = 044 177-4
44 1187 = 044 186-5
44 1199 = 044 193-1
44 1201 = 044 194-9
44 1202 = 044 195-6
44 1203 = 044 196-4
44 1204 = 044 197-2
44 1205 = 044 198-0
44 1210 = 044 200-4
44 1211 = 044 212-9
44 1212 = 044 216-0
44 1214 = 044 217-8
44 1243 = 044 242-6
44 1254 = 044 253-3
44 1255 = 044 254-1
44 1259 = 044 258-2
44 1260 = 044 259-0
44 1261 = 044 260-8
44 1269 = 044 270-7
44 1331 = 044 330-9
44 1332 = 044 331-7
44 1367 = 044 368-9
44 1370 = 044 371-3
44 1376 = 044 375-4
44 1379 = 044 372-1
44 1384 = 044 386-1
44 1385 = 044 387-9
44 1422 = 044 421-6
44 1482 = 044 487-7
44 1535 = 044 534-6
44 1544 = 044 542-9
44 1554 = 044 555-1
44 1558 = 044 556-9
44 1559 = 044 557-7
44 1562 = 044 558-5
44 1564 = 044 559-3
44 1565 = 044 567-6
44 1571 = 044 569-2
44 1594 = 044 591-6
44 1596 = 044 592-4
44 1650 = 044 652-6
44 1654 = 044 655-9

44 1667 = 044 665-8	55 3738 = 055 737-1	94 1514 = 094 515-4	94 1613 = 094 612-9
44 1668 = 044 670-8	55 4100 = 055 101-0	94 1539 = 094 540-2	94 1698 = 094 699-6
44 1669 = 044 671-6	55 4737 = 055 739-7	94 1557 = 094 559-2	94 1705 = 094 704-4
44 1673 = 044 681-5	55 4799 = 055 800-7	94 1560 = 094 562-6	94 1723 = 094 724-2
44 1676 = 044 682-3	55 5526 = 055 525-0	94 1585 = 094 575-8	
44 1684 = 044 688-0		94 1586 = 094 576-6	98 1125 = 097 125-9

Alle übrigen neuen Betriebsnummern sind unter Wegfall der jeweiligen Tausender-Stelle bei Beibehaltung der letzten drei Ziffern der ursprünglichen Ordnungsnummer gebildet worden und ermöglichen dadurch Rückschlüsse auf ihre Herkunft. Da man zunächst stets die Nutzung ursprünglicher dreistelliger Ordnungsnummern anstrebte, ergab sich die Notwendigkeit vorstehend aufgeführter Verschiebungen auf die am nächsten gelegenen Lücken.

– Weitere Veränderungen gab es, als man die von der DB im Zeitraum vom 6. Januar 1958 bis 6. Mai 1974 auf Ölhauptfeuerung umgestellten 36 Lokomotiven der Baureihe 44 mit neuen Nummern zu versehen hatte. Im Falle der auch zur Umzeichnung vorgesehenen 44 552 konnte das jedoch wegen eines Unfalls nicht mehr durchgeführt werden. Zuletzt erfolgte noch bei drei Lokomotiven ein Umbau, deren Betriebsnummer inzwischen bereits auf EDV umgestellt worden war. Nachstehend die 36 Öl-Lokomotiven, die nun die Baureihennummer 043 bekamen:

44 1085	= 043 085-0
44 087	= 043 087-6
44 094	= 043 094-2
44 100	= 043 100-7
44 1121	= 043 121-3
44 1131	= 043 131-2
44 1133	= 043 133-8
44 1167	= 043 167-6
44 189	= 043 189-0
44 1203/044 196-4	= 043 196-5
44 1221	= 043 221-1
44 1264	= 043 264-1
44 1315	= 043 315-1
44 1321/044 321-8	= 043 321-9
44 326	= 043 326-8
44 336	= 043 336-7
44 1364	= 043 364-9
44 375	= 043 375-5
44 381	= 043 381-3
44 431	= 043 431-6
44 438	= 043 438-1
44 440	= 043 440-7
44 469	= 043 469-6
44 475	= 043 475-3
44 552	= – (Unfall, + 22. Mai 67)
44 1574	= 043 574-3
44 606	= 043 606-3
44 636	= 043 636-0
44 1652	= 043 652-7
44 665	= 043 665-9
44 1666	= 043 666-7
44 1672	= 043 672-5
44 1681	= 043 681-6
44 1737/044 737-5	= 043 737-6
44 1746	= 043 746-7
44 903	= 043 903-4

– Die bei Schienenbussen, Leichttriebwagen und deren Beiwagen zur Kennzeichnung von Bauartunterschieden eingeführten vierstelligen Ordnungsnummern stellte man durch Weglassen der Tausender um:
  VT 95 9113 wurde nun 795 113-0
  VT 98 9501 wurde nun 798 501-3
  VB 98 2221 wurde nun 998 221-6

– Bei Triebzügen führte man anstelle der bisherigen Unterscheidungsbuchstaben a und b für den vorderen bzw. hinteren »Triebkopf« eine neue Kennzeichnung ein, indem man letzterem bei gleicher Baureihennummer innerhalb der Ordnungsnummern andere Hunderter-Gruppen zuwies:
  So läuft im Hamburger S-Bahn-Verkehr normalerweise der 471 105-7 (ex ET 171 005 a) mit dem 471 405-1 (ex ET 171 005 b). Im Münchener Vorortverkehr gehören beispielsweise 420 053-1 und 420 553-0 mit dem in der Mitte laufenden 421 053-0 zusammen.

– Zur besonderen Kennzeichnung von Steuerwagen begann man deren Ordnungsnummern nun mit 601. Der Stuttgarter ES 65 024 hieß nun 865 624-1. Der in Rosenheim beheimatete ES 85 30 wurde zum 885 630-4. Von Hamburg-Altona aus ging nun 912 604-6 (ex VS 12 504) auf große Fahrt.

EDV-gerechte Nummerung bei der DR

Die hierfür notwendigen Veränderungen wurden bei der DR auf ein Mindestmaß reduziert. Während beispielsweise die bisherigen zweistelligen Baureihenbezeichnungen für Dampflokomotiven in den meisten Fällen unverändert beibehalten werden konnten, lehnte man sich bei den neuen dreistelligen Baureihennummern für die Diesel- und Elektrolokomotiven eng an bisherige Bezeichnungen an. Lediglich für die Triebwagen legte man völlig neue Baureihenbezeichnungen fest.

Außerdem wurde versucht, Bauartunterschiede oder -abweichungen durch die Schaffung bestimmter Bauartreihen kenntlich zu machen.

Die Baureihennummern für Dampflokomotiven blieben weitgehend unverändert. Da man nämlich für Diesel- und Elektrotriebfahrzeuge zur grundsätzlichen Kennzeichnung der Traktionsart als vordere Kennziffer eine 1 bzw. eine 2 vorgesehen hatte, mußten zur Vermeidung von Verwechslungen die mit diesen Ziffern beginnenden Dampflokomotiv-Baureihennummern »geräumt« werden. Man wählte nun für die betroffenen Bauarten solche Baureihenbezeichnungen aus, wie sie die DRG bereits früher dafür schon einmal genutzt hatte:

- So wurde die Baureihe 18 zur 02 (die es bereits als 2'C1'-Schnellzuglokomotive gegeben hatte).
- Die Baureihe 19 wurde zur 04 (die es mit h4v-Triebwerk, allerdings in anderer Achsfolge, gab).
- Die Baureihe 22 wurde zur 39 (aus der sie ja hervorgegangen war).
- Die einzige noch vorhandene Lokomotive der Baureihe 24 wurde zur 37 (bekannt als 1'C-h2 der pr P 6).

Die neuen Baureihennummern für Dieseltriebfahrzeuge begannen mit der bereits erwähnten Kennziffer 1, gewissermaßen dem Ersatz des bisherigen Kennbuchstabens V.

Die dann bei den Lokomotivbezeichnungen folgenden beiden Ziffern wurden den bisherigen Baureihennummern entlehnt. Diese waren ja jeweils ungefähr aus 10 % der Leistung (in PS) abgeleitet worden, was beispielsweise bei 600, 1800 oder 2000 PS zu den bekannten Bezeichnungen V 60, V 180 bzw. V 200 geführt hatte. Da nunmehr aber für diese Leistungsangabe nur noch zwei Stellen zur Verfügung standen, ging man jetzt von 1 % der Leistung (in PS) aus und kam so in den genannten Fällen zur 106, 118 bzw. 120. Die in gleicher Weise erfaßten Kleinlokomotiven (mit ihrer unter 100 PS liegenden Motorleistung) wurden somit folgerichtig zur Baureihe 100.

Leider trennte man dabei die B'B'-dhydr-Lokomotiven der ehemaligen Baureihe V 180 nicht von denen der Achsfolge C'C'. Auch bei den Rangierlokomotiven ergab sich eine Besonderheit. Als dort nämlich im Jahre 1975 die Betriebsnummer 106 999-6 (LEW 8. Oktober 1975: 14 800) erreicht worden war, mußte man, mit der 105 001-2 beginnend (LEW 11. Oktober 1975: 14 801), weiterzählen. Die Baureihennummer 107 war ja bereits durch die dieselelektrische ehemalige V 75 belegt.

Bei der Bezeichnung der Verbrennungstriebwagen ging man wiederum recht eigenartige Wege und schuf ein recht kompliziertes Bezeichnungssystem. Bei den Trieb-, Steuer- und Beiwagen deutete die zweite Stelle der Baureihennummer auf Herkunft bzw. Verwendungszweck hin:

- 7 = Trieb-, Steuer-, Bei- oder Mittelwagen aus der DDR-Produktion
- 8 = Trieb- oder Mittelwagen älterer Produktion
- 9 = Steuer- oder Beiwagen älterer Produktion

Die dann folgende dritte Ziffer gab bei den Fahrzeugen aus der DDR-Produktion ansteigend Aufschluß über die Größe. Beispielsweise waren die Fahrzeuge der Baureihen 171 und 172 zweiachsig, die der Baureihe 173 vierachsig. Dann folgten die gleichfalls vierachsigen, jedoch nur mehrteilig (beispielsweise 16achsig) verwendbaren Wagen der Baureihe 175. Bei den Trieb- oder Mittelwagen älterer Produktion begann man dagegen mit den größten Fahrzeugen als 181 und schloß mit den zweiachsigen ehemaligen »135ern« als Baureihe 186. Dann folgten als 187 und 188 noch Schmalspur- und Diensttriebwagen (ORT und Meßtriebwagen).

Die neuen Baureihennummern für die einzelnen Steuer- oder Beiwagen älterer Produktion wurden direkt von deren früherer Bezeichnung abgeleitet. So wurden aus »140ern«, »141ern«, »145ern« und »147ern« nun die Baureihen 190, 191, 195 und 197. Lediglich zwei schmalspurige Beiwagen wechselten von VB 147 zu 199.

Die neuen Baureihennummern für Elektrotriebfahrzeuge begannen mit der Kennziffer 2, dem Einsatz des bisherigen Kennbuchstabens E.

Bei den Lokomotiven konnte man dann meist die ursprünglichen, bekannten zweistelligen Baureihennummern anfügen. Es ergaben sich jedoch vier Besonderheiten bzw. Abweichungen:

- Da man für die Elektrotriebwagen Baureihenbezeichnungen ab 270 vorgesehen hatte, wurden nun die großen Co'Co'-w⁶t-Güterzuglokomotiven der Baureihe E 94 zur 254 (wo sie nach den DRG-Bezeichnungsgrundsätzen mit ihrer Höchstgeschwindigkeit von 90 km/h auch zutreffender eingeordnet sind).

- Für die drei wieder aufgearbeiteten 1'Co + Co1'-w⁶t-Güterzuglokomotiven der Baureihe E 95 sah man die neue Bezeichnung 255 vor.
- Die im Bw Dresden-Friedrichstadt für Museumszwecke bis zum 30. September 1979 wieder betriebsfähig aufgearbeitete E 77 10 mußte für das betriebsinterne Abrechnungswesen eine Ersatznummer erhalten. Als 277 010-5 wäre sie ja mit dem ehemaligen EB 167 165 der Berliner S-Bahn (ursprünglich 6509 Berlin) nummerngleich geworden! Deshalb führt man die E 77 10 in den Listen und Betriebsnachweisen jetzt als 204 710-8!
- Die auf der Rübelandbahn im Harz eingesetzten Co'Co'-w⁶t-Lokomotiven für 20 kV bei 50 Hz waren als solche von der DR als E 251 bezeichnet worden (analog der E 244 der Höllentalbahn). Da man auf eine besondere Kennzeichnung der angewandten unterschiedlichen Wechselstrom-Frequenzen und -Spannungen verzichtete, fügte man diese Sonderlokomotiven als Baureihe 251 ein.

Völlig neue Wege ging man bei der Bezeichnung der Elektrotriebwagen und der entsprechenden Steuer- und Beiwagen. Hier unterschied man nach den angewandten Stromsystemen:

- Gleichstromtriebwagen, Steuer- und Beiwagen = Baureihen 270 bis 279
- Wechselstromtriebwagen und Mittelwagen = Baureihen 280 bis 289

Für künftige Entwicklungen blieben also die Baureihennummern 290 bis 299 noch unbesetzt.

Die Baureihen 270 bis 274 bzw. 280 bis 284 wurden für neue S-Bahn-Fahrzeuge in Berlin bzw. den Bezirkshauptstädten vorgesehen.

Die neuen Ordnungsnummern erhielten in vielen Fällen eine Doppelfunktion. Oftmals benutzte man nämlich deren Anfangsziffer, um über die Baureihenbezeichnung hinausgehend, Bauartunterschiede und -abweichungen oder andere technische Details kenntlich zu machen. Man bildete also Bauartreihen. Erst die dann nachfolgenden restlichen Ziffern haben eigentliche Zählfunktion und lassen Schlüsse auf Herkunft und ursprüngliche Ordnungsnummer zu.

Da zunächst noch ein vielgestaltiger Dampflokomotivpark vorhanden und für die EDV-Umzeichnung vorzusehen war, bedurfte es unterschiedlicher Lösungen bei der Festsetzung neuer, informativer Betriebsnummern. Allerdings führte dann die im Umzeichnungszeitraum besonders stark einsetzende »Verdieselung« in vielen Fällen zur vorzeitigen Ausmusterung von Lokomotiven, die noch im EDV-Umzeichnungsplan enthalten waren.

Bei der Festlegung der neuen Ordnungsnummern gab es drei Varianten:

- Ursprünglich vierstellige Ordnungsnummern konnten meist unverändert beibehalten werden. Da meist auch die Baureihennummer unverändert blieb, erübrigte sich in vielen Fällen die Anfertigung neuer Nummernschilder. Man beschränkte sich dann einfach auf das »Anmalen« der Kontrollziffer rechts vom Nummernschild. Hierzu einige Beispiele:

  03 1048 = 03 1048-2
  38 2133 = 38 2133-7
  58 2044 = 58 2044-4
  91 6780 = 91 6780-0.

- Zur Kennzeichnung technischer Details schuf man *neue Bauartreihen*. Dazu nutzte man die erste Stelle der Ordnungsnummer und fügte dann meist die letzten drei Ziffern der ursprünglichen Ordnungsnummer an. Dampflokomotiven mit Ölfeuerung bzw. mit Kohlenstaubfeuerung wurden nun in besonderen Bauartreihen, beginnend mit 0 bzw. mit 9, zusammengefaßt:

  03 1088 (Ölfeuerung ab 26. Mai 1966) = 03 0088-9
  50 5020 (Ölfeuerung ab 2. August 1966) = 50 0020-3
  52 653 (Kohlenstaubfeuerung ab 1953) = 52 9653-8
  95 029 (Ölfeuerung ab 10. Oktober 1967) = 95 0029-9

  Das Einfügen der 0 (Ölfeuerung) bzw. der 9 (Kohlenstaubfeuerung) führte zu neuen, jedoch verwirrenden Nummernfolgen, die Rückschlüsse auf Alter und Ursprungsnummer nicht mehr zulassen:

  44 1413 (Schichau 1943: 3 605 = ÜK-Bauart) = 44 0413-3
  44 414 (Henschel 1941: 26 023 = Regelbauart) = 44 0414-1

Waren zwei Lokomotiven mit gleicher dreistelliger Ordnungsnummer vorhanden, ergaben sich Unregelmäßigkeiten bei der Umzeichnung:
44 569 Krupp 1941: 2 217 = Regelbauart) = 44 0569-2
44 1569 (Borsig 1943: 15 408 = ÜK-Bauart) = 44 0567-6
Da das letztgenannte Problem immer wieder zu Unklarheiten und Rückfragen führt, seien nachstehend die in dieser Weise umgezeichneten Dampflokomotiven mit Ölfeuerung der Baureihe 44 sowie die Kohlenstaublokomotiven der Baureihen 44 und 52 aufgeführt:

Ölfeuerung:

(95 Lokomotiven, davon 94 umgezeichnet, 1 Lokomotive vorzeitig ausgemustert)

44 0018-0	ex 44 1018
44 0040-4	ex 44 1040
44 0053-7	ex 44 1053
44 0056-0	ex 44 1056
44 0059-4	ex 44 1059
44 0090-9	ex 44 1090
44 0093-3	ex 44 1093
44 0101-4	ex 44 1101
44 0104-8	ex 44 104
44 0105-5	ex 44 105
44 0106-3	ex 44 1106
44 0115-4	ex 44 115
44 0152-7	ex 44 1152
44 0167-5	ex 44 167
44 0177-4	ex 44 177
44 0182-4	ex 44 1182
44 0193-1	ex 44 193
44 0194-9	ex 44 1195!
44 0195-6	ex 44 195
44 0196-4	ex 44 196
44 0221-0	ex 44 221
44 0224-4	ex 44 224
44 0225-1	ex 44 225
44 0231-9	ex 44 1231
44 0233-5	ex 44 1233
44 0235-0	ex 44 1235
44 0251-7	ex 44 1251
44 0256-6	ex 44 1256
44 0264-0	ex 44 264
44 0270-7	ex 44 1270
44 0278-0	ex 44 1278
44 0280-6	ex 44 1280
44 0286-3	ex 44 1286
44 0296-2	ex 44 296
44 0300-2	ex 44 300
44 0304-4	ex 44 1304
44 0305-1	ex 44 1305
44 0324-2	ex 44 324
44 0338-2	ex 44 1338
44 0350-7	ex 44 350
44 0351-5	ex 44 351
44 0354-9	ex 44 354
44 0378-8	ex 44 1378
44 0389-5	ex 44 1389
44 0390-3	ex 44 1390
44 0393-7	ex 44 1393
44 0397-8	ex 44 397
44 0398-6	ex 44 398
44 0412-5	ex 44 1412
44 0413-3	ex 44 1413
44 0414-1	ex 44 414
44 0452-1	ex 44 452
44 0453-9	ex 44 453
44 0486-9	ex 44 1486
44 0488-5	ex 44 1488
44 0489-3	ex 44 1489
44 0500-7	ex 44 500
44 0504-9	ex 44 504
44 0537-9	ex 44 1537
44 0546-0	ex 44 546
44 0553-6	ex 44 1553
44 0566-8	ex 44 1566
44 0567-6	ex 44 1569!
44 0568-4	ex 44 1568
44 0569-2	ex 44 569
44 0570-0	ex 44 1570
44 0576-7	ex 44 1576
44 0592-4	ex 44 1592
44 0593-2	ex 44 1593
44 0595-7	ex 44 1595
44 0600-5	ex 44 1600
44 0601-3	ex 44 1601
44 0614-6	ex 44 1614
44 0616-1	ex 44 1616
44 0618-7	ex 44 1618
44 0620-3	ex 44 620
44 0623-7	ex 44 1623
44 0634-4	ex 44 634
44 0635-1	ex 44 635
44 0647-6	ex 44 647
44 0661-7	ex 44 661
44 0663-3	ex 44 663
44 0687-2	ex 44 687
44 0689-8	ex 44 689
44 0698-9	ex 44 1698
44 0725-0	ex 44 725
44 0757-3	ex 44 1757
44 0765-6	ex 44 1765
44 0789-6	ex 44 789
44 0797-9	ex 44 797
44 0851-4	ex 44 851
44 0858-9	ex 44 1858
44 0890-2	ex 44 890
44 0989-2	ex 44 989

44 1207 nach Unfall bei Artern bereits am 12. Dezember 1967 ausgemustert.

Kohlenstaubfeuerung:

(22 Lokomotiven der Baureihe 44, davon 16 im EDV-Umzeichnungsplan erfaßt. jedoch nur noch 13 Lokomotiven tatsächlich umgezeichnet.)

44 9116-3	ex 44 116
44 9232-8	ex 44 1232
44 9238-5	ex 44 1238
44 9268-2	ex 44 268
44 9272-4	ex 44 1272
–	ex 44 1309
–	ex 44 392
44 9400-1	ex 44 1400
–	ex 44 449
44 9481-1	ex 44 1481
44 9503-2	ex 44 503
44 9506-5	ex 44 506
–	ex 44 509
–	ex 44 528

44 9598-2	ex 44 598
44 9612-1	ex 44 612
(44 9614-7)	ex 44 614
(44 9674-1)	ex 44 674
(44 9810-1)	ex 44 810
44 9860-6	ex 44 860
–	ex 44 982
44 9991-9	ex 44 991

Kohlenstaubfeuerung:

(25 Lokomotiven der Baureihe 52, sämtlich umgezeichnet)

52 9195-0	ex 52 7195
52 9222-2	ex 52 3222
52 9250-3	ex 52 3250
52 9278-4	ex 52 5278
52 9285-9	ex 52 3285
52 9415-2	ex 52 415
52 9425-1	ex 52 1425
52 9426-9	ex 52 1426
52 9457-4	ex 52 3457
52 9533-2	ex 52 533
52 9543-1	ex 52 2543
52 9576-1	ex 52 2576
52 9580-3	ex 52 1580
52 9594-4	ex 52 3594
52 9650-4	ex 52 2650
52 9653-8	ex 52 653
52 9681-9	ex 52 2681
52 9699-1	ex 52 1699
52 9716-3	ex 52 716
52 9718-9	ex 52 2718
52 9737-9	ex 52 1737
52 9762-7	ex 52 5762
52 9794-0	ex 52 3794
52 9818-7	ex 52 2818
52 9900-3	ex 52 4900

- Die dritte Variante bei der Festlegung neuer Ordnungsnummern ergab sich aus der Notwendigkeit, bisher dreistellige Ordnungsnummern durch Einfügen einer Füllziffer vierstellig und damit EDV-gerecht zu machen. Leider ging man hierbei nicht nach einheitlichen, überschaubaren Gesichtspunkten vor. So entstanden mitunter durch das Einfügen einer 1, einer 2, einer 5, einer 7 oder einer 8 recht eigenartige Nummernfolgen, die nicht immer eindeutige Rückschlüsse auf die Ursprungsnummer ermöglichen.
- Das Einfügen einer 1 führte bei folgenden Bauartreihen zu eindeutigen Betriebsnummern:
  01.5 (Rostfeuerung)
  24.0/37.0
  22.0/39.0
  41.0...3
  62.0
  64.0...5
  75.4...6
  78.0...5
  86.0...8
  95.0 (Rostfeuerung)
  99.51...79
- Nicht eindeutige Betriebsnummern ergaben sich durch das Einfügen der 1 dagegen bei Bauartreihen, in denen es nun zu Verwechslungen mit bereits vorhandenen Tausender-Nummern kommen konnte:
  50.0...9, 52.0...8, 58.2...4 und 94.5...8.
- Das Einfügen einer 2 führte bei folgenden Bauartreihen zu eindeutigen Betriebsnummern:
  01.0...2, 03.0...2, 23.0/35.0, 44.0...9, 93.5...9 und 99.32...33.
- Eindeutige Betriebsnummern erhielt man durch das Einfügen einer 5 bei der Bauartreihe 38.2.
- Auch bei den Bauartreihen 99.22...24 ergaben sich durch die eingefügte 7 eindeutige Nummern.
- Das Einfügen einer 8 trennte nun die ehemals preußischen T 14 von den nachfolgenden T 14[1]. Die 8 wurde bei der Bauartreihe 93.0...4 eingefügt.

Nachfolgende Beispiele mögen die aufgezeigten drei Umzeichnungsvarianten sowie einige Sonderfälle verdeutlichen:

01 1506-3	ex 01 506 (Rostf.)
03 2154-7	ex 03 154
04 0015-0	ex 19 015 (Ölf.)
35 2001-2	ex 23 001
38 5268-8	ex 38 268
39 1062-7	ex 22 062
44 1153-4	ex 44 1153
44 2294-5	ex 44 294
50 1152-3	ex 50 1152
50 1252-1	ex 50 152
50 1387-5	ex 50 387
50 1388-3	ex 50 1388
52 1175-0	ex 52 275
52 1275-8	ex 52 1275
52 1436-6	ex 52 1436
52 1438-2	ex 52 1438
52 1536-3	ex 52 436
52 1538-9	ex 52 438
52 1609-8	ex 52 1609
52 1610-6	ex 52 610
52 1626-2	ex 52 1626
52 1726-0	ex 52 626
58 1111-2	ex 58 311
58 1244-1	ex 58 1244
58 1311-8	ex 58 1311
58 1344-9	ex 58 244
58 1442-1	ex 58 1442
58 1443-9	ex 58 443
86 1000-8	ex 86 1000
86 1001-6	ex 86 001
93 1142-4	ex 93 1142
93 2916-0	ex 93 916
93 8304-3	ex 93 304
94 1582-9	ex 94 582
94 1601-7	ex 94 1601
99 1542-2	ex 99 542
99 1794-9	ex 99 794
99 2323-6	ex 99 323
99 7222-5	ex 99 222

Bei der Festlegung der neuen Ordnungsnummern für die Elektrotriebfahrzeuge sowie die entsprechenden Steuer- und Beiwagen waren unterschiedliche Wege zu gehen.

- Die Lokomotiven mit bereits dreistelliger Ordnungsnummer konnten diese unverändert beibehalten:
  211 042-7 ex E 11 042
  244 133-5 ex E 44 133
  254 154-8 ex E 94 154
- Bei zweistelligen Ordnungsnummern einiger Lokomotivbaureihen fügte man eine 0 ein und machte sie damit dreistellig:
  204 023-6 ex E 04 23
  218 019-8 ex E 18 19
  (255 001-0) = E 95 01
- Zur Kennzeichnung von Bauartunterschieden bestimmter Triebwagenarten schuf man durch Einfügen einer 0, einer 2 oder einer 9 einige neue Bauartreihen:
  - Die bei der Berliner S-Bahn noch vorhandenen Fahrzeuge der Bauart Wannsee (ex ET 165.8 und EB 165.8) wurden als besondere Bauart (glatte Außenflächen durch versenkte Nietung) in der Nummerngruppe 275 901-7…275 974-4 zusammengefaßt.
  - Die Gleichstromfahrzeuge auf den Strecken der ehemaligen Buckower Kleinbahn (Rbd Berlin) und der Oberweißbacher Bergbahn (Rbd Erfurt) wurden in 279.0 und 279.2 unterschieden.
  - Der aus Fahrzeugen der Regelbauart zusammengesetzte Wechselstrom-Triebzug aus ET 25 012 a/EM 25 012 c/ET 25 012 b wurde als Bauartreihe 285.0, der aus ehemaligen holländischen Schadfahrzeugen aufgearbeitete ET 25 201 a/EM 25 201 c/EM 25 201 d/ET 25 201 b als Bauartreihe 285.2 bezeichnet.
- Die grundsätzliche Unterscheidung der Triebwagen von den Steuer-, Mittel- und Beiwagen erfolgte dadurch, daß man den ET ungerade Ordnungsnummern und den ES, EM und EB nachfolgende gerade Ordnungsnummern zuordnete:

  - Berliner S-Bahn:
    276 075-9 ex ET 166 059
    276 076-7 ex ES 166 059
    (mehrfacher Umbau aus zwei ET der ehemaligen Werkbahn Peenemünde/Usedom)
  - Fernbahn: (Rbd Halle)
    285 001-4 ex ET 25 012 a
    285 002-2 ex EM 25 012 c
    285 003-0 ex ET 25 012 b
  - Buckower Klb.
    279 005-3 ex ET 188 503
    279 006-1 ex EB 188 503

Bei den Dieseltriebfahrzeugen und den entsprechenden Steuer-und Beiwagen hatte man von sehr unterschiedlichen ursprünglichen Ordnungsnummern auszugehen und wollte nun auch noch verschiedene technische Details berücksichtigen.

- Bei den Diesellokomotiven der Baureihen V 23, V 36, V 75, V 100, V 180 und V 200 konnte man deren bisher dreistellige Ordnungsnummern unverändert beibehalten.
- Die vierstelligen Ordnungsnummern der Bauartreihen V 15.10, V 15.22-23 und V 60.10…16 wurden durch Weglassen der jeweiligen Anfangsziffern 1, 2 bzw. 1 auf die EDV-gerechten drei Stellen reduziert.
- Die technischen Abweichungen der Bauartreihe V 15.20-21 berücksichtigte man gleichfalls durch Weglassen der Anfangs-2, jedoch unter Einfügung einer 1 als neuer Anfangsziffer. Einige Beispiele aus der Baureihe V 15:
  101 004-0 ex V 15 1004
  101 101-4 ex V 15 2001
  101 200-4 ex V 15 2200
- Die EDV-gerechte Umzeichnung der Kleinlokomotiven führte zu Ordnungsnummern, die keine eindeutigen Rückschlüsse auf die Ursprungsnummern zulassen. Von den vierstelligen Betriebsnummern der Kleinlokomotiven der Leistungsgruppe I konnte man nur die beiden letzten Ziffern unverändert beibehalten. Die neu eingefügte Anfangsziffer 0 der Ordnungsnummer symbolisierte die Leistungsgruppe I:
  100 045-4 ex Kö 0245
  100 046-2 ex Kö 0146
  100 083-5 ex Kö 0283
- Bei den Kleinlokomotiven der Leistungsgruppe II sah man drei Nummerngruppen vor:
  - Dabei ging man davon aus, daß in der ersten Gruppe (100.1…100.7 ex Kö 4002…-Kö 4999) nur Lokomotiven mit mechanischem Getriebe erfaßt werden.
  - Die zweite Gruppe (100.8 ex Köf 5000…Köf 5281) sollte aus Lokomotiven mit hydraulischem Getriebe bestehen.
  - In der dritten Gruppe (Kö 5710…Kö 5755) waren Fahrzeuge sehr unterschiedlicher Bauart zusammengefaßt, die sämtlich erst nach 1945 Eigentum der DR geworden waren. Für diese Kleinlokomotiven und für einige Schmalspurfahrzeuge sah man nun die Bauartreihe 100.9 vor.

Sehr häufige Umbauten und aufgebrauchte Ersatzteilreserven führten schnell zu Veränderungen der Getriebebauarten und anderer technischer Details

in den beiden erstgenannten Gruppen, so daß sich diese Unterteilung sehr bald als entbehrlich erwies. Bei den neuen Ordnungsnummern konnten nur wenige dreistellige Ziffernfolgen beibehalten werden. Doch in vielen Fällen mußte man völlig neue Nummern bilden:
100 498-5 ex Kö 4498
100 789-7 ex Kö 4999
100 821-8 ex Köf 5281

– Als die DR später dazu überging, einige Lokomotivbauarten mit leistungsverstärkten Motoren auszurüsten, erhöhte man leider durch sehr unterschiedliche Umzeichnungspraktiken noch die Kompliziertheit und Unübersichtlichkeit des Nummernsystems. Während man beispielsweise ab Dezember 1980 bei den Lokomotiven der Baureihe 110 (mit 1000 PS/736 kW) die Leistungsverstärkung auf 1200 PS/883 kW bzw. 1400 PS/1030 kW folgerichtig durch die neuen Baureihennummern 112 bzw. 114 (bei unveränderter Ordnungsnummer, jedoch angepaßter Kontrollziffer) kennzeichnete, veränderte man bei anderen Baureihen dagegen nur die Ordnungsnummern:
112 727-3 ex 110 727-5
114 790-9 ex 110 790-3

– Ab 1975 schuf man für die leistungsverstärkten Lokomotiven der Bauartreihen 101.1...101.3 in der Reihenfolge des Umbaus die neue Bauartreihe 101.5-7. Die durchlaufenden neuen Nummern ermöglichen keine Rückschlüsse auf den Ursprung:
101 501-5 ex 101 210-3
101 502-3 ex 101 139-4

– Völlig anders ging man jedoch bei den Lokomotiven der Bauartreihe 118.0 vor, die nunmehr mit zwei 1000-PS-/736-kW-Motoren ausgerüstet wurden. Hier änderte man ab November 1980 die Anfangsziffer 0 auf 5, während die beiden übrigen Ziffern der Ordnungsnummer beibehalten wurden:
118 505-7 ex 118 005-8
118 555-2 ex 118 055-3

– Bei der Bauartreihe 118.2-4 nutzte man dagegen eine weitere Variante und erhöhte ab Dezember 1980 die jeweilige Anfangsziffer der Ordnungsnummer um 4, wenn zwei 1200-PS-/883-kW-Motoren eingebaut worden waren:
118 601-4 ex 118 201-3
118 806-9 ex 118 406-8

– Bei der Umzeichnung der Triebwagen und der zugehörigen Steuer-, Mittel- und Beiwagen sollte die neue Ordnungsnummer möglichst viele technische Details kennzeichnen:
  · Bei einigen einteiligen Triebwagen aus der DDR-Produktion konnte man deren Ordnungsnummer unverändert beibehalten:
  171 025-0 ex VT 2.09.025
  173 002-7 ex VT 4.12.02
  · Zur Kennzeichnung von Bauartunterschieden übernahm man in anderen Fällen nur die beiden letzten Ziffern der Ordnungsnummer und schuf durch Einfügung einer 0 bzw. 1 neue Bauartreihen:
  172 001-0 ex VT 2.09.101
  172 101-8 ex VT 2.09.201
  188 003-8 ex ORT 135 703
  · Da jetzt jedes Teilfahrzeug eines Triebzugs eine selbständige Ordnungsnummer erhielt, trat nun bei den Schnelltriebwagen der Bauarten Görlitz und Ganz-Màvag eine Verschiebung der Nummernfolge ein:
  175 001-7 ex VT 18.16.01a
  175 019-9 ex VT 18.16.10a
  181 002-7 ex VT 12.14.01b
  · Für die von der DRG oder von den ehemaligen Privatbahnen in der DDR stammenden Fahrzeuge sowie für die vierachsigen Diensttriebwagen wurden in der Reihenfolge der Erfassung oder Aufarbeitung völlig neue, durchlaufende Nummernfolgen geschaffen, die Rückschlüsse auf Herkunft oder Ursprungsnummer nicht zulassen. Dabei wurden weitgehende Bauartunterschiede durch Einfügen einer 1 oder 2 als Anfangsziffer kenntlich gemacht. Für Salontriebwagen vergab man Ordnungsnummern ab 251:
  183 252-6 ex 137 225 a/b (Regierungstriebwagen, Bauart Hamburg)
  185 253-2 ex 137 033 (Diensttriebwagen der Rbd Berlin)
  186 257-2 ex 135 054 (Diensttriebwagen der Rbd Magdeburg)
  187 002-1 ex 133 523 (1000-mm-Spur, ex Spree)
  187 025-2 ex 137 566 (1000-mm-Spur, ex NWE)
  187 102-9 ex 137 562 (1000-mm-Spur, ex FrzbK)
  188 101-0 ex 137 700 (Meßtriebwagen)
  188 200-0 ex ORT 137 710

– Da die neueren Mittel-, Steuer- und Beiwagen nur die Baureihennummern der jeweils zugehörigen Triebwagen erhalten hatten, mußten sie durch die Anfangsziffer der Ordnungsnummer gekennzeichnet werden.

Auch hier ging man recht eigenartige Wege:

- Für die drei unterschiedlichen Mittelwagen c, d und e der Bauart Görlitz sah man die Anfangsziffern 3, 4 bzw. 5 vor. Dabei richteten sich die nachfolgenden Ziffern jeweils nach der Ordnungsnummer des im Triebzug vorn laufenden Maschinenwagens und führten dadurch zu einer unterbrochenen Nummernfolge. So konnte sich folgende Fahrzeugzusammenstellung ergeben: 175 005-8/175 305-2/ 175 505-7/175 405-0/ 175 006-6.
- Die übrigen Mittelwagen anderer Bauarten erhielten auch die Anfangsziffer 5. Für Steuerwagen wurden die Anfangsziffern 6 und 7, für Beiwagen die Anfangsziffer 8 vorgesehen. Eindeutige Schlüsse auf die Ursprungsnummern sind nicht möglich.

Folgende Beispiele mögen diese Regelungen verdeutlichen:
171 803-0 ex VB 2.07.503
172 603-3 ex VS 2.08.103
172 703-1 ex VS 2.08.203
175 313-6 ex VT 18.16.07 c
(Mittelwagen mit Speiseabteil)
175 407-6 ex VT 18.16.04 d
(Mittelwagen mit 1./2. Klasse)
175 511-5 ex VM 18.16.06 e
(Mittelwagen mit 2. Klasse)
182 503-3 ex 137 278 b
(Mittelwagen der Bauart Köln)
190 839-1 ex 140 517
(Beiwagen, ex NbnEb)
195 624-2 ex 145 146
(Steuerwagen, ex DRG)
197 845-1 ex 147 601
(Umbau aus 145 379, der aus dem Dampftriebwagen 59 hervorgegangen war).

Angleichung der DR-Triebfahrzeugnummern an das DB-System

Die politische Entwicklung seit dem 9. November 1989, die Vereinigung der beiden deutschen Staaten am 3. Oktober 1990 und insbesondere der Artikel 26 des Einigungsvertrages schufen für die DB und die DR die Voraussetzungen zu einer schrittweisen Zusammenführung.

Der Absatz 2 des Artikels 26 des Einigungsvertrages verweist zunächst auf die wenig bekannten vermögensrechtlichen und tariflichen Verpflichtungen der DR gegenüber den im Zeitraum vom 30. Juni 1946 bis zum 1. Januar 1951 schrittweise enteigneten Besitzern oder entsprechenden Konsortien ehemaliger Privatbahnen in der damaligen sowjetischen Besatzungszone und in der DDR (vgl. Abschn. 4.37. bis 4.41.) sowie gegenüber den ehemaligen Mitgliedsstaaten des Rates für Gegenseitige Wirtschaftshilfe (RGW). Er lautet:

> »Mit den Vermögensrechten gehen gleichzeitig die mit ihnen im Zusammenhang stehenden Verbindlichkeiten und Forderungen auf das Sondervermögen Deutsche Reichsbahn über.«

Der Absatz 3 verdeutlicht dann die nächsten Aufgaben:

> »Der Vorsitzer des Vorstandes der Deutschen Bundesbahn und der Vorsitzer des Vorstandes der Deutschen Reichsbahn sind für die Koordinierung der beiden Sondervermögen verantwortlich. Dabei haben sie auf das Ziel hinzuwirken, die beiden Bahnen technisch und organisatorisch zusammenzuführen.«

Um die DR dem technischen Standard der DB anzunähern, muß zunächst eine generelle Sanierung des Oberbaues vorgenommen, die Elektrifizierung weitergeführt und die Effektivität und Attraktivität des Fahrzeugparks gesteigert werden. Hierbei sind natürlich im Rahmen des vorliegenden Verzeichnisses Bestand, Unterhaltung und Ausbesserung der DR-Triebfahrzeuge von besonderem Interesse.

Die angestrebte technische Zusammenführung des DR-Triebfahrzeugparks und des DB-Triebfahrzeugparks setzt vor allem eine Abstimmung bei den Betriebsnummern voraus. Immerhin bezeichnete die Stammnummer 110 bei der DB eine elektrische Bo'Bo'-w^4gf-Schnellzuglokomotive, bei der DR jedoch eine B'B'-dhydr Diesellokomotive. Bei der DB war die bekannte elektrische 1'Do1'-w^4e--Schnellzuglokomotive zur 118 geworden; bei der DR ergab sich diese EDV-Stammnummer bei den Diesellokomotiven der Bauartreihen V 180.0-3. Diesellokomotiven der Baureihe V 200 wurden bei der DB zur 220, bei der DR dagegen zur 120.

Als die DR im Jahre 1969 vor der Aufgabe stand, die Nummern ihrer Triebfahrzeuge den Anforderungen der elektronischen Datenerfassung und -verarbeitung anzupassen, ging man im Rahmen der seinerzeit praktizierten »Abgrenzung gegen den Westen« bewußt andere Wege als vorher die DB im Jahre 1967.

Deshalb arbeitete vom März 1990 bis zum Oktober 1990 eine paritätische Kommission von Vertretern aus DB und DR und legte nach den Umzeichnungsrichtlinien der DB vom Jahre 1967 die neuen Baurei-

hen-Bezeichnungen fest. Die Umzeichnung wurde ab Januar 1992 vorgenommen. (Allerdings sind bereits seit Oktober 1990 elektrische DR-Lokomotiven der Baureihe 243 als nunmehrige Baureihe 143 an die DB abgegeben worden!)
Übersicht über die neuen Baureihen-Bezeichnungen (ab Januar 1992)

– Dampflokomotiven

neu:	ex DR:
041	41 (1′D1′)
044	44 (1′E)
050	50 (1′E)
052	52 (1′E)
099.1	99 (Schmalspur: 1000 mm)
099.7	99 (Schmalspur: 750 mm)
099.9	99 (Schmalspur: 900 mm)

– Elektrische Lokomotiven

neu:	ex DR:
109	211 (Bo′Bo′, ex E 11)
112	212 (Bo′Bo′, Neuentwicklung, 160 km/h)
125	(210) (Bo′–Bo′, geplante Neuentwicklung, Drehstrom)
142	242 (Bo′Bo′, ex E 42)
143	243 (Bo′Bo′)
144	244 (Bo′Bo′, ex E 44)
155	250 (Co′Co′)
156	252 (Co′Co′, Neuentwicklung)
171	251 (Co′Co′, 25 kV bei 50 Hz)
180	230 (Bo′Bo′, 15 kV bei 16,7 Hz/Gleichstrom 3 kV)
194	254 (Co′Co′, ex E 94)

– Größere Diesellokomotiven

neu:	ex DR:
201	110 (B′B′-dhydr, ex V 100)
202	112 (B′B′-dhydr, Umbau aus 110 auf 880 kW)
204	114 (B′B′-dhydr, Umbau aus 110 auf 1100 kW)
219	119 (C′C′-dhydr, Import aus Rumänien)
220	120 (Co′Co′-del, ex V 200, Import aus UdSSR)
228	118 (B′B′-dhydr und C′C′-dhydr, ex V 180)
229	119 (C′C′-dhydr, Umbau 140 km/h)
230	130 (Co′Co′-del, Import aus UdSSR)
231	131 (Co′Co′-del, Import aus UdSSR, 100 km/h)
232	132 (Co′Co′-del, Import aus UdSSR)
234	132 (Co′Co′-del, Umbau 140 km/h)
242	142 (Co′Co′-del, Import aus UdSSR)
293	111 (B′B′-dhydr, Rangierlokomotive)
296	(109) (B′B′-dhydr, geplante Neuentwicklung)
298	108 (B′B′-dhydr, Umbau aus 110, Rangierdienst)
299	199 (C′C′-dhydr, Umbau aus 110 für 1000-mm-Spur)

– Kleinere Diesellokomotiven

neu:	ex DR:
310	100 (B-dmech und B-dhydr, ex Kö bzw. Köf)
311	101 (B-dhydr, ex V 15)
312	102 (B-dhydr, ex V 23)
313	(103) (C-dhydr, geplante Neuentwicklung)
344	104 (D-dhydr, Umbau aus 106)
345	105 (D-dhydr)
346	106 (D-dhydr, ex V 60)

	399.1	199 (Schmalspur: 1000 mm)
	399.6	199 (Schmalspur: 600 mm)
	399.7	199 (Schmalspur: 750 mm)

– Elektrische Triebwagen

		ex DR:	
neu:	475/875	ex DR:	275 (S-Bahn Bln, ex ET/EB 165)
	476/876		276 (S-Bahn Bln, ex ET/ES 166, Umbau aus 275)
	477/877		277 (S-Bahn Bln, ex ET/EB 167, Umbau aus 276)
	(478/878)		278 (S-Bahn Bln, diverse Dienstfahrzeuge)
	479/879		279 (ET und ES für Bukkow und Oberweißbach)
	485/885		270 (S-Bahn Bln, Neuentwicklung)

– Verbrennungstriebwagen

neu:	675/975	ex DR:	175 (ex VT 18.16, Bauart Görlitz)
	685		185 (ex VT 137, Dienstfahrzeuge)
	686		186 (ex VT 135, Dienstfahrzeuge)

– Dienstfahrzeuge

neu:	708	ex DR:	188 (ORT; A 1-dmech, (1 A)2'-dmech, B'2'-dhydr)
	723		188 (Funkmeßtriebwagen, 2'Bo'-del, ex VT 137 700)

Heizlokomotiven/Dampfspender werden nicht umgezeichnet, da sie nicht mehr zum aktiven Triebfahrzeugbestand gehören.
Auch die Grabenräumlokomotiven (bisherige Bauartreihe 110.9) erhalten aus gleichem Grunde keine Betriebsnummer mehr. (Es ist erstaunlich, daß die unterschiedlichen Dienstfahrzeuge der Berliner S-Bahn als 478/878 sowie die wenigen vierachsigen und zweiachsigen Inspektionsfahrzeuge als 685 bzw. 686 noch als selbständige Baureihen in den aktiven Triebfahrzeugbestand aufgenommen wurden.)

– Leichttriebwagen (Schienenomnibusse)

neu:	771/971	ex DR:	171 (1 A-dmech, ex VT 2.09.0 VT 2.09.1)
	772/972		172 (1 A-dmech, ex VT 2.09.2)

– Museumsfahrzeuge
Die bisherigen Betriebsnummern der bei DR und DB vorhandenen Fahrzeuge bleiben erhalten. Lediglich für die betriebsinternen EDV-Vorgänge wird ihnen generell die Stammnummer 88 zugeordnet. Unter Voranstellung der bekannten Kennziffer für die jeweilige Betriebsart ergibt sich demnach für Dampflokomotiven die 088, für elektrische Lokomotiven die 188, für größere Diesellokomotiven die 288 usw. In derartigen Schriftstücken wird eine Identifizierung der recht unterschiedlichen Fahrzeuge nur noch anhand der jeweiligen Ordnungsnummer möglich sein.

4.1 Königlich Preußische Eisenbahnverwaltung/ Preußische Staatsbahn (KPEV/PrStB)

Kampfhandlungen und spätere Auswirkungen des Ersten Weltkriegs hatten der KPEV/PrStB erhebliche Verluste gebracht. Preußische Lokomotiven waren in allen am Kriege beteiligten Ländern verblieben, waren dort beschädigt bzw. zerstört worden, mußten im Rahmen von Reparationen und Gebietsabtretungen an Siegermächte oder neu entstandene Staaten abgegeben werden. Trotzdem brachte die Preußische Staatsbahn mit einer Streckenlänge von etwa 34 500 km, mit einem leistungsfähigen Triebfahrzeugpark sowie einer straffen Organisation hinsichtlich Verwaltung, Betrieb und Unterhaltung den größten Grundbestandteil in die neu gebildete DRG ein.
Dieses damit verbundene personelle und materielle Übergewicht machte sich in der späteren Entwicklung der DRG sehr bemerkbar, allerdings nicht immer den ungeteilten Beifall früherer Bereiche der übrigen Länderbahnen hervorrufend. Viele, in der ehemaligen KPEV jahrelang erfolgreich

praktizierte organisatorische Regelungen, Dienstvorschriften, technische Prüfverfahren und Dokumentationen wurden nach diesen Vorbildern später bei der gesamten DRG eingeführt. Preußische Lokomotiven hatten mitunter bei anderen Länderbahnen zunächst deren ältere, unwirtschaftliche Triebfahrzeuge zu ersetzen. Bewährte preußische Lokomotiv- und Waggonkonstruktionen fanden bei späteren Beschaffungen der DRG noch längere Zeit besondere Berücksichtigung.

Während sich im damaligen Herzogtum Braunschweig, im Großherzogtum Baden, im Königreich Hannover, im Königreich Bayern, im Königreich Württemberg und auch im Königreich Sachsen der Staat schon verhältnismäßig früh aktiv in den Eisenbahnbau einschaltete, überließ man dies in Preußen zunächst dem Privatkapital und der Privatindustrie. Allerdings entschloß sich der preußische Staat im Jahre 1842, einigen Privatunternehmern durch Zinsgarantien zu helfen.

So eröffneten auf preußischem Gebiet zunächst folgende Privatbahnen ihre ersten Teilstrecken:

- Berlin-Potsdamer Eisenbahn am 22. September 1838 (mit Berlin-Potsdam-Magdeburger Eisenbahn ab 14. Februar 1880 vom Staat übernommen),
- Düsseldorf-Elberfelder Eisenbahn am 20. Dezember 1838 (mit Bergisch-Märkischer Eisenbahn ab 28. März 1882 vom Staat übernommen),
- Magdeburg-Leipziger Eisenbahn am 29. Juni 1839 (erste Eisenbahn der Welt, die Ländergrenzen überschritt, es handelte sich um die Grenzen Preußens, Anhalts und Sachsens, mit Magdeburg-Halberstädter Eisenbahn ab 20. Dezember 1879 vom Staat übernommen),
- Rheinische Eisenbahn am 2. August 1839 (Strecke Köln-Aachen, ab 14. Februar 1880 vom Staat übernommen),
- Berlin-Anhaltische Eisenbahn am 1. September 1840 (ab 3. Mai 1882 vom Staat übernommen).

Obgleich sich durch Ausbau dieser Bahnen und durch weitere Neugründungen das preußische Eisenbahnnetz verhältnismäßig schnell weiterentwickelte und verdichtete, konnte an einen durchgehenden Verkehr zwischen den ja getrennt bestehenden westlichen und östlichen preußischen Landesteilen noch nicht gedacht werden. Die westlichen preußischen Provinzen Rheinland und Westfalen hatten keinerlei Verbindung mit den östlichen Provinzen Brandenburg, Ostpreußen, Pommern, Posen, Sachsen, Schlesien und Westpreußen!

Eine plötzliche, krisenbedingte Stagnation bei der Weiterentwicklung des privaten Eisenbahnwesens in Preußen während der Jahre 1846 bis 1848, aber auch beachtliche Aktivitäten der Französischen Ostbahn und der Pfälzischen Ludwigsbahn zwangen nun auch den preußischen Staat zu einer aktiveren Eisenbahnpolitik. Man sah sich gezwungen, das zwischen den Endpunkten Forbach und Neunkirchen der genannten Bahnen gelegene Saarbrücker Kohlebecken mit seinen zahlreichen, dem Staat gehörenden Gruben erstmalig durch eine staatliche Eisenbahn zu erschließen. Nachdem man am 28. November 1847 eine königliche Kommission für den Bau der Saarbrükker Eisenbahn eingesetzt hatte, konnte diese für die dortige Wirtschaft sehr wichtige erste preußische Staatsbahn am 15. Oktober 1850 ihren Betrieb aufnehmen.

Gleichfalls im westlichen Landesteil Preußens hatte bereits am 1. Oktober 1850 die Westfälische Eisenbahn ihren Betrieb eröffnet. Für diese zweite preußische Staatsbahn war am 5. November 1849 die Königliche Direktion der Westfälischen Eisenbahn zu Paderborn gegründet worden.

Durch »Allerhöchsten Erlaß« war auch am 5. November 1849 die Königliche Direktion der Ostbahn zu Bromberg entstanden. Die Betriebseröffnung der ersten Teilstrecke konnte allerdings erst am 27. Juli 1851 erfolgen.

Die vierte preußische Staatsbahn gelangte durch Ankauf in Staatsbesitz. Es handelte sich um die am 23. Oktober 1842 eröffnete Niederschlesisch-Märkische Eisenbahn, die per 1. Januar 1852 verstaatlicht wurde. Dafür wurde dann am 21. August 1852 die Königliche Direktion der Niederschlesisch-Märkischen Eisenbahn zu Berlin eingesetzt.

In der Folge der Kriege von 1864 und 1866 kam es dann zu weitgehenden territorialen Veränderungen, die auch zu einer bedeutenden Vergrößerung des preußischen Staatsgebiets und nunmehr zu einer Verbindung der bisher getrennten Landesteile führten.

So wurde nun Schleswig-Holstein eine preußische Provinz, nachdem die dortigen Herzogtümer Holstein, Lauenburg und Schleswig bis 1864 von Dänemark regiert worden waren.

Das Königreich Hannover, das Kurfürstentum Hessen-Kassel,

das Herzogtum Nassau und die freie Reichsstadt Frankfurt/Main, die sich 1866 an die Seite Österreichs und Sachsens gegen Preußen gestellt hatten, verloren ihre Selbständigkeit und wurden als Provinz Hannover und Provinz Hessen-Nassau von Preußen annektiert.
Diese Veränderungen beseitigten für die weitere Entwicklung des preußischen Eisenbahnwesens plötzlich viele Hindernisse und förderten dadurch in großem Maße die soziale und ökonomische Entwicklung Norddeutschlands. In Schleswig-Holstein, Hannover und Hessen-Nassau gelegene bedeutende Eisenbahnen kamen nun auch in preußischen Staatsbesitz und vergrößerten damit das Streckennetz, jedoch auch die Vielfalt der vorhandenen unterschiedlichen Triebfahrzeuge. Im Jahre 1870 befand sich in Preußen etwa ein Drittel der gesamten Streckenlänge in Staatsbesitz.
Zu Beginn des Deutsch-Französischen Krieges 1870 machten sich die verwaltungsmäßige Uneinheitlichkeit des deutschen Eisenbahnwesens, der deutliche Mangel an Bahnstrecken in den westlichen Grenzgebieten und die fast unüberschaubare Typenvielfalt der Lokomotiven sehr nachteilig bemerkbar und erschwerten den Aufmarsch der deutschen Truppen an der französischen Grenze.
So schaltete sich nach Kriegsende sofort der preußische Ministerpräsident und nunmehrige Reichskanzler Otto von Bismarck aktiv in die weitere Entwicklung ein und betrieb mit der ihm eigenen Beharrlichkeit, Härte und Kompromißlosigkeit die Bildung eines einheitlichen preußischen Eisenbahnnetzes. Das am 27. Juni 1873 in Berlin geschaffene Reichseisenbahnamt hatte nun über den technischen Zustand der Bahnen zu wachen, sorgte für die Berücksichtigung militärstrategischer Erwägungen bei Projektierungen und Streckenneubauten, trieb den Prozeß der Verstaatlichung von Privateisenbahnen voran.
Dieser Zeitraum war vor allem gekennzeichnet durch die bisher vernachlässigte eisenbahnmäßige Erschließung der östlichen Provinzen und die Überführung wichtiger Privatbahnen in Staatsbesitz. Im Jahre 1885 war in Preußen die Betriebslänge der Privatbahnen auf etwa 1650 km zusammengeschrumpft, während die Länge der Staatsbahnstrecken auf rund 21 630 km angewachsen war.
Diese Dimensionen, aber auch Betriebsablauf, Fahrplanwesen, Fahrzeugunterhaltung und -beschaffung bedurften einer straffen Organisation. Diese Organisationsleitung lag zu jener Zeit in den Händen von elf Königlichen Eisenbahn-Direktionen (KED). Diese waren teils aus den Hauptverwaltungen der ehemaligen Ursprungsbahnen hervorgegangen, teils aber auch von der KPEV neu eingerichtet worden. Es handelte sich dabei um die KED Altona, Berlin, Breslau, Bromberg, Cöln (linksrheinisch), Cöln (rechtsrheinisch), Elberfeld, Erfurt, Frankfurt, Hannover und Magdeburg.
Da sich bei den zunehmenden Verkehrsleistungen verschiedene KED als zu groß erwiesen, führte man im Jahre 1895 eine Verwaltungsreform durch. Hierbei verkleinerte man die bisherigen Direktionsbezirke, beließ neun mit ihrer ursprünglichen Bezeichnung und benannte die KED Cöln (linksrheinisch) in KED Köln und die KED Cöln (rechtsrheinisch) in KED Essen um. Aus Randgebieten bisher benachbarter Direktionen wurden folgende neun neuen KED gebildet: Danzig, Halle, Kassel, Kattowitz, Königsberg, Münster, Posen, Saarbrücken und Stettin. Nach dem preußisch-hessischen Staatsvertrag vom 9. Juli 1896 nahm dann auch noch am 1. April 1897 die »Königlich Preußische und Großherzoglich Hessische Eisenbahndirektion Mainz« ihre Arbeit auf (vgl. Abschnitt 4.6.). Diese 21 Direktionen bestanden bis zum Ende des Ersten Weltkriegs.
Die konsequent durchgeführten Verstaatlichungen hatten in Preußen zunächst zu einem einheitlichen, weitmaschigen Eisenbahnnetz geführt. Man ging nun daran, durch den Bau von Zweig- und Nebenbahnen dieses Netz feinmaschiger zu gestalten und somit auch die bisher vernachlässigten Landesteile eisenbahnmäßig zu erschließen. Das entstandene Streckensystem bot der KPEV nun aber auch Möglichkeiten zur Einrichtung eines attraktiven, schnelleren Fernverkehrs.
Besondere Verkehrsprobleme warf das entstehende Ballungszentrum Berlin auf. Hier übernahm der Staat den Bau einer Stadtbahn, nachdem man diesen ursprünglich 1873 einer privaten Aktiengesellschaft konzessioniert hatte. Am 7. Februar 1882 konnte in Berlin der Bahnhof Friedrichstraße im Rahmen der fertiggestellten Stadtbahn zwischen Charlottenburg und Schlesischem Bahnhof (ab 1. Dezember 1950: Berlin-Ostbahnhof und ab 15. Dezember 1987: Berlin Hauptbahnhof) eröffnet werden.
Reichseisenbahnamt und Gene-

ralstab beeinflußten die Entwicklung aber auch in der Weise, daß Strecken aus strategischen Gründen projektiert und gebaut wurden, die eine wirtschaftliche Auslastung durch nennenswerten Güterverkehr oder vertretbaren Bedarf an Personenbeförderung nicht erwarten ließen. Neben einigen Stichbahnen in der Eifel und in Ostpreußen konzentrierte man sich auf eine durchgehende Verbindung von Berlin nach Metz, die »Kanonenbahn«. Hierdurch wollte man im »Ernstfall« Truppen, Waffen und Kriegsmaterial schnell in die (erneut) zu erwartenden Kampfgebiete transportieren. Natürlich ist die mehr als 650 km lange Strecke von Berlin bis nach Lothringen nicht als vollständig neue Trasse gebaut worden. Man nutzte vielmehr einige bereits vorhandene, in dieser Richtung liegende Streckenabschnitte. Da man jedoch aus Gründen weitgehender Geheimhaltung möglicher Militärtransporte bewußt viele bedeutendere Städte und Orte mied, erlangte diese Bahnverbindung für den durchgehenden Fernverkehr nie größere Bedeutung. Der erste Abschnitt der gering ausgelasteten Bahn (Berlin–Belzig–Güterglück–Calbe/Saale–Güsten–Sandersleben–Blankenheim–Sangerhausen) wurde häufig zu Versuchs- und Belastungsfahrten neuer Lokomotivgattungen der KPEV genutzt. Zwischen Nordhausen, Eschwege, Marburg/Lahn und Gießen gab es nennenswerten Güterverkehr. Lediglich auf dem Streckenabschnitt Gießen–Koblenz–Trier–Metz fuhren neben zahlreichen Güterzügen auch Schnellzüge. Außer den zahlreichen erforderlichen Brückenbauwerken über Lahn, Rhein und Mosel wies dieser schwierige Streckenabschnitt noch eine Besonderheit auf. Es handelte sich um den am 15. Mai 1879 eröffneten 4203 m langen Kaiser-Wilhelm-Tunnel im Moseltal bei Cochem, den längsten deutschen Eisenbahntunnel.

Mitunter aber behinderten militärstrategische Überlegungen auch den technischen Fortschritt! Als beispielsweise die KPEV die durch viele Güterzüge stark belastete Strecke Euskirchen–Trier elektrifizieren wollte, erhob der Generalstab Einspruch wegen der unmittelbaren Grenznähe dieses Projekts. Auch die geplante Elektrifizierung der Strecke Altona–Kiel wurde abgelehnt, da man wegen der erforderlichen Versuche Beeinträchtigungen dieser für die Marine wichtigen Verbindung befürchtete.

Während die KPEV in vielen Fällen Bahnhofsgebäude und -anlagen früherer Ursprungsbahnen weiterhin nutzte, beteiligte sie sich 1912/15 auch am Bau des Leipziger Hauptbahnhofs. In Berlin hingegen beließ man es bei den räumlich und betrieblich getrennten Endstationen des Lehrter Bahnhofs, des Stettiner Bahnhofs, des Wriezener Bahnhofs, des Görlitzer Bahnhofs, des Anhalter Bahnhofs und des Potsdamer Bahnhofs. Lediglich Schlesischer Bahnhof und Bahnhof Charlottenburg waren durch die Stadtbahn miteinander verbunden worden.

Nach dem Ende des Ersten Weltkriegs mußten wegen der Gebietsabtretungen und anderen territorialen Veränderungen aufgrund des Versailler Vertrags mehrere ehemalige KED aufgelöst werden oder sie hatten ihren bisherigen Verwaltungssitz zu wechseln.

- Aus der früheren KED St. Johann-Saarbrücken ging zunächst am 10. März 1920 die Eisenbahndirektion des Saargebiets hervor. Für die Verwaltung des verbleibenden Restnetzes der KED bildete man zum gleichen Zeitpunkt die Eisenbahndirektion Saarbrücken 2. Diese mußte jedoch auf Veranlassung der vom Völkerbund eingesetzten Regierungskommission des Saargebiets am 1. April 1920 ihren bisherigen Sitz verlassen und etablierte sich nun in Trier. Vom 30. Dezember 1920 ab führte sie die amtliche Bezeichnung »Eisenbahndirektion in Trier«.
- Die ED Kattowitz bestand bis zum 10. Januar 1920. Nachdem der dortige Grenzverlauf etwa feststand, wurden die vorher in Kattowitz ansässigen Dienststellen nach Oppeln verlegt und nahmen dort am 18. Juni 1922 für die verbliebenen Reststrecken ihre Verwaltungsarbeit auf.
- Die ED Danzig bestand bis zum 10. Januar 1920. Überwachung und Verwaltung der Eisenbahnen der Freien Stadt Danzig wurden dann der Polnischen Staatsbahn übertragen. Einige Reststrecken wurden von der ED Königsberg übernommen.
- Die Eisenbahndirektionen Bromberg und Posen wurden am 10. Januar 1920 aufgelöst. Verbliebene Betriebsmittel und Reststrecken wurden dann der am 10. Januar 1920 dafür gegründeten ED Osten unterstellt. Diese hatte ihren Sitz zunächst in Berlin. Unter der späteren Regie der DRG siedelte sie am 1. September 1923 nach Frankfurt/Oder über.

Es spricht für den technischen Weitblick der damaligen preußischen Verwaltungsstellen, daß man schon im Jahre 1871 daran dachte, die große Anzahl der bereits vorhandenen verschiedenartigen Lokomotivbauarten der Ursprungsbahnen und die möglicherweise später durch weitere Verstaatlichungen hinzukommenden Lokomotiven durch neue einheitliche, leistungsfähige Konstruktionen zu ersetzen. Alle örtlichen Verwaltungen und das entsprechende Personal schworen auf die vertrauten Bauarten.

So trat am 14. Oktober 1871 in Berlin eine Kommission preußischer Eisenbahn-Maschineningenieure und verschiedener Techniker von Lokomotivfabriken zusammen und traf die ersten Festlegungen über die zukünftige einheitliche konstruktive Gestaltung von Federn, Kupplungsteilen, Puffern, Achsen, Radsätzen und anderen Einzelteilen.

Auf Veranlassung des damals für das Eisenbahnwesen zuständigen preußischen Ministers für öffentliche Arbeiten, Dr. Achenbach, wurde die Kommission im Jahre 1875 erneut zusammengerufen und erarbeitete nun die ersten »Normalien« für drei komplette Lokomotivkonstruktionen und einen Tender. Es handelte sich dabei um eine 1 B-n2-Personenzuglokomotive mit Innensteuerung, eine 1 B-n2-Personenzuglokomotive mit Außensteuerung und um eine C-n2-Güterzuglokomotive mit Außensteuerung die späteren Gattungen P 2 und G 4. Vom Jahre 1877 an kamen diese Lokomotiven erstmalig auf verschiedenen Strecken der KPEV zum Einsatz und verdrängten nun schrittweise viele der älteren Splitterbauarten. Die Leistungsfähigkeit, Sparsamkeit, Betriebssicherheit und Beliebtheit der späteren P 2 beispielsweise wird eindeutig aus der Tatsache ersichtlich, daß die KPEV davon bis zum Jahre 1897 immerhin 849 Stück und andere deutsche Bahnen weitere 15 Stück nahezu unverändert beschafften.

Auftretender Bedarf an Lokomotiven für den Rangierdienst, den Berliner Stadtbahndienst, den allgemeinen Nebenbahndienst und den Schnellzugdienst führte in den Jahren 1883/84 nach entsprechenden Beratungen zu ersten Erweiterungen der »Normalien«. Hieraus gingen vor allem die bekannten C-n2-Tenderlokomotiven der späteren Gattung T 3 und die 1 B-n2-Schnellzuglokomotiven der späteren Gattung S 1 hervor.

Es muß allerdings auch darauf hingewiesen werden, daß die einzelnen KED die Möglichkeit hatten, neben den gemeinsam beratenen Normal-Lokomotiven auch Spezial-Betriebsmittel für ihre besonderen betrieblichen Verhältnisse zu beschaffen. Dadurch wurde der Prozeß der technischen Weiterentwicklung sehr gefördert. Es sei dabei an die 1'B-n2-Personenzuglokomotiven mit vorderer Bissel-Achse der »Ruhr-Sieg-Type«, an die C 1'-n2-Tenderlokomotiven mit hinterem Krauss-Helmholtz-Drehgestell der Bauart Elberfeld oder an die ersten 2'B-n2v-Schnellzuglokomotiven der Bauart Hannover erinnert, die nach ihrem Erscheinen auch die spätere Entwicklung der Normalien beeinflußten.

Da es zu dieser Zeit bei der KPEV noch keine Gattungsbezeichnungen gab, unterschied man im Schriftverkehr und im Werkstättendienst die einzelnen Lokomotivbauarten nach den Zeichnungsnummern der entsprechenden Normalien-Blätter. Hierbei wurden die Blätter für Lokomotiven grundsätzlich mit III bezeichnet. Die dann folgenden arabischen Ziffern 1, 2, 3 oder 4 gaben Aufschluß darüber, ob es sich um eine Personenzug-, Schnellzug-, Güterzug- oder Tenderlokomotive handelte. Die einzelnen Bauarten wurden durch kleine Buchstaben, mögliche Bauunterschiede durch zusätzliche, hochgestellte arabische Ziffern oder kleine Buchstaben verdeutlicht.

III 1b	=	1'B-n2-Personenzuglokomotive (»Ruhr-Sieg-Type«), später Gattung P 2
III 2	=	1 B-n2-Schnellzuglokomotive, später Gattung S 1
III 4e	=	C-n2-Tenderlokomotive, später Gattung T 3
III 2b	=	2'B-n2v-Schnellzuglokomotive, später Gattung S 3
III 2g^2	=	2'B 1'-n4v-Schnellzuglokomotive, 2. Bauart von 1909, später Gattung S 9

Die ausgereiften, soliden preußischen Lokomotivkonstruktionen ermöglichten einen sicheren Betrieb, die verhältnismäßig großen Stückzahlen eine wirtschaftliche Unterhaltung, Ersatzteilbevorratung und Ausbesserung.

August von Borries, seinerzeit Eisenbahn-Bauinspektor der KED Hannover, beeinflußte ab 1890 mit der Einführung des Verbundtriebwerks, eines neuen Drehgestells und eines größeren Kessels bei seinen 2'B-n2v-Lokomotiven der Bauart Hannover die Weiterentwicklung preußischer Schnellzuglokomotiven in entscheidendem Maße. Wenig Erfolg dagegen war den preußischen Schnellfahrversuchen mit den beiden außergewöhnlichen 2′B2′-n3v-Lokomotiven des Jahres 1904 beschieden. Die Maschinen waren nach Richtlinien des preußischen Geheimen Oberbaurats Gustav Wittfeld und unter der technischen Leitung des Oberingenieurs Kuhn, damaliger Chefkonstrukteur der Firma Henschel & Sohn, gebaut worden. Wegen der Stirnführerstände und der windschnittigen Verkleidung wurden beide Lokomotiven scherzhaft als »Möbelwagen« bezeichnet. Mit einer Zuglast von 221 t erreichte man auf der kurzen »Rennstrecke« Marienfelde–Zossen nur 137 km/h, eine Leistung, die nahezu auch durch die von v. Borries geschaffenen 2′B1′-n4v-Schnellzuglokomotiven der Serienbauart der S 7 erbracht wurde.

Das Bestreben, die thermische Wirtschaftlichkeit der Dampflokomotive zu verbessern, hatte bei zahlreichen Bahnen zu unterschiedlichen »Dampftrocknern« geführt. Als sich jedoch Anfang der achtziger Jahre das Verbundsystem mit seiner zweistufigen Dampfausnutzung durchzusetzen begann, ging das Interesse an Dampftrocknung oder gar -überhitzung vorübergehend verloren.

Da erfand gegen Ende der achtziger Jahre der in Kassel ansässige Ingenieur Wilhelm Schmidt einen für den Lokomotivkessel geeigneten Überhitzer und ebnete damit den Weg für eine der bedeutendsten Neuerungen des Dampflokomotivbaus: Die Heißdampflokomotive wurde nun möglich und konnte später von Preußen aus ihren Siegeszug durch die ganze Welt antreten! Der damalige Lokomotivbeschaffungsdezernent der KED Berlin, Geheimer Regierungsrat Robert Garbe, förderte die entsprechenden Versuche sehr tatkräftig und veranlaßte, daß eine im Bau befindliche 2′B-n2v-Schnellzuglokomotive (spätere Gattung S 3) und eine im Bau befindliche 2′B-n2-Personenzuglokomotive (spätere Gattung P 4[1]) als 2′B-h2-Lokomotiven fertiggestellt wurden. So entstand 1898 bei Vulcan unter der Fabriknummer 1643 die erste Heißdampflokomotive der Welt, die mit dem Schmidtschen Flammrohrüberhitzer ausgerüstete 2′B-h2-Schnellzuglokomotive Hannover 74. Noch im gleichen Jahre folgte bei Henschel unter der Fabriknummer 4853 die 2′B-h2-Personenzuglokomotive Kassel 131. Später ging man dann zum Rauchkammerüberhitzer und schließlich zum Rauchröhrenüberhitzer über.

Nun entstanden in rascher Folge bei der KPEV die Lokomotivkonstruktionen, deren Leistungsfähigkeit, Betriebssicherheit und Sparsamkeit den Namen Robert Garbes berühmt machen sollten. Leider deutete das Äußere dieser Maschinen oft allzusehr auf Zweck und technische Neuerung hin und ließ häufig Harmonie und Eleganz süddeutscher oder österreichischer Konstruktionen vermissen. Trotzdem wurden Garbes Meisterleistungen, wie man seine P 8, G 10, G 8[1], T 12 und T 18 bezeichnen könnte, auch in größerer Stückzahl von anderen Bahnverwaltungen beschafft.

Weitere Höhepunkte des preußischen Dampflokomotivbaus stellten zweifellos die 2′C-h4v-Schnellzuglokomotiven der Gattung S 10[1]und die unter dem Druck des Ersten Weltkriegs entstandenen 1′E-h3-Güterzuglokomotiven der Gattung G 12 dar. Außerdem muß auch noch auf die konstruktiven Vorarbeiten preußischer Entwicklungsstellen für die erst später unter DRG-Regie fertiggestellten 1′D1′-h3-Personenzuglokomotiven der Gattung P 10 und die 1′E1′-h2-Tenderlokomotiven der Gattung T 20 hingewiesen werden. Die T 20 ermöglichte dann die Einstellung des Zahnradbetriebes auf einigen ehemals preußischen Steilstrecken.

Die KPEV hatte auch entscheidenden Anteil an der Entwicklung des elektrischen Zugbetriebes in Deutschland.

Nachdem die spektakulären Schnellfahrversuche einiger Triebwagen auf der Strecke Marienfelde–Zossen am 27. Oktober 1903 zu einer Geschwindigkeit von 210,2 km/h geführt hatten, wandte sich auch die KPEV entsprechenden Versuchen zu. So richtete man bereits in den Jahren 1903/05 einen Probebetrieb zwischen Berlin-Niederschöneweide und Spindlersfeld und in den Jahren 1905/08 einen Probebetrieb bei Oranienburg ein. Hier kam Einphasen-Wechselstrom von 6,3 kV und 25 Hz zur Anwendung.

Gleichfalls mit 6,3 kV und 25 Hz wurde dann auch die im Jahre 1906 eröffnete Vorortbahn Blankenese–Ohlsdorf betrieben. Für die in unmittelbarer Nähe im Jahre 1911 eröffnete Hafenbahn Altona sah man dagegen nur 3 kV und 25 Hz vor.

Zur Erprobung eines elektrischen Hauptbahnbetriebs auf Flachlandstrecken wurde laut Gesetz vom 28. Juli 1909 die stark belegte Strecke Bitterfeld–Dessau bestimmt. Dort konnte bereits am 18. Januar 1911 der Betrieb mit 10 kV und 15 Hz aufgenommen werden. Erst später ging man dann zu den heute üblichen 15 kV und 16,7 Hz über.

Um Erfahrungen auf steigungsreicheren Strecken zu sammeln, wurde laut Gesetz vom 3. Juni 1911 die Elektrifizierung einiger Gebirgsstrecken der damaligen KED Breslau beschlossen. Am 1. Juni 1914 konnte man dann auf der Strecke Nieder Salzbrunn–Halbstadt erste Versuchsfahrten mit Triebwagen und am 10. Juli 1914 mit einer von der KED Halle entliehenen D-w^{1}k-Güterzuglokomotive aufnehmen.

Leider verhinderte dann der Erste Weltkrieg eine kontinuierliche Fortführung des Betriebs auf beiden Strecken, so daß im Bau befindliche Triebfahrzeuge erst nach Kriegsende fertiggestellt werden konnten und sich erst dann die Brauchbarkeit der unterschiedlichen Versuchsbauarten erwies.

Das umfangreiche Netz der preußisch-hessischen Staatsbahnen wies an vielen Stellen Verkehrs- und Betriebsbedingungen auf, die den vorteilhaften Einsatz kurzer »Omnibuszüge« oder Triebwagen erwarten ließen. Für solche Verbindungen, aber auch zur Auflockerung des Fahrplans längerer Reisezüge wandte man sich deshalb bei der KPEV der Entwicklung von Akkumulator-Triebwagen zu.

Nach Anregungen Gustav Wittfelds entstanden deshalb ab 1908 die zweiteiligen Fahrzeuge, deren Aussehen weitgehend durch die für sie charakteristischen, langen Batterievorbauten geprägt wurde. Nachdem man durch eine Erhöhung der Anzahl mitgeführter Akkumulatorzellen den Fahrbereich vieler Fahrzeuge mehrfach vergrößert hatte, erreichten die Akkumulator-Triebwagen schließlich bei der KPEV eine weite Verbreitung, überdauerten die Zeit der DRG und waren noch bei der DB und der DR im Einsatz.

Eine exakte Gattungsbezeichnung der Lokomotiven wurde erstaunlicherweise bei der KPEV erst in den Jahren 1903/04 eingeführt. Bis zu diesem Zeitpunkt gab man außer dem Verwendungszweck nur das Kupplungsverhältnis der Lokomotive und die nur intern bekannte Zeichnungsnummer des entsprechenden Normalien-Blattes an. Diese nur vagen Angaben reichten natürlich für eindeutige Charakterisierungen nicht aus und führten oftmals zu Verwechslungen, zu falschen Gattungseinordnungen und sogar später zu falschen Umzeichnungen bei der DRG. Eine 3/4-gekuppelte Tenderlokomotive konnte schließlich

eine C1′-n2-Tenderlokomotive nach III 4 f (spätere Gattung T 9^{1}),
eine 1′C-n2-Tenderlokomotive nach III 4 k (spätere Gattung T 9^{2}),
eine 1′C-n2-Tenderlokomotive nach III 4 l (spätere Gattung T 9^{3})
oder
eine 1′C-n2-Tenderlokomotive nach III 4 o^{II} (spätere Gattung T 11) sein!

Die Gattungsbezeichnung für Dampflokomotiven war zweiteilig. Zunächst bezeichnete der große Buchstabe S, P, G oder T die Zugehörigkeit zur Hauptgattung der Schnellzug-, Personenzug-, Güterzug- oder Tenderlokomotiven.

Nachfolgende arabische Ziffern oder Zahlen ermöglichten eine weitere Unterteilung und führten zu Untergattungen. Bei der Vergabe und Festlegung dieser Kennzahlen versuchte man, bestimmte technische Details zu berücksichtigen:

- Bereits (im Jahre 1903) vorhandene Lokomotiven etwa mittlerer Leistung erhielten die Kennzahl 3.
- Für schwächere und ältere Lokomotiven wurde die 2 oder die 1 vorgesehen.
- Hieraus ergab sich, daß im Bereich der niedrigen Kennzahlen auch noch viele unterschiedliche Lokomotiven verstaatlichter ehemaliger Privatbahnen untergebracht werden mußten.
- In den Gattungen mit höheren Kennzahlen war dagegen meist nur eine bestimmte Bauart zusammengefaßt.
- Höhere Kennzahlen wurden für eventuelle spätere Neubauten freigehalten.
- Heißdampflokomotiven wurden mit geraden Kennzahlen von S 4 bis S 10, von P 6 bis P 10, von G 8 bis G 12 und von T 8 bis T 20 gekennzeichnet. Ausnahmsweise sah man für die seitens der PrStB von Österreich gekauften 1′C2′-h4v-Schnellzuglokomotiven die zu dieser Regelung im Widerspruch stehende Gattungsbezeichnung S 11 vor.
- Die Zahnrad-Lokomotiven wurden als T 26 und T 28 bezeichnet (obgleich erstere eine Naßdampflokomotive war).
- Schmalspur-Tenderlokomotiven erhielten Gattungszeichen von T 28 bis T 42 (wobei T 41 unbesetzt blieb), die allerdings mehrfach geändert wurden.

Falls erforderlich, wurden Bauartunterschiede oder unterschiedliche Beschaffungszeiträume zusätzlich noch durch hochgestellte, kleinere arabische Index-Ziffern markiert.

Die bei der Festlegung der Gattungsbezeichnungen recht unterschiedlich, zuweilen wohl auch subjektiv angewandten Vorschriften führten leider mitunter zu einer sehr beschränkten Aussagekraft. Während einerseits kleinere Bauunterschiede peinlich genau berücksichtigt wurden, ging man bei größeren Konstruktionsabweichungen andererseits recht großzügig vor. Dies war beispielsweise der Fall bei den völlig umgestalteten beiden Ausführungen der 2'C-h4v-Schnellzuglokomotiven der Gattung S 10[1]. Gravierende Unterschiede gab es aber auch bei der S 7. So mußte man in solchen Fällen weitere Unterscheidungsmöglichkeiten »erfinden«. Die beiden Ausführungen der S 10[1] wurden nun unterteilt nach ihren Baujahren in Bauart 1911 und Bauart 1914. Bei der S 7 ging man von den Lieferfirmen aus und unterschied zwischen der Bauart Hannover und der Bauart Grafenstaden.

Es war auch vorgekommen, daß drei 1B-n2-Schnellzuglokomotiven, die bei den meisten KED folgerichtig als S 1 eingeordnet worden waren, bei der KED Essen versehentlich als P 3[1] unter die Personenzuglokomotiven gerieten.

In einigen Fällen wurden Gattungszeichen auch verändert oder mehrfach besetzt. Dies erschien logisch, als man in den Jahren 1905/07 insgesamt 26 Schnellzuglokomotiven der Gattung S 2 von 2'B-n2 in 2'B-n2v umbaute und sie nun den S 3 zuordnete. Weniger bekannt dürfte es dagegen sein, daß die ersten 1'C-h2-Tenderlokomotiven der späteren Gattung T 12 zunächst als T 10 liefen. Als T 10 wurden dann später die etwas unförmigen 2'C-h2-Tenderlokomotiven Mainz 7401 bis Mainz 7412 bezeichnet.

Das Gattungszeichen S 8 wurde sogar mehrfach besetzt, allerdings immer nur durch wenige Lokomotiven:

- Eine der Gattung S 7 (Bauart Hannover) entstammende Schnellzuglokomotive erhielt wegen ihres versuchsweise eingebauten Pielock-Überhitzers das Gattungszeichen S 8. Diese 2'B1'-h4v-Lokomotive war von Hanomag im Jahre 1904 unter der Fabriknummer 4156 geliefert worden. Sie hieß zunächst Hannover 628 und wurde dann im Jahre 1906 folgerichtig als S 8 zur Hannover 801.
- Dann vergab man das Gattungszeichen S 8 erneut, als Schwartzkopff im Jahre 1910 unter den Fabriknummern 4455 und 4456 die beiden ersten 2'C-h4-Schnellzuglokomotiven Erfurt 801 und Erfurt 802 gebaut hatte. Nach kurzer Zeit wurden diese Maschinen als Erfurt 1001 und Erfurt 1002 der neuen Gattung S 10 zugeordnet. Nach Schluß des Ersten Weltkriegs gelangten sie an die PKP bzw. an AL.
- Der im Jahre 1913 durchgeführte Umbau zweier 2'B1'-n4v-Schnellzuglokomotiven der Gattung S 9 auf Heißdampfbetrieb führte nochmals zu zwei Lokomotiven der Gattung S 8. Beide Maschinen waren im Jahre 1908 von der Hanomag unter den Fabriknummern 5148 und 5150 als Hannover 903 und Hannover 905 abgeliefert worden. Obgleich nun zur Gattung S 8 gehörend, behielten sie aber ihre ursprünglichen Bezeichnungen und wurden später von der DRG noch als 14 001 und 14 002 eingeordnet.

Für die wenigen elektrischen Lokomotiven wurden zunächst keine Gattungsbezeichnungen vorgesehen. Diese Triebfahrzeuge wurden vielmehr anfangs nummernmäßig als Sonderformen von Waggons behandelt. Man ordnete ihnen einfach die Betriebsnummern 10 201 bis 10 210 sowie 10 501 bis 10 506 zu.

Erst ab 1912 ermöglichten Gattungszeichen, die aus zwei großen Buchstaben entsprechend der Antriebsform und dem Verwendungszweck gebildet worden waren, eine gewisse Unterscheidung. Es gab nun:

ES = elektrische Schnellzuglokomotiven (dafür wurden Betriebsnummern von 1 bis 199 vorgesehen),

EP = elektrische Personenzuglokomotiven (dafür wurden Betriebsnummern von 201 bis 499 vorgesehen),

EG = elektrische Güterzuglokomotiven (dafür wurden Betriebsnummern von 501 bis 999 vorgesehen),

EV = elektrische Verschiebelokomotiven (dafür wurden Betriebsnummern ab 1 vorgesehen) sowie

EB = elektrische Betriebsgestelle (Triebgestelle) (dafür wurden Betriebsnummern von 1 bis 500 vorgesehen).

Eine exakte Unterscheidung der damals noch sehr voneinander abweichenden Bauformen war nur durch gleichzeitiges Berücksichtigen von Gattungszeichen und Betriebsnummer möglich. Immerhin handelte es sich bei der ES Halle 3 um eine 2'B1'-w[1]k-Schnellzuglokomotive, bei der ES Halle 4 dagegen um eine (nie fertiggestellte) 1'D1'-w²k-Schnellzuglokomotive und bei der ES Halle 5 jedoch um eine 1'C1'-w¹k-Schnellzuglokomotive.

Lokomotiven, die aus zwei selbständigen, getrennt verfahrbaren Teilen bestanden, wurden bei gleichem Gattungszeichen mit zwei aufeinander folgenden Betriebsnummern versehen. Das war beispielsweise bei der späteren E 73 03 der Fall, die vorher als EV Altona 1/Altona 2 hieß. Auch die späteren E 90 hatten vorher als Gattung EG derartige Doppelnummern.

Die aus drei Triebteilen bestehenden B+B+B-w³u-Güterzuglokomotiven, später bei der DRG als E 91.3, erhielten hingegen Nummernschilder mit den Zusätzen a, b und c. So trug die im Jahre 1915 von LHW unter der Fabriknummer 1142 gelieferte dreiteilige Lokomotive auf beiden Seiten jedes Teils das KPEV-Eigentumszeichen mit dem preußischen Adler und darunter je ein Gattungsschild »EG«. Weitere sechs Schilder bezeichneten das Vorderteil mit Breslau 538b, das Mittelteil mit Breslau 538a und das Endteil mit Breslau 538c. Später wurde sie dann von der DRG als E 91 38 übernommen. Übrigens wurde die Regelung, mehrteilige Triebfahrzeuge mit kleinen Zusatzbuchstaben zu kennzeichnen, später von der DRG bei ihren mehrteiligen Triebwagen angewendet.

Trotz ihrer informatorischen Grenzen wurde die vorgenannte preußische Bezeichnungsweise für elektrische Lokomotiven noch bis zum Jahre 1927 von der DRG beibehalten.

Die Entwicklung von Triebwagen führte zu der Notwendigkeit, auch diese Fahrzeuge gattungsweise zu unterscheiden.

- Für die ab 1907 beschafften benzolelektrischen Verbrennungstriebwagen verwendete man sofort das bekannte Gattungszeichen VT. Eine Unterscheidung der zweiachsigen und vierachsigen Fahrzeuge war nicht vorgesehen.

  Auch die dann folgenden Betriebsnummern wurden systemlos vergeben.
- Für die zahlreichen, ab 1907 beschafften Akkumulator-Triebwagen wurden dagegen schon sehr bald exakte Gattungszeichen erforderlich. Diese Bezeichnungen waren zunächst dreiteilig und bestanden aus den bekannten Buchstaben AT, einer arabischen Kennziffer der jeweiligen Bauart und, nach einem Schrägstrich, dem auf zwei Stellen gekürzten Konstruktionsjahr. Hierzu Beispiele:

  AT 1/06 = Akkumulator-Triebwagen der 1. Bauart (A1A-g²t), entworfen 1906;

  AT 2/05 = Akkumulator-Triebwagen der 2. Bauart (nach Umbau:-Bo'Bo'-g⁴t), entworfen 1905;

  AT 3/07 = Akkumulator-Triebwagen der 3. Bauart (Wittfeld, 1A+A1-g²t), entworfen 1907;

  AT 3/11 = Akkumulator-Triebwagen der 3. Bauart (Wittfeld, 2A+3-g¹t), entworfen 1911;

  AT 3/12 = Akkumulator-Triebwagen der 3. Bauart (Wittfeld, dreiteilig, 3+Bo+3-g²t), entworfen 1912.

Vom Jahre 1915 ab veränderte man diese, namentlich im letzten Bereich nicht sehr aussagekräftigen Bezeichnungen und benutzte nun für obige Bauarten (nach Außerdienststellung des Wagens der Gattung AT 2/05) die Gattungszeichen A 1, A 2, A 2 bzw. A 5.

Die Nummerung der einzelnen Akkumulator-Triebwagen wurde mehrfach verändert. Entsprechend der Regelung bei der Bezeichnung zweiteiliger Elektro-Lokomotiven wurden auch hier zwei aufeinanderfolgende Betriebsnummern vergeben. Im Gegensatz zu den Verbrennungstriebwagen wurde bei den AT zunächst die Eigentumsdirektion mitangegeben. Den einzelnen KED wurde die Möglichkeit eingeräumt, die jeweiligen Betriebsnummern nach eigenem Ermessen festzulegen. So trugen die späteren AT 255/AT 256, AT 259/AT 260, AT 263/AT 264 und AT 279/AT 280 der DRG ursprünglich die preußischen Bezeichnungen Halle 231/Halle 232, Kattowitz 31/Kattowitz 32, Königsberg 6003/Königsberg 6004 und Elberfeld 501/Elberfeld 502. Um diesem Durcheinander rechtzeitig zu begegnen, führte die KPEV im Jahre 1910 eine Umzeichnung der vorhandenen AT durch und sah nun eine einheitliche, durchgehende Nummerung aller AT (unter Weglassung der KED) vor.

So erhielten nun die AT 1/06 die Betriebsnummern 201 bis 205, der AT 2/05 wurde zum 221, die »Wittfeld-Wagen« begannen nun mit 231/232. Die Mittelwagen der dreiteiligen AT erhielten außer der Nummer des vorlaufenden AT noch ein zusätzliches a. So lief der spätere 535/0535/536 der DRG bzw. DB zuerst als 535/535a/536.

Für die ab 1905 beschafften elektrischen zweiteiligen Oberleitungstriebwagen des Hamburger Vorortverkehrs wurden keine besonderen Gattungszeichen vorgesehen. Diese sämtlich der KED Altona unterstellten Fahrzeuge erhielten zunächst die Doppelnummern Altona 2100/Altona 2101 bis Altona 2248/Altona 2249 sowie Altona 2350/Altona 2351 bis Altona 2368/Altona 2369.

Im Jahre 1910 erfolgte eine Umzeichnung dieser Triebwagen bzw. eine Neubezeichnung der anschließend noch beschafften, so daß schließlich Altona 551/Altona 552 bis Altona 829/Altona 830 durchgehend vorhanden waren. Diese Nummerung hatte bis zum Jahre 1924 Gültigkeit.

Bei der Bezeichnung der einzelnen preußischen Dampflokomotiven ging man leider bei der KPEV einen sehr umstrittenen Weg, der mitunter die Identifizierung eines bestimmten Triebfahrzeugs sehr erschwerte und ganz besonders heutigen Lokomotivstatistikern oder auch Freunden der Eisenbahn schon arges Kopfzerbrechen bereitet.

Die Bezeichnung auf den Schildern bestand aus der Betriebsnummer und aus dem darunter etwas kleiner angebrachten Namen der Eigentumsdirektion. Obgleich diese Namen der KED in Großbuchstaben gegossen waren, hatte sich im dienstlichen Schriftverkehr und in der Lokomotivstatistik deren normale Schreibweise (mit nur großem Anfangsbuchstaben) eingebürgert.

Da auf Lokomotivbildern die Eigentumsdirektion nicht immer eindeutig lesbar ist, gibt lediglich das Doppelwappen im Falle der KED Mainz eine gewisse Identifizierungshilfe.

Die im Laufe der Zeit entstandenen 11 und später 21 KED hatten zunächst ziemlich freie Hand bei der Zuordnung der Betriebsnummern. Es gab hierfür nur folgende allgemeine Richtlinien:

1 bis 99	=	ungekuppelte Lokomotiven (beispielsweise: 1A1, 1A, 2A)
100 bis 499	=	gekuppelte Personenzug- und Schnellzuglokomotiven
500 bis 699	=	gekuppelte Güterzuglokomotiven
700 bis 1299	=	dreifach und vierfach gekuppelte Güterzuglokomotiven
1300 bis 1899	=	Tenderlokomotiven
1900 bis 1999	=	Sonderlokomotiven (z. B. Zahnradlokomotiven).

Da jedoch die spätere Entwicklung zeigte, daß man in mehreren KED mit einigen vorgegebenen Nummerngruppen nicht auskam, mußte man dort die empfohlenen »Grenzen« überschreiten. So kam es dann zu sinnwidrigen Nummerngruppen, die eine Übersicht erschwerten.

Als nun im Jahre 1895 durch die Verwaltungsreform der Name einiger KED geändert wurde und andere KED neu entstanden (vgl. S.), mußten natürlich auch die Lokomotivbezeichnungen geändert werden. Es kam zu vielen Umzeichnungen. So erhielt die »neue« KED Halle viele C-n2-Güterzuglokomotiven der späteren Gattung G 3 von den benachbarten KED Berlin, Erfurt, Frankfurt und Magdeburg. Die »alten« KED Breslau, Bromberg und Frankfurt gaben 1B-n2-Personenzuglokomotiven der späteren Gattung P 2 an die neu eröffnete KED Danzig ab.

Da man bei den erforderlichen Umzeichnungen zwar zwangsläufig die Direktionsbezeichnung änderte, jedoch die alte Betriebsnummer bei einigen KED beibehielt, bei anderen KED dagegen völlig neue Nummernfolgen dafür festlegte, entstand ein ziemliches Durcheinander. Die zwischen den KED selbstverständlich später erforderlichen Fahrzeugverschiebungen und Umbeheimatungen führten außerdem zu weiteren Umzeichnungen.

So entschloß sich die KPEV, den stark angewachsenen Dampflokomotivbestand völlig neu zu ordnen und per 1. April 1906 eine allgemeine Umzeichnung vorzunehmen. Leider wurden bei dieser Aktion nicht die grundsätzlichen Mängel des preußischen Bezeichnungssystems beseitigt. Die Umzeichnung basierte auf folgenden Grundsätzen:

- Jede Lokomotivbezeichnung besteht (weiterhin) aus Betriebsnummer und dem Namen der Eigentumsdirektion.
- Für jede Lokomotivgattung werden bestimmte Betriebsnummern festgelegt, die von jeder KED anzuwenden sind.
- Für später eventuell erforderliche Ausnahmeregelungen ist die Genehmigung der Generaldirektion der KED einzuholen.

Die Besonderheiten und Mängel des nunmehr angewandten Bezeichnungssystems seien durch nachfolgende, konkrete Beispiele erläutert:

– War eine Lokomotivgattung in sämtlichen 21 KED vertreten, so konnte die gleiche Betriebsnummer auch einundzwanzigmal auftreten und so zu Verwechslungen führen! Da einzelnen KED bestimmte Lokomotivgattungen erst später zugeteilt wurden, waren aus der Betriebsnummer keinerlei Rückschlüsse auf Baujahre oder spezielle Ausführungsformen möglich. Als Beispiel hierfür mögen nachstehende Lieferdaten und spätere DRG-Nummern einiger 2'C-h2-Personenzuglokomotiven der bekannten Gattung P 8 dienen, denen Betriebsnummern ab 2401 zugewiesen worden waren:

Borsig	1911: 7931	=	Altona	2401	=	DRG: 38 1253
Schwartzkopff	1906: 3620	=	Elberfeld	2401	=	DRG: 38 1004
Borsig	1911: 7934	=	Essen	2401	=	DRG: 38 1256
Schwartzkopff	1906: 3616	=	Köln	2401	=	DRG: 38 1001
Schwartzkopff	1909: 4244	=	Mainz	2401	=	DRG: 38 1086

– Entstand durch Abgabe einer Lokomotive innerhalb der fortlaufenden Betriebsnummern eine Lücke, so wurde diese oftmals durch eine Zweit- oder gar Drittbesetzung dieser Nummer wieder geschlossen:

I. Lok = Schwartzkopff 1909:	4238 = Hannover 2405 (noch 1909 Abgabe an KED Köln) = Köln 2420 = DRG: 38 1083
II. Lok = Schwartzkopff 1912:	4802 = Hannover 2405 (1919 Abgabe an Belgien) = CFB 6405
III. Lok = Schwartzkopff 1910:	4498 = Magdeburg 2414 (Umsetzung 1920) = Hannover 2405 = DRG: 38 1193

– Als in der KED Cassel die für die D-n2v-Güterzuglokomotiven der Gattung G 7^2 allgemein vorgesehene Nummernreihe 4601 bis 4799 besetzt war, man jedoch dort noch weiteren Bedarf an derartigen Maschinen hatte, wurden die folgenden Lokomotiven mit 5801 ff. bezeichnet, da 4801 ff. bereits durch die Gattung G 8 besetzt war. So ergab sich der Übergang (unter Berücksichtigung der vorläufigen und endgültigen DRG-Nummern):

Henschel 1909: 9431	=	Cassel 4799 = DRG: (55 1430) = 55 1294
Henschel 1909: 9432	=	Cassel 4800 = DRG: (55 1431), vor 1925 jedoch ausgemustert
Henschel 1909: 9433	=	Cassel 5801 = DRG: (55 1432) = 55 1295
Henschel 1909: 9434	=	Cassel 5802 (späterer Verbleib unbekannt)

– Da man bei einigen KED die 1'D-n2v-Güterzuglokomotiven der Gattung G 7^3 entgegen der Regel als 4601 ff. vor die vorhandenen G 7^2 gesetzt hatte, kam es bei deren späterer Erfassung und Einordnung seitens der DRG zu Schwierigkeiten und Verwechslungen. Eine der großen G 7^3 mit ihrer vorderen Laufachse »landete« deshalb fälschlicherweise in der BR 55, während die beiden nachfolgenden gleichartigen Hanomag-Lokomotiven richtig als 56 001 und 56 002 eingeordnet wurden:

Hanomag 1895: 2669	=	Essen 503/ Essen 2082	/ab 1. 4. 1906: Essen 4603 = DRG: 55 701
Hanomag 1895: 2670	=	Frankfurt 1103	/ab 1. 4. 1906: Frankfurt 4604 = DRG: 56 001
Hanomag 1895: 2671	=	Frankfurt 1104	/ab 1. 4. 1906: Frankfurt 4605 = DRG: 56 002

– Am Ende des Ersten Weltkriegs warf die Einordnung der von den aufgelösten KED stammenden Lokomotiven gewisse Probleme auf. Bei der Eisenbahndirektion in Trier behielten die verbliebenen Maschinen ihre früheren Betriebsnummern der KED Saarbrücken. Auch bei der Rbd Oppeln verwendete man einfach die verbliebenen Kattowitzer Betriebsnummern. Da die neu gegründete ED Osten Lokomotiven der ehemaligen KED Bromberg und KED Posen aufzunehmen und einzuordnen hatte, war hier eine Sonderregelung erforderlich. Bei noch vorhandenen ehemaligen Bromberger Nummern behielt man diese bei. Waren gleiche ehemalige Posener Betriebsnummern noch zur ED Osten gelangt, so wurden sie verändert. Gab es jedoch keine Lokomotiven mit gleicher ehemaliger Bromberger Nummer, so brauchte die Posener Nummer nicht verändert zu werden. Hierfür einige dem entsprechende Beispiele aus der Gattung G 7^{2}:

Henschel 1907: 7964 = Saarbrücken 4647/ab 1920: Trier 4647 = DRG: 55 1059
Schichau 1907: 1516 = Kattowitz 4668/ab 1922: Oppeln 4668 = DRG: 55 1042
Schichau 1905: 1417 = Bromberg 841/Bromberg 4625/ab 1920: Osten 4625 = DRG: 55 984
Henschel 1907: 7986 = Posen 4625/ab 1920: Osten 4626 = DRG: 55 1072
Henschel 1907: 7988 = Posen 4627/ab 1920: Osten 4627 = DRG: 55 1073

Natürlich konnten bei den ED Trier und Osten sowie bei der Rbd Oppeln nicht alle Betriebsnummern durchgehend besetzt werden.

- In Ermangelung eines anderen behielt man später unter DRG-Regie in einigen Fällen noch für eine gewisse Zeit die Form des preußischen Bezeichnungssystems bei. Allerdings war dann meist der verwendete Direktionsname nicht mehr identisch mit dem Einsatzgebiet dieser Lokomotiven. Beispielsweise wurden die ersten 1'D1'-h3-Personenzuglokomotiven der Gattung P 10 im Jahre 1922 noch als Elberfeld 2810 bis Elberfeld 2819 in Dienst gestellt. Aber auch viele Lokomotiven der bekannten Gattung P 8 wurden in den Jahren 1921/22 mit der Direktionsbezeichnung »Elberfeld« angeliefert.
- Im Rahmen dieser Betrachtungen muß abschließend noch auf eine Besonderheit hingewiesen werden, die oft zu Mißverständnissen führte. Sie ergab sich daraus, daß in der aus der SäStB hervorgegangenen Rbd Dresden ein Mangel an einsatzbereiten, leichteren Güterzuglokomotiven herrschte. Sehr viele der überalterten ehemaligen sächsischen Lokomotiven hatte man außer Dienst stellen müssen, so daß man sich genötigt sah, verfügbare ehemals preußische Lokomotiven dort einzusetzen. So gelangte eine größere Anzahl von 1'C-Güterzuglokomotiven der Gattungen G 5^{1}, G 5^{2}, G 5^{3} und G 5^{4} nach Sachsen. Unter Verzicht auf eine neue (kostspielige) Beschilderung brachte man an den Lokomotiven Anschriften in der Art der bisherigen preußischen Bezeichnungsweise an. Hierbei wurde die letzte preußische Betriebsnummer einfach beibehalten. Dazu fügte man nun die Direktionsbezeichnung »Dresden«. Das war zum Beispiel der Fall bei folgenden Lokomotiven:

Henschel 1899: 5180 = G 5^{1}: Halle 1226/Halle 4056/Dresden 4056 = 54 023
Jung 1900: 408 Halle 1236/Halle 4066/Dresden 4066 = 54 048
Schwartzkopff 1897: 2480 = G 5^{2}: Halle 1256/Halle 1206/Halle 4153/Dresden 4153 = 54 229
Borsig 1900: 4857 Halle 1218/Halle 1238/Halle 4168/Dresden 4168 = 54 290
Hanomag 1902: 3793 = G 5^{4}: Halle 1281/Halle 4211/Dresden 4211 = 54 803
Humboldt 1905: 251 Halle 1326/Halle 4235/Dresden 4235 = 54 861

Bauart	Gattungs-bezeichnung	DRG
Dampflokomotiven		
1B-n2-Schnellzuglokomotiven	S 1	(12 7001)..
2'B-n2v-Schnellzuglokomotiven	S 3	13 001....
2'B-h2-Schnellzuglokomotiven	S 4	13 501....
2'B-n2v-Schnellzuglokomotiven	S 5^2	13 651....
2'B-h2-Schnellzuglokomotiven	S 6	13 1001...
2'B1'-h4v-Schnellzuglokomotiven	S 8	14 001....
2'B1'-n4v-Schnellzuglokomotive	S 9	14 031
2'C-h4-Schnellzuglokomotiven	S 10	17 001....
2'C-h3-Schnellzuglokomotiven	S 10^2	17 201....
2'C-h4v-Schnellzuglokomotiven	S 10^1 (Bauart 1911)	17 1001...
2'C-h4v-Schnellzuglokomotiven	S 10^1 (Bauart 1914)	17 1124...
1B-n2-Personenzuglokomotiven	P 3^1	(34 7001)..
1B-n2v-Personenzuglokomotiven	P 3^2	(34 7101)..
2'B-n2v-Personenzuglokomotiven	P 4^2	36 001....
2'B-n2-Personenzuglokomotiven	P 4^1	36 7001...
1'C-h2-Personenzuglokomotiven	P 6	37 001....
2'C-h2-Personenzuglokomotiven	P 8	38 1001...
C-n2v-Güterzuglokomotiven	G 4^2	53 001....
C-n2v-Güterzuglokomotiven	G 4^3	53 301....
C-n2-Güterzuglokomotiven	G 3	53 7001...
C-n2-Güterzuglokomotiven	G 4^1	53 7601...
1'C-n2-Güterzuglokomotiven	G 5^1	54 001....
1'C-n2v-Güterzuglokomotiven	G 5^2	54 201....
1'C-n2-Güterzuglokomotiven	G 5^3	54 601....
1'C-n2v-Güterzuglokomotiven	G 5^4	54 801....
D-n2-Güterzuglokomotiven	G 7^1	55 001....
1'D-n2v-Güterzuglokomotive	G 7^3	55 701
D-n2v-Güterzuglokomotiven	G 7^2	55 702....
D-h2-Güterzuglokomotiven	G 8	55 1601...
D-n2-Güterzuglokomotiven	G 9	55 2301...
D-h2-Güterzuglokomotiven	G 8^1	55 2501...
1'D-n2v-Güterzuglokomotiven	G 7^3	56 001....
1'D-h3-Güterzuglokomotiven	G 8^3	56 101....
1'D-h2-Güterzuglokomotiven	G 8^2	56 2001...
E-h2-Güterzuglokomotiven	G 10	57 1001...
1'E-h3-Güterzuglokomotiven	G 12^1	58 001....
1'E-h3-Güterzuglokomotiven	G 12	58 1001...
1B-n2-Tenderlokomotiven	T 4^1	(69 7001)..
B1-n2-Tenderlokomotive	T 4^2	(69 7003)
1B-n2-Tenderlokomotiven	T 4^1	(70 7001)..
1'B-n2-Tenderlokomotiven	T 4^3	(70 7034)..
1'B1'-n2-Tenderlokomotiven	T 5^1	71 001....
2'B-n2-Tenderlokomotiven	T 5^2	72 001....
1'C-n2-Tenderlokomotiven	T 11	74 001....
1'C-h2-Tenderlokomotiven	T 12	74 401....
2'C-h2-Tenderlokomotiven	T 10	76 001....
2'C2'-h2-Tenderlokomotiven	T 18	78 001....
C-h2-Tenderlokomotiven	T 8	89 001....
C-n2-Tenderlokomotiven	T 3	89 7001...
C-n2-Tenderlokomotiven	T 7	89 7801...
C1'-n2-Tenderlokomotiven	T 9^1	90 001....
1'C-n2-Tenderlokomotiven	T 9^2	90 022....
C1'-n2-Tenderlokomotive	T 9 (Bauart Elberfeld)	90 116

Bauart
C1'-n2-Tenderlokomotiven
1'C-n2-Tenderlokomotiven
C1'-n2-Tenderlokomotiven
1'C-n2-Tenderlokomotiven
D-n2-Tenderlokomotiven
D-n2-Tenderlokomotiven
1'D1'-h2-Tenderlokomotiven
1'D1'-h2-Tenderlokomotiven
E-h2-Tenderlokomotiven
E-h2-Tenderlokomotiven
E-n2-Tenderlokomotiven
C1'-n2(4)-Zahnradlokomotiven
C-n2-Schmalspurlokomotiven
D-n2-Schmalspurlokomotive
D-n2-Schmalspurlokomotiven
D-h2-Schmalspurlokomotiven
E-h2-Schmalspurlokomotiven
C-n2-Schmalspurlokomotive
C-n2-Schmalspurlokomotiven
C-n2-Schmalspurlokomotiven
Elektrische Lokomotiven
2'B1'-w^{1}k-Schnellzuglokomotiven
1'C1'-w^{1}k-Schnellzuglokomotiven
1'D1'-w^{2}k-Personenzuglokomotive
1'C1'-w^{1}k-Personenzuglokomotiven
2'D1'-w^{1}k-Personenzuglokomotiven
D-w^{1}k-Güterzuglokomotiven
1'B+B1'-1'B+B1'-w^{2}k-Güterzuglokomotive
B'B'-w^{2}u-Güterzuglokomotiven
Bo+Bo-w^{4}t-Verschiebelokomotive
C+C-w^{4}u-Güterzuglokomotiven
B+B+B-w^{3}u-Güterzuglokomotiven
Elektrische Triebwagen
Bo'1+1(1A)-w^{3}t-Triebwagen (S-Bahn Hamburg)
Bo'1+1 2'-w^{2}t-Triebwagen (S-Bahn Hamburg)
Akkumulator-Triebwagen
A1A-g^{2}t-Triebwagen
2A+3-g^{1}t-Triebwagen
2A+A2-g^{2}t-Triebwagen
2A+A2-g^{2}t-Triebwagen
3+Bo+3-g^{2}t-Triebwagen
3+Bo+3-g^{2}t-Triebwagen
1A+1A+A1-g^{3}t-Triebwagen (Stahl-Akku)
Verbrennungstriebwagen
2'B'-bel-Triebwagen

Gattungs-bezeichnung	DRG
T 9 (Bauart Elberfeld)	(90 351)...
T 9[2]	91 001....
T 9[1]	91 301....
T 9[3]	91 306....
T 13 (Bauart Hagans)	(92 501)...
T 13	92 501....
T 14	93 001....
T 14[1]	93 501....
T 16	94 201....
T 16[1]	94 502....
T 15	(94 7001)..
T 26	97 001....
T 33	99 031....
T 35	(99 141)
T 37	99 401....
T 38	99 411....
T 39	99 431....
T 31	99 7102
T 31	(99 7401)..
T 31[1]	(99 7411)..
Elektrische Lokomotiven	
ES	E 00 02
ES	E 01 09....
EP	–
EP	E 30 02....
EP	(E 50 35)
EG	E 70 02....
EG	–
EG	E 71 11....
EV	E 73 03
EG	E 90 51....
EG	E 91 38....
Elektrische Triebwagen	
–	501/5001...
–	552/5052...
Akkumulator-Triebwagen	
A 1	201 Mainz..........
A 2	223/224 Hannover...
A 3	201/202 Breslau....
A 4	213/214 Stettin....
A 5	2../2../2.. Frankfurt...
A 6	201//202/203 Magdeburg...
Triebwagen (Stahl-Akku)	A 7
–	
Verbrennungstriebwagen	
VT	–

4.2 Königlich Bayerische Staatseisenbahn/Bayerische Staatsbahn (KBayStB/BayStB)

Wenn man die geschichtliche Entwicklung der KBayStB erfassen will, muß man zweifellos von der ersten Eisenbahn auf bayerischem Boden, der Ludwigs-Eisenbahn zwischen Nürnberg und Fürth, ausgehen. In diesem Zusammenhang muß allerdings darauf hingewiesen werden, daß diese erste deutsche Eisenbahn bis zu ihrer Betriebseinstellung am1. Oktober 1922 eine Privatbahn war. Trotzdem gingen natürlich von ihr Impulse auf das sich später entwickelnde bayerische Staatsbahnwesen aus.

Am 19. Februar 1834 waren vom bayerischen König einer am 18. November 1833 zum Zwecke eines Bahnbaus gegründeten Aktiengesellschaft Bauerlaubnis und ausschließliches Betriebsprivileg (für die Dauer von 30 Jahren) erteilt worden. Die Verlegung der 6,05 km langen Trasse (Spurweite 1438 mm) schritt schnell voran. Nachdem die von Robert Stephenson, Newcastle, im Jahre 1835 unter der Fabriknummer 118 erbaute Dampflokomotive DER ADLER am 26. Oktober 1835 in zerlegtem Zustand in Nürnberg eingetroffen war, konnten nach dem Zusammenbau schließlich am 16. November 1835 die ersten Probefahrten beginnen. Am 7. Dezember 1835 erfolgte dann die feierliche Eröffnung der Ludwigs-Eisenbahn. Für die Personenbeförderung standen zunächst neun von Nürnberger und Fürther Handwerksmeistern erbaute Wagen zur Verfügung.

Am 8. Dezember 1835 wurde der regelmäßige Betrieb aufgenommen, wobei allerdings die Vormittagsfahrten mit Pferden durchgeführt wurden. Nur nachmittags bediente man sich der neuen, attraktiven »Dampftraktion«. Erst seitdem die zweite Lokomotive DER PFEIL (erbaut gleichfalls von Stephenson, Newcastle, 1836 als Fabriknummer 148) im Jahre 1836 zur Verfügung stand, konnte der Pferdebetrieb schrittweise eingeschränkt werden. Pferde fanden dann nur noch im Rangierdienst Verwendung. Während DER PFEIL im Jahre 1852 verkauft wurde, stand DER ADLER noch bis 1856 im Dienst.

Nachdem man sich 1860 vergeblich bei der Bayerischen Staatsregierung um die Genehmigung einer Streckenverlängerung der Ludwigs-Eisenbahn bemüht hatte, wurde in zunehmendem Maße die wachsende Konkurrenz der sich immer mehr vergrößernden KBayStB spürbar, was schließlich zum Konkurs der Privatbahn führte.

Im Jahre 1837 wurde einem weiteren privaten Konsortium die Konzession zum Bau einer Eisenbahn in Bayern erteilt: Die München-Augsburger Eisenbahn entstand, deren Betrieb am 4. Oktober 1840 eröffnet werden konnte.

Die positive Entwicklung der beiden Privatbahnen, aber auch die erkennbare Bedeutung ihrer wirtschaftsfördernden und sozialen Funktionen, führten dazu, daß sich der bayerische Staat nunmehr selbst aktiv am Bahnbau beteiligte. In weit vorausschauender Weise entwickelte man Pläne, die zu einer systematischen Verbindung der wichtigsten Städte des Königreichs und zu einer schnel-

len verkehrsmäßigen Erschließung der nördlichen, westlichen und südlichen Landesteile führten.
So konnte im Oktober 1853 die wichtige Ludwigs-Süd-Nord-Bahn mit der großzügig projektierten Linienführung Lindau–Kempten–Augsburg–Donauwörth–Nördlingen–Nürnberg–Bamberg–Neuenmarkt-Wirsberg–Hof eröffnet werden, mit der eine durchgehende Diagonalverbindung entstand. Besonders bemerkenswert war dabei die zwischen Neuenmarkt–Wirsberg und Marktschorgast gelegene erste Eisenbahn-Steilstrecke (1:40), die den damaligen Triebfahrzeugen einiges abverlangt haben dürfte.
Die Ludwigs-Westbahn ermöglichte 1854 von Bamberg aus über Aschaffenburg eine erste Verbindung mit dem hessischen und westdeutschen Eisenbahnnetz.
Unter Einbeziehung der inzwischen am 1. Oktober 1844 verstaatlichten München-Augsburger Eisenbahn wurde ab 1858 auf der Maximilian-Bahn der durchgehende Verkehr zwischen dem badisch-württembergischen Oberrhein- und Neckargebiet über Neu-Ulm–Augsburg–München–Rosenheim–Kufstein und Österreich-Ungarn möglich.
Einen großen Zuwachs erhielt die KBayStB jedoch, als am 1. Januar 1875 die bisher als Privatbahn betriebene Bayerische Ostbahn (Bay Ost) verstaatlicht worden war.
Das östliche bayerische Staatsgebiet um München, Weiden, Regensburg und Passau war, obgleich ursprünglich staatlicherseits geplant, von der im Jahre 1856 gegründeten »Königlich privilegierten Aktiengesellschaft der Bayerischen Ostbahn« verkehrsmäßig erschlossen worden. An dieser Privatbahn waren u. a. das fürstliche Haus von Thurn und Taxis, aber auch das bekannte, von Mayer Amschel Rothschild in Frankfurt/Main gegründete Bankhaus sowie auch der Bayerische Staat beteiligt.
Während sich die Bahn den Sitz ihrer Direktion in München einrichtete, legte man die Zentralwerkstatt in Regensburg an. Als erste Ostbahn-Strecken konnten im Jahre 1859 die Verbindungen Nürnberg–Amberg–Regensburg und München–Landshut–Straubing in Betrieb genommen werden. Die Bay Ost erweiterte und vervollständigte dann planmäßig ihr Netz und entwickelte sich so allmählich zum ernsten Konkurrenten der KBayStB. Immerhin umfaßte das Ostbahnnetz im Jahre 1875 etwa 775 Streckenkilometer.
Unter der Leitung ihres erfahrenen Bau- und Betriebsdirektors Paul-Camille v. Denis, der seinerzeit bereits mehrfach an Projektierung und Bau bedeutender Eisenbahnen beteiligt gewesen war, hatten sich Betriebsanlagen und Fahrzeugpark der Bay Ost zu beachtlicher Höhe entwickelt und galten allgemeinhin als vorbildlich. So waren die Lokomotiven der Bay Ost eine willkommene Verstärkung des Triebfahrzeugparks der KBayStB. Immerhin überlebte davon eine ganze Anzahl Maschinen die KBayStB und die BayStB und wurde noch von der DRG im vorläufigen Nummernplan erfaßt.
Wenn auch die Betriebsführung der Bay Ost ab 10. März 1875 durch die KBayStB erfolgte, so wurden früher begonnene Bauvorhaben weitergeführt, bestellte Fahrzeuge noch abgenommen, Gattungsbezeichnungen und Betriebsnummern von Lokomotiven vorerst belassen.
Nachdem ab 1. März 1851 Eisenbahnen und Post der »Generaldirektion der Königlich Bayerischen Verkehrsanstalten« unterstanden hatten, nahm man am 1. August 1886 eine Trennung des inzwischen stark vergrößerten Eisenbahnwesens von der Post vor und schuf die »Generaldirektion der Königlich Bayerischen Staats-Eisenbahnen«.
Im Rahmen einer weiteren Verwaltungsreform beseitigte man am 1. April 1907 die bestehenden zehn Eisenbahn-Betriebs-Direktionen und konzentrierte sich nun auf die Eisenbahndirektionen Augsburg, München, Nürnberg, Regensburg und Würzburg. Hierzu kam dann später nach Verstaatlichung der Pfälzischen Eisenbahnen noch die Eisenbahndirektion Ludwigshafen.
Am 1. Januar 1909 wurden die Pfälzischen Eisenbahnen (Pfalz) mit ihren 872 Streckenkilometern von der KBayStB übernommen.
Nach sehr wechselvoller Geschichte war erst im Jahre 1816 das westlich des Rheins gelegene Gebiet mit den bedeutenden Städten Speyer, Ludwigshafen, Landau, Neustadt an der Haardt, Kaiserslautern und Zweibrücken als »Rheinkreis« an Bayern gekommen. Vom 1. Januar 1838 an als Pfalz bezeichnet, beließ der Bayerische Staat diesem neuen Kreis gewisse verwaltungsmäßige und soziale Selbständigkeiten.
So erteilte König Ludwig I. wohlwollend am 21. Dezember 1837 pfälzischen Unternehmern und

Bankiers das Privileg, in dem dicht besiedelten, jedoch wegen seiner »Insellage« zwischen französischen, preußischen, hessischen und badischen Gebietsteilen wirtschaftlich benachteiligten Rheinkreis eine Eisenbahn zu bauen. Die private Pfälzische Ludwigsbahn entstand und konnte am 11. Juni 1847 auf den Teilstrecken Ludwigshafen–Schifferstadt–Neustadt und Speyer–Schifferstadt den Betrieb aufnehmen, der bereits ab 25. August 1849 über Kaiserslautern–Homburg (Pfalz) bis ins preußische Neunkirchen und Saarbrücken möglich wurde. Hierdurch konnte mit der preisgünstigen Abfuhr der Saarkohle in den südostdeutschen Raum begonnen werden.

Die gleichfalls private Pfälzische Maximiliansbahn verband ab 26. November 1855 Neustadt mit dem südlicher gelegenen französischen Wissembourg (Weißenburg).

Die Pfälzischen Nordbahnen erschlossen als dritte pfälzische Privatbahn ab 1865 das nördlich der etwa in Ost-West-Richtung verlaufenden Pfälzischen Ludwigsbahn gelegene Gebiet durch mehrere Stichbahnen.

Es zeigte sich jedoch sehr bald, daß durch die unterschiedliche Verkehrsdichte, aber auch durch unterschiedliche Tarifgestaltung und Betriebsführung die Ertragsfähigkeit der genannten drei Bahnen sehr differierte. Um nun die wirtschaftlichen Nachteile eines Konkurrenzkampfes innerhalb der Pfalz zu vermeiden und damit entstehende Gefahren für den weiteren Ausbau des Streckennetzes auszuschalten, entstand schließlich der Gedanke an eine Vereinigung der drei Privatbahnen. Am 1. Januar 1870 trat diese Fusion zu den Pfälzischen Eisenbahnen in Kraft, die vor allem zu einer gemeinsamen Betriebsführung und Ertragsrechung sowie zu gewissen Verwaltungsvereinfachungen führte. Die Pfälzische Ludwigsbahn, die Pfälzische Maximiliansbahn und auch die Pfälzischen Nordbahnen behielten jedoch dabei weiterhin eine gewisse rechtliche Selbständigkeit.

Da die vorhandenen und später noch erbauten Bahnstrecken oftmals den tief eingewaschenen Flußtälern folgten, waren in der Pfalz zahlreiche Tunnelbauten nötig. Für weitere bautechnische Besonderheiten sorgte der Rhein mit seinem breiten Strom- und Überschwemmungsgebiet. So entstanden nach zwangsläufigen Übereinkünften zwischen den einander nicht immer wohlgesonnenen Nachbarn Bayern und Baden zwei größere Rheinbrücken. Erstmalig in Europa ging man außerdem das Wagnis ein, Eisenbahnzüge über Pontonbrücken rollen zu lassen! Am 8. Mai 1865 wurde die aus 34 Kähnen bestehende Eisenbahn-Schiffbrücke zwischen Maximiliansau und Maxau (Richtung Karlsruhe) in Betrieb genommen. Am 10. Dezember 1873 folgte die Schiffbrücke zwischen Speyer und Lußhof (Richtung Heidelberg) mit ihren 43 Kähnen. Beide wurden mit speziellen, besonders leichten B-n2-Tenderlokomotiven befahren. Während die letztgenannte Schiffbrücke bei Speyer bis zum Jahre 1926 genutzt wurde, blieb die Schiffbrücke bei Maximiliansau sogar bis zum 3. April 1938 in Betrieb!

Zur Ergänzung des Netzes der Pfälzischen Ludwigsbahn und der Strecken der Pfälzischen Nordbahnen wurden auch einige Schmalspurbahnen für 1000-mm-Spur errichtet.

Die Pfälzischen Eisenbahnen waren von den Anfängen an bis zur Verstaatlichung im Jahre 1909 stets der erbitterten Konkurrenz mit ihren Nachbarn ausgesetzt. Zwar rollten die Kohletransporte aus dem Saargebiet kontinuierlich über pfälzische Gleise, doch war es für die Verwaltung nicht immer leicht, sich einen entsprechenden Anteil am internationalen Nord-Süd-Durchgangsverkehr und am Fernschnellzugverkehr zu sichern. Immer wieder mußten deshalb Strecken und Triebfahrzeuge den steigenden Geschwindigkeitsanforderungen angepaßt werden. Es kam zwischen den Konkurrenten zu einem fortgesetzten gegenseitigen Überbieten der Lokomotivleistungen, aber auch mannigfaltiger tariflicher Vergünstigungen. Beispielsweise ging es gemeinsam mit den preußisch orientierten Reichseisenbahnen Elsaß-Lothringens um die schnellste linksrheinische Verbindung von Frankfurt/Main über Ludwigshafen–Straßburg (heute: Strasbourg) nach Basel gegen die rechtsrheinische Konkurrenz der Großherzoglich Badischen Staatseisenbahnen auf der Strecke Frankfurt/Main–Mannheim–Karlsruhe–Basel. Andererseits aber verhinderte Preußen eine direkte Zug- oder Kurswagenverbindung zwischen der Pfalz und Paris!

Ähnlich wie schon bei Bay Ost erwähnt, beließ die KBayStB auch den Pfälzischen Eisenbahnen nach der Verstaatlichung eine gewisse Eigenständigkeit, was sich beispielsweise im Beibehalten der Gattungsbezeichnungen und

Betriebsnummern der pfälzischen Triebfahrzeuge und Waggons zeigte. Auch verblieben die Triebfahrzeuge fast unverändert auf dem pfälzischen Netz, das auch später unter der Regie der DRG als Rbd Ludwigshafen weitgehend seine Geschlossenheit behielt.
Entsprechend der Größe und dem wirtschaftlichen Gewicht des Königreichs Bayern, aber auch wegen der militärstrategischen Bedeutung der Pfalz als eventuelles Aufmarsch- und Nachschubgebiet gegenüber Frankreich entwikkelte sich ein recht leistungsfähiges bayerisches Eisenbahnwesen. Bei der Übernahme durch die DRG verfügte die BayStB immerhin über eine Betriebslänge von 8526 km und war damit die zweitgrößte deutsche Länderbahn.
Dieser gewichtige Beitrag zum Zustandekommen der DRG, aber auch das Bestreben, sich nicht allzusehr einem preußisch-norddeutschen Reglement unterwerfen zu wollen, führten dazu, daß man Bayern innerhalb der DRG eine eigene, weisungsberechtigte »Gruppenverwaltung« zugestand. Diese Gruppenverwaltung Bayern konnte bis etwa 1933/34 über Baumaßnahmen, Fahrzeugbeschaffungen und besondere Nummerung von Triebfahrzeugen entscheiden.
Dagegen wurde die bewährte Organisationsform der BayStB unverändert beibehalten, indem man aus den vorhandenen sechs bayerischen Eisenbahndirektionen die Rbd Augsburg, Rbd Ludwigshafen, Rbd München, Rbd Nürnberg, Rbd Regensburg und Rbd Würzburg machte. Hiervon bestanden allerdings die Rbd Würzburg nur bis zum 31. März 1930 und die Rbd Ludwigshafen bis zum 31. März 1937.
Die verhältnismäßig großzügige bayerische Eisenbahnpolitik ermöglichte ein entwicklungsförderndes Experimentieren und schaffte so für die beiden bayerischen Lokomotivfabriken Maffei und Krauss immer wieder Gelegenheiten, ihr Können in bezug auf Konstruktion, Technologie und auch Ästhetik unter Beweis zu stellen. Das ausgedehnte Netz der KBayStB, das den sehr unterschiedlichen Geländeverhältnissen angepaßt worden war, ergab ja Verwendungsmöglichkeiten für fast alle Lokomotivbauarten.
Zunächst war man bei den älteren Schlepptenderlokomotiven von Konstruktionen mit Außenrahmen ausgegangen. Bemerkenswerterweise wandte man dabei anfangs bei der KBayStB noch recht oft die Torffeuerung an, während bei Bay Ost stets nur Steinkohle verfeuert wurde.
Auf Vorschlag des damaligen Oberingenieurs der Lokomotivfabrik Krauss & Comp., Richard von Helmholtz, wandte man im Jahre 1888 bei den C 1′-n2-Tenderlokomotiven der Gattung D VIII und im Jahre 1889 bei den 1′B-n2v-Schnellzuglokomotiven der Gattung B X das nach ihm benannte, Laufachse und benachbarte Kuppelachse verbindende Drehgestell an, eine Erfindung, die sich sehr bald weltweit durchsetzte.
Doch noch eine weitere, für den späteren deutschen und europäischen Lokomotivbau bedeutungsvolle Neuerung ging von der KBayStB aus: Man hatte nämlich zu Versuchszwecken in Amerika zwei 2′B 1-n4v-Schnellzuglokomotiven und zwei 1′D-n4v-Güterzuglokomotiven gekauft. Während sich deren Vauclain-Triebwerke nicht bewährten, erkannte Anton Hammel, Chefkonstrukteur der Maffei-Werke, sofort die Vorzüge der Barrenrahmen dieser Lokomotiven und ersetzte bei seinen neuen Konstruktionen den bisherigen Blechrahmen durch derartige, nach amerikanischem Vorbild gefertigte Barrenrahmen.
Großes internationales Aufsehen erregten die Schnellfahrten mit der von Anton Hammel konstruierten 2′B 2′-h4v-Schnellzuglokomotive der Gattung S $^2/_6$, mit der am 2. Juli 1907 auf der Strecke München–Augsburg vor einem 150-t-Zug eine Spitzengeschwindigkeit von 154,5 km/h erreicht wurde.
Höhepunkt des bayerischen Lokomotivbaus waren dann zweifellos die bekannten 2′C 1′-h4v-Schnellzuglokomotiven der Gattung S $^3/_6$, die vom Jahre 1908 an gebaut wurden. Der große Erfolg dieser eleganten Bauart, gemeinsam von dem inzwischen zum Maffei-Direktor avancierten Anton Hammel und dem Oberingenieur Heinrich Leppla geschaffen, führte sogar noch unter DRG-Regie zu deren Weiterbeschaffung bis zum Jahre 1930.
Weniger Erfolg war den gewaltigen D′D-h4v-Tenderlokomotiven der Gattung Gt 2 × $^4/_4$ beschieden. Durchaus bemerkenswert waren jedoch die für den Münchener Vorortverkehr in den Jahren 1905/06 beschafften vierachsigen Dampftriebwagen.
Da man schon frühzeitig die Vorteile einer wirtschaftlichen Energiegewinnung aus heimischer Wasserkraft gegenüber den teuren Kohleimporten erkannt hatte, leistete die KBayStB auch Pionierarbeit auf dem völlig neuen Ge-

biet der elektrischen Zugförderung. Auf der schon am 28. Oktober 1912 elektrifizierten Strecke Garmisch–Mittenwald–Reichsgrenze–(Innsbruck) und der ab 1. August 1915 betriebsbereiten Strecke Berchtesgaden–Freilassing–(Salzburg) erprobte man verschiedene Lokomotivantriebe und schuf damit gute Voraussetzungen für die spätere Entwicklung leistungsfähiger Einphasenwechselstromlokomotiven.

Hinsichtlich der von den Pfälzischen Eisenbahnen beschafften herausragenden Lokomotivbauarten muß man zunächst auf die dortigen relativ kurzen Strecken hinweisen. Dieser Umstand führte nämlich vor allem zur Entwicklung und Beschaffung zahlreicher leistungsfähiger Tenderlokomotiven, wobei man sich zuweilen bayerischen Vorbildern anschloß.

Dagegen zwang der harte gegenseitige Wettbewerb im Nord-Süd-Reisezugdienst zwischen den linksrheinischen und den rechtsrheinischen Bahnen immer wieder zur Beschaffung neuerer und leistungsfähigerer Schnellzuglokomotiven. So konnte man beispielsweise über eine längere Frist durch die im Zeitraum 1891/96 gebauten 1'B 1-n2-Schnellzuglokomotiven der Gattung P 2^{I} mit den anderen Konkurrenten »mithalten«. Die guten Laufeigenschaften dieser Bauart veranlaßten auch die Hessische Ludwigsbahn zur Bestellung nahezu gleicher Lokomotiven. Als dann jedoch mit den großrädrigen badischen 2'B-n2i-Schnellzuglokomotiven der Gattung IIc eine erneute Herausforderung von der anderen Rheinseite vorlag, mußte die Pfalz wieder »kontern« und tat dabei einen außergewöhnlichen Schritt: Auf Vorschlag Wilhelm Stabys, des damaligen maschinentechnischen Leiters der Pfälzischen Eisenbahnen, beschaffte man nämlich nun die erste deutsche Atlantic-Lokomotive und übertraf damit alle Nachbarn! Die neuen 2'B 1'-n2i-Lokomotiven der Gattung P 3^{I} vom Jahre 1898 bewährten sich ausgezeichnet und wurden später zur Steigerung ihrer Leistungsfähigkeit mit einem n4v-Triebwerk versehen.

Nachdem man bei der eleganten P 4 im Jahre 1905 nochmals auf die Achsfolge 2'B 1' zurückgegriffen hatte, übernahm man schließlich ab 1914 auch für das pfälzische Netz die bereits erwähnte große bayerische S $^{3}/_{6}$.

Abschließend sei noch auf die zielstrebigen Versuche der Pfälzischen Eisenbahnen mit Akku-Triebwagen hingewiesen. Um Fahrplanlücken zu schließen, setzte man derartige schmalspurige Triebfahrzeuge bereits ab 1896 und normalspurige ab 1897 von Ludwigshafen aus ein.

Bei den **Gattungsbezeichnungen** bayerischer Lokomotiven müßte man, der geschichtlichen Entwicklung der KBayStB folgend, zwischen vier verschiedenen Systemen unterscheiden:

Nachdem man schon sehr früh die Notwendigkeit einer Unterscheidung der vorhandenen Lokomotivbauarten nach Gattungen erkannt hatte, führte man bei der KBayStB ein Bezeichnungsschema ein, das zunächst aus den Buchstaben A, B, C und D bestand. Entsprechend der Beschaffungsfolge der verschiedenen Unterbauarten fügte man diesen Buchstaben noch römische Ziffern hinzu.

Da dieses Schema die erst ab 1895 aufkommenden vierfach gekuppelten Lokomotiven und auch mehrere nicht voraussehbare Sonderbauarten noch nicht berücksichtigen konnte, wurde es später mehrfach erweitert. In dieser Form wurde es etwa bis zum Jahre 1900 angewandt und behielt bei den betreffenden Lokomotiven seine volle Gültigkeit bis zum Übergang zur DRG. Dieses alte bayerische Bezeichnungsschema ging vom Kupplungsverhältnis aus:

- A = ungekuppelte Lokomotiven mit Tender
- AA = ungekuppelte Lokomotiven mit »Vorspannachse« und Tender
- B = zweifach gekuppelte Lokomotiven mit Tender
- BB = Mallet-Lokomotiven mit zwei zweifach gekuppelten Triebwerken
- C = dreifach gekuppelte Lokomotiven mit Tender
- D = Tenderlokomotiven (ohne besondere Berücksichtigung des Kupplungsverhältnisses)
- E = vierfach gekuppelte Lokomotiven mit Tender

In einigen Fällen wurden dieser zweiteiligen Bezeichnung (teilweise jedoch nur im internen Schriftverkehr) noch folgende ergänzende Unterscheidungen angefügt:

- Verb = Verbundtriebwerk
- Zw = Zwillingstriebwerk
- Ostbahn = Bauart der ehem. Bayerischen Ostbahn
- Sigl = Bauart der Lokomotivfabrik Georg Sigl, Wien und Wiener Neustadt

Die Lokomotiven der Bayerischen Ostbahn waren ursprünglich nach einem ähnlichen Schema unterschieden worden. Hier genügten zur Kennzeichnung der wenigen Bauarten große Buchstaben. Nach der im Jahre 1875 erfolgten Verstaatlichung der Bay Ost wurden zunächst diese Gattungsbezeichnungen beibehalten. Erst im Jahre 1892 nahm die KBayStB eine Umzeichnung der noch vorhandenen Lokomotiven vor und ordnete sie mit dem Zusatz »Ostbahn« in entsprechende oder ähnliche Reihen ein. Nachstehend das Schema der Bay Ost:

A = ungekuppelte Lokomotiven mit Tender
A^{II} = (ab 1873) zweifach gekuppelte leichte Lokomotiven mit Tender (vorher Gattung E)
B = zweifach gekuppelte Lokomotiven mit Tender
C = dreifach gekuppelte Lokomotiven mit Tender
D = zweifach gekuppelte Tenderlokomotiven
D = (bis 1873) zweifach gekuppelte leichte Tenderlokomotiven (ex Plattling-Deggendorfer Eisenbahn)
E = (bis 1873) zweifach gekuppelte leichte Lokomotiven mit Tender (später Gattung A'')
E^{II} = (ab 1873) zweifach gekuppelte leichte Tenderlokomotiven (vorher Gattung D)

Um die Jahrhundertwende führte die KBayStB ihre neue Bezeichnungsweise ein, die nunmehr Rückschlüsse auf den Verwendungszweck und das Kupplungsverhältnis zuließ. Dieses recht informative Schema war zweiteilig. Große und kleine Buchstaben kennzeichneten sechs Hauptgruppen von Lokomotiven sowie zusätzliche technische Details. Dann folgte das in Bruchform angegebene Achsverhältnis zwischen der Anzahl der Kuppelachsen (Zähler des Bruches) und der Gesamtachszahl (Nenner des Bruches). Die Buchstaben hatten folgende Bedeutung:

S = Schnellzuglokomotiven
P = Personenzuglokomotiven
G = Güterzuglokomotiven
Pt = Personenzugtenderlokomotiven
Gt = Güterzugtenderlokomotiven
R = Rangierlokomotiven
s = Schmalspur
z = Zahnrad
E = Elektrisch
M = Motorwagen
L = Lokalbahn
H = Heißdampf
N = Naßdampf

Nach der Vereinigung der Pfälzischen Eisenbahnen führte man dort etwa ab 1898 Gattungsbezeichnungen ein, durch die, ähnlich wie bei KPEV, der Lokomotivpark in vier Hauptgruppen eingeteilt wurde. Diese Hauptgruppen wurden durch große Buchstaben gekennzeichnet, denen dann in der Reihenfolge der Beschaffung arabische Ziffern folgten. Unterbauarten erhielten außerdem einen Index in Form hochgestellter, kleiner römischer Ziffern. Bis zum Jahre 1909 gab es in der Pfalz folgende Lokomotivgattungen:

P 1 bis P 5 = Lokomotiven mit und ohne Tender für Reisezugdienst (**P**ersonenzugdienst)
G 1 bis G 5 = Lokomotiven mit Tender für **G**üterzugdienst
T 1 bis T 5 = **T**enderlokomotiven für Rangier- und Nebenbahndienst
L 1 bis L 2 = Tenderlokomotiven für Schmalspurstrecken (**L**okalbahnen)

Die nach der Verstaatlichung für das pfälzische Netz seitens der KBayStB beschafften Lokomotiven wurden dann nach dem gültigen bayerischen Schema bezeichnet.

Hinsichtlich der Bezeichnung der einzelnen bayerischen Lokomotiven gab es vier unterschiedliche Regelungen:

Bei der KBayStB lag anfangs der Schwerpunkt der Lokomotivbezeichnungen auf ihren Namen, wogegen die dazu zusätzlich systemlos vergebenen Inventarnummern keine wesentliche Bedeutung hatten. Die Größe des bayerischen Lokomotivparks bot bei der Namensgebung eine willkommene Gelegenheit, viele Bereiche zu berücksichtigen, hervorzuheben oder zu ehren. So wurden neben den Namen bayerischer und deutscher Städte, Berge, Flüsse und Alpenseen hierbei enge Bindungen zu Kunst, Literatur, Mythologie, Natur- und Geisteswissenschaften deutlich. Da dampften auf bayerischen Strekken neben DÜRER, HAYDN, MOZART, BEETHOVEN auch die HANS SACHS, KLEIST und UHLAND. Da gab es OBERON, NATHAN, FAUST und WALLENSTEIN, außerdem JUPITER, MARS, PLUTO oder CERES. Bemerkenswert dürften auch OTTO v. GUERICKE, NEWTON, ARCHIMEDES, KOPERNIKUS und EULER sein, gefolgt von BLÜCHER und GNEISENAU.

Nach diesen Namen wurden die Lokomotiven in alphabetischer Reihenfolge in den bahnamtlichen Verzeichnissen erfaßt. Einsparungsbestrebungen mögen dazu geführt haben, daß nach Ausmusterung einer Lokomotive deren Namensschilder und die Metallziffern der am Schornstein angebrachten Inventarnummern bei einer neuen Lokomotive Verwendung fanden. Als beispielsweise die aus dem Jahre 1847 stammende 1B-n2-Lokomotive FUGGER, Inventarnummer 32, wegen der Kesselexplosion am 10. April 1872 ausgemustert worden war, erhielt sofort eine C-n2-Güterzuglokomotive der Gattung C III die abmontierten Schilder und Ziffern und fuhr nun auch als FUGGER, Inventarnummer 32.

Diese Regelung wurde bis etwa 1891 beibehalten. Dann erfolgte keine Namensvergebung mehr. Neubaulokomotiven erhielten nur noch Betriebsnummern in zusammenhängenden Zahlengruppen. Im Rahmen dieser Neuordnung des Lokomotivbezeichnungswesens wurden nun auch die Fahrzeuge der ehemaligen Bayerischen Ostbahn geschlossen erfaßt und umgezeichnet.

Anfangs bezeichnete die Bayerische Ostbahn ihre Lokomotiven mit den Namen ihrer bedeutendsten Bahnstationen. Nachdem man diese Verfahrensweise bei den 2A-n2-Crampton-Lokomotiven aus den Jahren 1857/58 angewendet hatte, entfernte man später die Namensschilder wieder und entschied sich nunmehr für eine nüchterne Nummerung.

Hierbei vergab man innerhalb jeder Gattung jeweils mit 1 beginnende Betriebsnummern. Durch die gleichzeitige Angabe von Gattung und Betriebsnummer konnte jede Lokomotive eindeutig unterschieden werden. Bis zum Jahre 1873 hatte es durch Neubauten und Umbauten folgende Betriebsnummern gegeben:

A 1 bis A 24
B 1 bis B 109
C 1 bis C 64
D 1 bis D 14
E 1 bis E 2

Diese Bezeichnungsweise behielt (bis auf vier Ausnahmen) Gültigkeit bis zum Jahre 1891. Erst dann zeichnete man die noch verbliebenen ehemaligen Ostbahn-Lokomotiven um und setzte sie unter den Betriebsnummern 1001 bis 1189 an den Anfang der nunmehr für Neubeschaffungen vorgesehenen zusammenhängenden Zahlengruppen.

Wie bereits erwähnt, sah die KBayStB ab 1892 für jede Lokomotivgattung bestimmte zusammenhängende Betriebsnummern vor. So folgte beispielsweise dem geschlossenen Block der Ostbahn-Lokomotiven, der mit der Betriebsnummer 1189 abschloß, die Gattung B XI.

B XI^{Zw}	=	Betriebsnummern 1201 bis 1239	=	2'B-n2-Schnellzuglokomotiven
B XI^{Verb}	=	Betriebsnummern 1240 bis 1339	=	2'B-n2v-Schnellzuglokomotiven
AA I	=	Betriebsnummer 1400	=	2'(a)A 1-n2v-Schnellzuglokomotive (mit Vorspannachse)
C IV	=	Betriebsnummern 1401 bis 1441	=	C-n2-Güterzuglokomotiven

usw.

Diese Nummerung behielt ihre Gültigkeit bis zum Übergang auf die DRG und wurde auch noch anfangs bei Nachbeschaffungen bayerischer Lokomotivbauarten angewendet.

Die Pfälzischen Eisenbahnen hatten ihren Lokomotiven Betriebsnummern und Namen gegeben. Hierbei hatte man zunächst durchlaufend numeriert, allerdings nach Ausmusterung älterer Lokomotiven deren Betriebsnummern erneut besetzt. Hierdurch ging natürlich die ursprüngliche Systematik verloren.

Nachdem man anfangs die Ziffern der Betriebsnummern nur am Schornstein angebracht hatte, erfolgte später deren Angabe an der Rauchkammertür (etwa ab 1892) und an den Seitenwänden der Tender bzw. Wasserkästen.

In diesem Zusammenhang muß darauf hingewiesen werden, daß die Betriebsnummern der meisten pfälzischen Lokomotiven in arabischen Ziffern dargestellt wurden. Kleinere Lokomotiven, beispielsweise die Triebfahrzeuge für den Dienst auf den Eisenbahn-Schiffbrücken und auf den Schmalspurstrecken, wurden dagegen mit römischen Ziffern bezeichnet.

Etwa bis 1904/05 erfolgte noch eine Namensgebung. Die Namen wurden vielfach pfälzischen und bayerischen Städten, Burgen, Flüssen und Bergen, aber auch den Sagen des klassischen Altertums entlehnt. Die herausragende Stellung der Schnellzuglokomotiven wurde dadurch betont, daß es nur ihnen vorbehalten blieb, Namen bedeutender Persönlichkeiten des bayerischen Hofes, der bayerischen Regierung und der Leitung der Pfälzischen Eisenbahnen zu tragen.

Natürlich konnte man hierbei nicht auf LUDWIG II. und PRINZREGENT LUITPOLD (die bayerischen Regenten 1864–1886 bzw. 1886–1912) sowie auf VON FRAUENDORFER (bayerischer Staatsminister für Verkehrsangelegenheiten 1904–1912) oder auf V. LAVALE (Direktor der Pfälzischen Eisenbahnen 1884–1908) verzichten. Etwas seltsam berührt uns wohl heute die Tatsache, daß der Erwerb eines Adelstitels sofort auch beim Lokomotivnamen und den entsprechenden Schildern zu berücksichtigen war! So mußte der Name A. JAEGER einer 2A-n2-Schnellzuglokomotive im Jahre 1870 in A. v. JAEGER geändert werden, als der Direktor der Pfälzischen Eisenbahnen geadelt worden war. Auch die 1'B1-n2-Schnellzuglokomotive FREIHERR VON CRAILSHEIM mußte »umgetauft« werden, als der Staatsminister des Königlichen Hauses ausgezeichnet worden war. Ab 1901 lief sie als GRAF VON CRAILSHEIM.

Ähnlich wie in Bayern, so übertrug man auch in der Pfalz Namensschilder und Metallziffern bzw. Nummernschilder ausgemusterter Lokomotiven auf jüngere Nachfolger. Gleiche Namen und Nummern traten mehrmals auf.

Es ist besonders bemerkenswert, daß die nach der Verstaatlichung der Pfälzischen Eisenbahnen seitens der KBayStB noch für das pfälzische Netz beschafften Lokomotiven nach den besonderen pfälzischen Nummerungsgrundsätzen bezeichnet wurden. Die zuletzt bestehenden pfälzischen Betriebsnummern behielten bis zum Übergang auf die DRG ihre Gültigkeit.

Folgende Triebfahrzeugbauarten der KBayStB wurden noch von der DRG übernommen:

Bauart	Gattungsbezeichnung	DRG
Dampflokomotiven		
2'B1'-n4v-Schnellzuglokomotiven	P 3[I] (pf)	14 101....
2'B1'-n2v-Schnellzuglokomotive	P 3[II] (pf)	(14 121)
2'B1'-n4v-Schnellzuglokomotiven	S $^2/_5$	(14 131)...
2'B1-n4v-Schnellzuglokomotiven	S $^2/_5$	14 141....
2'B1'-n4v-Schnellzuglokomotiven	P 4 (pf)	(14 151)...
2'B2'-h4v-Schnellzuglokomotive	S $^2/_6$	15 001
2'C-n4v-Schnellzuglokomotiven	CV	17 301....
2'C-n4v-Schnellzuglokomotiven	S $^3/_5$ N	17 401....
2'C-h4v-Schnellzuglokomotiven	S $^3/_5$ H	17 501....
2'C1'-h4v-Schnellzuglokomotiven	S $^3/_6$	18 401....
2'C1'-h4v-Schnellzuglokomotiven	S $^3/_6$ (pf Netz)	18 425....
1B-n2-Personenzuglokomotiven	P 1[I] (pf)	(34 7401)..
1B-n2-Schnellzuglokomotiven	P 1[III] (pf)	(34 7411)..
1B-n2-Schnellzuglokomotiven	B IX	(34 7421)..
1B-n2-Schnellzuglokomotive	P 1[II] (pf)	(34 7451)
1B-n2-Personenzuglokomotiven	B VI	(34 7461)..
1'B-n2v-Schnellzuglokomotiven	B X	(34 7501)..
1'B1-n2-Schnellzuglokomotiven	P 2[I] (pf)	(35 7001)..
2'B-n2-Schnellzuglokomotiven	B XI Zw	36 701....
2'B-n2v-Schnellzuglokomotiven	B XI Verb	36 751....
2'B-h2-Personenzuglokomotive	P $^2/_4$ (ex AA I)	36 861
2'C-n4v-Personenzuglokomotiven	P $^3/_5$ N	38 001....
2'C-h4v-Personenzuglokomotiven	P $^3/_5$ H	38 401....
C-n2v-Güterzuglokomotiven	G $^3/_3$ (pf Netz)	(53 501)...
C-n2-Güterzuglokomotiven	G 2[I] (pf)	(53 7801)..
C-n2-Güterzuglokomotiven	C III Sigl	(53 7831)..
C-n2-Güterzuglokomotiven	C / C III Ostbahn	(53 7834)..
C-n2-Güterzuglokomotiven	C III	(53 7871)..
C-n2-Güterzuglokomotiven	G 2[II] (pf)	(53 7991)..
C-n2-Güterzuglokomotiven	C IV Zw	53 8011...
C-n2v-Güterzuglokomotiven	C IV Verb	53 8081...
1'C-n2v-Güterzuglokomotiven	C VI	54 1301...
1'C-n2v-Güterzuglokomotiven	G $^3/_4$ N	54 1401...
1'C-h2-Güterzuglokomotiven	G $^3/_4$ H	54 1501...
D-n2v-Güterzuglokomotiven	G 5 (pf)	55 5901...
D-n2-Güterzuglokomotiven	G 3 (pf)	(55 7001)..
B'B-n4v-Güterzuglokomotive	BB I	(55 7101)
B'B-n4v-Güterzuglokomotive	G 4[II] (pf)	(55 7102)
D-n2-Güterzuglokomotiven	G 4[I] (pf)	55 7201...
1'D-n2-Güterzuglokomotiven	E I	(56 301)...
1'D-n2-Güterzuglokomotiven	G $^4/_5$ N	56 401....
1'D-h4v-Güterzuglokomotiven	G $^4/_5$ H	56 801....
E-h4v-Güterzuglokomotiven	G $^5/_5$	57 501....
1B-h2-Tenderlokomotiven	Pt $^2/_3$	70 001....
1B-n2-Tenderlokomotiven	D IX	70 7101...
1'B1'-h2-Tenderlokomotiven	Pt $^2/_4$ H	71 201....
2'B-n2-Tenderlokomotiven	Pt $^2/_4$ N	72 101....
1'B2'-n2-Tenderlokomotiven	P 2[II] (pf)	73 001....
1'B2'-n2-Tenderlokomotiven	D XII	73 031....
1'B2'-n2-Tenderlokomotiven	Pt $^2/_5$ N	73 131....
1'B2'-h2-Tenderlokomotive	Pt $^2/_5$ H	73 201
1'C2'-n2-Tenderlokomotiven	P 5 (pf)	77 001....

Bauart	Gattungsbezeichnung	DRG
1'C2'-n2-Tenderlokomotiven	Pt 3/6 (pf Netz)	77 101....
B-n2-Tenderlokomotiven	T 2I (pf)	(88 7001)..
B-n2-Tenderlokomotiven	D I	(88 7011)..
B-n2-Tenderlokomotiven	D / D IV Ostbahn	(88 7021)..
B-n2-Tenderlokomotiven	D IV	88 7101...
C-n2-Tenderlokomotiven	T 3 (pf)	89 101....
C-n2-Tenderlokomotiven	D II	89 601....
C-n2-Tenderlokomotiven	R 3/3	89 701....
C-n2-Tenderlokomotiven	D V	89 8101...
D-n2-Tenderlokomotiven	R 4/4 (pf Netz)	92 2001...
D-n2-Tenderlokomotiven	R 4/4	92 2008...
E-n2-Tenderlokomotiven	T 5 (pf)	94 001....
D'D-h4v-Tenderlokomotiven	Gt 2 × 4/4	96 001....
C1'-h2(4v)-Zahnradlokomotiven	PtzL 3/4	97 101....
B-h2-Tenderlokomotiven	PtL 2/2	(98 301)...
B-h2-Tenderlokomotiven	PtL 2/2	98 301....
B-h2-Tenderlokomotiven	ML 2/2 / PtL 2/2	(98 361)...
C1'-n2-Tenderlokomotiven	T 4II (pf)	98 401....
C1'-n2-Tenderlokomotiven	D XI	98 411....
C1'-n2-Tenderlokomotiven	PtL 3/4	98 561....
C1'-n2-Tenderlokomotiven	T 4I (pf)	98 651....
C1'-n2-Tenderlokomotiven	D VIII	98 661....
C1'-n2-Tenderlokomotiven	T 4I (pf)	98 681....
C1'-n2-Tenderlokomotiven	D VIII (pf Netz)	98 685....
B'B-n4v-Tenderlokomotiven	BB II	98 701....
D-h2-Tenderlokomotiven	GtL 4/4	98 801....
B-n2-Tenderlokomotiven	D VI	98 7501...
C-n2-Tenderlokomotiven	D VII	98 7601...
C-n2-Tenderlokomotiven	PtL 3/3	98 7691...
C1'-n2-Tenderlokomotiven	D X	98 7701...
B-n2-Schmalspurlokomotiven	L 2 (pf)	99 001....
B-h2-Schmalspurlokomotive	Pts 2/2 (pf Netz)	99 011
C-n2-Schmalspurlokomotiven	L E	99 071....
C-n2-Schmalspurlokomotiven	L 1 (pf)	99 081....
C-n2-Schmalpsurlokomotive	Pts 3/3 N (pf Netz)	99 093
1'C-h2-Schmalspurlokomotiven	Pts 3/4	99 131....
D-n2-Schmalspurlokomotive	Gts 4/4	99 151
C'C-h4v-Schmalspurlokomotive	Gts 2 × 3/3	99 201
Elektrische Lokomotiven		
1'C2'-w1k-Personenzuglokomotiven	EP 3/6	E 36 01...
1'C1'-w1k-Personenzuglokomotiven	EP 3/5	E 62 01...
B'B'-w2u-Güterzuglokomotiven	EG 2 × 2/2	E 70 21...
Bo'Bo'-w4t-Güterzuglokomotiven	EG 4 × 1/1	E 73 01...
Elektrische Triebwagen		
Bo-g2t-Triebwagen	MBCL	ET 184 01..
Bo-g2t-Gütertriebwagen	Pw L	ET 194 01
Akku-Triebwagen		
A1A-g2t-Triebwagen	Akku C (pf)	AT 206
Bo'2'-g2t-Triebwagen	Akku BC (pf)	AT 207....
Dampftriebwagen		
A1-n2-Dampftriebwagen	MBCi	–
B'2'-h4-Dampftriebwagen	MCCi	–

Bezüglich des Umstellungsprozesses auf die DRG-Nummerung bedarf es an dieser Stelle einiger Hinweise. Während bekanntlich die letztgenannten DRG-Betriebsnummern der elektrischen Lokomotiven und der Triebwagen erst bei späteren Umzeichnungsaktionen festgelegt wurden, galt für Dampflokomotiven der endgültige Umzeichnungsplan aus dem Jahre 1925. Da sich die hierauf gegründete tatsächliche Anbringung der neuen Nummernschilder bei der Rbd Ludwigshafen etwa vom November 1926 bis zum Februar 1927 hinzog, erhielten manche ehemals pfälzischen Lokomotiven nicht mehr die für sie bestimmte DRG-Betriebsnummer. Das war beispielsweise der Fall bei der Gattung T 5, die als 94 001 bis 94 004 im endgültigen Nummernplan enthalten war, jedoch als Splittergattung bereits am 25. September 1926 ausgemustert wurde. Auch die Güterzuglokomotiven der Gattung G 4I, als 55 7201 bis 55 7215 im endgültigen Plan, konnten ihre neuen Nummernschilder nicht mehr erhalten, da sie per 31. Dezember 1926 aus dem aktiven Dienst ausschieden.

4.3 Königlich Sächsische Staatseisenbahnen/ Sächsische Staatseisenbahnen (KSäStB/SäStB)

Im Königreich Sachsen entwickelte sich schon sehr früh ein dichtes Netz von Eisenbahnen. Die dort erbrachten Pionierleistungen und gesammelten Erfahrungen wurden richtungsweisend für viele spätere Entwicklungen im deutschen und europäischen Eisenbahnwesen. Die bereits hochentwickelte sächsische Industrie, aber auch die zahlreichen kleineren Gewerbetreibenden, der entstehende Kohlebergbau, die über sächsisches Gebiet führenden bedeutenden traditionellen Handelswege und schließlich die alte Handelsmetropole Leipzig ließen schon bald die Notwendigkeit eines leistungsfähigen, zuverlässigen Transport- und Verkehrswesens deutlich werden. So zeugt es von Weitblick und Risikobereitschaft, daß sich Bankiers und reiche Kaufleute zur Finanzierung des ersten deutschen Fernbahnprojekts Leipzig–Dresden bereitfanden, für dessen Umfang es weder nutzbare Erfahrungen noch Vorbilder gab.

Bereits am 3. April 1834 hatte sich in Leipzig die »Leipzig-Dresdner Eisenbahn-Compagnie« konstituiert, deren Bauvorhaben am 7. April 1839 die feierliche Betriebseröffnung begehen konnte. Hierzu waren erstmalig im Eisenbahnwesen Schienen auf einer Länge von etwa 115 km zu verlegen, eine größere Flußbrücke (350 m lange Elbbrücke bei Riesa) zu bauen und ein Eisenbahntunnel (513 m langer Tunnel bei Oberau) zu errichten gewesen. Am 1. Oktober 1840 konnte auf der gesamten Strecke der zweigleisige Betrieb aufgenommen werden.

Der eindeutige wirtschaftliche und technische Erfolg der Leipzig-Dresdner Eisenbahn (LDE) führte bald zu weiteren Bahnbauten. Nach anfänglichem Zögern erwarb dann auch der Staat einige Privatbahnen und beteiligte sich aktiv am Ausbau des Eisenbahnnetzes. Durch Zusammenschluß mehrerer Bahnen entstanden nun in Sachsen zwei voneinander getrennte staatliche Netze. Aus der Sächsisch-Bayerischen Eisenbahn, der Chemnitz-Riesaer Eisenbahn, der Niedererzgebirgischen und der Obererzgebirgischen Eisenbahn, zu denen später noch die Vogtländische Staatsbahn und die Chemnitz-Annaberger Staatsbahn kamen, entstand die »Westliche Staatsbahn«. Dagegen ging die »Östliche Staatsbahn« aus der Sächsisch-Schlesischen Eisenbahn und der Sächsisch-Böhmischen Staatsbahn hervor.

Die Betriebsmittel der damaligen Westlichen Staatsbahn wurden im Kriegsjahr 1866 aus Sachsen ins benachbarte und militärisch verbündete Österreich evakuiert, um sie dem Zugriff der vorrückenden preußischen Truppen zu entziehen. Auch ein Novum in der deutschen Eisenbahngeschichte!

Erst am 1. März 1869 entstand durch die Fertigstellung der Strekke Dresden–Tharandt–Freiberg–Chemnitz eine erste Verbindung zwischen der Östlichen und der Westlichen Staatsbahn. Die einheitliche »Königliche Generaldirektion der Sächsischen Staatseisenbahnen« konnte nun am 1. Juli 1869 ihre Arbeit aufnehmen.

Der Sächsische Staat betrieb nun energisch eine aktive Eisenbahnpolitik, kaufte allmählich alle verbliebenen Privatbahnen an (darunter auch die LDE) und baute das Staatsbahnnetz immer weiter aus.

Die geomorphologischen Besonderheiten Sachsens mit beachtenswerten Gebirgszügen und tief eingeschnittenen Flußtälern führten beim Bahnbau zu gewagten und imposanten Brückenbauwerken. Sehr bekannt wurden die Göltzschtalbrücke (78 m hoch, 578 m lang) und die Elstertalbrükke (68 m hoch, 279 m lang) im Zuge der Verbindung Leipzig–Reichenbach–Plauen–Hof, wogegen die Muldentalbrücke bei Crossen (68 m hoch, 425 m lang) im Zuge der Verbindung Chemnitz–Geithain–Leipzig nur wenig Beachtung fand.

Schließlich darf unter den Bauwerken nicht der Leipziger Hauptbahnhof vergessen werden, der 1912–15 gemeinsam mit der KPEV anstelle von vier überalterten Endbahnhöfen früherer Privatbahnen errichtet wurde und noch heute zu den größten Bahnhöfen der Welt zählt.

In Ergänzung der normalspurigen Eisenbahnstrecken entstanden in Sachsen zahlreiche Schmalspurbahnen, vorwiegend mit 750 mm Spurweite. Hierdurch wollte der Staat bei niedrigeren Anlagekosten auch dünner besiedelte Gebiete und die schwer zugänglichen Täler des Erzgebirges verkehrsmäßig erschließen.

Im Jahre 1920 war die Betriebslänge der Sächsischen Staatseisenbahnen auf 3370 km (hiervon über 500 km Schmalspur) angewachsen. Unter der Regie der DRG wurde nun die Generaldirektion Dresden zur Reichsbahndirektion Dresden.

Schwierige Geländeverhältnisse in Sachsen führten oftmals zu steigungs- und krümmungsreichen Strecken. Anfangs mußten dafür die vorhandenen kleinen, sehr unterschiedlichen Lokomotivbauarten der Ursprungsbahnen genügen. Aus den schnell steigenden Anforderungen an Zugkraft und Geschwindigkeit der Triebfahrzeuge resultierte dann die Notwendigkeit der Beschaffung vielachsiger Lokomotiven, für die besondere konstruktive Maßnahmen zur Erzielung eines guten Krümmungslaufs getroffen werden mußten. Für Normalspurlokomotiven versuchte man das durch Anwendung von Doppeltriebwerken der Bauarten Mallet und Günther-Meyer sowie durch Anwendung von hohlen Klien-Lindner-Endachsen. Bei Schmalspurmaschinen wandte man mit sehr unterschiedlichem Erfolg die Bauarten Klose, Fairlie, Günther-Meyer und Klien-Lindner an. Die Zweckmäßigkeit des Günther-Meyer-Doppeltriebwerks bei der Gattung IV K (DRG 99 511...99 608) ist eindeutig mit der Tatsache zu belegen, daß sich ausgerechnet Lokomotiven dieser Gattung als letzte sächsische Bauart bis 1991 bei der DR halten konnten.

Nachdem in Sachsen mit der SAXONIA der LDE die erste in Deutschland erbaute, brauchbare Lokomotive gefahren war, zeigte sich leider 1920 beim Übergang der SäStB auf die DRG, daß der verbliebene Lokomotivpark stark überaltert war. So kam es 1922/25 zu einer großen Ausmusterungswelle, die jedoch nicht nur die älteren Bauarten erfaßte, sondern auch die oft nur in geringen Stückzahlen beschafften Splittergattungen beseitigte.

Den Höhepunkt des sächsischen Lokomotivbaus hatten ohne Zweifel die großen 1'D1'-h4v-Schnellzuglokomotiven der Gattung XX HV (DRG 19^0) dargestellt, deren Weiterbau für den schweren Schnellzugdienst Leipzig–Reichenbach–Hof bzw. Dresden–Chemnitz–Reichenbach–Hof unter DRG-Regie noch bis 1923 erfolgte. Die für den Personenzugdienst vorgesehene, recht sparsame und leistungsfähige XII H2, wegen ihres ruhigen Laufes als »Rollwagen« bekannt, wurde sogar bis zum Jahre 1927 weiterbeschafft.

Die Gattungsbezeichnungen der sächsischen Lokomotiven wurden mehrfach verändert. Für die beispielsweise ursprünglich von der Alt-Z, BlnDr, ChAuA, CheKo, GaMeu, LDE, Muld, SäThO, ZiOyb, ZiRei oder ZwiFa stammenden, sehr unterschiedlichen Lokomotivbauarten sowie für die von den KSäStB beschafften Triebfahrzeuge hatte sich schon recht bald die Notwendigkeit einer Unterscheidung in Klassen oder Gattungen ergeben.

Für die bereits vor 1871 zu den KSäStB gelangten Lokomotiven leitete man die Hauptgattungsbezeichnung vom Anfangsbuchstaben der Lieferfirma ab. Dazu trat gewissermaßen als Untergattung eine römische Zahl, die der Reihenfolge der von diesen Firmen entwickelten Bauarten entsprach. Dies sei nachstehend am Beispiel einiger 1B-n2-Lokomotiven der ehemaligen Sächsisch-Bayerischen Eisenbahn erläutert:

DROMEDAR	erbaut von Borsig, Berlin,	1847: 150	Gattung B I
GLÜCKAUF	erbaut von Hartmann, Chemnitz,	1848: 1	Gattung H I
SCHAKAL	erbaut von Kessler, Karlsruhe,	1848: 108	Gattung K I
PANTHER	erbaut von Borsig, Berlin,	1848: 210	Gattung B II
GÖLTZSCHTAL	erbaut von Hartmann, Chemnitz,	1851: 21	Gattung H II
ZWICKAU	erbaut von Borsig, Berlin,	1855: 630	Gattung B IV

Verschwand eine ältere Gattung durch Ausmusterung oder Verkauf, so »rückte man auf«. Beispielsweise wurde die letztgenannte Gattung B IV im Jahre 1871 zur B III und schließlich ab 1886 noch zur B II.

Die im Rahmen dieser Bezeichnungsweise bei anderen sächsischen Bahnen auftretenden Hauptgattungen St oder C waren von Stephenson, Newcastle (Großbritannien), bzw. von Cockerill, Seraing bei Lüttich (Belgien) abgeleitet. Der Buchstabe W deutete auf Wöhlert, Berlin.

Mit dem weiteren Anwachsen des Lokomotivparks zeigten sich sehr bald die Grenzen des erläuterten Systems. So führte man im Jahre 1871 ein neues Bezeichnungsschema ein, das im Laufe der Zeit mehrere Ergänzungen erfuhr, jedoch im Prinzip bis 1920 seine Gültigkeit behielt.

Man ging dabei von achtzehn Hauptgattungen aus, die durch die römischen Zahlen I bis XVI, XVIII und XX symbolisiert wurden. Außer bei den vielen normalspurigen 1B-Lokomotiven und bei den Schmalspurlokomotiven entsprach jede dieser Hauptgattungen einer bestimmten Achsfolge. Hierbei erhielten die Schnellzug- und Personenzuglokomotiven gerade Zahlen. Für Güterzug-, Nebenbahn- und Rangierlokomotiven sah man hingegen ungerade Zahlen vor.

Zuerst setzte man im dienstlichen Schriftverkehr und im Sprachgebrauch in Anlehnung an das erste Bezeichnungsschema vor diese römischen Ziffern noch die Anfangsbuchstaben der Lieferfirmen. Allerdings fanden diese Kennbuchstaben keine Berücksichtigung bei der Beschilderung der Lokomotiven.

Die 18 Hauptgattungsbezeichnungen wurden durch große und kleine Buchstaben sowie durch arabische Kennziffern ergänzt. In der Absicht, eine Verwechslung mit der Lieferfirma Hartmann oder mit der römischen Hauptgattungsbezeichnung V zu vermeiden, mußten die Kennbuchstaben H (für Heißdampf) und V (für Verbund) als Fraktur-Versalien ℌ bzw. 𝔙 ausgeführt werden. Leider muß meist aus drucktechnischen oder schreibtechnischen Gründen auf diese Original-Schreibweise verzichtet werden.

𝔙 = Verbund
ℌ = Heißdampf
T = **T**enderlokomotive
O = Lokomotive für **O**mnibuszüge
S = Nebenbahnlokomotive für Normalspur (»**S**ekundärzuglokomotive«)
M = Nebenbahnlokomotive für 1000-mm-Spur (**M**eterspur)
K = Nebenbahnlokomotive für 750-mm-Spur (»**K**leinbahnspur«)
F = **F**euerlose Lokomotive
a = **a**lt (wenn später das Hauptgattungszeichen erneut durch modernere Lokomotiven besetzt wurde)
b = mit **b**eweglicher Laufachse (nur bei älteren Gattungen für sog. Nowotny-Klien-Lenkachse)
1 = Unterscheidungsindex für Schnellzuglokomotive (von Personenzuglokomotiven gleicher Bauart)
2 = Unterscheidungsindex für Personenzuglokomotiven (von Schnellzuglokomotiven gleicher Bauart)

Bei der Bezeichnung der e i n z e l n e n sächsischen Lokomotiven waren mehrere Phasen zu unterscheiden.

Anfangs genügten Namensbezeichnungen, die, meist einer Lokomotivbauart entsprechend, einer gewissen Systematik folgten. Lokomotiven einer bestimmten Bauart erhielten vorzugsweise Namen aus einem bestimmten Sachgebiet. Beim Übergang ehemaliger Privatbahnlokomotiven auf die KSäStB mußten allerdings zuweilen die ursprünglichen Namen geändert werden. Manchmal befand sich bereits eine Lokomotive gleichen Namens im Besitz der KSäStB, mitunter aber schien

Bauart	Gattungsbezeichnung		DRG
2'B-n2v-Schnellzuglokomotiven	VIII	𝔙 1	13 1501...
2'B-n2-Schnellzuglokomotiven	VIII	2	13 7001...
2'B-n2v-Schnellzuglokomotiven	VIII	𝔙 1	13 7101...
2'B1'-n4v-Schnellzuglokomotiven	X	𝔙	14 201...
2'B1-h2-Schnellzuglokomotiven	X	ℌ 1	14 301...
2'C-h4-Schnellzuglokomotiven	XII	ℌ	17 601...
2'C-h4v-Schnellzuglokomotiven	XII	ℌ𝔙	17 701...
2'C-h2-Schnellzuglokomotiven	XII	ℌ 1	17 801...
2'C1'-h3-Schnellzuglokomotiven	XVIII	ℌ	18 001...
1'D1'-h4v-Schnellzuglokomotiven	XX	ℌ𝔙	19 001...
1B-n2-Personenzuglokomotiven	III		(34 7601...)
1B-n2-Personenzuglokomotive	III		34 7611
1'B-n2-Personenzuglokomotiven	III b		34 7701...
1'B-n2-Personenzuglokomotiven	III b		(34 7877...)
1'B-n2v-Personenzuglokomotiven	III b	𝔙	(34 7901...)
1'B-n2v-Personenzuglokomotiven	III b	𝔙	34 7901...
1B-n2-Schnellzuglokomotiven	VI		(34 8001...)
1'B-n2v-Schnellzuglokomotiven	VI b	𝔙	(34 8011...)
1'B-n2v-Schnellzuglokomotive	VI b	𝔙	34 8011
2'B-n2v-Personenzuglokomotiven	VIII	𝔙 2	36 901...
2'C-h2-Personenzuglokomotiven	XII	ℌ 2	38 201...
1'B-n2-Personenzuglokomotive	III b		52 7001
C-n2v-Güterzuglokomotiven	V	𝔙	53 601...
C-n2-Güterzuglokomotiven	V		(53 8201...)
C-n2-Güterzuglokomotiven	V		53 8201...
B'B-n4v-Güterzuglokomotiven	I	𝔙	55 6001...
1'D-n2v-Güterzuglokomotiven	IX	𝔙	56 501...
1'D-h2v-Güterzuglokomotiven	IX	ℌ𝔙	56 601...
E-n2v-Güterzuglokomotiven	XI	𝔙	57 001...
E-h2-Güterzuglokomotiven	XI	ℌ	57 101...
E-h2v-Güterzuglokomotiven	XI	ℌ𝔙	57 201...
1'E-h3-Güterzuglokomotiven	XIII	ℌ	58 101... (entspr. preuß. G 12[1])
1'E-h3-Güterzuglokomotiven	XIII	ℌ	58 401... (entspr. preuß. G 12)
1'B1'-n2-Tenderlokomotiven	IV	T	71 301...
1'C1'-h2-Tenderlokomotiven	XIV	ℌ𝔗	75 501...

auch die originale Bezeichnung in Sachsen als nicht angebracht. Verständlich, daß der preußisch orientierte Name der von der BlnDr stammenden 1 B-n2-Schnellzuglokomotive PRINZ HANDJERRY nach der Übernahme der Lokomotive durch die KSäStB 1888 in COSSEBAUDE geändert wurde. Das sächsische Verhältnis zu Preußen war bereits vorher bei zwei, gleichfalls zur Gattung VI gehörenden Schnellzuglokomotiven deutlich geworden, die als AUSTRIA und HOCHKIRCH ausgerechnet an den Sieg des österreichischen Marschalls Daun über die preußische Armee unter Friedrich II. im Jahre 1758 erinnerten.

Etwas grotesk wohl, daß die Geistesheroen Goethe, Schiller und Hegel gerade durch die kleinen B-n2-Tenderlokomotiven der Gattung VII T repräsentiert werden sollten! Zu dieser Gruppe gehörten auch BEETHOVEN, MOZART und RICHARD WAGNER. An den sächsischen Bergbau erinnerten die Namen ADHÄSION, HASPEL, DYNAMIT, HALDE und FLÖTZ der C-n2-Tenderlokomotiven der Gattung V T. Auch aus Geologie und Geographie wurden viele Namen entlehnt.

Etwa vom Jahre 1869 an wurden zusätzlich zu diesen Namen Betriebsnummern vergeben. Hierbei wurde zwar eine gewisse Systematik angestrebt, die sich aber bei Ausmusterungen und Zweitbesetzungen der dadurch vakant gewordenen Nummern nicht lange durchhalten ließ. So trugen bis zum Jahre 1892 alle Lokomotiven Namen und Betriebsnummern.

Im Jahre 1892 erfolgten eine Neuerfassung und eine Neuordnung des Betriebsparks, verbunden mit einer Umzeichnung der Betriebsnummern. Die Namen wurden beibehalten. Allerdings vergab man von nun an nur noch Namen an Schnellzug- und Personenzuglokomotiven. Die im Jahre 1900 von Hartmann als Fabriknummern 2522 und 2535 gelieferten 2′B-n2v-Schnellzuglokomotiven mit der Betriebsnummer 152 und 2′B-n2v-Personenzuglokomotive mit der Betriebsnummer 581 erhielten als WEIMAR bzw. ZWENKAU die letzten Namen (bei der DRG später als 13 1511 bzw. 36 961).

Als im Jahre 1917 eine erneute Erfassung des Betriebsparks, in den meisten Fällen einhergehend mit einer weiteren Umzeichnung der Betriebsnummern, durchgeführt wurde, gab es praktisch keine Namensschilder mehr an den Lokomotiven. Die nüchterne Betriebsnummer mußte als Identitätsbeweis genügen.

Folgende sächsische Lokomotiv- und Triebfahrzeugbauarten wurden noch von der DRG übernommen (s. Tabelle links):

Bauart	Gattungsbezeichnung		DRG	
C C-h4v-Tenderlokomotiven	XV	ℌT𝔙	79 001...	
C-n2-Tenderlokomotiven	V	T	89 201....	
C-n2-Tenderlokomotiven	V	T	89 8201...	
E-h2-Tenderlokomotiven	XI	ℌT	94 1901...	
E-h2-Tenderlokomotiven	XI	ℌT	94 2001...	
B′B′-n4v-Tenderlokomotiven	I	T𝔙	98 001...	
B-n2v-Tenderlokomotive	VII	TS𝔙	(98 7001)	
B-n2-Tenderlokomotive	VII	TS	98 7011	
B-n2-Tenderlokomotive	VII	T	(98 7021)	
B-n2-Tenderlokomotiven	VII	T	98 7031...	
B-n2-Güterzuglokomotive	VII		(98 7101)	
B-n2-Güterzuglokomotiven	VII		98 7111...	
B1′-n2-Tenderlokomotiven	III b	T	(98 7201...)	
B1′-n2-Tenderlokomotiven	III b	T	98 7211...	
1B-n2-Personenzuglokomotiven	II		(98 7301...)	
1B-n2-Personenzuglokomotiven	II		98 7311...	
B′B′-2x n2v-Schmalspurlokomotiven	I	M	99 161....	(1000-mm-Spur)
B′B′-n4v-Schmalspurlokomotiven	IV	K	99 511....	(750-mm-Spur)
D-n2v-Schmalspurlokomotiven	V	K	99 611....	(750-mm-Spur)
E-h2-Schmalspurlokomotiven	VI	K	99 641....	(750-mm-Spur)
C-n2-Schmalspurlokomotiven	I	K	99 7501...	(750-mm-Spur)
C-n2-Schmalspurlokomotiven	I b	K	99 7513...	(750-mm-Spur)
C1′-n2-Schmalspurlokomotiven	III	K	99 7541...	(750-mm-Spur)
C+C-n4-Schmalspurlokomotive	II	K	(99 7551)	(750-mm-Spur)
B-n2-Feuerlose Lokomotive	F		–	
A1-h2-Dampftriebwagen	S		–	
B′B′-g^{2}t-Elektrische Lokomotiven	I	ME	–	(1000-mm-Spur) DR: E 191 01...
Bo-g^{2}t-Elektrische Triebwagen	I	MET	–	(1000-mm-Spur) DR: ET 197 21...
Bo+Bo-g^{4}t-Akku-Triebwagen	E		–	

4.4 Königlich Württembergische Staats-Eisenbahnen/ Württembergische Staatsbahn (KWStE/WüStB)

Für den Bau von Eisenbahnen hatte es im jungen Königreich Württemberg bereits vom Jahre 1834 an erste private Erwägungen, Initiativen und Studien gegeben. Doch konservatives Denken, Uneinigkeit über mögliche Linienführungen und unterschiedliche Aussagen eingeforderter Gutachten führten zu Verzögerungen. Außerdem stellten die schwierigen geomorphologischen Gegebenheiten Württembergs die damalige Technik vor kaum lösbare Aufgaben. Schließlich aber schuf ein am 18. April 1843 von der Regierung des Königsreichs verabschiedetes Gesetz die juristischen Voraussetzungen für den Bahnbau. Hierdurch sicherte sich der Staat den Bau und Betrieb zukünftiger Hauptbahnen, während eventuellen Privatgesellschaften die Möglichkeit der Errichtung von Zweigbahnen eingeräumt wurde.

Am 22. Oktober 1845 konnten mit der Teilstrecke Cannstatt–Untertürkheim (im Rahmen der späteren Verbindung Ludwigsburg–Stuttgart–Cannstatt–Untertürkheim–Esslingen) die ersten Kilometer der KWStE eröffnet werden. Bei diesem Bau, aber auch bei der allmählichen Erweiterung des württembergischen Eisenbahnnetzes, mußte den bereits erwähnten komplizierten Geländeverhältnissen durch teure Tunnelbauten, zahlreiche Brücken, starke Steigungen und besonders enge Gleisradien Rechnung getragen werden. Die Betriebslänge der WüStB hat dann schließlich im Jahre 1920 beim Übergang auf die DRG 2256 km erreicht.

Die Entwicklung der württembergischen Triebfahrzeuge ist untrennbar mit der Arbeit der Maschinenfabrik Esslingen verbunden. Die Streckenführung stellte ja den Lokomotivkonstrukteuren und -erbauern besondere Aufgaben. Viele enge Gleisbögen veranlaßten den damaligen Obermaschinenmeister der KWStE, Adolf Klose, zur Entwicklung eines interessanten Gelenktriebwerks, wodurch eine radiale Einstellung der vorderen und hinteren Kuppelachse ermöglicht wurde. Die starken und langen Steigungen verlangten aber auch schon sehr bald zum Erreichen großer Zugkräfte möglichst schwere Lokomotiven mit verhältnismäßig kleinen Raddurchmessern. In diesem Zusammenhang muß auf die ersten deutschen Fünfkuppler hingewiesen werden, an deren Entwicklung Klose maßgeblichen Anteil hatte. Diese »Elephanten«, E-n3v-Güterzuglokomotiven der Klasse G, erregten im Jahre 1892 beachtliches Aufsehen. Fast dreißig Jahre waren sie erfolgreich im schweren Gebirgsdienst tätig. Höhepunkt dieser Entwicklungsrichtung wurden dann zweifellos die gewaltigen 1'F-h4v-Güterzuglokomotiven Eugen Kittels, des letzten Obermaschinenmeisters der KWStE. Allerdings sollen auch die unter seiner Leitung beschafften sparsamen 2'C1'-h4v-Gebirgsschnellzuglokomotiven der Klasse C sowie auch »seine« Dampftriebwagen nicht unerwähnt bleiben. Diesen Spitzenleistungen steht jedoch, bedingt durch oftmals wohl auch verfehlte Sparsamkeitsbestrebungen, ein Charakteristikum der KWStE gegenüber. Es sind die zahlreichen, oftmals sogar mehrfach vorgenommenen Lokomotivumbauten, die mitunter zu völlig neuen Gattungen, aber auch zu Rätseln hinsichtlich ihrer Herkunft führten.

Ursprünglich wurden die württembergischen Lokomotivgattungen, hier »Klassen« genannt, entsprechend der Beschaffungsfolge mit den römischen Zahlen I bis VII bezeichnet.

Im Jahre 1858 wurde das Bezeichnungssystem der Klassen auf Großbuchstaben umgestellt. Dabei wurden einige vorhandene Bauarten einfach umgezeichnet. Neubauten und Umbauten (teilweise auch unterschiedlicher Bauart) wurden zu neuen Klassen zusammengefaßt.

Nach Ausmusterung älterer Lokomotiven wurde dann ab dem Jahre 1881 das System der Klassen mehr auf den eigentlichen Verwendungszweck orientiert, wie die folgende Übersicht verdeutlicht:

Klasse A	=	Schnellzuglokomotiven der Achsfolge 1B
Klasse B	=	schwere Personenzuglokomotiven der Achsfolge 1B (Neubau und Umbauten)
Klasse C	=	frei (nach Ausmusterung alter 2'B-Lokomotiven der Ursprungsklasse III)
Klasse D	=	leichte Personenzuglokomotiven der Achsfolgen 2'B (Neubau) und 1B (Umbauten)
Klasse E	=	leichte Güterzuglokomotiven der Achsfolge 2'B

Klasse F = schwere Güterzuglokomotiven der Achsfolge C
Klassen T... = Tenderlokomotiven unterschiedlicher Bauart (Neubau und Umbauten)

Ab dem Jahre 1892 wurde dann das bis zuletzt gültige Bezeichnungssystem der Klassen eingeführt. Dabei wurden wegen Ausmusterung freigewordene Klassen durch Umbauten und Neubauten neu besetzt. Für andere Neubauten wurde das System erweitert, so daß es schließlich folgende Hauptgattungen umfaßte:

Klassen A bis E = Schnellzug- und Personenlokomotiven
Klassen F bis K = Güterzuglokomotiven
Klassen T...T 6 = Tenderlokomotiven

(Später hinzutretende preußische Lokomotivbauarten wurden unter entsprechender preußischer Bezeichnung eingefügt.)

Zur Unterscheidung verschiedener Bauformen innerhalb der Klassen wurden ab dem Jahre 1892 gegebenenfalls noch kleine Ergänzungsbuchstaben und arabische Ziffern hinzugefügt. Die Buchstaben hatten folgende Bedeutung:

a = alte Bauart
aa = sehr alte, ausmusterungsreife Bauart
c = compound (= Verbundtriebwerk)
d = duplex (= doppeltes Triebwerk der Bauart Mallet)
h = Heißdampf
n = Nebenbahndienst
s = Schmalspur 1000 mm
ss = Schmalspur 750 mm
z = Zahnradtriebwerk

Außerdem unterschied man DW (Dampfwagen), BW (Benzintriebwagen) und KL (Kleinlokomotiven).

Die einzelnen Lokomotiven wurden zunächst in der Reihenfolge ihrer Beschaffung von 1 bis 377 durchnumeriert, wobei es nach einzelnen Ausmusterungen zu Doppelbesetzungen kam. Außer dieser Betriebsnummer erhielten die Lokomotiven noch Namen europäischer Städte, Flüsse oder Berge. Hier kam es allerdings in einige Fällen zur mehrfachen, zeitweiligen Vergabe bestimmter Namen. Innerhalb der Klasse T 3 wurden beispielsweise die Namen KUPFERZELL nacheinander für die Betriebsnummern 987, 982, 997, 994" und KUENZELSAU für 981, 1000 und 993" benutzt.

Vom Jahre 1897 an wurde unter Wegfall der Namensgebung eine neue, die jeweilige Bauart berücksichtigende Seriennummerung, beginnend mit der Betriebsnummer 401, eingeführt. Bei den zahlreichen Umbauten wurde zwar jeweils die Gattungsbezeichnung verändert, jedoch die ursprüngliche Betriebsnummer immer beibehalten.

Folgende württembergische Lokomotivbauarten wurden noch von der DRG übernommen:

Bauart	Klassenbezeichnung ab 1892	DRG
1B-n2-Schnellzuglokomotiven	A	34 8101...
1B-n2-Schnellzuglokomotiven	Ab (Umbau aus VI, Aa, E, B 2)	(34 8131)...
1B-n2v-Schnellzuglokomotiven	Ac	34 8201...
2'B-n2v-Schnellzuglokomotiven	AD	13 1601...
2'B-h2-Schnellzuglokomotiven	ADh	13 1701...
1B-n2-Personenzuglokomotive	B3 (Umbau aus V, D)	(52 7101)
2'C1'-h4v-Schnellzuglokomotiven	C	18 101...
2'C-n4v-Schnellzuglokomotiven	D	(38 101)...
'C'-n2i-Güterzuglokomotiven	F 1 (Klose)	(53 8401)...
'C'-n2v-Güterzuglokomotiven	F 1c (Klose)	(53 8451)...
C-n2-Güterzuglokomotive	F 2 (Umbau aus F)	53 8301
C-n2v-Güterzuglokomotiven	Fc	53 801...
1'C-n2(4)-Zahnradlokomotiven	Fz	97 301...
1'E-h3-Güterzuglokomotiven	G 12 (preuß. Bauart)	58 501...
E-n2v-Güterzuglokomotiven	H	57 301...
E-h2-Güterzuglokomotiven	Hh	57 401...
1'F-h4v-Güterzuglokomotiven	K	59 001...
B-n2-Tenderlokomotive	T 2	88 7401
C-n2-Tenderlokomotiven	T 3	89 301...
'C'-n2-Tenderlokomotive	T 3 L (Klose)	89 411
D-n2-Tenderlokomotiven	T 4	92 101...
1'C1'-h2-Tenderlokomotiven	T 5	75 001...
D-h2-Tenderlokomotiven	T 6	92 001...
1'C-n2-Tenderlokomotiven	T 9 (preuß. Bauart)	91 2001...
2'C2'-h2-Tenderlokomotiven	T 18 (preuß. Bauart)	78 146...
E-h2-Tenderlokomotiven	Tn	94 101...
C-n2-Schmalspurlokomotive	Ts 3 (1 000 mm)	99 121
'D'-n2i-Schmalspurlokomotiven	Ts 4 (1 000 mm, Klose)	99 171...
'C'-n2i-Schmalspurlokomotiven	Tss 3 (750 mm, Klose)	99 501...
'D'-n2i-Schmalspurlokomotiven	Tss 4 (750 mm, Klose)	99 621...
B'B-n4v-Schmalspurlokomotiven	Tssd (750 mm, Mallet)	99 631...

4.5 Großherzoglich Badische Staatseisenbahnen/ Badische Staatsbahn (BadStB)

Die Entwicklung des Eisenbahnwesens begann im Großherzogtum Baden verhältnismäßig früh. Nachdem bereits am 17. Januar 1836 (wohl unter dem Eindruck der kurz zuvor eröffneten Eisenbahn Nürnberg–Fürth) ein »Komitee für Eisenbahnen« ernannt worden war, konnte die erste badische Eisenbahn am 12. September 1840 zwischen Mannheim und Heidelberg eröffnet werden. Der unerwartet hohe Zuspruch führte dazu, daß man am 2. März 1843 eine »Direction der Großherzoglichen Posten und Eisenbahnen« bildete, die später zur Verwaltung der Großherzoglich Badischen Staatseisenbahnen wurde. Das dann immer mehr erweiterte Netz mit seinen 1899 km Betriebslänge ging schließlich als Badische Staatsbahn im Jahre 1920 auf die DRG über.

In technischer Hinsicht bot Baden viel Interessantes. Die Bahn hatte nämlich zunächst eine Spurweite von 1600 mm, stellte aber im Hinblick auf die herannahenden, regelspurigen Nachbarbahnen das vorhandene Schienennetz in den Jahren 1854/55 um. Dazu wurden auch die meisten der zwischen 1839 und 1848 beschafften 66 Breitspurlokomotiven umgespurt. Der ab dem Jahre 1854 begonnene Neubau von Normalspurlokomotiven trug dann in zunehmendem Maße den beiden betrieblichen Hauptbedingungen der BadStB Rechnung. Baden stand zunächst mit seinem langgestreckten Netz in der Oberrheinischen Tiefebene in einem stetigen Wettbewerb mit den fast parallel verlaufenden pfälzischen und elsaß-lothringischen Eisenbahnen. Außerdem mußte man sich aber auf die Besonderheiten der relativ kurzen, jedoch steigungsreichen Schwarzwaldstrecken durch entsprechende Betriebsmittel einstellen.

Die BadStB leistete, vornehmlich im Schnellzugdienst, mehrmals Pionierarbeit. Ein Höhepunkt wurde mit der epochemachenden 2'B1'-n4v-Schnellzuglokomotive der Gattung II d DRG: (14 401)... erreicht, die durch das enge Zusammenwirken zwischen dem damaligen Fahrzeugdezernenten der BadStB, dem Geheimen Oberbaurat Alexander Courtin, und der J. A. Maffei-AG, München, entstanden war. Immerhin erreichte man mit dieser Maschine im März 1904 vor einem 140-t-Zug die Geschwindigkeit von 144 km/h! Berühmt wurden die Schnellfahrten der großen IVh noch bei der DR und bei der DB.

Die fortschrittliche Haltung der BadStB kommt aber auch darin zum Ausdruck, daß sie maßgeblich an der Entwicklung des elektrischen Zugbetriebes in Deutschland beteiligt war (Wiesen- und Wehratalbahn). Da man in Baden schon sehr bald ein den einzelnen Lokomotivlieferungen und -bauarten entsprechendes Gattungssystem einführte, mußte dieses angesichts der seinerzeit nur jeweils kleinen Bauserien immer wieder erweitert werden. Bei diesem, vorwiegend aus römischen Zahlen bestehenden System, das man auch nach der erfolgten Umstellung auf Regelspur noch bis zum Jahre 1868 beibehalten hatte, war man schließlich von der Gattung I a_1 bis zur XIV_2 gekommen. Ab dem Jahre 1868 führte man neue Gattungsbezeichnungen ein, deren römische Zahlen nunmehr vom tatsächlichen Verwendungszweck abgeleitet wurden, während bauliche Unterschiede durch angefügte kleine Buchstaben, einzelne Lieferserien durch hochgestellte kleine arabische Ziffern symbolisiert werden sollten. So wurden zunächst einmal die früheren Gattungszeichen der noch vorhandenen älteren Lokomotiven derem Hauptverwendungszweck entsprechend neu eingeordnet. Erwartete man beim Umzeichnen bestimmter Bauarten keine allzu lange Lebensdauer mehr, versah man dieses (neue) Gattungszeichen mit dem Zusatz »alt« und besetzte es später erneut durch modernere Lokomotiven. So erschien manches Gattungszeichen in Baden dreimal und komplizierte damit eine leicht verständliche Übersicht, was oft zum Vorwurf einer »wilden«, ungeordneten Bezeichnungsweise führte. Beispielsweise gehörten vor dem Jahre 1868 zur Gattung II_1 zwei 1A1-n2i-Gemischtzuglokomotiven. Nach 1868 bestand die Gattung II a^1 (alt) aus zwei 2A-n2-Schnellzuglokomotiven, die vorher als Gattung IX_2 in Betrieb waren. Schließlich schaffte es eine 2'B-n2-Schnellzuglokomotive unter Drittbesetzung dieser Gattungsbezeichnung als II a^1 bis zur DRG (36 7301)! Daß innerhalb einer Gattung auch Tenderlokomotiven erschienen, darf angesichts der erwähnten badischen Betriebsbedingungen nicht verwundern. Immerhin waren für die langen Rheintalstrecken (Mann heim–Karlsruhe–Basel = 255,8 km) größere Vorräte erforderlich als für die abzweigenden kurzen Bahnen des Schwarzwaldes.

Tatsächlich »wild« ging es bei der Bezeichnung der einzelnen Lokomotiven zu, da man nicht nur die bis zum Jahre 1868 vergebenen Namen, sondern auch die Betriebsnummern mehrmals besetzte! Hierfür ein typisches Beispiel: Die von Keßler (Karlsruhe) im Jahre 1843 unter der Fabriknummer 7 erbaute 1A1-n2i-Personenzuglokomotive für 1600-mm-Spur kam zur Gattung I b$_2$ und erhielt den Namen PHOENIX sowie die Betriebsnummer 13. Nachdem sie 1855 auf Regelspur umgebaut worden war, lief sie noch bis 1862. So folgte im Jahre 1863 eine von der MGK als Fabriknummer 201 erbaute 2A-n2-Schnellzuglokomotive, die zuerst zur Gattung IX$_5$, ab dem Jahre 1868 zur II a^5 kam. Auch diese Lokomotive (die sich im Originalzustand im Verkehrsmuseum Nürnberg befindet) hieß zunächst PHOENIX und erhielt auch zum zweiten Male die Betriebsnummer 13! Diese 13″ wurde 1885 umgezeichnet zur 504, hieß ab dem Jahre 1891 dann 600 und wurde im Jahre 1898 ein drittes Mal umgezeichnet zur 1600! Man setzte also auf die durch Ausmusterung entstandenen »Lükken« die Betriebsnummern neuerer Lokomotiven oder wich auf völlig neue Zahlenräume aus. So trugen die ersten der bereits erwähnten großen 2′C1′-h4v-Schnellzuglokomotiven der Gattungen IV h^1 und IV h^2 (DRG 18 301...) die badischen Betriebsnummern 49, 64, 95, 1000, 1001, 1002 usw.

Das vom Jahre 1868 an gültige Bezeichnungssystem umfaßte folgende Lokomotivgattungen:

I a bis I g	= leichte Tenderlokomotiven der Achsfolgen B, 1B, 1A und 1′B
II a (alt) bis II b (alt)	= leichte Schnellzuglokomotiven der Achsfolgen 2A und 1A1
II a bis II d	= Schnellzuglokomotiven der Achsfolgen 2′B und 2′B1′
III, III a, III b	= Personenzuglokomotiven der Achsfolge 2′B
IV a (alt)	= leichte Personenzuglokomotiven der Achsfolge B
IV a bis IV h	= Schnellzuglok (auch Tenderlok) der Achsfolgen B1, 1B, 1′B1′, 2′C, 1′C1′, 2′C1′
V a bis V c	= leichte Personenzuglok (auch Tenderlok) der Achsfolgen 1B und 2′B
VI (alt)	= Personenzuglokomotiven der Achsfolge C
VI a bis VI c	= Personenzugtenderlokomotiven der Achsfolgen 1′C und 1′C1′
VII a bis VII d	= leichte Güterzuglokomotiven der Achsfolge C
VIII a bis VIII e	= Güterzuglokomotiven (auch Tenderloks) der Achsfolgen D, B′B und 1′D
G 12	= Güterzuglokomotiven (nach preußischem Vorbild) der Achsfolge 1′E
IX a bis IX b	= Zahnradtenderlokomotiven der Achsfolgen C und C1′
X (alt)	= Kran-Tenderlokomotive der Achsfolge B
X a bis X b	= Rangier-Tenderlokomotiven der Achsfolgen C und D

Die hierbei erwähnten Gattungen I a, II a (alt), II b (alt), III, IV a (alt), V a, VI (alt) und VII b gehörten vor dem Jahre 1868 zu den alten Gattungen XIII, IX, II bzw. III c bzw. IV, XII, XIV, XI, X c und X a bzw. X b.

Bauart	Gattungsbezeichnung	DRG
2′B1′-n4v-Schnellzuglokomotiven	IId$^{1-2}$	(14 401)...
2′C1′-h4v-Schnellzuglokomotiven	IVf$^{1-4}$	18 201...
2′C1′-h4v-Schnellzuglokomotiven	IVh^{1}	18 301...
2′B-n2i-Schnellzuglokomotiven	IIc^{5}	(36 1101)...
2′B-n2-Schnellzuglokomotiven	IIa$^{1-3}$	(36 7301)...
2′B-n2-Schnellzuglokomotiven	IIb^{1}	(36 7331)...
2′B-n2i-Schnellzuglokomotiven	IIc$^{1-4}$	(36 7351)...
2′C-n4v-Schnellzuglokomotiven	IVe$^{2-6}$	38 7001...
C-n2-Güterzuglokomotiven	VIIa$^{1...17}$	53 8501...
C-n2-Güterzuglokomotiven	VIIc^{1}	53 8597...
C-n2v-Güterzuglokomotiven	VIId^{8}	(53 901)...
C-n2v-Güterzuglokomotiven	VIId$^{1...7}$	(53 8601)...
B′B-n4v-Güterzuglokomotiven	VIIIc$^{1-4}$	(55 6101)...
1′D-t4v-Güterzuglokomotiven	VIIIe$^{1-5}$	56 701...
1′D-h4v-Güterzuglokomotiven	VIIIe$^{6-8}$	56 751...
1′E-h3-Güterzuglokomotiven	G 12$^{1-4}$	58 201...
1′B-h2-Tenderlokomotiven	Ig$^{1-2}$	70 101...
1′B1′-n2-Tenderlokomotiven	IVd^{1}	(71 7001)...
1′C1′-n2-Tenderlokomotiven	VIb$^{1-9}$	75 101...

Bauart	Gattungs-bezeichnung	DRG
1'C1'-h2-Tenderlokomotiven	VIc^{1-7}	75 401...
B-n2-Tenderlokomotiven	Ib^{1-2}	88 7501...
B-n2-Tenderlokomotiven	Ie^{1-6}	88 7511...
C-n2-Tenderlokomotiven	Xa^{1}	(89 501)...[1]
C-n2-Tenderlokomotiven	IXa^{1}	89 8301...[2]
D-n2-Tenderlokomotiven	Xb^{1-5}	92 201...
C1't2(4v)-Zahnradlokomotiven	IXb^{1}	97 201...
1'C1'-w²k-Elektr. Lokomotiven	A^{2}	E 61 01...

[1] Bauart wurde im Januar 1904 von der Hafenbahn Rheinau übernommen.
[2] Ursprünglich Zahnradlokomotiven; nach Ausbau des Zahnradtriebwerks im Rangierdienst eingesetzt

Aus vorstehender Übersicht geht hervor, daß die DRG die älteren badischen Schnellzuglokomotiven bei ihren Personenzuglokomotiven einordnete. Andererseits muß hervorgehoben werden, daß die offensichtlichen Vorzüge einer Reihe besonders gelungener Konstruktionen der BadStB für die DRG Veranlassung waren, diese Gattungen fast unverändert weiterbauen zu lassen. So wurden später noch Lokomotiven der Gattungen IVh^{2-3}, Ig, VIb^{10-11}, VIc^{8-9}, Xb^{6-7}, IXb^{2} und A^{3} als DRG 18 311..., 70 126..., 75 261..., 75 1001..., 92 281..., 97 251... und E 61 21... in Dienst gestellt. Dem Mangel an brauchbaren Personenzuglokomotiven und modernen Güterzuglokomotiven begegnete die Rbd Karlsruhe durch Beschaffung den preußischen Vorbildern P 8 und G 12 entsprechender Lokomotiven.

4.6 Königlich Preußische und Großherzoglich Hessische Staatseisenbahn (K.P.u.G.H.St.E.)

Nachdem am 24. April 1920 der entsprechende Vertrag von der damaligen Regierung des Freistaates Hessen in Darmstadt unterzeichnet worden war, gingen auch die dortigen Teile der ehemaligen Preußisch-Hessischen Staatsbahn (wie sie meist kurz genannt wurde) mit ihren 1307 km Betriebslänge auf die DRG über.

Durch Staatsvertrag vom 9. Juli 1896 hatte man zwischen den Ländern Preußen und Hessen vereinbart, die am 23. März 1853 eröffnete Hessische Ludwigsbahn (HeLud) sowie die Oberhessische Eisenbahn (Fulda–Gießen–Gelnhausen, eröffnet 1869, Oberh) in den gemeinsamen Staatsbesitz zu überführen. So übernahm am 1. April 1897 die »Königlich Preußische und Großherzoglich Hessische Eisenbahndirektion Mainz« Verwaltung und Betrieb dieser Eisenbahngemeinschaft und einiger angrenzender preußischer Strecken. Eine wesentliche Vergrößerung dieses Netzes ergab sich noch, als durch Staatsvertrag vom 14. Dezember 1901 auch die zwischen Frankfurt (Main) und Heidelberg liegenden Strecken der bereits am 22. Juni 1846 in Betrieb genommenen Main-Neckar Eisenbahn (MNE) hinzukamen.

Zur Unterscheidung von den übrigen preußischen Fahrzeugen erhielten die Lokomotiven der K.P.u.G.H.ED. Mainz anstelle des preußischen Adlers auf kreisförmigem Schild ein größeres, etwa rechteckiges Hoheitszeichen mit den beiden, nebeneinander angeordneten Wappen Preußens und Hessens sowie den entsprechenden Initialen »K.P.u.G.H.St.E.«. Dieses charakteristische Doppelwappen mit dem preußischen Adler (links) und dem hessischen Löwen (rechts) ist übrigens beim Identifizieren undeutlicher Fotos schon oft von unschätzbarem Wert gewesen, um eine abgebildete Lokomotive eindeutig der Direktion Mainz zuzuordnen.

Die Lokomotiven der HeLud wurden durch Nummern und Namen bezeichnet. Hierbei kam es nach Ausmusterung älterer Lokomotiven zur Zweitbesetzung von Betriebsnummern. Der HeLud gebührt übrigens das Verdienst, im Jahre 1869 mit ihrer Gattung E die erste deutsche vierfach gekuppelte Lokomotive, eine D-n2 mit dreiachsigem Tender für den Güterzugdienst, beschafft zu haben. Bemerkenswert ist auch die recht ansprechende 1'B1-n2-Schnellzuglokomotive der Gattung B2, die fast völlig der pfälzischen $P\,2^{I}$ entsprach. Während diese jedoch noch als (35 7001)... in das spätere Numerierungssystem der DRG gelangte, war ihre gleichaltrige hessische »Schwester« schon verschwunden.

Auch die Triebfahrzeuge der MNE waren zunächst entsprechend der Beschaffungsfolge (unabhängig von der jeweiligen Bauart) genummert worden. Bis zum Jahre 1896 hatten die Lokomotiven außer dieser Betriebsnummer auch noch Namen erhalten. In diesem Jahre wurde jedoch durch eine Umzeichnung vor allem der Güterzug- und

der Tenderlokomotiven der Betriebspark überschaubarer. Gattungszeichen gab es bei der MNE nicht. Als außergewöhnliche Lokomotivbauart der MNE sei die nach dem Vorbild der belgischen Reihe 12 anfangs aus Belgien bezogene 1B1-n2i-Schnellzuglokomotive genannt.
Die meist nur in geringer Stückzahl vorhandenen einzelnen Triebfahrzeugbauarten der HeLud und der MNE wurden bald durch preußische Normalbauarten verdrängt. So kamen nur noch einige C-n2-Tenderlokomotiven der MNE, die man bei den preußischen T 3 eingeordnet hatte, zur DRG als 89 7177, 89 7178 und 89 7238. Alle übrigen Lokomotiven der ehemaligen Preußisch-Hessischen Staatsbahn entsprachen nach Bauart und Bezeichnungsweise denen der KPEV und sind dort (vgl. Abschnitt 4.1) erwähnt.

4.7 Großherzoglich Mecklenburgische Friedrich-Franz-Eisenbahn/Mecklenburgische Staatsbahn (MFFE/MeStB)

Nachdem das Gebiet des damaligen Großherzogtums Mecklenburg-Schwerin bereits im Jahre 1846 durch ein Teilstück der Berlin-Hamburger Eisenbahn berührt worden war, wurde die erste eigene Bahnlinie am 1. Mai 1847 von der zunächst privaten »Mecklenburgischen Eisenbahn-Gesellschaft« zwischen Hagenow und Schwerin eröffnet. Erst im Jahre 1863 begann die Staatsregierung mit dem Bau der nach dem seinerzeit herrschenden Landesfürsten benannten Großherzoglich Mecklenburgischen Friedrich-Franz-Eisenbahn. Während inzwischen die private von der staatlichen Eisenbahn angekauft worden war und sich auch durch Streckenneubau das Netz vergrößert hatte, entstanden weitere Privatbahnen. Darunter befand sich auch die Doberan-Heiligendammer Eisenbahn mit 900-mm-Spur, deren Betrieb jedoch nur im Sommer geführt wurde. Bis zum Jahre 1897 gingen diese Bahnen ebenfalls in Staatsbesitz über. Die MFFE, deren Eigentumsform mehrfach verändert wurde, bestand bis zum Jahre 1918 und wurde dann in der neu gebildeten Republik zur Mecklenburgischen Staatsbahn (MeStB). Mit ihren 1177 km Betriebslänge gehörte sie zu den kleineren der anschließend von der DRG übernommenen Länderbahnen.
Das verhältnismäßig geringe Verkehrsaufkommen und die vorwiegend ebenen Strecken führten nur zur zögernden Beschaffung einfacher und leichter Lokomotiven. Nachdem die unterschiedlichen Bauarten der Ursprungsbahnen nicht mehr ausreichten oder aufgebraucht waren, wurden etwa vom Jahre 1884 ab fast alle Triebfahrzeuge nach dem Vorbild der preußischen Normalien beschafft. Lediglich zwei C-n2-Tenderlokomotiven der Gattung T 3b (später DRG: 89 8053–89 8054) und 43 moderne 1′ C-n2-Tenderlokomotiven der Gattung T 4 (später DRG: 91 1901–91 1943) sind als Eigenbeschaffung anzusehen.
Die im Ersten Weltkrieg entstandenen Kriegsverluste wurden durch Zuweisung meist älterer preußischer und elsässischer Lokomotiven an die MeStB in den Jahren 1918/20 weitgehend ausgeglichen. So setzte sich der mecklenburgische Lokomotivpark bei Übernahme durch die DRG aus vielen Splittergruppen unterschiedlicher Bauarten der MFFE, KPEV, REB sowie der Mecklenburgischen Südbahn, der Neustrelitz-Warnemünder Eisenbahn und der Parchim-Ludwigsluster Eisenbahn zusammen.
Die gute Verwendbarkeit der sparsamen T 4 führte übrigens später bei der DRG noch zu deren unveränderter Nachbeschaffung, so daß diese Gattung zur zahlenmäßig größten in Mecklenburg wurde.
Nachdem für die Bezeichnung der wenigen Lokomotiven zunächst Namen (deutscher Städte, mecklenburgischer Flüsse und Stammesfürsten, germanischer Götter) und Betriebsnummern ausreichend gewesen waren, führte man im Jahre 1895 eine neue Nummerung ein, bei der den einzelnen Lokomotivbauarten bestimmte Zahlenfolgen zugeordnet wurden. Unter Zugrundelegung der Herkunft dieser Bauarten wurden gleichzeitig ihre Nummernfolgen zu sogenannten Gruppen zusammengefaßt. Ältere, ausmusterungsreife Lokomotiven blieben dabei bereits unberücksichtigt.
Dieser, einer Gattungsbezeichnung sehr ähnlichen Einteilung lagen römische Zahlen zugrunde. Da jedoch bei der Festlegung der Gruppen nicht nur technisch-konstruktive Übereinstimmungen, sondern auch die Herkunft der

Fahrzeuge berücksichtigende Details beachtet wurden, entstanden mitunter sehr kleine Gruppen. So umfaßte beispielsweise die Gruppe XIII nur zwei kleine B-n2-Tenderlokomotiven der ehemaligen Parchim-Ludwigsluster Eisenbahn.

Etwa vom Jahre 1910 ab verließ man die Gruppenbezeichnung und führte eine weitgehend dem preußischen Gattungssystem entsprechende neue Bezeichnung ein. Hierbei blieben die Betriebsnummern der vorhandenen Lokomotiven unverändert. Später beschafften oder nach 1918 zugewiesenen Triebfahrzeugen wurden fast ausnahmslos neue Nummernbereiche zugewiesen, so daß es kaum zu Zweitbesetzungen kam. Die Gattungsbezeichnungen waren meist den analogen preußischen Bauarten entlehnt oder zumindest mit ihnen vergleichbar. Dabei fällt auf, daß Gattungsbezeichnungen für die vorhanden gewesenen Schnellzuglokomotiven, aber auch solche für größere Lokomotiven, zunächst fehlten. Wie aus der nachstehenden Gegenüberstellung der vom Jahre 1895 bis zum Jahre 1910 üblichen Bezeichnungsweise mit der ab dem Jahre 1910 eingeführten ersichtlich ist, wichen vor allem die Gattungsbezeichnungen P 3^2 (bei MFFE für die moderneren 1 B-Zwillingslokomotiven, aber auch für die älteren 1 B-n2v-Personenzuglokomotiven), T 4 (bei MFFE für moderne 1'C-n2-Tenderlokomotiven) und T 7 (bei MFFE für eine zwar auch dreiachsige, jedoch schmalspurige Tenderlokomotive) von der Bedeutung der entsprechenden preußischen ab.

Bauart	Gruppenzeichnung ab 1895	Gattungen ab 1910	DRG
1B-n2-Schnellzuglokomotiven	I, II, III	(bereits ausgemustert)	–
1B-n2-Personenzuglokomotiven	IV	(bereits ausgemustert)	–
1B-n2-Personenzuglokomotiven	V	P 2	(34 7201)...
1B-n2-Personenzuglokomotiven	VI	P 3, P 3^1, P 3^2	34 7301...
1B-n2v-Personenzuglokomotiven	(erst später vorhanden)	P 3^2	(34 7351)...
2'B-n2-Personenzuglokomotiven	(erst später vorhanden)	P 4^1	(36 7201)...
2'B-n2v-Personenzuglokomotiven	VII	P 4^2	36 601...
2'C-h2-Personenzuglokomotiven	(erst später vorhanden)	P 8	38 1573...
C-n2-Güterzuglokomotiven	VIII	(bereits ausgemustert)	–
C-n2-Güterzuglokomotiven	IX	G 3	(53 7701)...
C-n2v-Güterzuglokomotiven	X	G 4	(53 401)...
C-n2v-Güterzuglokomotive	(erst später vorhanden)	G 4^2	(53 451)
B-n2-Tenderlokomotiven	XI, XII, XIII, XIV	(bereits ausgemustert)	–
C-n2-Tenderlokomotiven	XV, XVI	T 3a	(89 8013)...
C-n2-Tenderlokomotiven	XVII	T 3a, T 3b	89 8001...
B-n2-Schmalspurlokomotiven	XVIII[1)]	(bereits ausgemustert)	–
C-n2-Schmalspurlokomotiven	XIX	T 7	99 301...
1'C-n2v-Güterzuglokomotiven	(erst später vorhanden)	G 5^2	54 370...
1'C-n2v-Güterzuglokomotiven	XX	G 5^4	54 1201...
D-n2v-Güterzuglokomotiven	(erst später vorhanden)	G 7^2	55 5701...
1'D-n2v-Güterzuglokomotiven	(erst später vorhanden)	G 7^3	56 201...
D-h2-Güterzuglokomotiven	(erst später vorhanden)	G 8^1	55 5801...
1'C-n2-Tenderlokomotiven	XXI	T 4	91 1901...

1) Die kleinen, für die Doberan-Heiligendammer Eisenbahn bestimmten Tenderlokomotiven der Gruppe XVIII wurden als Straßenbahnlokomotiven bezeichnet. Ihr Kessel war mit einem Schutzdach versehen; das Triebwerk war verkleidet.

4.8 Großherzoglich Oldenburgische Eisenbahn/Oldenburgische Staatsbahn (GOE/OldStB)

Der Bahnbau im Großherzogtum Oldenburg konnte erst verhältnismäßig spät beginnen. Das dünn besiedelte, industriell kaum erschlossene Land ließ nur ein geringes Verkehrsbedürfnis erwarten. So wurde zunächst mancher Plan verworfen. Beantragte Geldmittel wurden von der skeptischen, konservativen Regierung abgelehnt. Die ausgedehnten oldenburgischen Moorgebiete und die vielen kleinen Wasserläufe bildeten außerdem ein ernstes natürliches Hindernis für den Bau von Eisenbahnanlagen. Aber auch politische und militärische Erwägungen beeinflußten die Entwicklung. So suchte das Königreich Hannover einen möglichen preußischen Zugang zur Nordsee zu verhindern, indem es eine Verbindung seines bereits bestehenden Eisenbahnnetzes mit Oldenburg verweigerte. Am 20. Juli 1853 war nämlich zwischen Oldenburg und Preußen ein Vertrag zustande gekommen, ein Gebiet um die kleine Ortschaft Heppens zum Bau eines preußischen Kriegshafens abzutreten. So kam es zunächst im Jahre 1863 nur zu einer Übereinkunft mit der Hansestadt Bremen, eine Eisenbahnverbindung zwischen der Landeshauptstadt Oldenburg und Bremen zu errichten. Diese konnte dann endlich am 15. Juli 1867 als erstes Teilstück der GOE eröffnet werden. Da nach dem Kriegsende im Jahre 1866 mögliche hannoversche Einwände entfielen, wurde der am 3. September 1867 beendete Streckenbau von Oldenburg nach Heppens (dem späteren Wilhelmshaven) überall begrüßt. Diese Verbindung zum seinerzeit bedeutendsten deutschen Kriegshafen sollte später zur Hauptaufgabe der GOE werden. Die GOE bestand bis zum Jahre 1918 und wurde dann als OldStB mit ihren 691 km Betriebslänge zum Kernstück der späteren Rbd Oldenburg.

Große Sparsamkeit und erhebliche Skepsis bezüglich der zu erwartenden Rentabilität der GOE führten zu bemerkenswerten Besonderheiten. So wurden aus Kostengründen die Lokomotiven zunächst mit Torf gefeuert, der hier ausreichend zur Verfügung stand. Dabei dürfte es einmalig sein, daß man nur eine begrenzte Anzahl von überdachten Torftendern für die Schlepptenderlokomotiven beschaffte und diese dann immer nur mit den jeweils betriebsfähigen Lokomotiven kuppelte! (Im Jahre 1877 standen für die 46 Lokomotiven nur 28 Tender zur Verfügung!) Da die Bodenverhältnisse meist nur leichten Oberbau ermöglichten, wurden nur leichte, billige Triebfahrzeuge vorgesehen. Diese wurden wegen der gestiegenen Preisforderungen der Lokomotivfabriken zum Teil sogar in der nicht ausgelasteten Hauptwerkstätte der GOE gebaut. Um eine optimale Ausnutzung der vorhandenen Lokomotiven zu erreichen, wurde auf kleineren Bahnhöfen noch sehr lange mit Pferden rangiert.

Nachdem man anfangs mit wenigen Lokomotivbauarten ausgekommen war, wurde die spätere technische Entwicklung der GOE in starkem Maße von der Persönlichkeit des Baurates Heinrich Ranafier beeinflußt. So wurden viele Lokomotiven mit seinem Verbinderdampftrockner oder mit der von ihm entwickelten Anfahrvorrichtung ausgerüstet. Bei den moderneren Lokomotiven, deren Konstruktion meist bewährten preußischen Vorbildern entlehnt worden war, fand in großem Maße die Lentz-Ventilsteuerung Anwendung. Abgesehen von den kleinen 1000-mm-Spur-Lokomotiven für die 1896 eröffnete Wangerooger Inselbahn gab es nur zwei herausragende oldenburgische Eigenentwicklungen: die große 1'C1'-h2-Schnellzuglokomotive und die D-n2v-Güterzuglokomotive (bei der DRG später als 16 001 … bzw. 55 6201 …). Es verdient an dieser Stelle hervorgehoben zu werden, daß die GOE im Jahre 1910 einen 2'Bo'-bel-Verbrennungstriebwagen nach preußischem Vorbild beschafft hatte. Er stand leider nur etwa fünf Jahre im Dienst.

Die Bezeichnung der Lokomotiven der GOE wurde (abgesehen von den beiden allerersten, für den Bahnbau beschafften 2A-n2-Lokomotiven) entsprechend der Reihenfolge ihrer Indienststellung durch fortlaufende Betriebsnummern und Namen vorgenommen. Die Nummern blieben unverändert, wurden also durch spätere Ausmusterungen oder Kriegsverluste nicht berührt. Doppelbesetzungen gab es nicht, so daß die »Höhe« der jeweiligen Betriebsnummer Rückschlüsse auf Alter, Beschaffungszeitraum und Stückzahl zuließ. Vom Jahre 1866 bis zum Jahre 1918 beschaffte die GOE die Nummern 1 bis 276. Im Jahre 1919 kamen unter der Regie der OldStB nur die 277 und 278 hinzu. Schließlich wurden anschließend von der Rbd Oldenburg 1921/22 noch die Lokomotiven 279 bis 294 in Dienst gestellt.

Etwas anders verhielt es sich mit den außerdem von der GOE vergebenen Lokomotivnamen. Hier kam es nach der Ausmusterung zuweilen zu einer Zweitvergabe. So wurden die Namen oldenburgischer Landschaften (LANDWÜHRDEN, WANGERLAND usw.) für die ersten B-n2-Güterzuglokomotiven genutzt. Schnellzuglokomotiven erhielten Namen germanischer Gottheiten (WODAN, FREYA), Personenzuglokomotiven Vogelnamen (SPERBER, CONDOR). Die recht originellen, einsilbigen Namen der kleinen Rangierlokomotiven ließen sofort Rückschlüsse auf Größe und Verwendungszweck zu. Nachstehend dafür einige Kostproben: SCHNIPP, SCHNAPP, SCHNURR, TICK, TACK, TUCK, HIN, HER.

Bei der verhältnismäßig geringen

Stückzahl der vorhandenen Lokomotiven lag bei der GOE keine Notwendigkeit vor, diese gruppenweise in besonderen Gattungen zusammenzufassen. Die in entsprechender Fachliteratur für oldenburgische Lokomotiven angegebenen, nach preußischen Grundsätzen gebildeten Gattungsbezeichnungen wurden erst anläßlich der bevorstehenden Übernahme durch die DRG, also gewissermaßen nachträglich, vergeben. Aus diesem Umstand resultieren auch bestimmte Differenzen in den Angaben einzelner Autoren. So erscheint mitunter die bereits erwähnte D-n2v-Güterzuglokomotive als Gattung G 9 (mit deren preußischer Schwester sie tatsächlich eine gewisse Ähnlichkeit hatte), wird aber meist als G 7^1 zitiert. Für die kleinen B-n2v-Personenzuglokomotiven, verschiedentlich sinnvoll als P 0 bezeichnet, wurde aus unbekannten Gründen die irreführende Gattungsbezeichnung P 3^2 üblich.

Bauart	Gattungsbezeichnung üblichere/(seltenere)	DRG
2'B-n2v-Schnellzuglokomotiven	S 3	13 1801...
2'B-n2v-Schnellzuglokomotiven	S 5^2	13 1851...
1'C1'-h2-Schnellzuglokomotiven	S 10	16 001...
B-n2v-Personenzuglokomotiven	P 3^2/(P G)	(33 7001)...
2'B-n2-Personenzuglokomotiven	P 4^1	36 1201...
2'B-n2v-Personenzuglokomotiven	P 4^2	36 1251...
B-n2-Güterzuglokomotiven	G 1	(51 7001)...
C-n2v-Güterzuglokomotiven	G 4^2/(G 4)	53 1001...
D-n2v-Güterzuglokomotiven	G 7^1/(G 9)	55 6201...
B-n2-Tenderlokomotiven	T 1^2	98 7401...
B-n2-Tenderlokomotiven	T 2/(T 3)	98 101...
C-n2-Tenderlokomotiven	T 3/(T 3^1)	98 201...
1'B1'-n2-Tenderlokomotiven	T 5^1/(T 5)	71 401...
D-n2-Tenderlokomotiven	T 13	92 585...
B-n2-Schmalspurlokomotiven	–	99 021...

4.9 Reichseisenbahnen in Elsaß-Lothringen (REB)

Am 10. Mai 1871 fand am Ende des Deutsch-Französischen Krieges mit dem Friedensvertrag von Frankfurt eine sehr wechselvolle, unglückselige geschichtliche Entwicklung zunächst ein Ende. Die östlichen französischen Departements Oberrhein, Unterrhein und Mosel wurden zum »Reichsland Elsaß-Lothringen« zusammengefaßt und unmittelbar der Verwaltung des damaligen Deutschen Reiches unterstellt.

Die in diesem Gebiet befindlichen Eisenbahnen waren größtenteils durch Zusammenschluß und Erweiterung einiger Ursprungsbahnen zur großen »Compagnie des Chemins de Fer de l'Est«, der französischen Ostbahn, entstanden. Diese Strecken wurden am 9. Dezember 1871 der kaiserlichen Generaldirektion der Reichseisenbahnen in Elsaß-Lothringen in Straßburg unterstellt. Außerdem kam dann noch laut Kaufvertrag vom 12. Dezember 1871 die private Colmar-Münsterer Eisenbahn zur REB. Schließlich wurden dann auch die erst später fertiggestellten Strecken lothringischer Lokalbahnen laut Vertrag vom 25. Juni 1881 Eigentum der REB. So wurden »die Reichslande« von der vor allem mit Baden konkurrierenden Hauptverbindung Basel–Mülhausen–Straßburg–Metz–Diedenhofen durchzogen.

Da die zurückgehenden französischen Truppen alle Fahrzeuge der genannten Bahnen mitgenommen hatten, mußte der Betrieb zunächst mit Lokomotiven und Wagen der am Kriege beteiligten deutschen Staaten geführt werden. Durch Ankauf und Anmieten von Betriebsmitteln stand anschließend ein vielgestaltiger, unwirtschaftlicher Fahrzeugpark zur Verfügung. Bei späteren Neubeschaffungen gingen die REB weitgehend eigene Wege, anfangs mitunter französischen Vorbildern folgend. Dann wandte man sich auch bewährten preußischen Konstruktionen zu.

Bereits vom Jahre 1871 ab wurden die Lokomotiven mit fortlaufenden Betriebsnummern und mit Namen bezeichnet. Hierbei ordnete man beispielsweise den Schnellzuglokomotiven Namen deutscher und europäischer Flüsse zu. Güterzuglokomotiven trugen Ortsnamen. Für Tenderlokomotiven sah man, je nach Bauart getrennt, männliche oder weibliche Vornamen vor. Im Jahre 1904 führte man eine Gattungsbezeichnung nach bayerischem Vorbild ein. Hierbei fanden große Buchstaben sowie arabische Ziffern als Index Verwendung. Der Buchstabe A galt für Schnellzug- und Personenzuglokomotiven. Ein B kennzeichnete Lokomotiven für gemischten Dienst, ein C die Güter-

zuglokomotiven, ein D die Tenderlokomotiven und ein E die Schmalspurlokomotiven. Doch bereits im Jahre 1906 fand für alle vorhandenen Fahrzeuge eine Umnummerung statt, wobei ein neues Gattungssystem eingeführt wurde. Schließlich wurden im Jahre 1912 zum dritten Male neue Betriebsnummern vergeben. Die Namen fielen weg. Das Gattungssystem wurde noch weiter der preußischen Bezeichnungsweise angepaßt. Es behielt übrigens noch seine Gültigkeit, als die REB nach dem Jahre 1918 unter französischer Regie zur AL geworden war.
Im Verlaufe des Ersten Weltkriegs wurden natürlich auch Lokomotiven der damaligen REB außerhalb ihres Stammnetzes eingesetzt. So verblieb eine Anzahl von REB-Triebfahrzeugen unterschiedlicher Bauart nach dem Jahre 1918 auch auf Strecken des »Altreichs« und wurde zunächst in den Fahrzeugpark der zuständigen Länderbahnverwaltungen eingeordnet, später dann von der DRG übernommen. Andere REB-Fahrzeuge, beispielsweise die 1'C-n2v-Güterzuglokomotiven der Gattungen C 29 und C 32, die zeitweise auf dem östlichen Kriegsschauplatz eingesetzt gewesen waren, verblieben in Polen. Nachdem man sie bei der PKP als Gattung Ti 2 eingereiht hatte, kamen sie während des Zweiten Weltkriegs noch zur DRG als 54 707 ...
Bei den nach 1918 übernommenen Lokomotiven der REB handelte es sich um folgende Bauarten:

Bauart	(Baujahre)	Gattungsbezeichnungen ab 1904	ab 1906	ab 1912	DRG
C-n2v-Güterzuglokomotive	(1900)	C 30	G 4	G 4	53 025
1óC-n2v-Güterzuglokomotive	(1900)	C 29	G 5	G 5	54 324
1óC-n2v-Güterzuglokomotiven	(1901)	C 31	G 5	G 5	54 343...
1óC-n2v-Güterzuglokomotiven	(1903/06)	C 32	G 5	G 5	54 368...
1óC-n2v-Güterzuglokomotiven	(1907)	–	G 5	G 5	54 381...
1óC-n2v-Güterzuglokomotiven	(1907)	–	G 5	G 5	54 982...
D-h2-Güterzuglokomotiven	(1914/17)	–	–	G 8^1	55 2946...
E-h2-Güterzuglokomotive	(1910)	–	G 7/G 9	G 10	57 1124
1óB2ó-n2-Tenderlokomotive	(1906)	–	T 7	T 5	73 125
1óC-n2-Tenderlokomotiven	(1901/05)	D 31	T 8	T 9	91 303...
1óC-n2-Tenderlokomotiven	(1906/13)	–	T 8	T 9	91 745...
1óC-h2-Tenderlokomotiven	(1910)	–	T 10	T 12	74 784...
1óC-h2-Tenderlokomotive	(1914)	–	–	T 12	74 1254
D-n2-Tenderlokomotiven	(1913/14)	–	–	T 13	92 732...
1óD1ó-h2-Tenderlokomotiven	(1915/17)	–	–	T 14	93 094...
E-h2-Tenderlokomotiven	(1913)	–	–	T 16	94 462...
E-h2-Tenderlokomotiven	(1915)	–	–	T 16^1	94 1378...
2óC2ó-h2-Tenderlokomotive	(1917)	–	–	T 18	78 093

4.10 Hafenbahn Bremen (HfBrm)

Laut Verfügung der DRG-Hauptverwaltung 74a Felz 30 vom 13. September 1930 wurden die Lokomotiven der Hafenbahn Bremen in den Bestand der DRG überführt und entsprechend eingeordnet. Die Fahrzeuge wurden dem Bw Bremen-Walle unterstellt. Seit dem zehnjährigen Bestehen der DRG war dies übrigens der erste Zugang von Betriebsmitteln einer anderen Bahnverwaltung.
Der Hafenbahn oblag der Rangier- und Güterzugdienst im und zum Hafen der Hansestadt Bremen. Hierfür waren Tenderlokomotiven der KPEV angekauft, aber auch direkte Eigenbeschaffungen vorgenommen worden. So erhielt die DRG mit der Übernahme der 21 Triebfahrzeuge der bremischen Hafeneisenbahn auch noch einige ältere preußische Normallokomotiven, die sie von Preußen selbst nicht mehr übernommen hatte. Verständlich, daß die einzelne T 2 sowie die beiden T 9 der Bauart Langenschwalbach sehr bald ausgemustert wurden. Dagegen standen mit den Gattungen T 3^1 und T 13 relativ moderne und leistungsfähige Lokomotiven zur Verfügung. Im Gegensatz zu ihren älteren preußischen Schwestern hatten die T 3^1 hochliegende Kessel und Heusinger-Steuerung.
Die (nur buchmäßige) Zusammenfassung zu Gattungen entsprach weitgehend preußischen Vorbildern. Die einzelnen Lokomotiven trugen Betriebsnummern, die teilweise nach Ausmusterung älterer Fahrzeuge noch einmal besetzt wurden. Nachstehend eine Übersicht der übernommenen Bauarten: (siehe Seite 114)

Bauart	Gattungs-bezeichnung		DRG
B-n2-Tenderlokomotive	T 2		88 7601
C-n2-Tenderlokomotiven	T 3^1		89 7512...
C-n2-Tenderlokomotive	T 7		89 7869
C1ó-n2-Tenderlokomotiven	T 9 (Bauart Langenschwalbach)	(ex KPEV)	90 202...
C1ó-n2-Tenderlokomotive	T 9^1	(ex KPEV)	90 234
1óC-n2-Tenderlokomotive	T 9^2	(ex KPEV)	91 116
D-n2-Tenderlokomotiven	T 13		92 914...

4.11 Kleinbahn Mosbach–Mudau (MosbM)

Am 1. Mai 1931 wurden die 28,1 km Betriebslänge der meterspurigen Stichbahn von Mosbach (Baden) nach Mudau mit den entsprechenden Betriebsmitteln von der Rbd Karlsruhe übernommen. Der Bau dieser Schmalspurbahn war vom badischen Staat im Jahre 1903 begonnen und am 3. Juni 1905 fertiggestellt worden. Diese Bahnlinie, die von der Hauptbahn Heidelberg–Neckarelz–Mosbach–Lauda–Würzburg abzweigte, sollte der wirtschaftlichen Erschließung des hinteren Odenwaldes dienen. Die Betriebsführung wurde zunächst durch die Firma Vering & Waechter, Berlin, übernommen, im Jahre 1920 jedoch der Deutschen Eisenbahn-Betriebs-Gesellschaft übertragen. Der defizitäre Betrieb führte schließlich zur Notwendigkeit einer Übernahme durch die DRG. Obgleich man noch unter der späteren Regie der DB in den Jahren 1964/65 neue Betriebsmittel beschafft hatte, wurde die Bahn am 3. Juni 1973 stillgelegt.
Bei der Übernahme durch die DRG waren vier gleichartige C-n2-Schmalspurlokomotiven mit den Betriebsnummern 1 bis 4 vorhanden. Diese wurden von der DRG umgezeichnet in 99 7201–99 7204. Die im Jahre 1904 von Borsig gelieferten Lokomotiven standen volle sechzig Jahre im Dienst auf ihrer steigungsreichen, landschaftlich sehr reizvollen Strecke.

4.12 Saar-Eisenbahnen/Eisenbahnen des Saarlandes (SAAR), Chemins de Fer d'Alsace et de Lorraine (AL)

Besonders reiche Bodenschätze an Steinkohle, an Eisenerzen und anderen Mineralien führten bereits vor der Jahrhundertwende im Gebiet um mittlere Saar und Blies zu einer außerordentlichen Konzentration und intensiven Entwicklung der Industrie. Auf der Basis des dortigen Steinkohlebergbaus entstanden auf engstem Raum bedeutende Betriebe für die Eisen- und Stahlerzeugung, ferner Werke für die Herstellung von Glas, Zement und Keramik. Natürlich wurde dafür schon frühzeitig ein leistungsfähiges Verkehrs- und Transportnetz erforderlich. So begann man im Jahre 1848 mit dem Bau einer der ersten preußischen Staatsbahnen. Da jedoch zunächst erst der kurze Abschnitt Bexbach–Neunkirchen (mit einer Zweigbahn zu den dortigen Heinitz-Steinkohlegruben etwa 11 km) am 15. Oktober 1850 eröffnet werden konnte, verpachtete man den Betrieb vorübergehend an die angrenzende Pfälzische Ludwigsbahn. Erst nachdem im Jahre 1852 die durchgehende Verbindung Bexbach–Neunkirchen–Saarbrücken fertiggestellt war, übernahm der ursprüngliche Auftraggeber, die Königlich Saarbrücker Eisenbahn, selbst die Betriebsführung. Natürlich spielte diese inzwischen erweiterte Bahn während des Deutsch-Französischen Krieges 1870/71 eine besondere Rolle für den deutschen Nachschub. Zeitweilig wurden die Strecken der KED Saarbrükken der benachbarten KED Frankfurt und dann der KED Cöln linksrheinisch zugeteilt. Erst im Jahre 1890 erstand die KED St. Johann-Saarbrücken wieder.
Die nach Beendigung des Ersten Weltkriegs durch Frankreich beabsichtigte Ausbeutung der Bodenschätze, die geplante Nutzung des Industriepotentials und die damit angebahnte allmähliche Abspaltung vom verbliebenen deutschen Reichsgebiet führten aber dann zu einem neuen territorialen Gebilde, dem »Saargebiet«. Für dieses Gebiet, im Teil III, Artikel 48 und 49, des Vertrages von Versailles als »Saarbecken« bezeichnet, trennte man große Teile des ehemals zur preußischen Rheinprovinz gehörenden, bereits erwähnten Industrielands sowie angrenzende Landstriche der ehemals

bayerischen Rheinpfalz von ihrem natürlichen Hinterland ab und unterstellte sie der sogenannten Treuhänderschaft des neu konstituierten Völkerbunds.
So errichtete man am 10. März 1920 in Saarbrücken eine Eisenbahndirektion für das Saargebiet. Ihr wurden 305,5 km aus dem Netz der inzwischen gebildeten preußischen Staatsbahndirektion Saarbrücken und 82,5 km der bayerischen Staatsbahndirektion Ludwigshafen unterstellt. Die für die verbliebenen Teile der Rheinprovinz zuständigen Verwaltungsstellen mußten am 1. April 1920 Saarbrücken verlassen und wurden ab 30. Dezember 1920 zur Eisenbahndirektion in Trier.
Die wechselvolle Geschichte des Saargebietes wurde zunächst durch das eindeutige Ergebnis der Volksabstimmung vom 13. Januar 1935 beendet, was am 1. März 1935 zum Übergang der Saar-Eisenbahnen zur DRG und unter Einschluß der Rbd Trier zur Neubildung einer Rbd Saarbrükken führte.
Der Lokomotivpark der im Jahre 1920 gebildeten Saar-Eisenbahnen (359 Stück) setzte sich zunächst aus preußischen Lokomotiven vorwiegend aus der KED St. Johann-Saarbrücken sowie aus ehemaligen pfälzischen Lokomotiven zusammen. Die unwirtschaftliche Unterhaltung älterer oder nur in geringer Stückzahl vorhandener Bauarten führte vor dem Jahre 1935 zu zahlreichen Ausmusterungen und damit zur Beseitigung der Typenvielfalt. Man beschaffte dafür in den Jahren 1921 bis 1925 eine Anzahl leistungsfähigerer Neubaulokomotiven nach preußischen Vorbildern.
Nicht unerwähnt sollten aber auch die Triebwagen der Eisenbahnen des Saarlandes bleiben. Es waren nämlich zunächst fünf, später vier Akkutriebwagen preußischer Herkunft (Bauart Wittfeld) vorhanden. Außerdem erhielt der SAAR-Fahrzeugpark in den Jahren 1933/34 noch interessanten Zuwachs. Es handelte sich um acht sogenannte Wismarer Schienenbusse mit den beiderseitigen charakteristischen Motor-Vorbauten.
Die Übernahme von Betriebsmitteln erstreckte sich im Jahre 1935 aber nicht nur auf die 330 Dampflokomotiven, vier Akkutriebwagen und acht Schienenbusse der Saar-Eisenbahnen. Es wurden vielmehr auch noch sieben Lokomotiven preußischer Herkunft von den Chemins de Fer d'Alsace et de Lorraine (AL), der französischen Rechtsnachfolgerin der REB, in den Fahrzeugpark der DRG eingegliedert.
Die Gattungsbezeichnung der preußischen und pfälzischen Lokomotiven blieb unter der Regie der SAAR-Bahn meist unverändert. Man führte jedoch für alle Bauarten neue Betriebsnummern ein, die preußischen Vorbildern nachempfunden waren. So erhielten beispielsweise die bekannten preußischen C-n2-Tenderlokomotiven der Gattung T 3 (wie bei der KPEV üblich gewesen) bei SAAR die Betriebsnummern 6107 bis 6110. Analog dazu setzte man die pfälzischen T 3, eine andere C-n2-Bauart, davor als 6101 bis 6106. Die D-n2-Tenderlokomotiven der ehemaligen pfälzischen Gattung R $^4/_4$ und die ebenfalls völlig unterschiedlichen der preußischen Gattung T 13 wurden gleichfalls zusammengefaßt und hießen dann in Anlehnung an preußische Gepflogenheiten bei SAAR 7901 bis 7902 bzw. 7903 bis 7934.
Es fällt auf, daß sich unter den übernommenen Triebfahrzeugen, die übrigens bis 1935 die Aufschrift »SAAR« trugen, keine Schnellzuglokomotiven befanden. Da nämlich in französischem Interesse größter Wert auf reibungslose Gütertransporte gelegt worden war, hatte stets die preußische P 8 für den Schnellzugdienst im Saarland genügen müssen.
Nach Überprüfung des Allgemeinzustands übernahm die DRG 309 der 330 vorhandenen SAAR-Lokomotiven in den Betriebsbestand und ordnete sie nummernmäßig im Anschluß an gleichartige vorhandene Bauarten ein. Bei einigen Tenderlokomotiven geschah dies im Anschluß an die letzten Fahrzeugzugänge von der Hafenbahn Bremen. In Unkenntnis der tatsächlichen Bauart einiger SAAR-Lokomotiven wurden diese im Umzeichnungsplan vom Mai 1935 zunächst falsch eingereiht, doch bereits im Juli 1935 mit den ihrer Bauart entsprechenden Nummern versehen (T 13^1 und T 16^1).
Folgende Fahrzeuge wurden von den Eisenbahnen des Saarlandes übernommen:

Bauart	Gattungsbezeichnungen ursprünglich	bei SAAR	DRG
1'C-h2-Personenzuglokomotiven	KPEV: P 6	P 6	37 164....
2'C-h2-Personenzuglokomotiven	KPEV: P 8	P 8	38 3833...
D-n2-Güterzuglokomotiven	Pfalz: G 4^I	G 7	ausgemustert 1935

Bauart	Gattungsbezeichnungen ursprünglich	bei SAAR	DRG
D-n2-Güterzuglokomotiven	KPEV: G 7^1	G 7^1	55 661...
D-n2v-Güterzuglokomotiven	KPEV: G 7^2	G 7^2	55 1393...
D-h2-Güterzuglokomotiven	KPEV: G 8	G 8	55 2257...
D-h2-Güterzuglokomotiven	KPEV: G 8^1	G 8^1	55 5623...
E-h2-Güterzuglokomotiven	KPEV: G 10	G 10	57 2727...
E-h2-Güterzuglokomotiven	–	G 10 (Neubau)	57 2737...
C1′-n2-Tenderlokomotiven	KPEV: T 9^1	T 9	90 235....
1′C-n2-Tenderlokomotiven	KPEV: T 9^2	T 9^2	91 117....
1′C-n2-Tenderlokomotiven	KPEV: T 9^3	T 9^3	91 1806...
1′C-h2-Tenderlokomotiven	KPEV: T 12	T 12	74 1301...
D-n2-Tenderlokomotiven	Pfalz: R $^4/_4$	T 13	ausgemustert 1935
D-n2-Tenderlokomotiven	KPEV: T 13	T 13	92 919....
D-n2-Tenderlokomotiven	–	T 13 (Neubau)	92 939....
D-h2-Tenderlokomotiven	–	T 13^1 (Neubau)	92 1073.../92 414....
E-h2-Tenderlokomotiven	KPEV: T 16^1	T 16	94 468..../94 1381....
2′C1′-h2-Tenderlokomotiven	KPEV: T 18	T 18	78 283....
2′C2′-h2-Tenderlokomotiven	–	T 18 (Neubau)	78 302...
1′D1′-h2-Tenderlokomotiven	KPEV: T 14	T 14	93 409...
2A + A2-g^2t-Akkutriebwagen	KPEV: A 3	–	487/488...
2A + A2-g^2t-Akkutriebwagen	KPEV: A 4	–	507/508...
A1-bmech Verbrennungstriebwagen	–	– (Neubau)	133 009...
B-dmech-Verbrennungstriebwagen	–	– (Neubau)	135 077...

Wie bereits erwähnt, kamen durch das deutsch-französische Saarabkommen im Jahre 1935 auch einige AL-Lokomotiven zur DRG. Sie waren als Betriebsmittel für die Grenzstrecken Merzig–Mondorf, Dillingen–Busendorf und Völklingen–Falck-Hargarten gedacht. Die übergebenen Lokomotiven, von denen eine wegen des schlechten Allgemeinzustands bereits vor der Umzeichnung 1935 ausgemustert werden mußte, wurden im Anschluß an obengenannte SAAR-Lokomotiven eingenummert. Es handelte sich um folgende Fahrzeuge:

Bauart	Gattungsbezeichnungen ursprünglich	bei AL	DRG
2′C-h2-Personenzuglokomotiven	KPEV P 8	P 8	38 3874...
D-n2-Güterzuglokomotive	KPEV G 7^1	G 7	55 674
D-n2v-Güterzuglokomotiven	KPEV G 7^2	G 7^2	55 1408...
D-h2-Güterzuglokomotive	REB G 8^1	G 8^1	55 5665

4.13 Lübeck-Büchener Eisenbahn (LBE)

Am 1. Januar 1938 übernahm die DRG Fahrzeuge und Betrieb der Lübeck-Büchener Eisenbahn mit ihrem Streckennetz von insgesamt 159,9 km. Als sich im Jahre 1831 erstmalig in der Hansestadt Lübeck der Wunsch regte, Anschluß an geplante künftige Eisenbahnen zu erhalten, stieß dies auf fast unüberwindliche Hindernisse. Lübeck war zu jener Zeit rings von dänischem Gebiet umgeben und demzufolge vom Wohlwollen und von der Zustimmung Kopenhagens abhängig. Da Dänemark Lübecks Konkurrenz in wirtschaftlicher Hinsicht fürchtete, sich aber durch einen möglichen, in sein Hinterland führenden Schienenweg bedroht sah, bedurfte es erst der Fürsprache Preußens und Österreichs, ja sogar schwedischer und russischer Interventionen, um die Zustimmung für einen Anschluß an die bereits bestehende Berlin-Hamburger Eisenbahn zu erhalten. So konnte dann am 15. Oktober 1851 die Eisenbahn von Lübeck nach Büchen, einem Unterwegsbahnhof der wichtigen Verbindung von Berlin nach Hamburg, feierlich eröffnet werden. Doch erst die siegreiche Beendigung des Preußisch-Österreichischen Krieges gegen Dänemark im Jahre 1864 ermöglichte es der zum Zwecke des Bahnbaus und der späteren Betriebsführung der LBE vor allem mit Lübecker Privatkapital gegründeten Aktiengesellschaft, den ursprünglichen Plänen einer Direktverbindung mit Hamburg wieder näherzutreten. Am 1. August 1865 konnte dann die Strecke Lübeck–Bad Oldesloe–Hamburg, das spätere Kernstück der LBE, in Betrieb genommen werden. Der daraufhin sprunghaft ansteigende Güter- und Personenverkehr machte bald den zweigleisigen Ausbau dieser Strecke erforderlich.

Nach der späteren Eröffnung weiterer Zubringerbahnen und Industrieanschlüsse, vor allem im Lübecker Raum, entwickelte sich schließlich die LBE zur bedeutendsten deutschen Privatbahn.

Inflationsbedingte Aktienverkäufe an die DRG führten zu einem allmählichen Verlust der privaten Aktienmehrheit und schränkten die Selbständigkeit schrittweise ein. Nachdem dann die DRG im Jahre 1937 etwa 86 % des Aktienkapitals der LBE in der Hand hatte, schritt man zur Verstaatlichung. Dadurch sollte zwar auch der Weg für die bereits damals als durchgehende Brückenverbindung geplante »Vogelfluglinie« (Westeuropa–) Hamburg–Kopenhagen (–Skandinavien) geebnet werden. Doch im Vordergrund stand die Absicht, die strategisch wichtigen LBE-Strecken im Hinblick auf die sich bereits abzeichnenden kriegerischen Entwicklungen einer einheitlichen, zentral leicht lenkbaren Verwaltung zu unterstellen.

Für die sehr unterschiedlichen Aufgaben hatte die LBE mit bewunderungswürdigem Weitblick einen vielgestaltigen, technisch-konstruktiv sehr interessanten und leistungsfähigen Triebfahrzeugpark beschafft und dabei mehrmals regelrechte Pionierarbeit bei der Erprobung und Weiterentwicklung moderner Schienenfahrzeuge geleistet. Erinnert sei an die für den Schnellverkehr Hamburg–Lübeck–Travemünde bestimmten Lokomotiven, die zunächst bewährten preußischen Vorbildern folgten, dann aber mit den 1′B1′-h2-Stromlinientenderlokomotiven für die epochemachenden Doppelstockzüge der LBE einen Höhepunkt erreichten. Bedauerlich, daß die hochmoderne 1′Co2′-h6-Stromlinientenderlokomotive mit Einzelachsantrieb unvollendet blieb! Immerhin konnte aber die LBE die einzige deutsche Kleinlokomotive mit Hochdruck-Dampferzeuger und Dampfmotorantrieb in Dienst stellen. Auch ein moderner Dampftriebwagen war beschafft worden. Bemerkenswert ist auch der spätere Ankauf von zwei schweren 1′E-h2-Güterzuglokomotiven, die von Schwartzkopff, der polnischen Gattung Ty 23 entsprechend, ursprünglich für die PKP gebaut worden waren.

Zunächst genügte für die Bezeichnung der Lokomotiven der LBE eine Namensgebung. Später wurden zusätzlich zu diesen Namen noch Betriebsnummern vergeben. Vom Jahre 1917 ab beschränkte man sich auf eine Nummerung. Hierbei war der Zahlenbereich von 1 bis 60 für Schnellzug- und Personenzuglokomotiven, von 61 bis 100 für Güterzuglokomotiven und von 101 ab für Tenderlokomotiven vorgesehen.

Vom Jahre 1903 an wurden die Lokomotiven zu Gattungen zusammengefaßt und mit entsprechenden Gattungszeichen versehen. Diese waren preußischen Vorbildern entlehnt. Ab 1924 führte man die Gattungszeichen der DRG ein. Nachstehend eine Übersicht der von der LBE zur DRG gelangten Triebfahrzeugbauarten:

Bauart	Gattungsbezeichnungen ab 1903	ab 1924	DRG
2′B-h2-Schnellzuglokomotive	S 5	S 24.16	13 001′′
2′C-h4-Schnellzuglokomotiven	S 10	S 35.16	17 141...
2′C-h3-Schnellzuglokomotiven	S 10²	S 35.16...	17 301′′..
D-n2-Güterzuglokomotiven	G 7	G 44.13	55 681...
1′C-h2-Personenzuglokomotiven	P 6	P 34.16 (Umbau aus G 6)	37 201...
1′C-h2-Güterzuglokomotiven	G 6	P 34.16	37 205...
(1′Co2′-h6-Tenderlokomotive)	G 6	(St 36.17) (Umbau unvollendet)	(37 202)/(77 1001)
1′D-n2v-Güterzuglokomotiven	G 7³	G 45.13 (ex KPEV)	56 001′′...
1′D-h2-Güterzuglokomotiven	G 8²	G 45.16	56 3001...
1′D-h2-Güterzuglokomotiven	–	G 45.17	56 3003...
1′E-h2-Güterzuglokomotiven	–	G 56.17 (entspr. PKP Ty 23)	58 601...
B-n2-Tenderlokomotiven	T 1	Gt 22.14	88 7001...
1′B1′-h2-Tenderlokomotiven	–	St 24.18... (Stromlinien-verkldg.)	60 001...
C-h2-Tenderlokomotiven	–	Gt 33.19	89 901...
C1′-n2-Tenderlokomotiven	T 9	Gt 34.14	90 241...
C1′-n2-Tenderlokomotiven	T 9¹	Gt 34.14 (ex KPEV/DRG)	90 243...
1′C-n2-Tenderlokomotiven	T 10	Pt 34.15...	74 361...
1′C-h2-Tenderlokomotiven	T 12	Pt 34.16...	74 1311...
1′C-h2-Tenderlokomotiven	T 12	Pt 34.17 (Stromlinien-verkldg.)	74 1317...
D-h2-Tenderlokomotiven	–	Gt 44.18	92 431...
B-bel Kleinlokomotiven	–	Kbe (benzin-elektrisch)	Kbe 4995...
B-h2-Kleinlokomotive	–	DM (Dampf-Motoren)	Kd 4994
Bo′2′-h4v-Dampftriebwagen	–	–	63
B-dmech-Dieseltriebwagen	–	VT	821...

4.14 Braunschweigische Landeseisenbahn-Gesellschaft (BLE)

Gleichzeitig mit der vorgenannten LBE wurde mit Wirkung vom 1. Januar 1938 auch der Betrieb der Braunschweigischen Landeseisenbahn-Gesellschaft verstaatlicht. Damit kam eine langgestreckte Verbindungsbahn mit etwa 110 km Streckenlänge zwischen Fallersleben, Braunschweig, Hoheweg, Derneburg und Seesen mit einer kurzen Stichbahn von Hoheweg nach Wolfenbüttel zur DRG, die vor allem dem Transport landwirtschaftlicher Erzeugnisse sowie anfangs auch der Kali-Abfuhr gedient hatte.

Die ursprünglichen Eigentümer, ein Konsortium braunschweigischer Banken, hatten den Bahnbau verhältnismäßig schnell vorangetrieben. Am 18. Juli 1886 konnten als erstes Teilstück die 44,2 km zwischen Braunschweig-Nord und dem südwestlich davon gelegenen Derneburg eröffnet werden. Neben der Weiterentwicklung in Nord- und Südrichtung in dem hügeligen Gelände am Rande des Elm und an den Ausläufern des Harzvorlands übernahm die Bahn vor allem im Braunschweiger Raum die Bedienung vieler Industriebetriebe und Handelsunternehmen. Aber der Plan der damaligen Reichsregierung, wegen der reichen Eisenerzvorkommen im Raum von Salzgitter ein großes Eisen- und Stahlwerk zu errichten, veränderte ab 1936 die dortige Wirtschaftsstruktur grundlegend und wies der BLE andere Aufgaben zu, denen sie dann schließlich nicht mehr gewachsen schien.

Der Lokomotivpark der BLE, zunächst fast ausnahmslos aus C-n2-Tenderlokomotiven bestehend, war vor allem auf den Gütertransport ausgerichtet. Schnellere Personenzuglokomotiven fehlten lange Zeit. Nach dem Ersten Weltkrieg ließ die rückläufige Finanzlage kaum noch Neubeschaffungen zu und zwang zum Ankauf älterer DRG-Lokomotiven. Erst in den Jahren 1934–37 konnten moderne Heißdampflokomotiven für den gestiegenen Personenverkehr in Betrieb genommen werden. Hervorgehoben sei hierbei die große 1'D1'-h2-Tenderlokomotive Nr. 44 mit ihren großen seitlichen Wasserkästen und Windleitblechen, für die die DRG, obgleich den technisch-konstruktiven Voraussetzungen der vorhandenen Baureihe 93 entsprechend, bemerkenswerterweise eine besondere Baureihe vorsah.

Die Lokomotiven trugen bis zum Jahre 1917 durchlaufende Betriebsnummern und Namen der Städte, Gemeinden und Flüsse, die durch die Strecken der BLE berührt wurden. Ab 1917 entfielen (wie bei der LBE) diese Namen. Einige der dann verbliebenen Betriebsnummern wurden nach Ausmusterung oder Verkauf älterer Lokomotiven erneut besetzt. Da es eine Gattungsbezeichnung für die Lokomotiven im zuletzt recht vielgestaltigen Betriebspark nicht gab, wurden nur intern mit KPEV- oder DRG-Vorbildern vergleichbare Sammelbezeichnungen verwendet. Folgende Bauarten wurden von der DRG übernommen und umgezeichnet:

Bauart	(Gattungsbezeichnung)		DRG
C-n2v-Güterzuglokomotiven	(G 4²)	(ex KPEV/ DRG)	53 7001''...
C-n2-Tenderlokomotiven	(T 3)		89 7531...
1'C-n2-Tenderlokomotiven	(T 9²)	(ex KPEV/ DRG)	91 131...
1'C-h2-Tenderlokomotiven	(Gt 34.14)	(ELNA-Typ 2)	91 201...
D-h2-Tenderlokomotive	(T 13¹)		92 421
D-n2-Tenderlokomotive	(T 13)		92 1081
1'C1'-h2-Tenderlokomotiven	(Pt 35.16)		75 601...
1'D1'-h2-Tenderlokomotive	(Pt 46.15)		79 001''
(1A)(A1)-dmech Triebwagen	(BCPw 4vT)		137 237
A1A-g²t + 2'2'-del Triebzug	(Pw3ivT + DC4ivS)		137 238 a/b

4.15 Österreichische Bundesbahnen (BBÖ)

Die Okkupation Österreichs durch das Deutsche Reich führte dazu, daß die BBÖ mit 4413,8 km Streckenlänge und allen Betriebsmitteln mit Wirkung vom 18. 3. 1938 von der DRG übernommen wurde. Im gleichen Jahre erfolgte dann die Umzeichnung des recht vielgestaltigen, interessanten Fahrzeugparks. Immerhin hatte Österreich auf dem Gebiete des Eisenbahnwesens lange Traditionen. Wertvolle Pionier- und Entwicklungsarbeit war geleistet worden.

In der weiträumigen österreichisch-ungarischen Monarchie hatte man schon sehr bald die staatserhaltende, völkerverbindende und wirtschaftsbefördernde Funktion künftiger Eisenbahnen erkannt und wandte sich deshalb schon sehr früh dem Bahnbau zu. So ermöglichte bereits »ein kaiserliches Privilegium« vom 7. September 1824 den Baubeginn der mit Pferden betriebenen Bahnverbindung von Linz (Donau) nach Budweis. Im Jahre 1832

konnte der durchgehende Betrieb auf der 129 km langen ersten (und einzigen) Überlandbahn mit Pferdebetrieb in Europa (1106-mm-Spur) eröffnet werden.
Vor dem Bau lokomotivbetriebener Eisenbahnen waren viele Vorurteile und Hindernisse zu beseitigen. Doch am 23. November 1837 konnte der Dampfbetrieb mit der 1A-n2-Personenzuglokomotive AUSTRIA der »k.k. ausschließlich privilegierten Kaiser-Ferdinands-Nordbahn« von Floridsdorf nach Deutsch-Wagram (13,1 km) im Zuge der geplanten Verbindung Wien–Mährisch Ostrau–Krakau aufgenommen werden.
Nach weiteren Bahnbauten und -erweiterungen verfügte Österreich im Jahre 1842 bereits über etwa 380 Gleiskilometer. Mit Erfolg wandte man sich den besonderen technischen Schwierigkeiten beim Bau der ersten Alpenbahnen zu. Eine ganze Reihe neuer privater Eisenbahngesellschaften entstand, wobei allerdings in zunehmendem Maße ausländisches, aber auch staatliches Kapital herangezogen werden mußte. Nach der Kaiser-Ferdinands-Nordbahn (KFNB) waren es vor allem ab 1855 die vorwiegend mit französischen Finanzmitteln erbaute private Österreich-Ungarische Staatseisenbahngesellschaft (StEG), ab 1857 die Südnorddeutsche Verbindungsbahn (SNDVB), ab 1858 die Kaiserin-Elisabeth-Bahn (KEB) und die Südbahn-Gesellschaft (Süd), ab 1868 die Österreichische Nordwestbahn (ÖNWB) sowie ab 1881 die Eisenbahn Wien–Aspang (EWA), die den stetig steigenden Verkehrsbedürfnissen Österreich-Ungarns mit ihren sich ausdehnenden Bahnlinien, wachsenden Einrichtungen, aber auch zuweilen recht unterschiedlichen Fahrzeugen zu entsprechen suchten. Ab 1884 engagierte sich dann auch der Staat wieder in stärkerem Maße. Durch nicht immer völlig freiwillige Ankäufe bestehender Bahnen und durch eigene Streckenneubauten entstanden die kaiserlich-königlichen österreichischen Staatsbahnen (kkStB), die dann allmählich eine Einheitlichkeit im Dienstreglement, im Tarifwesen und in den Lokomotivbezeichnungen einführten. So verloren die KEB und mehrere kleinere Bahnen bereits im Jahre 1884, die KFNB im Jahre 1907 und StEG sowie ÖNWB mit SNDVB im Jahre 1909 ihre Selbständigkeit und kamen durch Ankauf an die kkStB. Die in den Jahren 1889, 1897 und 1898 begonnenen Steyrtalbahn (Steyr), Schneebergbahn (Schneeb) und Niederösterreichischen Landesbahnen (NÖLB) bestanden jedoch zunächst weiter. Bis zum Ersten Weltkrieg verdichtete sich das österreichische Eisenbahnnetz immer weiter und wurde zu einem leistungsfähigen Kommunikations- und Transportsystem.
Der Ausgang des Ersten Weltkriegs brachte jedoch in allem eine jähe Wende! Der mit Österreich am 10. September 1919 abgeschlossene Friedensvertrag von St. Germain-en-Laye traf Staatsverband und Eisenbahn besonders schwer. Im II. Teil dieses Vertrags wurden mit den Artikeln 27 bis 35 neue Grenzen festgelegt, die das bisherige österreichische Staatsgebiet auf einen Rest von etwa 12 % verkleinerten. Gegenstand des XII. Vertragsteils waren das Eisenbahnwesen und die geforderte Abgabe von Betriebsmitteln an die seinerzeit inzwischen gegründete Tschechoslowakei, das neuentstandene Polen, das neugebildete Jugoslawien, an Italien und Rumänien. So verblieb nur der Torso eines Eisenbahnnetzes, der den völlig veränderten wirtschaftlichen Gegebenheiten und der völlig veränderten Bedeutung einzelner Strecken erst angepaßt werden mußte. So wurde nach Wegfall der früher von Wien in nördlicher, östlicher und südlicher Richtung ausgehenden Hauptstrecken die bislang nur wenig bedeutungsvolle kurze »Westbahn« Wien–Salzburg–Innsbruck–Feldkirch zur neuen Magistrale.
Hierdurch entstanden der Eisenbahn weitere Beeinträchtigungen, die deren wirtschaftlichen Spielraum für Erhaltung, Ausbau oder Fahrzeugbeschaffungen fast völlig aufhoben. Eine spezielle internationale »Fahrparkaufteilungskommission« befand in jahrelangen Verhandlungen über die Fahrzeugabgaben an ČSD, PKP, SHS (ab 1929: JDŽ), FS und CFR.
Nachdem ab 12. November 1918 als Rechtsnachfolger der kkStB die »Deutschösterreichischen Staatsbahnen« gebildet worden waren, wurde der Name ab 21. Oktober 1919 in »Österreichische Staatsbahnen« geändert und schließlich ab 1. April 1921 endgültig in »Österreichische Bundesbahnen« (B.B. Österreich) umbenannt.
Die BBÖ übernahmen im Jahre 1922 Betrieb und Fahrzeugpark der NÖLB, 1924 den der Südbahn-Gesellschaft und 1931 den der Steyrtalbahn. Erst im Jahre 1937 kamen noch EWA und Schneebergbahn hinzu, deren Fahrzeuge bei der späteren DRG-Übernah-

me 1938 meist noch gar nicht von den BBÖ umgezeichnet waren.
Die geschichtliche Entwicklung zur BBÖ erklärt wohl eindeutig die Typenvielfalt, das mitunter recht hohe Durchschnittsalter und die oftmals nur geringe verbliebene Stückzahl bestimmter Bauarten des Triebfahrzeugparks. Viele Bahnen hatten zunächst eigene Konstrukteure und Lieferfirmen, was eine völlig uneinheitliche Entwicklung des österreichischen Lokomotivbaus nach sich zog. Erst als Karl Gölsdorf im Jahre 1892 das Konstruktionsbüro der kkStB übernommen hatte, wurden langsam einheitliche Gesichtspunkte entwickelt. Für die allgemein in Österreich-Ungarn geltenden oberbaubedingten Gewichtsbeschränkungen fand Gölsdorf eigene, seinerzeit optimale Lösungen bei seinen Lokomotiven, die auch in überraschender Weise gewissen ästhetischen Grundsätzen entsprachen.
So führte beispielsweise das Bestreben, das Gewicht für die vorderen, schweren Laufachsdrehgestelle bei den sonst überall eingesetzten 2'C- oder 2'C1'-Reisezuglokomotiven einzusparen, zu seinen vielen 1'C1'-Varianten und schließlich zu seinem Meisterstück, den 1'C2'-Schnellzuglokomotiven der Reihen 210, 310 und 310.300. Da zur Erreichung größerer Zugkräfte im Güterzugdienst wegen des niedrigen Achsdrucks vielachsige Lokomotiven gebaut werden mußten, entstand wegen des erforderlichen guten Bogenlaufs auf den krümmungsreichen österreichischen Gebirgsstrecken die bekannte Gölsdorfsche Achsanordnung. Hierbei werden innerhalb und außerhalb des festen Achsstandes liegende Kuppelachsen seitlich verschiebbar angeordnet. Während aus wärmewirtschaftlichen Gründen oft die Verbundwirkung angewandt wurde, entschied sich Gölsdorf erst verhältnismäßig spät für die Anwendung des Heißdampfs.
Die weitere Lokomotiventwicklung wurde dann ab 1916 von Johann Rihosek, später von Alexander Lehner, Adolf Giesl-Gieslingen und anderen geprägt, deren 1'E-Güterzuglokomotiven der Reihen 81, 81.400 und 181, 1'E1'-h2- und D-h2-Tenderlokomotiven der Reihen 82 und 478, 1'D2'-Schnellzuglokomotiven der Reihen 114 und 214, 2'C2'-Tenderlokomotiven der Reihe 729 und 1'F1'-Zahnradlokomotiven der Reihe 369 allerdings für das kleine Österreich nur in geringer Stückzahl gebaut werden konnten.
Trotz der erwähnten permanenten finanziellen Schwierigkeiten wandten sich die BBÖ zwei für einen weiteren ökonomischen Betrieb entscheidenden Problemen zu. So wurden zunächst die wichtigsten Hauptstrecken für eine größere Achslast ausgebaut, was erst den Einsatz der vorgenannten Lokomotiven ermöglichte. Gleichzeitig führte man die von der kkStB nur zögernd betriebene Elektrifizierung nach dem Vorbild der benachbarten deutschen und schweizerischen Bahnen fort. Damals entstanden vor allem die aufsehenerregenden (1A)Bo(A1)- und (1'C) + (C1')-Schnellzuglokomotiven der Reihen 1570, 1670 und 1670.100 bzw. 1100 und 1100.100 sowie verschiedene Elektro-Triebwagen.
Dagegen wurden nur wenige Diesellokomotiven für Normal- und Schmalspur beschafft. Nach vielen Versuchen mit recht unterschiedlichen Triebwagen mit Verbrennungsmotoren entschied man sich schließlich bei der letzten Bauart, dem VT 44, für den dieselhydraulischen Antrieb. Dieser wurde, wie auch andere moderne Triebfahrzeugbauarten der BBÖ, von der DRG zunächst weiterbeschafft.
Das Bezeichnungssystem österreichischer Lokomotiven entwickelte sich analog der Entstehung einzelner Privatbahnen recht unterschiedlich und war schwer überschaubar. Nachdem man die einzelnen Lokomotiven zunächst mit Namen und Bezeichnungen aus unterschiedlichen Bereichen versehen hatte, kam man allmählich ohne zusätzliche Betriebsnummern nicht mehr aus. Da durch Verstaatlichung verschiedener Bahnen schließlich auch Lokomotiven mit gleicher Bezeichnung zusammenkamen, mußte die Direktion für den künftigen Staatseisenbahnbetrieb im Jahre 1882 eine erste, nach Verwendungszweck und Bauart zusammenfassende Reihenbezeichnung einführen. Diese behielt zunächst auch noch ihre Gültigkeit, als am 1. August 1884 die kkStB gebildet worden war.
Diese erste, für die verstaatlichten österreichischen Bahnen gültige Bezeichnungsweise war zweiteilig. Jede Lokomotive erhielt (unter Fortfall bisheriger Namen) durchlaufend eine Betriebsnummer. Unter dieser Lokomotivnummer wurde eine aus zwei großen Buchstaben und eventuell zusätzlich aus einer kleineren römischen Ziffer als Index bestehende Reihenbezeichnung angebracht. Hierbei deutete der erste Buchstabe den Verwendungszweck an, während der zweite die Herkunftsbahn bezeichnete. Hatte nun eine

Bahn für den gleichen Verwendungszweck mehrere unterschiedliche Bauarten beschafft, wurde dies zusätzlich durch den erwähnten Index verdeutlicht. Der erste und der zweite Buchstabe hatten folgende Bedeutung:

A = Personenzuglokomotive
B = Güterzuglokomotive
S = Sekundärzuglokomotive
V = Verschublokomotive

R = Kronprinz-**R**udolf-Bahn
F = Kaiser-**F**ranz-Josef-Bahn
D = **D**almatiner Staatsbahn
V = **V**orarlberger Bahn
I = **I**strianer Staatsbahn
P = Rakonitz-**P**rotiviner Bahn
M = **M**ährische Grenzbahn
K = Eisenbahn Pilsen–Priesen–(**K**omotau)
N = D**n**jestr-Bahn
U = Prag-D**u**xer Eisenbahn
O = Dux-B**o**denbacher Eisenbahn

So hatte beispielsweise die 1938 seitens der DRG von der ČSD übernommene D-n2-Güterzuglokomotive 55 7121 (erbaut Floridsdorf 1884: 535) ursprünglich die Reihenbezeichnung BU_{IV}, Betriebsnummer 26.

Da durch weitere Verstaatlichungen sich sehr bald die Grenzen der ersten Bezeichnungsweise abzeichneten, führten die kkStB auf Vorschlag ihres damaligen Oberingenieurs Hermann von Littrow ein neues Nummernsystem ein, das ab 1886 Gültigkeit erlangte. Das Grundprinzip dieses nach dem Muster der französischen Ostbahn entwickelten Systems behielt für die Bezeichnung der österreichischen Triebfahrzeuge fast bis zum heutigen Tage seine Bedeutung. Jede kkStB-Lokomotive bekam eine drei- bis vierstellige Nummer, deren erste bzw. erste und zweite Ziffer die »Serie« (Reihe) bezeichneten, während die folgenden zwei Ziffern die jeweilige Ordnungsnummer bildeten. Nach dem Verwendungszweck wurden folgende Serienbezeichnungen vorgesehen:

1–9 = Eilzuglokomotiven
10–29 = Personenzuglokomotiven
30–68 = Güterzuglokomotiven mit drei gekuppelten Achsen
69 = Zahnradlokomotiven
70–79 = Güterzuglokomotiven mit vier gekuppelten Achsen
80–89 = Sekundärzuglokomotiven mit zwei gekuppelten Achsen
90–99 = Sekundärzuglokomotiven mit drei gekuppelten Achsen

So wurde die bereits zitierte 55 7121 der ehemaligen Prag-Duxer Eisenbahn als erste Lokomotive ihrer Bauart mit ihren vier gekuppelten Achsen ab 1886 zur 7701.

Da jedoch innerhalb der letzten beiden Stellen nur die Ordnungsnummern 01 bis 99 unterzubringen waren, mußten mehrfach die nachfolgenden Serienbezeichnungen in Anspruch genommen werden, wenn mehr als 99 Lokomotiven der gleichen Bauart vorhanden waren. Dies hatte einmal den Nachteil, daß die meisten Serienbezeichnungen recht bald besetzt waren und nun andererseits die gleiche Bauart aus der neuen Serienbezeichnung nicht mehr ohne weiteres ersichtlich wurde. Zur Erläuterung sei die in großer Stückzahl beschaffte D-n2-Güterzuglokomotive der Serie 73 angeführt. Mit der Nummer 7301 beginnend, wurden die 98., 99., 100. und 101. Lokomotive auf die Nummern 7398, 7399, 7400 und 7401 gesetzt. Noch einmal wurde für Lokomotiven der Serie 73 eine Hunderterreihe mit den Nummern 7498, 7499, 7500, 7501 bis zur 7599 in Anspruch genommen. Dann erweiterte man jedoch ausnahmsweise das System durch Vorsetzen einer 1 zur Serie 173 und teilte die 300. Lokomotive der Serie 73 als 17301 ein, was natürlich die Übersichtlichkeit noch mehr erschwerte. Während jedoch die Serienbezeichnungen 73 und 173 für die gleiche Bauart Gültigkeit hatten, sah man sich bald gezwungen, für neu hinzukommende andere Bauarten neue dreistellige Serienbezeichnungen zu schaffen. So waren dann aber beispielsweise die 7001 (eine D-n2-Güterzuglokomotive der ehemaligen Kaiserin-Elisabeth-Bahn) und die 17001 (eine viel modernere 1'D-n2v-Güterzuglokomotive der kkStB) keinesfalls identisch.

Aus den angeführten wenigen Beispielen wird ersichtlich, daß auch das zweite kkStB-Bezeichnungsschema sehr bald unzureichend wurde und auch die erforderliche Klarheit und Übersichtlichkeit einbüßte, so daß sehr leicht Zweifel auftauchen konnten, welche Lokomotivserien einander glichen und welche von unterschiedlicher Bauart waren. So wurden die im Jahre 1904 eingereichten Änderungsvorschläge des damaligen Oberingenieurs im kk-Eisenbahnministerium, Johann Rihosek, sofort akzeptiert und 1904/05 für die Bezeichnung der immer zahlreicher werdenden Dampflokomotiven und Tender der kkStB eingeführt. Rihosek ging hierbei von folgenden Grundsätzen aus:

Jede normalspurige Dampflokomotivbauart wird durch eine eigene ein-, zwei- oder dreistellige Seriennummer bezeichnet. Bei der Festlegung der Seriennummern ist weitgehend auf das Bezeichnungssystem von 1886 Bezug zu nehmen. Weiterentwicklungen einer Bauart, ähnliche sowie eventuell später noch hinzukommende entsprechende Bauarten können dabei durch Vorsetzen einer Hunderterstelle leicht erkannt, unterschieden oder noch eingefügt werden.

Hierzu folgende erläuternden Beispiele:
Serie 108 = 2'B1'-n4v-Schnellzuglokomotiven ex kkStB
Serie 208 = 2'B1'-n2v-Schnellzuglokomotiven ex ÖNWB
Serie 308 = 2'B1'-n2-Schnellzuglokomotiven ex KFNB
Serie 60 = 1'C-n2v-Güterzuglokomotiven ex kkStB
Serie 160 = 1'C-h2v-Güterzuglokomotiven ex kkStB
Serie 260 = 1'C-n2v-Güterzuglokomotiven ex KFNB
Serie 360 = 1'C-n2-Güterzuglokomotiven ex ÖNWB
Serie 460 = 1'C-h2-Güterzuglokomotiven ex ÖNWB
Serie 560 = 1'C-n2-Güterzuglokomotiven ex StEG
Serie 660 = 1'C-n3v-Güterzuglokomotiven ex StEG
Serie 760 = 1'C-h2-Güterzuglokomotiven ex StEG

Bei kkStB und auch später bei BBÖ und ÖBB erhielten die Tender eine von der zugehörigen Lokomotive unabhängige Nummer! Jeder Tender wird entsprechend seiner Achszahl und Bauart nach dem folgenden Schema gleichfalls einer bestimmten, eigenen Seriennummer zugeordnet. Auch hierbei ist vorgesehen, Weiterentwicklungen und Neuzugänge durch Vorsetzen einer Hunderterstelle zu unterscheiden.
Man ging zunächst von folgendem Schema aus:
Tender, zweiachsig = 1– 9
Tender, dreiachsig = 10–79
Tender, vierachsig = 80–99
Als dreiachsigen Standardtender

Nach Verwendungszweck und Bauart standen also nunmehr die folgenden Seriennummernbereiche zur Verfügung:
(In der nachstehenden Übersicht sind spätere Neubauten/Neuzugänge bereits berücksichtigt,

Schnellzuglokomotiven mit zwei gekuppelten Achsen	=	1– 8, 101–108, 201–208 usw.
Schnellzuglokomotiven mit drei gekuppelten Achsen	=	9–11, 109–111, 209–211 usw.
Personenzuglokomotiven, ungekuppelt (vorgesehen bis 14!)	=	12, 112, 212 usw.
Schnellzuglokomotiven mit vier gekuppelten Achsen	=	13–14, 113–114, 213–214 usw.
Personenzuglokomotiven mit zwei gekuppelten Achsen	=	15–26, 115–126, 215–226 usw.
Personenzuglokomotiven mit drei gekuppelten Achsen	=	27–30, 127–130, 227–230 usw.
Güterzuglokomotiven mit drei gekuppelten Achsen	=	31–67, 131–167, 231–267 usw.
Zahnradlokomotiven	=	68–69, 168–169, 268–269 usw.
Güterzuglokomotiven mit vier gekuppelten Achsen	=	70–79, 170–179, 270–279 usw.
Güterzuglokomotiven mit fünf gekuppelten Achsen	=	80–82, 180–182, 280–282 usw.
Leichte Lokomotiven mit zwei gekuppelten Achsen	=	83–89, 183–189, 283–289 usw.
Leichte Lokomotiven mit drei gekuppelten Achsen	=	90–99, 190–199, 290–299 usw.
Gebirgslokomotiven mit sechs gekuppelten Achsen	=	100,

Die der Serienbezeichnung folgende Ordnungsnummer wird von ersterer durch einen Punkt getrennt. Da die Ordnungsnummer dreistellig sein kann, können nunmehr 999 Lokomotiven gleicher Bauart in einer Serie zusammengefaßt werden.

Hierzu als Erläuterung die innerhalb der Darstellung des Bezeichnungsschemas von 1886 zitierten Lokomotivnummern:

7701 wird 77.01	7401 wird 73.101	7599 wird 73.299
7301 wird 73.01	7498 wird 73.198	17301 wird 73.301[1)]
7398 wird 73.98	7499 wird 73.199	7001 wird 70.01
7399 wird 73.99	7500 wird 73.200	17001 wird 170.01
7400 wird 73.100	7501 wird 73.201	

[1] Da weitgehend auf das Bezeichnungssystem von 1886 Bezug genommen werden sollte, „verwandelte" man die 17301, 17302 usw. unter Weglassen der Ordnungsnummer 300 in die 73.301, 73.302 usw.

könnte man den in über 3000 Exemplaren für österreichische Bahnen beschafften der Serie 156 bezeichnen, der eine Weiterentwicklung der Serie 56 aus dem Jahre 1894 darstellte. Bekannt wurde auch der elegante Gölsdorfsche Vierachs-Tender der Serie 86, der hinter den Schnellzuglokomotiven der Serien 108, 210 und 310 lief.
Die Serienbezeichnung der Schmalspurlokomotiven erfolgt, ihrem ersten, hauptsächlichen Einsatzgebiet entsprechend, durch einen Großbuchstaben. Hierzu kann als Zusatzkennung ein bauartspezifisches v (Verbund), h (Heißdampf) oder z (Zahnrad) treten. Wie bei den Normalspurlokomotiven und Tendern folgt dann, durch einen Punkt getrennt, die ein- und zweistellige Ordnungsnummer.
Hierzu einige Beispiele:
Kh.1 = Strecke **K**ühnsdorf–Eisenkappel, Heißdampf, Ordnungsnummer 1
U.42 = Strecke **U**nzmarkt–Mauterndorf, Ordnungsnummer 42
Yv.3 = **Y**bbstalbahn, Verbund, Ordnungsnummer 3
Im Jahre 1907 führte man hinsichtlich der Festlegung der Ordnungsnummern eine Änderung ein, die eine Unterscheidung einzelner Bauartvarianten ermöglichen sollte, leider aber damit den verfügbaren Nummernraum wiederum auf 99 beschränkte. So sah man sich hinsichtlich der später in größerer Stückzahl beschafften Bauartvariante 80.900 bei kkStB und BBÖ genötigt, die jeweils erreichten Hunderter durch Einfügen einer Tausenderstelle (!) kenntlich zu machen.
Einige technische Gesichtspunkte zur Festlegung solcher Unterscheidungen von Bauartvarianten und die Handhabung der bei 80.900 erforderlichen Sonderregelungen seien nachstehend erläutert:

Serie 310.	= Normalkessel
Serie 310.300	= Brotan-Kessel
Serie 110.	= Normaler Naßdampf-Kessel
Serie 110.500	= Clench-Crawford-Dampftrockner
Serie 80.	= Verbund, ND-Zylinder mit Flachschieber
Serie 80.100	= Verbund, ND-Zylinder mit Kolbenschieber
Serie 80.900	= Zwillingstriebwerk
Nr. 80.999	= Zwillingstriebwerk, 99. Lokomotive
Nr. 80.1900	= Zwillingstriebwerk, 100. Lokomotive
Nr. 80.2975	= Zwillingstriebwerk, 275. Lokomotive
Nr. 80.4919	= 419. Lokomotive

Dieses Bezeichnungssystem aus dem Jahre 1904, charakterisiert durch vorgenannte vier Grundsätze und die Änderung von 1907, behielt seine Gültigkeit auch für Dampflokomotiven und Tender der BBÖ und fand sinngemäß Anwendung bei der Bezeichnung der Triebfahrzeuge späterer Traktionsarten. Allerdings bürgerte sich statt des bisherigen Begriffs Serie allmählich das Wort Reihe ein.
Nachdem der elektrische Betrieb bereits auf einigen Privatbahn-Strecken Österreich-Ungarns eröffnet worden war, begannen die kkStB am 28. Oktober 1912 mit der elektrischen Zugförderung erstmalig auf dem Teilstück Innsbruck–Scharnitz der seinerzeit geplanten Karwendelbahn bis zum bayerischen Mittenwald. Mit großem Weitblick hatte man sich in Übereinstimmung mit der KBayStB, der KPEV und den SBB, also möglichen späteren Anschlußbahnen, für 15-kV-/16,7-Hz-Einphasenwechselstrom entschieden. Die Elektrifizierung wurde jedoch, wie bereits erwähnt, vor allem erst von den BBÖ weitergeführt.
Zum deutlichen Unterschied von den Dampflokomotiven wurden für die elektrischen Lokomotiven der kkStB und der BBÖ grundsätzlich vierstellige Reihennummern vorgesehen. Diese wurden (ähnlich wie die heutigen EDV-Betriebsnummern für die elektrischen Lokomotiven der DB) mit der Kennzahl 1 begonnen und dann inhaltlich in Anlehnung an die vorstehend aufgeführten Seriennummernbereiche für die Dampflokomotiven der kkStB ergänzt. Nur bei elektrischen Triebwagen wurde den Reihenbezeichnungen 10 bis 30 ein »ET« vorangesetzt. Die zwei- bis dreistelligen Ordnungsnummern wurden durch einen Punkt von der Reihenbezeichnung getrennt. So wurde aus der Reihenbezeichnung 29 der Dampflokomotive für Personenzüge (mit drei gekuppelten Achsen) die 1'C1'-w^{2}u-Personenzuglokomotive 1029, die spätere E 33 der DRG. Aus der dreifach gekuppelten Güterzug-Dampflokomotive der Reihe 60 leitete man die Reihenbezeichnung für die 1'C-w^{1}k-Güterzuglokomotiven der Karwendelbahn als 1060 ab. Die sechs gekuppelten Achsen der Gölsdorfschen Gebirgsloko-

motive 100.01 konnte man im Prinzip bei der späteren Reihe 1100 für die großen (1'C) (C1')-w^{4}u-»Krokodile« wieder finden.
Für die wenigen Lokomotiven mit Verbrennungsmotoren sahen die BBÖ ebenfalls vierstellige Reihenbezeichnungen vor, diesmal jedoch mit der Kennziffer 2 beginnend. Die entsprechenden Triebwagenreihen nannte man VT 10 bis VT 70. Schmalspurige Lokomotiven kennzeichnete man zusätzlich (im Schriftverkehr) durch einen schrägen Bruchstrich und ein nachfolgendes s. So gab es beispielsweise die Reihen 2000, 2020, 2041/s, 2070/s und VT 63.
Nach dem Ende des Zweiten Weltkriegs führten dann die ÖBB ab 1953 ein verändertes Bezeichnungssystem für ihre Triebfahrzeuge ein, bei dem einerseits die im Jahre 1938 eingeführten DRG-Betriebsnummern Berücksichtigung fanden, andererseits sämtliche früheren Buchstabenkennungen (Yv, Kh, VT, E, ET, V) wegfielen.
Im Jahre 1938 wurden Triebfahrzeuge folgender BBÖ-Reihen von der DRG übernommen:

Bauart	BBÖ-Reihe	DRG
Dampflokomotiven		
1'D2'-h2-Schnellzuglokomotiven	214	12 001...
1'D2'-h3-Schnellzuglokomotive	114	12 101
2'B-n2v-Schnellzuglokomotiven	106	13 101...
2'B-n2v-Schnellzuglokomotiven	206	13 151...
2'B-h2v-Schnellzuglokomotiven	306	13 201...
2'B1'-n2-Schnellzuglokomotiven	308	14 001^{II}...
1'C1'-h4v-Schnellzuglokomotiven	10	15 001^{II}...
1'C2'-h4v-Schnellzuglokomotiven	310	16 001^{II}...
2'C-h2i-Schnellzuglokomotiven	409	17 601^{II}...
2'D-h2-Personenzuglokomotiven	570	33 001...
2'D-h2-Personenzuglokomotiven	113	33 101...
C-n2-Personenzuglokomotive	231	34 7001
1'C1'-n4v-Personenzuglokomotiven	110	35 001...
1'C1'-n4v-Personenzuglokomotiven	110.500	35 004...
1'C1'-n2v-Personenzuglokomotiven	329	35 101...
1'C1'-h2-Personenzuglokomotiven	429.900	35 201...
1'C1'-h2v-Personenzuglokomotiven	429	35 301...
2'B-n2-Personenzuglokomotiven	(EWA: IIa)	36 7001^{II}...
2'C-h2-Personenzuglokomotiven	209	38 4101...
1'D1'-h2-Personenzuglokomotiven	670	39 301...
1B-n2-Güterzuglokomotiven	(EWA: IIb)	52 7001...
C-n2-Güterzuglokomotiven	47	53 7101^{II}...
C-n2-Güterzuglokomotiven	49	53 7111^{II}...
C-n2-Güterzuglokomotive	58	53 7121^{II}
C-n2-Güterzuglokomotiven	56	53 7131^{II}...
C-n2v-Güterzuglokomotiven	59	53 7201...
C-n2-Güterzuglokomotiven	(EWA: IIIc)	53 7301...
1'C-n2v-Güterzuglokomotiven	60	54 001^{II}...
1'C-n2v-Güterzuglokomotiven	260	54 101...
1'C-n2-Güterzuglokomotiven	360	54 201''...
1'C-n2-Güterzuglokomotive	360.100	54 203^{II}
1'C-n2v-Güterzuglokomotiven	360	54 301^{II}...
1'C-h2-Güterzuglokomotiven	460	54 401...
D-n2-Güterzuglokomotiven	73	55 5701^{II}...
D-n2-Güterzuglokomotiven	174	55 5901^{II}...
D-n2-Güterzuglokomotive	174.500	55 5913^{II}

Bauart
D-n2-Güterzuglokomotiven
1'D-n2v-Güterzuglokomotiven
1'D-n2v-Güterzuglokomotiven
1'D-h2-Güterzuglokomotiven
E-n2v-Güterzuglokomotiven
E-n2v-Güterzuglokomotiven
E-h2-Güterzuglokomotiven
E-h2-Güterzuglokomotiven
E-h2-Güterzuglokomotiven
E-h2-Güterzuglokomotiven
E-h2v-Güterzuglokomotiven
E-h2-Güterzuglokomotiven
1'E-h2-Güterzuglokomotiven
1'E-h2-Güterzuglokomotiven
1'E-h2v-Güterzuglokomotiven
1'E-h2-Güterzuglokomotiven
1'E-h4v-Güterzuglokomotiven
1A1-n2-Tenderlokomotiven
1A1'n2v-Tenderlokomotive
1'B1'-h2-Tenderlokomotiven
1'C1'-n2v-Tenderlokomotiven
1'C1'-n2v-Tenderlokomotiven
1'C1'-n2v-Tenderlokomotiven
1'C1'-n2v-Tenderlokomotiven
1'C1'-h2v-Tenderlokomotiven
2'C1'-h2-Tenderlokomotiven
2'C1'-h2-Tenderlokomotiven
2'C1'-h2-Tenderlokomotiven
2'C2'-h2-Tenderlokomotiven
B-n2-Tenderlokomotiven
1'B-n2v-Tenderlokomotive
B-n2-Tenderlokomotiven
C-n2-Güterzuglokomotive
1'C1'-n2v-Tenderlokomotiven
C1'-n2-Tenderlokomotiven
D-n2-Tenderlokomotiven
D-n2-Tenderlokomotive
D-n2v-Tenderlokomotiven
D-n2v-Tenderlokomotiven
D-h2-Tenderlokomotiven
1'D1'-h2-Tenderlokomotiven
1'E1'-h2-Tenderlokomotiven
C1'-n2(4v)-Zahnradlokomotiven
F-n2(4v)-Zahnradlokomotiven
C-n2-Tenderlokomotiven
1'C-n2v-Tenderlokomotiven
1'C-n2v-Tenderlokomotiven
1'C-h2-Tenderlokomotiven
C-n2-Tenderlokomotive
C-n2-Tenderlokomotiven
B-n2-Tenderlokomotive
C1'-n2v-Schmalspurlokomotiven
C1'-h2-Schmalspurlokomotive
C1'-h2-Schmalspurlokomotiven
C2'-n2v-Schmalspurlokomotiven
D1'-h2-Schmalspurlokomotiven
D2'-n2v-Schmalspurlokomotiven

BBÖ-Reihe	DRG
571	55 7001...
170	56 3101...
170.3000	56 3308...
270	56 3401...
180	57 001^{II}...
180.500	57 006^{II}...
680	57 051^{II}...
80.600	57 101^{II}...
80.900	57 201^{II}...
80.800	57 319...
80	57 401^{II}...
480	57 601...
81	58 701...
81.400	58 756...
181	58 801...
580	58 901...
380.100	58 951...
12	69 001...
112	69 011
DT 1	71 501... (»**D**ampf**t**riebwagen«)
229	75 701...
229.400	75 765...
229.500	75 770...
229.800	75 781...
29	75 801...
629	77 201...
629.100	77 266...
629.500	77 281...
729	78 601...
184	88 001...
189	88 7101^{II}
(Schneeb: IId)	88 7201^{II}...
92	(89 8101^{II})
30	90 1001...
(EWA: IIIb)	90 7001...
578	92 2101...
178.900	92 2201
178	92 2211...
178.800	92 2219...
478^{II}	92 2301...
378^{II}	93 1301...
82	95 101...
69	97 201^{II}...
269	97 301^{II}...
162^{II}	98 1201...
99	98 1301...
199	98 1331...
399	98 1401...
96	98 7001
97	98 7011^{II}...
14	98 7901
Uv	99 801...
Bh	99 811
Uh	99 821...
Yv	99 901...
P	99 1001...
Mv	99 1101...

Bauart	BBÖ-Reihe	DRG
D2'-h2-Schmalspurlokomotiven	Mh	99 1111...
E-h2-Schmalspurlokomotive	Kh	99 1201
C1'-n2-Schmalspurlokomotiven	T	99 7801...
C1'-n2-Schmalspurlokomotiven	U	99 7811...
C1'-n2-Schmalspurlokomotiven	(Steyr: –)	99 7831...
21'-n2(b)-Schmalspurlok f. Zahnradbetrieb	Zz	99 7301...
Dampftriebwagen		
1'B1'-h2-Dampftriebwagen	DT 1	71 501.../(vgl. Tenderlokomotiven)
B'2'-h3-Dampftriebwagen	DT 2	17
Elektrische Lokomotiven		
(1A)Bo(A1)-w^4e-Schnellzuglokomotiven	1570	E 22 001...
(1A)Bo(A1)-w^8e-Schnellzuglokomotiven	1670	E 22 101...
(1A)Bo(A1)-w^8e-Schnellzuglokomotiven	1670.100	E 22 210...
1'C1'-w^2u-Personenzuglokomotiven	1029	E 33 01...
Bo'Bo'-w^4e-Personenzuglokomotiven	1170	E 45 01...
Bo'Bo'-w^4e-Personenzuglokomotiven	1170.100	E 45 101...
Bo'Bo'-w^4e-Personenzuglokomotiven	1170.200	E 45 201...
1'C-w^1k-Güterzuglokomotiven	1060	E 60 101...
D-w^1u-Güterzuglokomotiven	1070	E 61 01^{II}...
D-w^1u-Güterzuglokomotiven	1070.100	E 61 101...
1'B1-w^1k-Personenzuglokomotiven	1005	E 72 001...
E-w^3u-Güterzuglokomotiven	1080	E 88 001...
E-w^3u-Güterzuglokomotiven	1080.100	E 88 101...
E-w^2u-Güterzuglokomotiven	1280	E 88 201...
1'E1'-w^3u-Güterzuglokomotive	1082	E 88 301
(1'C)(C1')-w^4u-Güterzuglokomotiven	1100	E 89 001...
(1'C)(C1')-w^4u-Güterzuglokomotiven	1100.100	E 89 101...
Bo-g^2t-Rangierlokomotiven	1085	E 171 01...
Bo'Bo'-g^4t-Rangierlokomotiven	1478	E 172 01...
Bo'Bo'-g^4t-Rangierlokomotive	1479	E 173 01
C'C'-w^2u-Schmalspurlokomotiven	E	E 99 01...
Elektrische Triebwagen		
Bo'2'-w^2t-Schnelltriebwagen	ET 11	ET 42 01...
(A1A)3'-w^2t-Schnelltriebwagen	ET 10	ET 83 01...
Bo'Bo'-w^4t-Gütertriebwagen	ET 30	ET 9401...
Bo-g^2t-Straßenbahntriebwagen	ET 24	ET 187 21...
Lokomotiven mit Verbrennungsmotoren		
Bo-del-Rangierlokomotive	2000	V 15 001
A1A-del-Güterzuglokomotive	2020	(V 20 001)
Bo-bel-Schmalspurlokomotive	2021/s	V 12 901
Bo-del-Schmalspurlokomotiven	2040/s	V 15 901...
Bo'Bo'-del-Schmalspurlokomotive	2070/s	V 20 901
1'Bo1'-del-Schmalspur-Gepäcklokomotiven	2041/s	137 332... (bei Triebwagen eingeordnet)
Triebwagen mit Verbrennungsmotoren		
1A-bmech-Triebwagen	VT 10	717^{II}
1A-bmech-Triebwagen	VT 11	718^{II}...
B-bmech-Triebwagen	VT 23	720^{II}
A1-bmech-Triebwagen	VT 30	721^{II}
1A-bmech-Triebwagen	VT 31	722^{II}
Bo-bel-Triebwagen	VT 40	723
1A-bmech-Triebwagen	VT 60	724...
1A-bmech-Schienen-Lastkraftwagen	VT 160	728

Bauart	BBÖ-Reihe	DRG
A1-bmech-Triebwagen	VT 61	729
Bo-bhydr-Triebwagen	VT 62	730...
(1A)(A1)-bmech-Triebwagen	VT 12	767...
(1A)(A1)-bmech-Triebwagen	VT 20	770
(1A)(A1)-bmech-Triebwagen	VT 21	771
(1A)(A1)-bmech-Triebwagen	VT 22	772
B'2'-bhydr-Triebwagen	VT 50	773
Bo-del-Gepäcktriebwagen	VT 70	823...
Bo'2'-del-Schnelltriebwagen	VT 41	880...
(1A)(A1)-del-Schnelltriebwagen	VT 42	890...
(1A)A'-del-Schnelltriebwagen	VT 43	904
B'2'-dhydr-Schnelltriebwagen	VT 44	905...
(1A)(A1)-dhydr-Schnelltriebwagen	VT 63	931...
1'Bo1'-del-Schmalspur-Gepäcklokomotiven	2041/s	137 332... (vgl. Lokomotiven mit Verbrennungsmotoren)

Es ist bemerkenswert, daß man die normalspurigen VT der ÖBB sofort bei den älteren DRG-Triebwagen einnummerte und für sie in keinem Falle die möglichen Reihen 133, 135 oder 137 vorsah.

4.16 Lokalbahn-Aktiengesellschaft München (LAG)

Am 1. August 1938 wurden die bis zu diesem Zeitpunkt noch verbliebenen Betriebsteile und Strecken der Lokalbahn-Aktiengesellschaft München (insgesamt 185,7 km) mit den zugehörigen Fahrzeugen von der DRG übernommen.
Die LAG hatte eine recht wechselvolle, interessante Geschichte hinter sich. Sie war ursprünglich am 9. Februar 1887 von der Kommanditgesellschaft Lokomotivfabrik Krauss & Comp. und der Lokalbahnbau- und Betriebsunternehmung Lechner & Krüzner in München mit der Zielsetzung gegründet worden, in verkehrsmäßig wenig erschlossenen Gebieten einfache Lokalbahnen zu errichten. Hierbei sollten dann ausschließlich Krauss-Lokomotiven zum Einsatz kommen, ein Grundsatz, der bis auf zwei Ausnahmen stets konsequent eingehalten worden ist.
So betrieb die LAG bald eine Reihe unterschiedlicher Stich- und Verbindungsbahnen örtlicher Bedeutung im thüringischen, bayerischen und württembergischen Raum sowie in der Lausitz. Hinzu kamen durch Ankauf in den Jahren 1903 und 1905 zwei bereits elektrifizierte Lokalbahnen mit ihren zugehörigen kleinen Wasserkraftwerken. Eine dritte elektrifizierte Strecke entstand durch Umstellung der vorher ebenfalls käuflich erworbenen Stichbahn von Murnau nach Oberammergau auf 5500 V/15 Hz. Mit dem dort am 24. Januar 1905 eröffneten Betrieb erwarb sich die LAG das Verdienst, die erste Einphasen-Wechselstrombahn Deutschlands geschaffen zu haben.
Durch Streckenneubauten und -erweiterungen sowie durch Aktienbeteiligungen dehnte die LAG das von ihr betriebene oder mitverwaltete System ihrer Strecken in Deutschland und Österreich-Ungarn bis zum Jahre 1918 schließlich auf etwa 1000 km aus. Dazu gehörten der Betrieb der Zahnradbahn von St. Wolfgang auf den Schafberg (1000-mm-Spur), die Abwicklung der Personenschifffahrt auf dem Wolfgangsee und die Bewirtschaftung des Hotels auf dem Schafberg in Österreich. Später war die LAG auch führend am Betrieb der Nebelhorn-Seilbahn bei Oberstdorf und einiger Omnibuslinien beteiligt und besaß weitere Kraftwerke. Charakteristisch blieb aber immer, daß die einzelnen LAG-Strecken und Lokalbahnen kein zusammenhängendes Netz darstellten und hinsichtlich ihrer Betriebsführung, der eingesetzten Fahrzeuge und der Spurweiten den spezifischen Verhältnissen der jeweiligen Bahn angepaßt waren.
Nachdem durch ordentliche Kaufverträge die Feldabahn (Bad Salzungen–Kaltennordheim, 1000-mm-Spur) am 1. April 1904 an die KPEV und die normalspurige Strecke Murnau–Garmisch-Partenkirchen am 1. Januar 1908 an die KBayStB übergegangen waren, brachte das Ende des Ersten Weltkriegs der LAG durch die Konfiskation ihrer in Westungarn gelegenen Lokalbahnen empfindliche Verluste. Am 1. Januar 1920 verkaufte man die Forster Stadteisenbahn an die Stadt Forst/Lausitz. Aus Gründen nachlassender Rentabilität zog sich die LAG 1930 aus der bekannten Salzkammergut-Lokalbahn AG (760-mm-Spur) und der Schafbergbahn zurück.
Doch auch diese »Gesundschrumpfungs«-Maßnahme konnte den weiteren wirtschaftlichen Niedergang der LAG nicht mehr aufhalten. Nachdem bereits seit 1930 keine Dividende mehr gezahlt werden konnte, ab 1934 staatliche Stützung erforderlich wurde, war schließlich keine Mög-

lichkeit mehr vorhanden, dringend erforderliche Erhaltungs-, Modernisierungs- und Erweiterungsvorhaben auszuführen.
So wurden dann 1938 alle Vermögenswerte, aber auch alle Schulden der LAG vom Deutschen Reich übernommen. Diese Übernahme schuf allerdings auch die Möglichkeit, bei der damals geplanten baulichen Neugliederung der Stadt München und des sie umgebenden Verkehrsraums großzügiger und weitsichtiger vorzugehen. Leider verhinderten dann die nachfolgenden Kriegsereignisse die Realisierung dieser Planungen.
Die mit der LAG übernommenen recht vielgestaltigen Betriebsmittel wiesen ein ziemlich hohes Durchschnittsalter auf und bedingten demzufolge immer höhere Wartungskosten. So entsprachen die 36 Dampflokomotiven in vielen Fällen den Bauarten, die Krauss bereits auch an die KBayStB geliefert hatte. Sie stammten größtenteils aus den Baujahren 1890 bis 1910. Lediglich sieben Normalspurlokomotiven und eine für die Schmalspur (Walhalla-Bahn) waren im Zeitraum von 1922 bis 1937 entstanden. Zwei Vertreter der preußischen Gattung T 8, die 1928 seitens der BLE von der DRG erworben worden waren, wurden im Jahre 1930 von der LAG preisgünstig angekauft.
Während die für die Einphasen-Wechselstrombahn Murnau–Oberammergau beschafften vier Elektro-Triebwagen 1938 nicht mehr vorhanden waren, wurden die dortigen fünf elektrischen Lokomotiven unter ihren späteren DRG-Nummern E 69 01 bis E 69 05 sehr bekannt.
Für elektrifizierte, straßenbahnähnliche Strecken besaß die LAG eine ganze Reihe von Elektro-Triebwagen, deren unterschiedliche Bauart (Betriebsspannung, Spurweite, Zug- und Stoßvorrichtungen usw.) jedoch ein Umsetzen auf andere Betriebsteile meist nicht ermöglichte. Hierbei handelte es sich vorwiegend um reine Zweckbauten, deren Äußeres oft recht merkwürdig anmutete. Von den 20 übernommenen ET stammten die meisten aus dem Zeitraum 1895 bis 1908! Lediglich ein Neubau aus dem Jahre 1914 (LAG 875) und zwei 1922 bzw. 1931 durch Umbau entstandene Gütertriebwagen (LAG 891 bzw. LAG 895) waren etwas moderner.
Die Dampflokomotiven der LAG erhielten durchgehende Betriebsnummern entsprechend ihrer Beschaffungsfolge, jedoch ohne Rücksicht auf Bauart und Spurweite. Wegen erfolgter Verkäufe wurden einige Betriebsnummern erneut ebsetzt. Die elektrischen Lokomotiven trugen durchgehend die Nummern 1 bis 5. Die Elektro-Triebwagen hingegen wurden gemeinsam mit den Personen-, Gepäck- und Postwagen genummert. Gattungsbezeichnungen gab es nicht. Nachfolgend eine Übersicht über die von der DRG übernommenen und umgezeichneten Triebfahrzeuge der LAG:

Bauart		LAG-Betriebsnummern	DRG
Dampflokomotiven			
C-h2-Tenderlokomotiven	(KPEV: T 8/BLE 35.../ab 1930 LAG:)	82...	89 1001...
C-n2v-Tenderlokomotiven		42...	98 7101...
1'C-n2-Tenderlokomotiven		27...	98 7201...
1'C-n2v-Tenderlokomotiven		17...	98 7301...
C1'-n2v-Tenderlokomotiven		50...	98 1501...
D-h2-Tenderlokomotiven		80...	98 1601...
D1'-h2-Tenderlokomotiven		84...	98 1701...
1'D1'-h2-Tenderlokomotiven		87...	98 1801...
C1'-n2-Schmalspurlokomotiven	(1000-mm-Spur)	61...	99 251...
D-h2-Schmalspurlokomotive	(1000-mm-Spur)	64^{II}	99 261
Elektrische Lokomotiven			
Bo-w^{2}t-Güterzuglokomotiven	(Einphasen-Wechselstrom)	1^{II}	E 69 01...
Elektrische Triebwagen			
(1A)(A1)-g^{2}t-Triebwagen		501...	ET 183 01...
Bo-g^{2}t-Triebwagen		360...	ET 184 41...
(1A)(A1)-g^{2}t-Triebwagen		772	ET 185 01
A1A-g^{2}t-Triebwagen	(LWör) T 1.../ab 16. 9. 1905 LAG:)	761...	ET 186 01...
A1A-g^{2}t-Triebwagen		181...	ET 186 11...
Bo-g^{2}t-Gütertriebwagen		895	ET 194 11
Bo-g^{2}t-Gütertriebwagen		891	ET 194 21
(A1)(1A)-g^{2}t-Triebwagen	(1000-mm-Spur)	800...	ET 196 01...
Bo-g^{2}t-Triebwagen		875	ET 197 01

4.17 Triebfahrzeuge der Tschechoslowakischen Staatsbahnen (ČSD)

Nachdem die damalige tschechoslowakische Regierung die ihr am 19. September 1938 übermittelten ultimativen Vorschläge Großbritanniens und Frankreichs am 21. September 1938 angenommen hatte, die »hauptsächlich von Sudetendeutschen bewohnten Gebiete« an das Deutsche Reich abzutreten, erfolgte vom 1. bis 10. Oktober 1938 schrittweise die Räumung dieser Landstriche. Am 19. Oktober übernahm die DRG Verwaltung und Betriebsleitung der dortigen ehemaligen ČSD-Strecken. Da jedoch die ČSD fast sämtliche brauchbaren Triebfahrzeuge abgezogen hatte, war der Eisenbahnverkehr zunächst nur mit leichteren DRG-Lokomotiven und mit den danach schrittweise auf Anforderung eines internationalen Ausschusses in die ursprünglichen »Heizhäuser« zurückgeführten Lokomotiven und Triebwagen möglich. Wegen der von dem genannten internationalen Gremium (dem Vertreter Großbritanniens, Frankreichs, Italiens, Deutschlands und der Tschechoslowakei angehörten) streng nach ethnographischen Gesichtspunkten vorgenommenen Grenzziehung entstanden leider für beide betroffenen Seiten durch Streckenunterbrechungen oder Abtrennung von Bahnknotenpunkten und anderen Betriebseinrichtungen teilweise erhebliche Beeinträchtigungen des Verkehrs.

Am 28. Oktober 1918 war die Unabhängigkeit des tschechoslowakischen Staates proklamiert worden. Damit ging ein jahrzehntelanges Streben nach Selbstbestimmung in einem Gebiet in Erfüllung, in dem es bereits wertvolle Traditionen auf dem Gebiet des Eisenbahnwesens gab. So sei an die schon erwähnte Pferdeeisenbahn nach Budějovice aus dem Jahre 1832 erinnert. Auf der KFNB rollten bald darauf die ersten Dampfzüge. Die StEG verband Wien über Brünn mit Bodenbach. Von Reichenberg entwickelte sich die SNDVB in Richtung Pardubitz. Prag, Königgrätz, aber auch Wien und Tetschen wurden Bahnstationen der ÖNWB. Für Nordböhmen gewannen die »k.k. privilegierte Aussig-Teplitzer Eisenbahngesellschaft« (ATE) und die »k.k. ausschließlich privilegierte Buschtehrader Eisenbahn« (BEB) größere Bedeutung. Vor allem für die Kohleabfuhr aus den nordböhmischen Revieren wurden die Prag-Duxer Eisenbahn (Pr-Dux) und die Dux-Bodenbacher Eisenbahn (Dux-B) wichtig. Die Kaschau-Oderberger Bahn (KOB) benötigte für ihre Gebirgsstrecken besonders leistungsfähige Lokomotiven. Neben den genannten größeren Eisenbahnen verdichteten noch viele kleinere Privatbahnen örtlicher Bedeutung das Schienenverkehrsnetz.

Eine gewisse Vereinheitlichung und eine engere Zusammenarbeit der natürlich betrieblich und maschinentechnisch recht unterschiedlich arbeitenden Bahnen ergab sich durch die in den Jahren 1884 bis 1909 vom österreich-ungarischen Staat durchgeführten Verstaatlichungen. So gelangten Dux-B 1886, Pr-Dux 1886, KFNB 1906, StEG 1909 und ÖNWB mit SNDVB ebenfalls 1909 zur kkStB.

Aus den vorstehenden Darlegungen wird ersichtlich, daß bei Bildung der ČSD zunächst ein sehr vielgestaltiger, zum großen Teil überalterter Lokomotivpark vorhanden war. Daran änderten auch die späteren Zuweisungen modernerer kkStB-Bauarten seitens der bereits erwähnten internationalen Fahrparkaufteilungskommission (vgl. Abschnitt 4.15), die Zugänge preußischer Lokomotiven im Rahmen deutscher Reparationsleistungen sowie die Verstaatlichungen der ATE 1922 und der BEB und KOB 1923 nur wenig.

Da die Vielfalt, das hohe Durchschnittsalter und die oftmals nur geringe Stückzahl vieler Lokomotivbauarten sehr hohe Unterhaltungs- und Wartungskosten bedingten, sah man sich seitens der ČSD sehr bald genötigt, modernere eigene Lokomotivtypen zu entwickeln und ältere Maschinen umzubauen. So entstand eine ganze Reihe sehr formschöner Neubauten, die vor allem an Kronenschornstein und charakteristischer Rauchkammertür erkennbar waren. Leider mußte man hier vielfach auf das alte österreichische »Erbe«, die Strecken mit meist nur leichtem Oberbau, Rücksicht nehmen.

Durch die politische Entwicklung der Jahre 1938/39 kamen im sogenannten Sudetenland 3378,7 km ČSD-Strecke zur DRG. Außerdem mußte die Tschechoslowakei aufgrund von Forderungen ungarischer und polnischer Volksgruppen darüber hinaus auch noch Strecken an die MAV und die PKP abtreten.

An Betriebsmitteln mußten die ČSD 877 Dampflokomotiven (vorwiegend ältere Bauarten), 136 Triebwagen und eine kleine elektrische Lokomotive an die DRG ab-

geben. Hiervon wurde allerdings in den Jahren 1942/43 wieder ein Teil an die Böhmisch-Mährischen Bahnen (BMB), den Rechtsnachfolger der ČSD, vermietet oder verkauft.
Die amtliche Umzeichnung dieser Triebfahrzeuge erfolgte aufgrund des DRG-Umzeichnungsplans vom 20. Juni 1939, nachdem inzwischen bereits viele Lokomotiven mit den bisherigen ČSD-Kennzeichen und den vorgesehenen DRG-Nummern gefahren waren. Die Einordnung der älteren Lokomotiven erfolgte dabei oftmals im Anschluß an die bereits vorhandenen bauartgleichen, die vorher von BBÖ übernommen worden waren.
Das erste, bis 1923 gültige Bezeichnungssystem beließ zunächst die bisherigen kkStB-Reihenbezeichnungen und sah lediglich für Neubauten und die übernommenen preußischen Lokomotiven Reihennummern vor, die sich an das kkStB-System anlehnten. So ordnete man beispielsweise die ehemals preußischen D-n2v-Güterzuglokomotiven der Gattung G 7^2 als Reihe 173 und die D-n2-Güterzuglokomotiven der Gattung G 7^1 als Bauartvariante 173.900 ein.
Im Jahre 1924 wurde dann ein völlig neues Bezeichnungssystem für sämtliche ČSD-Dampflokomotiven eingeführt, das bemerkenswerterweise eine gewisse technische Charakterisierung jeder Bauart ermöglichte. Allerdings konnte aus dieser ansonsten recht zweckmäßigen Bezeichnungsweise, wie auch schon aus früheren österreichischen Bezeichnungssystemen, nicht ersichtlich gemacht werden, ob es sich jeweils um eine Schlepptenderlokomotive oder um eine Tenderlokomotive handelte.
Das neue Bezeichnungssystem wurde dreiteilig aufgebaut. Den ersten Teil stellte hierbei die dreistellige, eigentliche Reihennummer dar, die mit großen Ziffern an Rauchkammertür und Führerhaus-Seitenwänden angebracht wurde. Dabei entsprach die jeweils erste Ziffer der Anzahl der gekuppelten Achsen. Die dann an zweiter Stelle folgende Ziffer gab, allerdings verschlüsselt, Aufschluß über die Fahrzeughöchstgeschwindigkeit. (Hierzu mußte diese zweite Ziffer zunächst um drei vermehrt werden. Die daraus entstandene Summe war dann mit 10 zu multiplizieren. Das erhaltene Produkt entsprach dann der Höchstgeschwindigkeit in km/h). Die dritte Ziffer schließlich ergab, um zehn vergrößert, die Achslast in t. Das scheinbar komplizierte, jedoch aufschlußreiche System sei an folgenden Beispielen erläutert:

Die 1'D1'-h3-Personenzuglokomotive der Gattung P 10, DRG ab 39 001, 110 km/h, 19 t hieß also:
4 (vier gekuppelte Achsen) 8 (8 + 3 = 11; 11 · 10 = 110)
9 (9 + 10 = 19) = Reihe 489
Aus der schon mehrfach zitierten Gölsdorfschen 1'C2'-h4v der kkStB-Reihe 310 mit 100 km/h und 15 t wurde nun die ČSD-Reihe 375.

Nach einer kleinen Lücke folgte dann als zweiter Teil der Bezeichnung eine (oftmals mittelgroß dargestellte) Kennziffer zur Charakterisierung oder Abgrenzung bestimmter Bauarten. Statt dieser auf Lokomotivschildern oder -anschriften erkennbaren Lücke bedient man sich allerdings in schriftlichen Dokumentationen, in Statistiken oder Listen nach österreichischem Vorbild vielfach des trennenden Punktes. Auch hierzu einige Beispiele. ČSD-Reihe und Bauart-Kennziffer:

334.2 = 1'C-n2v-Güterzuglokomotiven ex kkStB
334.3 = C-n2v-Güterzuglokomotiven ex KOB
334.4 = 1'C-n2-Güterzuglokomotiven ex ATE
334.5 = C-n2-Tenderlokomotiven ex kkStB
334.6 = 1'C-n2v-Güterzuglokomotiven ex KBayStB

Während diese Kennziffern im allgemeinen ohne System vergeben wurden, bedeutete eine 9, daß es sich hierbei um eine Privatbahnlokomotive im Staatsbetrieb handelte (z. B.: 212.901).
Hinter dieser Kennziffer schloß sich dann als dritter Teil der Lokomotivbezeichnung die eigentliche Ordnungsnummer an. Diese wurde grundsätzlich durch kleinere Ziffern zwei- oder dreistellig gebildet. Aus den vorstehend aufgeführten Beispielen war also die

334.335 die 35. Lokomotive dieser betreffenden Bauart, während
334.401 die erste war.
354.099, 354.0100 und 354.0101 kennzeichneten die 99., 100. und 101. Lokomotive ex kkStB-Reihe 229.

Zur Charakterisierung einer bestimmten Bauart waren also stets Reihennummer und die dann folgende Kennziffer erforderlich. Bei der Festsetzung der Reihennummern ließ später die technische Entwicklung gewisse Grenzen deutlich werden; denn Geschwindigkeiten über 120 km/h und Achslasten über 19 t waren ja nicht darstellbar.
Wie bereits früher bei kkStB wur-

den auch bei ČSD die mit den Dampflokomotiven gekuppelten Tender nach einem besonderen System bezeichnet. Analog der Bezeichnungsweise für Dampflokomotiven ging man gleichfalls von einer dreistelligen Reihennummer und der gleichfalls nach einer Lücke folgenden Kennziffer der Konstruktionsgruppe aus. Hierbei gab die erste Ziffer der Reihenbezeichnung, um 3 vermehrt, den ungefähren Kohlevorrat in m^3 an. Allerdings mußten auch später alle größeren Tender mit mehr als 12 m^3 mit der maximal möglichen 9 versehen werden. Die dann folgende zweite und dritte Ziffer entsprachen dem Wasservorrat in m^3. Erst die dann an fünfter, sechster oder siebenter Stelle folgenden Ziffern bildeten die jeweilige Ordnungsnummer.

Schmalspurlokomotiven wurden durch den Großbuchstaben U (úzkorozchodná = schmalspurig) und eine zweistellige Reihennummer gekennzeichnet. Dazu trat wiederum, durch Lücke getrennt, eine Bauart-Kennziffer. Die erste Stelle der Reihennummer ergab sich aus der Anzahl der gekuppelten Achsen, die zweite entsprach der Achslast.

So ergab sich für die seinerzeit auf der Kleinbahn Bärn-Andersdorf–Hof eingesetzte dritte Schmalspurlokomotive (760-mm-Spur), Bauart C1′-n2, 7 t Achslast, die Bezeichnung U 37.003 (später bei DRG als 99 7842).

Triebwagen mit Verbrennungsmotoren und ältere elektrische Triebwagen wurden durch ein M (motorové vozy) und eine inhaltlich der Charakterisierung der Dampflokomotiven entsprechende dreistellige Reihennummer bezeichnet. Auch hierbei folgte nach einer Lücke eine Kennziffer für die jeweilige Bauart. (Erst später führte man für die elektrischen Gleichstrom- und Wechselstromtriebwagen die Buchstabenkennungen EM bzw. SM ein.) Schmalspurige Triebwagen mit Verbrennungsmotoren trugen gleichfalls das M. Die übrige Nummerung entsprach der bereits erläuterten Bezeichnungsweise für die Schmalspur-Dampflokomotiven. Als Beispiel sei hier ein (A1)2′ + 2′(1A)-dhydr. Triebwagen der DRG-Bauart Stettin genannt, der nach 1945 in den Triebfahrzeugpark der ČSD eingereiht worden war. Es handelte sich dabei um den ehemaligen 137 372 a/137 372 b, der zwei Treibachsen aufwies, eine Höchstgeschwindigkeit von 90 km/h und eine Achslast von 12 t hatte. Er wurde bei ČSD folgerichtig zu M 262 001 a/M 262 001 b.

Die Bezeichnung elektrischer Lokomotiven erfolgte in gleicher Weise wie die der Triebwagen. Hier wurde jedoch der Kennbuchstabe E vorangestellt. Erst nach 1945 war eine Unterscheidung der Gleichstromlokomotiven (E) und der Wechselstromlokomotiven (S) erforderlich.

Im Jahre 1938 wurden Triebfahrzeuge folgender ČSD-Reihen von der DRG übernommen:

Bauart	ČSD-Reihe	DRG
Dampflokomotiven		
1′C1′-h2-Personenzuglokomotiven	354.7	35 242...
1′C1′-h2v-Personenzuglokomotiven	354.7	35 347...
1′C1′-h2-Personenzuglokomotiven	354.8	35 401...
1′C1′-h2-Personenzuglokomotiven	364.0	35 501...
1′C-h2-Personenzuglokomotiven	344.0	37 301...
2′C-n2-Personenzuglokomotiven	354.4	38 4201...
2′C-n2v-Personenzuglokomotiven	354.4	38 4301...
2′C-h2-Personenzuglokomotiven	354.4	38 4401...
C′C-n4v-Güterzuglokomotiven	623.0	61 001...
C′C-h4v-Güterzuglokomotive	623.0	51 003
C-n2-Güterzuglokomotiven	322.4	53 7401...
C-n2-Güterzuglokomotiven	324.3	53 7501...
1′C-n2v-Güterzuglokomotiven	333.1	54 108...
1′C-n2-Güterzuglokomotiven	344.3	54 501...
D-n2-Güterzuglokomotiven	413.1	55 1501...
D-n2-Güterzuglokomotiven	414.0	55 5745...
D-n2-Güterzuglokomotiven	413.2	55 6001″...
D-n2-Güterzuglokomotiven	402.0	55 7101...
D-n2-Güterzuglokomotiven	402.2	55 7111...
D-n2-Güterzuglokomotiven	403.2	55 7121...
1′D-n2v-Güterzuglokomotiven	434.0	56 3310...
1′D-h2-Güterzuglokomotiven	434.2	56 3601...
E-h2-Güterzuglokomotiven	524.2	57 701...
1′E-h2-Güterzuglokomotiven	534.0	58 2201...
2′D2′-h2-Tenderlokomotiven	464.0	68 001...
1′C1′-h2-Tenderlokomotiven	355.0	75 901...
2′C1′-h2-Tenderlokomotiven	354.1	77 301...
C1′-n2-Tenderlokomotiven	312.7	90 301...
D-n2-Tenderlokomotiven	415.0	92 1101...
D-n2v-Tenderlokomotiven	422.0	92 2295...
1′D1′-h2-Tenderlokomotiven	423.0	93 1501...
1′E1′-h2-Tenderlokomotiven	524.1	95 201...
D1′-n2(4)-Zahnradlokomotiven	404.0	97 601...

Bauart	ČSD-Reihe	DRG
C-n2-Tenderlokomotiven	313.4	98 1203...
1'C-n2v-Tenderlokomotiven	320.0	98 1325...
C-n2-Tenderlokomotive	310.0	98 7029
C-n2-Tenderlokomotiven	300.6	98 7701...
C-n2-Tenderlokomotiven	310.1	98 7711...
D-n2-Tenderlokomotiven	400.1	98 7801...
1'D1'-n2-Schmalspurlokomotive	U 48.0	99 1301
C1'-n2-Schmalspurlokomotiven	U 37.0	99 7841...
Elektrische Lokomotive		
Bo-g²t-Rangierlokomotive	E 200.0	E 174 01
Elektrische Triebwagen		
Bo-g²t-Straßenbahntriebwagen	M 201.0	ET 187 01...
Bo-g²t-Straßenbahntriebwagen	M 201.0	ET 187 11
Triebwagen mit Verbrennungsmotoren		
1A-bmech-Schmalspurtriebwagen	M 11.0	136 001...
1A-bmech-Triebwagen	M 120.3	136 026...
1A-bmech-Triebwagen	M 130.2	136 051...
1A-bmech-Triebwagen	M 120.4	136 071...
1A-bel-Triebwagen	M 122.0	136 151...
Bo-del-Triebwagen	M 242.0	136 201...
Bo-bel-Triebwagen	M 232.2	136 251...
2'A-del-Triebwagen	M 120.5	136 300...
2'Bo-del-Schnelltriebwagen	M 275.0	136 400...
(1A)(A1)-bmech-Triebwagen	M 220.1	136 410...
(1A)(A1)-bmech-Triebwagen	M 220.3	136 420...
(1A)(A1)-bmech-Triebwagen	M 221.2	136 430...

(Es fällt auf, daß keine ČSD-Schnellzuglokomotiven übernommen worden waren. Außerdem ist bemerkenswert, daß die DRG für die Triebwagen mit Verbrennungsmotoren die bis dahin nicht vorhandene Baureihenbezeichnung 136 einrichtete.)

4.18 Schafbergbahn (Schafbb)

Nachdem die Lokalbahn-Aktiengesellschaft München (vgl. Abschnitt 4.16) in Verbindung mit der bekannten Bahnbau- und Projektierungsfirma Stern & Hafferl in Österreich mehrere Abschnitte der Salzkammergut-Lokalbahn-AG von Bad Ischl, am Wolfgangsee entlang, in Richtung Salzburg gebaut und in Betrieb genommen hatte (auf Verlangen des österreichischen Generalstabs in der in der Donaumonarchie für Schmalspurbahnen vorherrschenden 760-mm-Spur), wandte man sich vom jenseitigen Ufer des Wolfgangsees einem der beliebtesten Aussichtspunkte Österreichs zu. Man baute eine meterspurige Zahnradbahn von St. Wolfgang am See zur Schafbergspitze (1732 m über NN). Auf einer Streckenlänge von nur 5,8 km überwindet die nach dem System Abt entwickelte Bahn nach Passieren eines Felseinschnitts und eines Tunnels einen Höhenunterschied von 1192 m.

Die Zweckmäßigkeit dieses Bahnbaus und der dabei eingesetzten technischen Einrichtungen und Betriebsmittel geht wohl eindeutig daraus hervor, daß sie noch heute fast unverändert von der ÖBB genutzt werden, während die Salzkammergut-Lokalbahn bereits am 10. Oktober 1957 ihren Betrieb einstellen mußte.

Am 1. August 1893 erfolgte die feierliche Eröffnung der Schafbb. Aus technischen Gründen wird sie seither immer nur während der Sommersaison betrieben. Sie entwickelte sich sehr bald zu einer erstrangigen Touristenattraktion. Zunächst noch zur Salzkammergut-Lokalbahn-AG gehörend, wurde sie 1932 Eigentum des Österreichischen Verkehrsbüros. Am 1. Januar 1939 wurde die Schafbb von der DRG übernommen.

Von besonderem Interesse sind die auf der Schafbb eingesetzten Lokomotiven, die, aus den Jahren 1893 bis 1895 stammend, heute noch immer fast unverändert ihren Dienst versehen! Die stetige, starke Streckenneigung (max. 256 ‰) bedingte nach vorn geneigte Kessel mit stark abgeschrägter Feuerbuchsdecke. Der reine Zahnradbetrieb der nur auf sechs Laufrädern rollenden, dreiachsigen Lokomotiven führte (wie bei den Lokomotiven der Schneebergbahn) zu einem Achsfolge-Kuriosum: Die äußeren Zylinder treiben ja über ein Hebel- und Stangensystem nur die beiden Zahnradachsen an, auf deren äußeren Stümpfen die Tragräder lose sitzen. Nur die seitenverschiebbaren hinteren Laufräder sitzen fest auf einer eigenen Achse.

Jede Lokomotive schiebt jeweils einen der sechs mit übernommenen Personenwagen oder einen der drei Güterwagen. Folgende Lokomotiven gleicher Bauart wurden von der DRG übernommen und umgezeichnet:

Bauart	Ehemalige Betriebsnummern	DRG
2 1′-n2(b)-Zahnradlokomotiven	Z 1 bis Z 6	99 7306 bis 99 7311

4.19 Lausitzer Eisenbahn-Gesellschaft (LEG)

Mit Wirkung vom 1. Januar 1939 wurde der Betrieb der drei Streckenteile der LEG von der DRG übernommen.

Die (bereits im Abschnitt 4.16 vorgestellte) LAG hatte im Rahmen ihrer Streckenneubauten weit außerhalb ihres ursprünglichen Wirkungsbereichs mit der in der Lausitz gelegenen Stadteisenbahn in Forst ein Kuriosum geschaffen. Sie hatte es sich zur Aufgabe gemacht, eine ganze Reihe dort ansässiger kleinerer und größerer Betriebe auf regelspurigem Gleis sowie durch An- und Abfuhr regelspuriger Güterwagen per Rollbock auf meterspurigem Gleis zu versorgen. Ein Personen- oder Überlandverkehr war nicht vorgesehen. Das am 8. Juni 1893 eröffnete Netz war mit seinen Betriebsmitteln bis zum 1. Januar 1920 Eigentum der LAG, dann der Stadt Forst.

Doch auch in dem östlich davon gelegenen Gebiet erkannte die LAG Möglichkeiten des Baus weiterer rentabler Bahnen. So eröffnete man am 1. Oktober 1895 die von der damaligen KPEV-Strecke Kohlfurt–Rauscha–Hansdorf–Sorau–Teuplitz–Forst–Cottbus abzweigende Stichbahn Hansdorf–Priebus. Die guten Betriebsergebnisse des Güter-und Personenverkehrs auf der etwa 23 km langen Strecke nach Priebus, das erst später durch eine Kleinbahn mit dem südlicher gelegenen Wehrkirch (heute: Horka) verbunden wurde, ermunterten die LAG zur Errichtung einer weiteren Bahnlinie in diesem Gebiet.

Bereits am 1. Dezember 1896 konnte die kurze Stichbahn Rauscha–Freiwaldau ihren Betrieb aufnehmen. Die lediglich 8,6 km lange neue Linie zweigte gleichfalls von der bereits genannten KPEV-Strecke Kohlfurt–Sorau ab und hatte, wie bei LAG üblich, keine Verbindung zur Forster Stadteisenbahn oder zur nahegelegenen Strecke Hansdorf–Priebus.

Die LAG nahm aber bald ein viertes Projekt in der Lausitz in Angriff. Es ging dabei um die Verbindung Sommerfeld–Teuplitz–Muskau. Nachdem der Abschnitt Teuplitz–Sommerfeld am 1. Oktober 1897 fertiggestellt worden war, konnte der durchgehende Betrieb bis Muskau ab 25. September 1899 eröffnet werden. Die Streckenlänge von insgesamt 42,7 km veranlaßte jedoch die damalige preußische Regierung, im Hinblick auf die bereits in diesem Gebiet bestehenden übrigen LAG-Bahnen nunmehr eine eigene finanzielle (und dadurch mitbestimmende) Beteiligung zu verlangen. So entstand am 25. September 1899 die »Lausitzer Eisenbahn-Gesellschaft« mit Verwaltungssitz Sommerfeld. Zunächst gehörten nur die Strecken Rauscha–Freiwaldau und Sommerfeld–Muskau zur zwangsweise gegründeten LEG. Per 1. April 1901 kam dann durch Ankauf auch die Linie Hansdorf–Priebus hinzu.

Wenn auch die LAG die Aktienmehrheit an der LEG behielt, so entwickelte sich letztere doch später in zunehmendem Maße unabhängig von ihrem Stammunternehmen weiter. Natürlich kamen alle Dampflokomotiven der LEG von Krauss & Co., München. Obgleich die letzten beiden Bauarten mit den entsprechenden der LAG völlig übereinstimmten, wurden sie seitens der DRG (wohl in Unkenntnis dessen) an anderer Stelle eingenummert.

Zur Beschleunigung des Personenverkehrs auf der Strecke Sommerfeld–Muskau hatte die LEG noch in den Jahren 1935 bis 1937 drei moderne Triebwagen und zwei Steuerwagen beschafft.

Die 1939 erfolgte Verstaatlichung der drei verbliebenen LEG-Strecken und ihre Integration ins Netz der dortigen DRG-Linien hatten zweifellos eine Vereinfachung des Betriebs- und Verwaltungsablaufs zur Folge.

Nachfolgende Triebfahrzeug-Bauarten wurden von der DRG übernommen und umgezeichnet:

Bauart	Ehemalige Betriebsnummern	DRG
D-n2-Tenderlokomotiven	65....	92 2401...
1′C-n2v-Tenderlokomotiven	40....	98 7401″...
C1′-n2v-Tenderlokomotiven	51....	98 7601″...
A1-dhydr-Triebwagen	T 1...	833...

4.20 Triebfahrzeuge der Litauischen Staatsbahnen (LG)

Nach Abschluß eines entsprechenden deutsch-litauischen Abkommens am 22. März 1939 wurde das sogenannte Memelgebiet an das Deutsche Reich zurückgegeben. Hinsichtlich des Eisenbahnwesens in diesem langen, schmalen Gebiet waren davon 138,9 km regelspuriger LG-Strecken, 16 km einer regelspurigen Privatbahn sowie 108 km mehrerer meterspuriger Schmalspurbahnen betroffen. Für diese LG-Strecken, deren wichtigste die Verbindung Tilsit–Memel darstellte, wurden der DRG von LG 17 Dampflokomotiven übergeben, die dann mit Verfügung vom 9. Mai 1939 übernommen und meist im Anschluß an die vorhandenen Triebfahrzeuge gleicher Bauart in den DRG-Nummernplan eingeordnet wurden.

Nachdem am 15. Mai 1920 die bürgerlich-demokratische Republik Litauen mit der Hauptstdt Wilna entstanden war, wurde der neue Staat wegen des inzwischen Lettland zugesprochenen Gebiets um die Hafenstadt Libau laut Artikel 99 des Versailler Vertrags mit dem von Deutschland abzutrennenden Memelland (benannt nach dem ehemaligen deutsch-russischen Grenzfluß Memel) entschädigt.

Die innere politische Zerrissenheit des Landes und eine polnische Intervention erschwerten jedoch wirtschaftlichen Aufbau, Stabilisierung und die Neuordnung des litauischen Eisenbahnwesens. Wilna und das umliegende Gebiet wurden am 9. Oktober 1920 von Polen okkupiert und dem polnischen Staat einverleibt. Die Eisenbahnverwaltung nahm daraufhin zwangsläufig ihren Sitz in Kowno, der neuen Hauptstadt Litauens.

Als schließlich am 15. Januar 1923 das Memelland dem litauischen Staatsgebiet angegliedert wurde, hatte die inzwischen gebildete DRG für die dortigen Eisenbahnstrecken 17 Dampflokomotiven zu übergeben. Es handelte sich dabei um 16 Lokomotiven preußischen und eine ehemals schweizerischen Ursprungs, die teilweise schon im vorläufigen DRG-Umzeichnungsplan erfaßt worden waren. Die gleiche Anzahl von Lokomotiven wurde dann 1939 bei der Rückgabe des Memelgebiets zugrunde gelegt.

Die Entwicklung des litauischen Eisenbahnwesens und seiner Triebfahrzeuge nahm einen wechselvollen Verlauf. Nachdem ursprünglich die 1524-mm-Spur russischer Eisenbahngesellschaften mit den entsprechenden Betriebsmitteln bestimmend gewesen war, führten die Ereignisse des Ersten Weltkriegs im dortigen Gebiet zu einer weitgehenden Umstellung auf Regelspur und auf preußische Triebfahrzeuge. Nach Gründung der LG baute man auch die verbliebenen Breitspurstrekken um, mußte sich aber aus finanziellen Gründen vor allem auf den vorhandenen, höchstens durch Reparationsabgaben etwas vergrößerten Lokomotivpark stützen. Nachdem wenige Neubauten nach bewährten preußischen Vorbildern erfolgt waren, entstanden nur zwei regelspurige und zwei schmalspurige eigenständige LG-Bauarten in geringer Stückzahl. Hierbei führte übrigens Zahlungsunfähigkeit der LG dazu, daß sechs im Jahre 1939 erbaute hochmoderne (der DRG-Baureihe 01 ähnelnde) 2′C1′-h2-Schnellzuglokomotiven an den Hersteller, die Škoda-Werke Pilsen, zurückgegeben werden mußten. Die Lokomotiven wurden von der ČSD noch lange als Reihe 399.0 im schweren Schnellzugdienst eingesetzt.

Das Bezeichnungssystem für die Lokomotivbauarten der LG wurde weitgehend von preußischen Vorbildern abgeleitet. Wie von KPEV bekannt, war auch bei LG die Gattungsbezeichnung zweiteilig. Statt der bekannten preußischen Kennbuchstaben für Schnellzug-, Personenzug-, Güterzug- und Tenderlokomotiven wurden nun die Initialen der entsprechenden litauischen Übersetzungen benutzt.

G	=	Grietas	Schnellzuglokomotive
K	=	Kiliovinis	Personenzuglokomotive
P	=	Prekimis	Güterzuglokomotive
T	=	Tank	Tenderlokomotive

Hierzu traten dann meist die bekannten entsprechenden preußischen Kennzahlen, erforderlichenfalls mit ihrem Index. Lediglich die bereits bei Einführung des LG-Bezeichnunssystems im Jahre 1930 vorhandenen großen Schnellzuglokomotiven der preußischen Gattung S 10, die später beschafften 1′B2′-h2-Tenderlokomotiven und die bereits erwähnten 2′C1′-h2-Schnellzuglokomotiven wurden statt der Kennzahlen mit den kleinen Kennbuchstaben r, k bzw. p versehen.

Aus der preußischen S 3 wurde zunächst die G 3, jedoch später (wegen ihres Alters) die K 3.

Aus der preußischen S 10 wurde

die Gr. P 4^2 wurden zu K 4.2. G 7^1 wurden zu P 7.1. Eine T 14 blieb T 14. Die Nummerung der einzelnen LG-Lokomotiven erfolgte gruppenweise. Hierbei ist besonders zu beachten, daß die Betriebsnummern ausgemusterter oder (für die Strecken des Memellandes) abgegebener Lokomotiven später oftmals zum zweiten Male besetzt wurden! An die DRG übergebene LG-Dampfloks:

Bauart	LG-Gattung	DRG
2'B-n2v-Schnellzuglokomotive	K 3	13 301
2'B-n2v-Personenzuglokomotiven	K 4.2	36 441...
1'C-n2v-Güterzuglokomotiven	P 5.4	54 1101...
D-n2-Güterzuglokomotiven	P 7.1	55 691...
D-n2v-Güterzuglokomotiven	P 7.2	55 1411...

4.21 Triebfahrzeuge der Polnischen Staatsbahnen (PKP)

Nachdem die ersten Toten und Zerstörungen des Zweiten Weltkriegs die geschichtlichen Gegebenheiten und Rechtsverhältnisse in Mitteleuropa weiter verändert hatten, waren die Freie Stadt Danzig und der West- und Mittelteil Polens von deutschen Truppen besetzt. Mit Wirkung vom 1. November 1939 wurden der DRG daraufhin in diesem Gebiet Verwaltung und Betriebsleitung der dortigen polnischen Eisenbahnen (insgesamt 8138,0 km Streckenlänge) übertragen. Die von der PKP stammenden normalspurigen Triebfahrzeuge wurden von DRG übernommen und nach dem Umzeichnungsplan vom 29. August 1941 nummernmäßig in ihren Fahrzeugpark eingereiht. Die schwierigere Erfassung der aufgefundenen Schmalspurlokomotiven ermöglichte deren Umzeichnung erst mit Wirkung des Planes vom 25. Februar 1942.

Die Unterzeichnung des Versailler Friedensvertrags am 28. Juni 1919 brachte für Polen die endgültige Anerkennung als selbständiger Staat. Während allerdings dabei die polnischen Westgrenzen durch den korridorartigen Zugang zur Ostsee und die Bildung der Freien Stadt Danzig weitgehend festgelegt worden waren, annektierte Polen am 9. Oktober 1920 das Litauen zugesprochene Gebiet um Wilna. Nach einem polnischen Einfall in sowjetisches Gebiet wurden außerdem im Frieden zu Riga am 18. März 1921 Polen noch die Westukraine und Westbelorußland zugesprochen. Schließlich besetzte Polen mit deutschem Einverständnis am 3. Oktober 1938 auch das tschechoslowakische Industriegebiet um Teschen, das nach dem dortigen Flüßchen Olsa als Olsagebiet zeichnet wurde.

Entsprechend der Entstehung des polnischen Staatsgebiets aus früheren preußischen, russischen, österreichischen und ungarischen Landesteilen übernahm die neugebildete PKP auch die dort gelegenen Eisenbahnstrecken sowie ein großes Netz kriegsbedingt errichteter Heeresfeldbahnen. Hieraus ergab sich zunächst ein vielgestaltiger Triebfahrzeugpark, dessen Uneinheitlichkeit noch durch stehengebliebene württembergische, sächsische, elsässische und bayerische Lokomotiven, die zum Kriegseinsatz nach Polen gelangt waren, gesteigert wurde.

Da die ehemalige Warschau-Wiener Bahn die einzige russische Regelspurbahn auf dem nunmehr polnischen Gebiet gewesen war, konnten deren Strecken und Betriebsmittel sofort durch die PKP genutzt werden. Die wenigen ostpolnischen Strecken mit 1524-mm-Spur anderer ehemaliger russischer Eisenbahngesellschaften mußten allerdings mit den verbliebenen Fahrzeugen erst umgespurt werden. Der kriegsbedingte Zustand vieler Lokomotiven führte bald bei der PKP zu einem empfindlichen Lokomotivmangel, der auch durch Waffenstillstandsabgaben und spätere Reparationslieferungen nicht wesentlich gemildert werden konnte. So schritt man zum Ankauf ausländischer Lokomotiven. Beispielsweise gelangte dabei eine Anzahl schweizerischer Dampflokomotiven zur PKP, die durch die inzwischen erfolgte Elektrifizierung der Gotthardbahn dort entbehrlich geworden waren. Außerdem ließ man Lokomotiven der bewährten preußischen Gattungen P 8, G 8^1 und G 10 sowie der kkStB-Reihen 80, 270 und 629 nachbauen.

In den Jahren 1922/23 setzten dann auch Entwurf und Bau eigener PKP-Einheitslokomotiven ein. Nachdem zunächst deutsche, belgische und österreichische Firmen mit deren Lieferungen betraut worden waren, versorgten dann allmählich auch die neugegründeten polnischen Lokomotivfabriken das Land. Nach erfolgter Ausmusterung älterer Splittergattungen bestimmten dann schließlich die sehr leistungsfähigen und formschönen polnischen Neukonstruktionen das Bild der PKP. Die PKP bestand im Jahre 1939 aus drei Betriebsteilen. Da man nämlich laut § 104, Absatz 3, des Versailler Vertrags Polen auch mit der Überwachung und Verwaltung des gesamten Eisenbahnnetzes im Gebiet der Freien Stadt Danzig betraut hatte, erhielt dieses Netz innerhalb der PKP eine gewisse Selbständigkeit. Die Lokomotiven der Eisenbahnen der Freien Stadt Danzig (zu denen allerdings niemals polnische Einheitslokomotiven gehört hatten) wurden beispielsweise durch ein der Ordnungsnummer nachgestelltes Dz gekennzeichnet. So gab es neben der »Original-PKP« Od 2-2 (bei DRG später als 36 446) auch die Danziger Od 2-2Dz (bei DRG später als 36 508). Aus Ok 1-2 wurde später die 38 1009″, während Ok 1-2Dz zur 38 1008″ wurde.

Die besondere wirtschaftliche Bedeutung des polnischen Steinkohle-Exports führte schließlich zeitweilig zu einer gewissen organisatorischen Sonderstellung der Kohlenbahn von Oberschlesien zum Hafen Gdingen, deren Lokomotiven und Wagen durch ein FKP kenntlich gemacht worden waren.

Im Auftrage der DRG setzten polnische Firmen 1939/40 den Bau begonnener PKP-Lieferserien fort. Da der bereits erwähnte DRG-Umzeichnungsplan noch nicht vorlag, kam es zu den kurzzeitig gültigen Nummern 39 1001p bis 39 1012p bzw. 58 2718p bis 58 2722p. (Das angefügte »p« sollte auf den polnischen Ursprung hinweisen.) Im Rahmen der späteren endgültigen Umzeichnung erhielten diese Lokomotiven die »richtigen« Nummern 19 155 bis 19 166 bzw. 58 2919 bis 58 2923.

Für normalspurige Dampflokomotiven, deren Tender sowie für die übrigen anderen normalspurigen Triebfahrzeuge hatte man bei der PKP unterschiedliche Bezeichnungssysteme entwickelt. Die Bezeichnung der Schmalspurlokomotiven war uneinheitlich und wurde erst nach 1945 nach einem bestimmten Reihensystem vorgenommen.

Die Gattungsbezeichnung normalspuriger Dampflokomotiven war dreiteilig aufgebaut und sollte eine gewisse Charakterisierung der einzelnen Bauarten ermöglichen.

Im ersten Teil der Bezeichnung stand der Verwendungszweck im Mittelpunkt. Hierüber gaben ein oder zwei Großbuchstaben Auskunft, deren Bedeutung nachstehender Übersicht zu entnehmen ist:

P	Pospieszny	=	Schnellzuglokomotive
O	Osobowy	=	Personenzuglokomotive
T	Towarowy	=	Güterzuglokomotive
OK	Osobowy Kusy	=	Personenzug-Tenderlokomotive
TK	Towarowy Kusy	=	Güterzug-Tenderlokomotive

Den zweiten Teil der Bezeichnung stellte ein angefügter kleiner Buchstabe dar, der, allerdings in verschlüsselter Form, die Achsfolge weitgehend symbolisieren sollte. Dabei sah man für die kleineren Lokomotiven den Anfangsteil des Alphabets vor, während vielachsige Bauarten mehr an dessen Schluß »rangierten«. Da man für die Achsfolgen möglicher späterer Konstruktionen Lücken ließ, war die Buchstabenfolge nicht kontinuierlich besetzt. Beispielsweise konnte der vorher unbesetzte Buchstabe »o« erst nach 1945 von der PKP für ehemals deutsche 2′C2′-h2-Tenderlokomotiven der DRG-Baureihe 78 genutzt werden. Folgende Buchstaben entsprachen den nachstehenden Achsfolgen:

c	=	1B	k	=	2C	s	=	2D
d	=	2B	l	=	1C1	t	=	1D1
e	=	1B1	m	=	2C1	u	=	2D1
f	=	2B1	n	=	1C2	w	=	E
h	=	C	p	=	D	y	=	1E
i	=	1C bzw. C1	r	=	1D	z	=	1E1

Der dritte Teil der Gattungsbezeichnung wurde durch eine ein-, zwei- oder dreistellige Kennzahl gebildet. Diese Kennzahl sollte über Herkunft oder Konstruktionsjahr der jeweiligen Bauart Aufschluß geben. Entsprechend der erwähnten Vielzahl der vorhandenen unterschiedlichen Lokomotivtypen gab es bei der Festlegung dieser Kennzahlen gewisse Schwierigkeiten, die zu Abweichungen und Ausnahmen im System führten. Folgende Zahlenräume waren für diesen Teil der Gattungsbezeichnung vorgesehen:

1 bis 10 = Lokomotiven preußischer Herkunft. Hierbei gab es allerdings bereits zwei Ausnahmen; denn die Tp 6 stammten von der Warschau-Wiener Bahn (WWB). Auch die Tp 7 waren russischen Ursprungs.

11 bis 19 = Lokomotiven österreichischer Herkunft. Hierbei fällt auf, daß man beispielsweise Lokomotiven der ehemaligen k.k.Heeresbahnen an anderer Stelle einordnete. Eine weitere Ausnahme ergab sich durch die Typenvielfalt bei den dreifach gekuppelten Güterzuglokomotiven. Hier erweiterte man nämlich den für österreichische Lokomotiven vorgesehenen Zahlenraum bis zur Th 24.

20 bis 37 = Konstruktionsjahr (also nicht Bau- oder Lieferzeitraum) eigenständiger PKP-Neubauten. (Nach 1945 wurden auch die polnischen Nachkriegsbauarten in entsprechender Weise so gekennzeichnet.)

101 bis 110 = Lokomotiven verschiedener, anderer Herkunft. Hier fügte man auch ehemalige österreichische Lokomotiven ein, die von den k.k.Heeresbahnen stammten oder, ursprünglich für Rumänien bestimmt, kriegsbedingt bei kkStB verblieben waren.

Die vorstehend erläuterte Gattungsbezeichnung wurde in Form einer besonderen Gußtafel an beiden Führerhausseitenwänden befestigt. An den Pufferbohlen wurde sie hingegen, durch einen Bindestrich getrennt, gemeinsam mit der jeweiligen Ordnungsnummer angegeben. Folgende Beispiele mögen Informationsgehalt und Vergabepraxis der PKP-Gattungsbezeichnungen verdeutlichen:

Ok 1 = Personenzuglokomotive, Achsfolge: 2C, ex KPEV (Gattung P 8)
Pn 12 = Schnellzuglokomotive, Achsfolge: 1C2, ex kkStB (Reihe 310)
Tr 21 = Güterzuglokomotive, Achsfolge: 1D, PKP-Einheitslokomotive, im Jahre 1921 entworfen
OKl 101 = Personenzug-Tenderlokomotive, Achsfolge: 1C1, ex KSäStB (Gattung XIV ℌT)
TKh 101 = Güterzug-Tenderlokomotive, Achsfolge: C, ex KBayStB (Gattung D II)

Einige interessante, bemerkenswerte Ausnahmen:
Om 101 = bei den Personenzuglokomotiven eingeordnete ehemalige württembergische 2C1-Schnellzuglokomotive der Gattung C
Tl 103 = wegen der kleinen Kuppelradsätze bei den Güterzuglokomotiven eingeordnete ehemalige ungarische 1C1-Personenzuglokomotive der Reihe 324; später von der PKP als Ol 103 bezeichnet
TKii 101 = Güterzug-Tenderlokomotive, wegen des C'C-n4v-Mallet-Doppeltriebwerks als ii bezeichnet; ex schweizerische Gotthardbahn (Gattung Ed 2 x $^3/_3$)

An den Führerhausseitenwänden gab eine zweite, etwas tiefer angeordnete Gußtafel Aufschluß über die Ordnungsnummer der einzelnen Lokomotive. Hierbei wurde jede Gattung, mit 1 beginnend, durchgehend gezählt. Bei den Lokomotiven der FSDz folgte der Ordnungsnummer, wie bereits erwähnt, ein nachgestelltes kleines Dz.

Die Kennzeichnung der Tender wich nach österreichischem Vorbild von der der mit ihnen gekuppelten Lokomotiven ab. Die Tender erhielten besondere Reihenbezeichnungen. Hierbei wurden zunächst der Wasservorrat in m³, die Achszahl als Großbuchstabe und schließlich eine Reihennummer aneinandergefügt. Diese Reihennummer entsprach der Lokomotiv-Reihenbezeichnung. Die 1'E-h2-Güterzuglokomotiven der PKP-Gattung Ty 23 liefen mit Tendern der Reihe 22D23 (22 m³ Wasser, vier Tenderachsen, Konstruktionsjahr 1923). Auf besonderem Schild wurde die Ordnungsnummer des Tenders angegeben.

Die wenigen Bo'Bo'-g4t-Elektro-Lokomotiven der Warschauer Vorortbahnen waren mit einem E und ihren Ordnungsnummern 101 bis 105 gekennzeichnet. Die erst nach 1945 erfolgte Zunahme des Bestands elektrischer Lokomotiven führte zu einer detail-

lierten Unterscheidung der neuen Bauarten.
Triebfahrzeuge mit Verbrennungsmotoren wurden durch zwei Großbuchstaben und eine zweistellige Reihennummer bezeichnet. Das an der Spitze stehende S (abgeleitet von: Lokomotyw **S**palinowych bzw. Wagonów **S**palinowych) wurde beispielsweise bei Verbrennungstriebwagen durch ein C oder D ergänzt. Als Reihennummer galt für sämtliche Verbrennungstriebwagen, unabhängig von Größe und Bauart, die 90. So hatte beispielsweise ein 1A-dmech-Triebwagen die Gattungsbezeichnung SC 90.
Es ist bemerkenswert, daß die Ordnungsnummern dieser Triebwagen gruppenweise der Reihennummer 90 angefügt wurden.
In den Jahren 1939/40 wurden Triebfahrzeuge folgender PKP-Gattungen von der DRG übernommen und nach den erwähnten Umzeichnungsplänen vom 29. August 1941 bzw. 25. Februar 1942 umgenummert. Diese Umzeichnung erstreckte sich auch auf die Triebfahrzeuge, die der am 26. Oktober 1939 gebildeten »Ostbahn« zugewiesen worden waren.
Die nummernmäßige Einordnung der PKP-Triebfahrzeuge erfolgte seitens der DRG auf drei unterschiedlichen Verfahrenswegen. Zunächst einmal fügte man bestimmte PKP-Gattungen gleichen, bereits bei DRG vorhandenen Bauarten an. Recht einfach und übersichtlich war auch die zweite Lösung, für einige PKP-Gattungen (z. B. die PKP-Einheitslokomotiven) neue, geschlossene Nummerngruppen vorzusehen. Recht schwierig, aufwendig und unübersichtlich war dagegen der dritte Umzeichnungsweg. Hierbei

Bauart	PKP-Gattung	DRG
Dampflokomotiven		
2'B-n2v-Schnellzuglokomotive	Pd 4	13 002II
2'B-n2v-Schnellzuglokomotiven	Pd 14	13 168...
2'B-n2v-Schnellzuglokomotiven	Pd 1	13 302...
2'B-h2-Schnellzuglokomotive	Pd 2	13 401
2'B-h2-Schnellzuglokomotiven	Pd 5	13 501...
2'B1'-n2-Schnellzuglokomotive	Pf 12	(14 003)
1'C2'-h4v-Schnellzuglokomotiven	Pn 12	16 041...
1'C2'-n4v-Schnellzuglokomotiven	Pn 11	16 051...
2'C-h4-Schnellzuglokomotiven	Pk 1	17 151
2'C-h3-Schnellzuglokomotive	Pk 3	17 297
2'C-h4v-Schnellzuglokomotiven	Pk 2	17 1210...
1'D1'-h2-Schnellzuglokomotiven	Pt 31	19 101...
2'D-h2-Personenzuglokomotiven	Os 24	33 201...
1'C1'-n2v-Personenzuglokomotiven	Ol 11	35 115...
1'C1'-h2v-Personenzuglokomotiven	Ol 12	35 349...
1'C1'-h2-Personenzuglokomotiven	Ol 12	35 365...
1'C1'-h2-Personenzuglokomotiven	Ol 103	35 701...
2'B-n2v-Personenzuglokomotiven	Od 2	36 444...
1'C-h2-Personenzuglokomotiven	Oi 1	37 168...
1'C-h2-Personenzuglokomotiven	Oi 101	37 401...
2'C-h2-Personenzuglokomotiven	Ok 1	38 1005II...
2'C-h2-Personenzuglokomotiven	Ok 22	38 4501...
C-n2-Güterzuglokomotiven	Th 1	53 7005II...
C-n2v-Güterzuglokomotiven	Th 24	53 7205...
C-n2v-Güterzuglokomotiven	Th 3	53 7701...
C-n2v-Güterzuglokomotiven	Th 4	53 7751...
1'C-n2v-Güterzuglokomotiven	Ti 12	54 031II...
1'C-h2v-Güterzuglokomotiven	Ti 16	54 051II...
1'C-n2v-Güterzuglokomotiven	Ti 11	54 141...
1'C-n2-Güterzuglokomotiven	Ti 1	54 601II...
1'C-n2-Güterzuglokomotiven	Ti 3	54 651II...
1'C-n2v-Güterzuglokomotiven	Ti 4	54 1108...
D-n2-Güterzuglokomotiven	Tp 1	55 022II...
D-n2v-Güterzuglokomotiven	Tp 2	55 701II...
D-h2-Güterzuglokomotiven	Tp 3	55 1604II...
D-h2-Güterzuglokomotiven	Tp 4	55 2501II...
D-n2-Güterzuglokomotiven	Tp 15	55 5832...
D-n2-Güterzuglokomotiven	Tp 17	55 5914II...
D-n2-Güterzuglokomotiven	Tp 106	55 5951...
D-n2-Güterzuglokomotive	Tp 6	55 6101
D-n2v-Güterzuglokomotiven	Tp 108	55 6111...
D-h2-Güterzuglokomotiven	Tp 109	55 6131...
1'D-n2v-Güterzuglokomotiven	Tr 11	56 3336...
1'D-h2-Güterzuglokomotiven	Tr 12	56 3501...
1'D-h2-Güterzuglokomotiven	Tr 20	56 3701...
1'D-h2-Güterzuglokomotiven	Tr 21	56 3901...
E-n2v-Güterzuglokomotiven	Tw 11	57 010II...
E-h2-Güterzuglokomotiven	Tw 12	57 323...
E-h2v-Güterzuglokomotiven	Tw 12	57 474...
E-h2-Güterzuglokomotiven	Tw 1	57 2764...
1'E-h3-Güterzuglokomotive	Ty 1	58 2144
1'E-h2-Güterzuglokomotiven	Ty 23	58 2303...
1'E-h2-Güterzuglokomotiven	Ty 37	58 2901...
1'C-n2-Tenderlokomotiven	OKi 1	74 011II...
1'C-h2-Tenderlokomotiven	OKi 2	74 1322...
1'C1'-h2-Tenderlokomotive	OKl 101	75 506
1'C1'-h2v-Tenderlokomotiven	OKl 11	75 827...
1'C1'-n2v-Tenderlokomotiven	OKl 12	75 851...

Bauart	PKP-Gattung	DRG
1'C1'-h2-Tenderlokomotiven	OKl 27	75 1201...
2'C1'-h2-Tenderlokomotiven	OKm 11	77 286...
C-n2-Tenderlokomotive	TKh 29	89 1101
C-n2-Tenderlokomotiven	TKh 1	89 7542...
C-n2-Tenderlokomotiven	TKh 17	89 8101[II]...
C-n2-Tenderlokomotiven	TKh 4	89 8201[II]...
C-1'-n2-Tenderlokomotiven	TKi 1	90 246...
1'C-n2-Tenderlokomotiven	TKi 2	91 137...
1'C-n2-Tenderlokomotiven	TKi 3	91 303[II]...
D-n2-Tenderlokomotiven	TKp 1	92 951...
D-n2-Tenderlokomotiven	TKp 101	92 2113...
D-n2v-Tenderlokomotiven	TKp 11	92 2202...
D-h2-Tenderlokomotiven	TKp 30	92 2601...
1'D1'-h2-Tenderlokomotiven	TKt 1	93 418...
1'D1'-h2-Tenderlokomotiven	TKt 2	93 1262...
E-h2-Tenderlokomotiven	TKw 1	94 468...
E-h2-Tenderlokomotiven	TKw 1	94 1385...
1'E1'-h2-Tenderlokomotiven	OKz 32	95 301...
D-h2-Schmalspurlokomotiven	T 38	99 401[II]...
E-h2-Schmalspurlokomotiven	T 39	99 436...
E-h2-Schmalspurlokomotiven	(T 40)	99 451...
B-n2-Schmalspurlokomotiven	B	99 1501...
C-n2-Schmalspurlokomotiven	C 1	99 1511...
C-h2-Schmalspurlokomotiven	C 3	99 1521...
D-n2-Schmalspurlokomotiven	D 1	99 1531...
D-n2-Schmalspurlokomotiven	D 3	99 1559...
D-h2-Schmalspurlokomotiven	D	99 1581...
E-n2-Schmalspurlokomotiven	E 1	99 1611...
E-n2-Schmalspurlokomotiven	Es	99 1615...
C-n2-Schmalspurlokomotive	C 6	99 2501
C-n2-Schmalspurlokomotiven	C 10	99 2502...
C-n2-Schmalspurlokomotiven	C 11	99 2504...
C-n2-Schmalspurlokomotiven	H 130	99 2511...
C-n2-Schmalspurlokomotiven	C 9	99 2521...
C-n2-Schmalspurlokomotive	C 6	99 2532
C-n2-Schmalspurlokomotiven	C 9	99 2533...
C1'-n2-Schmalspurlokomotive	–	99 2541
D-n2-Schmalspurlokomotive	D 5	99 2551
D-n2-Schmalspurlokomotiven	D 7	99 2552...
D-n2v-Schmalspurlokomotiven	D 8	99 2561...
D-n2v-Schmalspurlokomotiven	D 6	99 2572...
D-h2-Schmalspurlokomotiven	Wp 29	99 2574...
Lokomotiven mit Verbrennungsmotoren		
B-dmech-Kleinlokomotive	–	Kö 0290
B-dhydr-Kleinlokomotiven	–	Köf 5045...
B-dmech-Kleinlokomotive	–	Kö 5048
Triebwagen mit Verbrennungsmotoren		
B'2'-dmech-Schmalspurtriebwagen		136 500 (Achsfolge unsicher)
2'Bo'-del-Schmalspurtriebwagen		136 501... (Achsfolge unsicher)
(1A)(A1)-dmech-Schmalspurtriebwagen		136 504... (Achsfolge unsicher)

Da sich die Warschauer Vorortbahnen seinerzeit noch nicht im Besitz der PKP befanden, wurden deren elektrische Lokomotiven und Triebwagen nicht von der DRG übernommen und umgezeichnet.

setzte man auf die durch Ausmusterung oder Verkauf entstandenen »Lücken« des betreffenden DRG-Nummernbereichs einzelne PKP-Lokomotiven unter erneuter Vergabe dieser Nummer (Zweitbesetzung, jeweils durch eine kleine hochgestellte römische II oder durch ein " gekennzeichnet). Leider wurde hierdurch der altersmäßige Zusammenhang bei bestimmten Nummerngruppen oft zerrissen. So folgten beispielsweise im Nummernraum der D-h2-Güterzuglokomotiven des Baujahrs 1915 aufeinander die 55 3333 aus dem Jahre 1915, die 55 3334[II] aus dem Jahre 1921, 55 3335 (erbaut 1915), 55 3336[II] (erbaut 1921), 55 3337 (erbaut 1915) usw. Da derartige Zweitbesetzungen äußerlich an der Lokomotive nicht kenntlich gemacht wurden, sondern nur im Schriftwesen eine Rolle spielten, waren sie höchstens an gewissen Bauartunterschieden erkennbar.

4.22 Österreichische Privatbahnen (NöWaldv, Steyr, Schneeb)

Bereits im Rahmen der Darstellung der BBÖ-Geschichte (vgl. Abschnitt 4.15) wurde auf einige ehemalige österreichische Privatbahnen hingewiesen, deren Fahrzeuge zum Zeitpunkt ihres Übergangs auf die DRG noch nicht ins BBÖ-Nummernschema aufgenommen worden waren. Diese Bahnen (Niederösterreichische Waldviertelbahn, Steyrtalbahn und Schneebergbahn) besaßen im Jahre 1938 noch gewisse Sonderstellungen, da die BBÖ lediglich deren Betriebsführung innehatten bzw. nur Teilbesitzrechte besaßen. Nach Klärung offener rechtlicher Fragen sowie organisatorischer und betrieblicher Angleichung an den DRG-Gesamtbetrieb wurden diese Bahnen mit Wirkung vom 1. Januar 1940 Eigentum der DRG.

Die Umzeichnung der Betriebsmittel dieser Bahnen, die bereits im Umzeichnungsplan des Jahres 1938 erfaßt worden waren, wurde bis zum 1. Januar 1940 zum Abschluß gebracht.

Bei der nordöstlich von Linz gelegenen Waldviertelbahn handelte es sich um eine Schmalspurbahn mit der in Österreich üblichen Spurweite von 760 mm. Die Hauptstrecke mit 68,3 km hatte die Linienführung Groß-Gerungs–Gmünd–Alt Nagelberg–Litschau. In Alt Nagelberg zweigte eine 13,0 km lange Stichbahn nach Heidenreichstein ab.

Auch die Steyrtalbahn hatte 760-mm-Spur. Südlich von Linz verlief ihre Hauptlinie Garsten–Steyr–Pergern–Klaus mit einer Länge von 39,8 km. Dazu kam die Stichbahn Pergern–Sierning mit 4,8 km.

Die Linien der südlich von Wien gelegenen Schneebergbahn zweigten in Sollenau und in Wiener Neustadt von BBÖ-Hauptstrekken ab und führten über Bad Fischau nach Puchberg am Schneeberg. Neben diesen normalspurigen Strecken mit 41,9 km Länge gehörte auch die meterspurige Zahnradbahn Puchberg–Hochschneeberg mit zur Schneeb. Die Betriebsmittel und technischen Einrichtungen dieser 9,7 km langen Ausflugsbahn entsprachen weitgehend denen der bereits unter Abschnitt 4.18 vorgestellten Schafbb.

4.23 Oberhohndorf-Reinsdorfer Eisenbahn (OR)

Am 1. Januar 1940 wurde die OR von der DRG übernommen.

Die reichen sächsischen Steinkohlevorkommen südlich von Zwikkau und die dortigen Eisenerzfunde führten in der Mitte des vorigen Jahrhunderts zu einer außerordentlichen wirtschaftlichen Belebung dieses Gebiets. Auf den Höhen entstand eine Vielzahl privater, meist kleinerer Bergwerke, deren Steinkohleerträge zunächst durch Pferdebahnen und Standseilbahnen zu Tal gefördert wurden. Da der sächsische Staat wegen der in derartigen »wilden« Bergbaugebieten stets unsicheren Bodenverhältnisse am Bau mehrfach geforderter Kohleabfuhrbahnen nicht interessiert war bzw. unzumutbare Bedingungen an die möglichen Nutznießer einer solchen Bahn gestellt hatte, entstanden mehrere private Unternehmen.

Recht bekannt wurde von diesen die 1856 gegründete Bockwaer Kohleeisenbahn, deren MULDENTHAL als älteste original erhaltene deutsche Dampflokomotive noch heute im Verkehrsmuseum Dresden Zeugnis von der damaligen Entwicklung ablegt.

Am 1. Dezember 1860 nahm schließlich auch die OR mit zwei 1'B-n2-Tenderlokomotiven, die von Hartmann geliefert worden waren, ihren Betrieb auf. Die OR hatte es sich zur Aufgabe gemacht, die Steinkohleabfuhr aus dem noch höher gelegenen Oberhohndorf-Reinsdorfer Revier hinunter nach (Zwickau-)Schedewitz zu gewährleisten. Nachdem man zwei weitere gleichartige Lokomotiven beschafft hatte, entstand der Gedanke, die Bahn zu verlängern und nun auch den Personenverkehr aufzunehmen. Beide Vorlagen wurden jedoch vom Staat abgelehnt. So verblieb der OR der Kohle- und Gütertransport von und zu den zahlreichen Anliegern. Die Streckenlänge betrug zeitweilig etwa 15 km, schwankte jedoch laufend durch Neubau und Abbau von Anschlußgleisen. Nach dem starken Rückgang der Steinkohleförderung wurden schließlich im Jahre 1940 nur noch 6,5 Streckenkilometer übernommen.

Als die Leistungsfähigkeit der erwähnten vier Lokomotiven nicht mehr ausreichte, beschaffte die OR nach bewährten Vorbildern der KSäStB in den Jahren 1901 und 1910 zwei weitere Dampflokomotiven, die dann am 1. Januar 1940 von der DRG die Nummern gleichartiger, jedoch bereits ausgemusterter Lokomotiven erhielten.

Bauart	OR-Betriebsnummern	DRG
C-n2-Tenderlokomotive	5	89 268″
B′B′-n4v-Tenderlokomotive	6	98 015″

4.24 Privatbahnen im Sudetengebiet (AuspL, FOD, Grp-W-A, Ha-MA, Lu-Eg, Tr-Grä, Pet-W, W-P-Tr)

Nachdem die DRG die in den Sudetengebieten liegenden ČSD-Strecken bereits am 19. Oktober 1938 übernommen hatte (vgl. Abschnitt 4.17), waren für die in jenem Raum befindlichen Privatbahnen zunächst Eigentumsverhältnisse zu klären, betriebliche Besonderheiten zu regeln und Entschädigungen zu zahlen. So wurden erst mit Wirkung vom 1. Januar 1940 acht dieser Privatbahnen von der DRG in deren Gesamtnetz eingegliedert.

Der technische Zustand der Betriebseinrichtungen und der meist überalterten Fahrzeuge dieser bereits vor der Jahrhundertwende entstandenen Bahnen hatte schon längere Zeit einen wirtschaftlichen und ertragreichen Betrieb immer mehr eingeschränkt. So mußte der tschechoslowakische Staat durch finanzielle Zuschüsse, Zuweisung von ČSD-Betriebsmitteln und Aktienankäufe die defizitäre Entwicklung bremsen und erwarb dadurch in mehreren Fällen weitgehende Eigentumsrechte (die allerdings dann direkt auf die DRG übergingen).

Die mit diesen Bahnen übernommenen Triebfahrzeuge trugen zunächst noch weiterhin ihre ČSD-Nummer und wurden erst nach Bekanntgabe des Umzeichnungsplans des RZA Berlin vom 17. August 1940 mit den neuen DRG-Nummern versehen. Die Einordnung erfolgte meist im Anschluß an bereits vorhandene gleichartige Lokomotiven.

Die Umzeichnung erstreckte sich außerdem noch auf drei bei diesen Privatbahnen abgestellte ältere ČSD-Lokomotiven.

Im einzelnen handelte es sich um folgende Bahnen:

Auspitzer Lokalbahn (AuspL)

Die AuspL war eine Stichbahn von 6,8 km Länge, die von Auspitz hinauf nach Auspitz Stadt führte. In Auspitz bestand Anschluß an die Hauptbahn Brünn–Auspitz–Lundenburg – Wien.

Der technische Zustand des einen Fahrzeugs bedingte, daß von den zwei vorhandenen Lokomotiven der Bahn nur noch eine von der DRG übernommen und umgezeichnet wurde.

Bauart	ČSD-Reihe	DRG
B-n2-Tenderlokomotive	200.0	98 8001

Friedländer Bezirksbahnen (FOD)

Östlich von Zittau erstreckte sich das Netz der FOD. Die Hauptstrekke bildete zweifellos die Verbindung Friedland/Isergebirge–Raspenau–Reichenberg mit ihren 26,3 km. Erhebliche Steigungen wies die Ausflugsbahn von Friedland nach Heinersdorf an der Tafelfichte auf. Neben diesen 23,3 km war für die FOD die etwa 15 km lange Strecke Friedland–Staatsgrenze (Übergang in Richtung Görlitz) wichtig.

Besonders bemerkenswert war die von Friedland nach Hermsdorf führende 10,4 km lange Schmalspurbahn der FOD, da sie in Übereinstimmung mit dem benachbarten, zeitweilig anschließenden Netz Zittau–Oybin in der Spurweite von 750 mm ausgeführt worden war.

Folgende Lokomotivbauarten kamen von der FOD zur DRG:

Bauart	ČSD-Reihe	DRG
C-n2-Tenderlokomotiven	313.4	98 1225...
C-n2-Tenderlokomotiven	310.8	98 7741...
C-n2-Tenderlokomotiven	311.5	98 7751...
C1′-n2-Schmalspurlokomotiven	U 37.0	99 791...

Kleinbahn Großpriesen–Wernstadt–Auscha (Grp-W-A)

Die Kleinbahn Grp-W-A lag südlich von Tetschen. Ihre 18,7 km lange Hauptstrecke stellte eine Verbindung zwischen den Hauptbahnen Tetschen–Großpriesen–Schreckenstein–Leitmeritz und Böhmisch Leipa–Auscha–Leitmeritz her. Außerdem gab es eine kurze Stichbahn nach Wernstadt (5,9 km).

Nachdem bereits vorher zwei Lokomotiven dieser Bahn an FOD abgegeben worden waren, konnten nur noch zwei von der DRG übernommen werden:

Bauart	ČSD-Reihe	DRG
C-n2-Tender-lokomotiven	313.4	98 1227…

Lokalbahn Hannsdorf–Mährisch Altstadt (Ha-MA)

Bei der Lokalbahn Hannsdorf nach Mährisch Altstadt handelte es sich um eine Stichbahn, die ins Quellgebiet der March führte. Sie zweigte von der damaligen Hauptbahn Glatz–Mittelwalde–Hannsdorf–Olmütz ab. Ihre Länge betrug 11,2 km.
Von Ha-MA kam nur eine Lokomotive zur DRG:

Bauart	ČSD-Reihe	DRG
C-n2-Tender-lokomotive	310.0	98 7033

Lokalbahn Lundenburg–Eisgrub (Lu-Eg)

Die Lokalbahn Lu-Eg zweigte von der Hauptstrecke Brünn–Auspitz–Lundenburg–Wien ab. Die in nordwestlicher Richtung verlaufende Stichbahn hatte eine Länge von 12,2 km.
Zwei Lokomotiven dieser Bahn gelangten zur DRG und wurden umgezeichnet:

Bauart	ČSD-Reihe	DRG
C-n2-Tender-lokomotiven	310.1	98 7729…

Lokalbahn Troppau–Grätz (Tr-Grä)

Die Lokalbahn Troppau–Grätz hatte nur eine Länge von 8,0 km. Sie zweigte als Stichbahn von der Hauptstrecke Jägerndorf–Troppau–Mährisch Ostrau ab.
Von dieser Bahn übernahm die DRG nur eine Lokomotive:

Bauart	ČSD-Reihe	DRG
C-n2-Tender-lokomotive	310.1	98 7731

Kleinbahn Petersdorf–Winkelsdorf (Pet-W)

Nördlich von Olmütz lag die Kleinbahn, die von Petersdorf an der Teß nach Winkelsdorf führte. Sie war eine Stichbahn mit einer Länge von 13,3 km. In Petersdorf bestand über eine Nebenbahn Verbindung mit Mährisch Schönberg, das an der bereits erwähnten damaligen Hauptstrecke Glatz–Mittelwalde–Hannsdorf–Mährisch Schönberg–Olmütz lag.
Mit dieser Bahn gelangten zwei Lokomotiven zur DRG:

Bauart	ČSD-Reihe	DRG
C-n2-Tender-lokomotiven	310.0	98 7031…

Lokalbahn Wekelsdorf–Parschnitz–Trautenau (W-P-Tr)

Die 35,1 km lange Lokalbahn W-P-Tr lag nördlich von Königgrätz. Sie verband an den Südhängen des Riesengebirges zwei zur deutschen Staatsgrenze führende Nebenbahnen der ČSD.

Von W-P-Tr wurden vier Lokomotiven übernommen:

Bauart	ČSD-Reihe	DRG
D-n2v-Tender-lokomotiven	422.0	92 2325″…

Abgestellte ČSD-Lokomotiven

Bei diesen, gleichfalls mit Wirkung vom 1. Januar 1940 von der DRG übernommenen drei Lokomotiven handelte es sich um Reservemaschinen, die bereits längere Zeit bei den vorgenannten Privatbahnen abgestellt waren.

Bauart	ČSD-Reihe	DRG
C-n2-Güterzuglokomotive	322.4	53 7414
C-n2-Tenderlokomotive	310.0	98 7030
C-n2-Tenderlokomotive	300.6	98 7709

Lokalbahn Stramberg–Wernsdorf

Im Rahmen der Übernahme der im Sudetengebiet gelegenen Privatbahnen und der Umzeichnung ihrer Triebfahrzeuge spielte auch die südlich von Mährisch Ostrau verlaufende Lokalbahn von Stramberg nach Wernsdorf eine gewisse Rolle. Hier übernahm die DRG nur den nördlichen Streckenteil, der sich innerhalb der seit dem 10. Oktober 1938 gültigen Grenzziehung befand. Die beiden für die Übernahme seitens der DRG vorgesehenen C-n2-Tenderlokomotiven 313.430 und 313.431 wurden nach Veřovice überstellt und den inzwischen gebildeten BMB zur Dienstleistung überwiesen.

4.25 Bahnen im Gebiet von Eupen, Malmedy und Moresnet (Triebfahrzeuge der SNCB)

Noch vor Abschluß der Kampfhandlungen auf dem westlichen Kriegsschauplatz wurden die bis dahin belgischen Grenzgebiete um Malmedy, Eupen und Moresnet wieder dem deutschen Reichsgebiet eingegliedert. So erfolgte mit Wirkung vom 10. Mai 1940 im dortigen Raum die Übernahme von 170,4 km Eisenbahnstrecken seitens der DRG. Nach der Kapitulation Belgiens am 28. Mai 1940 wurden am 4. November 1940 weitere 18,8 km und schließlich am 11. Dezember 1940 noch einmal 14,0 km Bahnstrecke der DRG unterstellt, nachdem man komplizierte Grenzverhältnisse zugunsten Deutschlands entschieden hatte.

Das Königreich Belgien war bereits durch die Kampfhandlungen des Ersten Weltkriegs stark in Mitleidenschaft gezogen worden. Das Verkehrswesen, damals mit einem der dichtesten Eisenbahnnetze Europas, war weitgehend zerstört. So waren nach 1918 umfangreiche deutsche Reparationen erforderlich. Viele deutsche, vorwiegend preußische Dampflokomotiven wurden deshalb an die CFB (Chemins de fer Belges = Belgische Eisenbahnen), an die Nord Belge (Compagnie du Nord Belge = private Nordbelgische Eisenbahngesellschaft) und an Malines-Terneuzen (Chemins de fer Malines à Terneuzen = private Eisenbahn Mecheln–Terneuzen) abgegeben. Da die belgischen Eisenbahnstrecken fast durchweg für höhere Achslasten ausgerüstet waren, forderte man vor allem schwerere, leistungsfähige Lokomotivbauarten. So gelangten Lokomotiven der preußischen Gattungen S 6, S 9, S 10, S 10^2, P 8, G 7^1, G 8^1, G 9 und T 14 in größerer Anzahl nach Belgien.

Im III. Teil des Versailler Vertrags wurde außerdem in den Artikeln 32, 33 und 34 bestimmt, daß das Gebiet von Preußisch-Moresnet sowie die Kreise Eupen und Malmedy in die Staatshoheit Belgiens zu überführen waren. Damit erfolgte im Raum südlich von Aachen eine völlig neue Grenzziehung, wodurch eine Reihe ehemaliger KPEV-Strecken verlorenging bzw. unterbrochen wurde. Der Betrieb wurde ab August 1919 von den CFB übernommen.

Im Jahre 1926 wurden alle vom Staat betriebenen belgischen Eisenbahnstrecken in der Nationalen Gesellschaft der Belgischen Eisenbahnen, innerhalb der unterschiedlichen belgischen Sprachgebiete als SNCB (Société Nationale des Chemins de fer Belges) oder als NMBS (Nationale Maatschappij der Belgische Spoorwegen) zusammengefaßt. Am 10. Mai 1940 wurde auch Nord Belge mit der in südwestlicher Richtung nach Frankreich führenden Hauptstrecke Lüttich–Namur–Givet mit der SNCB vereinigt. Erst im Jahre 1948 kam die im Norden liegende Eisenbahn Mecheln–Terneuzen mit ihrem grenzüberschreitenden Verkehr nach den Niederlanden zur SNCB.

Für den Betrieb auf den neuen Strecken des Gebiets um Eupen, Malmedy und Moresnet übernahm die DRG zunächst eine Anzahl ehemals preußischer Lokomotiven von der SNCB. Diese wurden jedoch erst im Jahre 1941 umgezeichnet und im Anschluß an bereits vorhandene gleichartige Maschinen eingeordnet.

Ein weitaus größerer Teil belgischer Lokomotiven wurde hingegen wegen seines guten technischen Zustands, aber zweifellos vor allem auch wegen des durch Luftkriegseinwirkungen immer spürbarer werdenden Lokomotivmangels von der damaligen deutschen Hauptverkehrsdirektion Brüssel in mehreren »Wellen« als Mietfahrzeug oder als Kriegsbeute auf andere kriegswichtige innerdeutsche Strecken umverfügt. Zu diesen Lokomotiven gehörten beispielsweise nach 1946 die spätere 55 7252 der DR (KPEV: G 8^1 = Stettin 5251/SNCB 8541), die spätere TKt 2–4 der PKP (KPEV: T 14 = Hannover 8526/SNCB 9747) und die spätere 94 1811 der DR (KPEV: T 16 = Königsberg 8102/SNCB 9802).

Im Jahre 1943 wurden dann nochmals SNCB-Lokomotiven von der DRG übernommen und entsprechend ihrer Bauart umgezeichnet.

Das Bezeichnungssystem der belgischen Lokomotiven wurde mehrfach verändert. Zunächst hatte man den unterschiedlichen Bauarten eine ein- oder zweistellige Typenbezeichnung zugeordnet. Zu dieser Typennummer kam dann eine ein-, zwei-, drei- oder vierstellige Ordnungsnummer, die entsprechend der Indienststellungsreihenfolge der jeweiligen Lokomotive (auf den Gesamtbestand bezogen) festgelegt wurde. So schlossen sich beispielsweise an die Ordnungsnummern 3288 bis 3292 der 2'B-h2-Schnellzuglokomotiven der Type 18 S mit den Ordnungsnummern 3293 bis 3300 die 2'C-n4v-Schnellzuglokomotiven der Type 19 an. Dieses im-

mer unübersichtlicher werdende Bezeichnungssystem verließ man im Jahre 1931 und ordnete nunmehr jeder einzelnen Type (jetzt Reihe genannt) eigene Ordnungsnummern zu. Hierbei begann man allerdings kurioserweise jeweils mit der 00. So war die 6423 (KPEV: P 8 = Elberfeld 2423) bereits die 2**4**. Lokomotive dieser Reihe! Erst ab 1935 zählte man von der **01** ab und konnte nun auf die jeweilige tatsächliche Stückzahl innerhalb der Reihe schließen.
Folgende Reihenbezeichnungen wurden nun ab 1. Dezember 1931 festgelegt:

1 bis 20 = Schnellzug-, Personenzug- und Personenzugtenderlokomotiven belgischer oder anderer Herkunft
21 bis 49 = Güterzuglokomotiven belgischer oder anderer Herkunft
50 bis 59 = Güterzugtenderlokomotiven belgischer oder anderer Herkunft
60 bis 69 = Schnellzug- und Personenzuglokomotiven deutscher Herkunft
70 bis 90 = Güterzuglokomotiven deutscher Herkunft
91 bis 99 = Personenzugtender- und Güterzugtenderlokomotiven deutscher Herkunft

Dieser Reihenbezeichnung folgte dann, mit 00 oder 01 beginnend (letzteres ab 1935) direkt die einzelne Ordnungsnummer. Waren jedoch mehr als 99 Ordnungsnummern zu besetzen, addierte man die Hunderter zur zweiten Stelle der Reihenbezeichnung. (In gleicher Weise ging man bei den österreichischen kkStB vor; vgl. Abschnitt 4.15 BBÖ.) Diese Praxis sei am Beispiel einiger Lokomotiven der KPEV-Gattung G 8^1erläutert. Bei SNCB hatte man ihnen die Reihenbezeichnung 81 zugeordnet. Demzufolge mit der 8100 beginnend, erhielten die 298., 299., 300. und 301. dieser D-h2-Güterzuglokomotiven die SNCB-Nummern 8397, 8398, 8399 und 8400.
Es fällt übrigens auf, daß man bei der Einordnung der ehemaligen KPEV-Lokomotiven nach Möglichkeit die beiden letzten Stellen der KPEV-Nummern zu berücksichtigen versuchte. So trugen die ehemaligen preußischen G 8^1 Hannover 5387, Münster 5388, Hannover 5389, Essen 5390, Münster 5391, Münster 5392 und Essen 5393 später durchgehend die SNCB-Nummern 8387, 8388, 8389, 8390, 8391, 8392 und 8393.
Wie in Österreich bereits ab 1904/05 auch geschehen, trennte man ab 1. Januar 1946 Reihenbezeichnung und Ordnungsnummer, so daß man für letztgenannte Lokomotiven die Nummern 81.287, 81.288, 81.289, 81.290, 81.291 usw. unter Einfügung eines Punktes festlegte.
Die DRG übernahm Dampflokomotiven folgender Bauarten von der SNCB:

Bauart	SNCB-Reihe	DRG
Übernahme 1941		
D-h2-Güterzuglokomotiven	81	55 5666...
1'C-n2-Tenderlokomotiven	93	91 1837...
1'D1'-h2-Tenderlokomotiven	97	93 427...
E-h2-Tenderlokomotive	98	94 489
Übernahme 1943		
D-h2-Güterzuglokomotiven	81	55 5685...
1'C-h2-Tenderlokomotiven	96	74 1339...
1'C-n2-Tenderlokomotiven	93	91 1842...
1'D1'-h2-Tenderlokomotiven	97	93 438...

4.26 Lokomotiven für das Olsagebiet (BMB/Olsa)

Wie bereits in den Darlegungen zur Entwicklung der ČSD (vgl. Abschnitt 4.17) und PKP (vgl. Abschnitt 4.21) erwähnt, besetzte Polen am 3. Oktober 1938 das bis dahin tschechoslowakische Industriegebiet um Teschen (dann polnisch: Cieszyn). Nachdem dann im Rahmen der deutschen Annexion polnischer Staatsgebiete auch dieser Bezirk dem Deutschen Reich einverleibt worden war, übernahm die DRG am 1. November 1939 die Eisenbahnstrecken. Das Streckennetz im Raum Teschen–Oderberg, von dem Flüßchen Olsa durchzogen und deshalb kurz Olsagebiet genannt, war besonders dicht und hatte in jener Zeit große Bedeutung für den durchgehenden enormen Güter- und Personenverkehr.

Da der PKP bei der Übernahme der Strecken des Olsagebiets von den ČSD keine Triebfahrzeuge übergeben worden waren, forderte nunmehr die DRG deren Nachlieferung. So mußten die BMB, der Rechtsnachfolger der ČSD in dem am 16. März 1939 gebildeten sogenannten Protektorat Böhmen und Mähren, die ursprünglich im Olsagebiet eingesetzten Lokomotiven zurückführen und an die DRG übergeben. Es handelte sich dabei um 67 Maschinen, für die seitens der damaligen RBD Oppeln im Jahre 1939 ein besonderer Umzeichnungsplan aufgestellt worden war.

Die Überführung dieser Lokomotiven ins DRG-Eigentum fand mit dem Datum vom 1. Januar 1940 statt. Die vorgesehene Umzeichnung wurde hingegen nicht durchgeführt, da die BMB im Rahmen der ihnen von deutschen Stellen übertragenen Verkehrsaufgaben auf diese Lokomotiven nicht verzichten konnten. So wurden sie auf den BMB-Strecken belassen und fuhren dort unter ihrer alten ČSD-Nummer, jedoch mit dem Eigentumsvermerk »Deutsche Reichsbahn« und der zusätzlichen Aufschrift »Mietlokomotive der BMB«.

Da die BMB den Nachbau deutscher Einheitslokomotiven zur Bewältigung des immer mehr steigenden eigenen Verkehrs strikt ablehnten und die knappen, ihnen von deutschen Verwaltungsstellen zugebilligten Stahlkontingente eigene Neubeschaffungen nicht ermöglichten, kauften sie in den folgenden Jahren die Lokomotiven des Olsagebiets und weitere 129 von der DRG zurück.

Mit Wirkung vom 1. Januar 1940 gingen folgende Lokomotiv-Bauarten in den Besitz der DRG über:

Bauart	ČSD-Reihe	DRG
C-n2-Güterzuglokomotiven	334.3	(53 7601″)...
1′C-n2v-Güterzuglokomotiven	333.1	(54 127)...
D-n2-Güterzuglokomotiven	414.0	(55 5820)...
1′D-n2v-Güterzuglokomotiven	434.0	(56 3330)...
2′D2′-h2-Tenderlokomotiven	464.0	(68 016)...
2′C1′-h2-Tenderlokomotiven	354.1	(77 350)...
1′E1′-h2-Tenderlokomotiven	524.1	(95 251)...

4.27 Schmalspurbahnen südlich des ehemaligen ostpreußischen Raumes (OrtbK, PKP)

Laut Verfügung vom 1. Juni 1940 wurden die drei wiedervereinigten Teile der ehemaligen deutschen Heeresfeldbahnverbindung von Puppen nach Ostrołeka von der DRG übernommen.

Im Verlaufe des Ersten Weltkriegs war im damaligen deutsch-russischen Grenzgebiet südöstlich von Ortelsburg zu Nachschubzwekken ein größeres Schmalspurnetz (600-mm-Spur) entstanden. Dessen Hauptlinie verlief von Puppen in südlicher Richtung über Friedrichshof und Myszyniec nach Ostrołeka. In Myszyniec zweigten zwei kürzere Stichbahnen in östlicher Richtung ab.

Die Grenzziehung des Jahres 1919 zerriß dieses Netz. Der Nordteil Puppen–Friedrichshof, mit Anschluß an die DRG-Strecke Ortelsburg–Puppen–Johannisburg, verblieb mit 15,4 km auf deutschem Boden. Dagegen wurde der ursprünglich folgende Abschnitt Friedrichshof–Myszyniec abgebaut, da durch ihn die neue ostpreußische Reichsgrenze verlief. Der restliche Südteil ab Myszyniec ging später in PKP-Besitz über und war 1939 noch in Betrieb.

Zur Erhaltung des verbliebenen Streckenteils Puppen–Friedrichshof gründete man etwa 1920 eine Aktiengesellschaft, die als Ortelsburger Kleinbahn-AG (OrtbK) den Betrieb bis 1940 weiterführte, zuletzt im Rahmen der Kriegsvorbereitungen allerdings schon unter weitgehender DRG-Regie. Die drei Dampflokomotiven 1, 2 und 101 stammten von den ehemaligen Deutschen Heeresfeldbahnen und wurden im Rahmen der Übernahme und Umzeichnung der PKP-Schmalspurlokomotiven per 25. Februar 1942 zu 99 1564, 99 1565 und 99 1513.

Im Herbst 1939 baute die damalige Deutsche Wehrmacht aus strategischen Gründen den wegen der Grenzziehung 1919 abgebrochenen Streckenabschnitt Friedrichshof–Myszyniec wieder auf und stellte damit die Verbindung mit dem südlichen Schmalspurnetz wieder her. Auch diese 11,6 km wurden mit Wirkung vom 1. Juni 1940 der DRG unterstellt.

Zum gleichen Zeitpunkt übernahm die DRG auch die restlichen, von Myszyniec ausgehenden Strecken mit einer Gesamtlänge von 66,7 km. Die dort eingesetzten PKP-Lokomotiven wurden gleichfalls von der DRG übernom-

men und nach dem Umzeichnungsplan vom 25. Februar 1942 mit neuen Nummern versehen.
Da die übernommenen Lokomotiven der OrtbK und PKP bereits in der Aufstellung im Rahmen der Darlegungen über die PKP (vgl. Abschnitt 4.21) enthalten sind, erübrigt sich hier eine diesbezügliche Übersicht.

4.28 Mecklenburgische Friedrich-Wilhelm-Eisenbahn (MFWE)

Die wirtschaftliche und militärische Bedeutung der Mecklenburgischen Friedrich-Wilhelm-Eisenbahn, der anschließenden Prignitzer Eisenbahn sowie der Wittenberge-Perleberger Eisenbahn im Rahmen einer durchgehenden Ost-West-Verbindung führte am 1. Januar 1941 zur Übernahme durch die DRG. Am 17. März 1941 übernahm dann die DRG die einheitliche Betriebsführung der genannten Bahnen.
Während sich im damaligen Großherzogtum Mecklenburg-Schwerin sehr bald ein staatliches Eisenbahnwesen entwickelt hatte, war dies im Gebiet Mecklenburg-Strelitz nicht der Fall. Nachdem zunächst die preußische Hauptbahn Berlin–Oranienburg–Neustrelitz–Blankensee–Neubrandenburg–Demmin–Stralsund das Großherzogtum etwa in Süd-Nord-Richtung durchlief, stellte die Ns-War aus Richtung Waren/Müritz eine weitere Verbindung mit Neustrelitz her.
Am 15. Juli 1890 entstand mit der Eröffnung der Blankensee-Neustrelitz-Wesenberg-Mirower Eisenbahn die erste eigenständige Mecklenburg-Strelitzer Eisenbahn. Am 8. Oktober 1893 konnte eine weitere Privatbahn, die Blankensee-Strasburger Eisenbahn, ihren Betrieb aufnehmen. Doch bereits am 1. April 1894 schlossen sich beide zur MFWE zusammen. Das damals preußische Strasburg wurde dann zum Endpunkt der durch Vereinigung der genannten Teilstrecken später entstandenen privaten Mecklenburgischen Friedrich-Wilhelm-Eisenbahn.
Die MFWE durchquerte das Großherzogtum etwa in Ost-West-Richtung von Strasburg aus über Blankensee, Thurow, Neustrelitz, Wesenberg, Mirow bis zur Landesgrenze hinter Buschhof in einer Länge von 83,6 km. Da hinter Buschhof am 18. Mai 1895 die Verbindung zur benachbarten PE hergestellt werden konnte, war nunmehr ein durchgehender Güter- und Personenverkehr Pasewalk–Strasburg–Neustrelitz–Wittstock/Dosse–Wittenberge möglich. Diese ideale Durchgangsstrecke wurde noch durch Stichbahnen von Thurow nach Feldberg (18,6 km) und von Mirow nach dem nördlich gelegenen Rechlin (13,0 km) ergänzt.
Neben ihren Leistungen im Durchgangsverkehr trug die MFWE durch die Bedienung des örtlichen Güter- und Personenverkehrs in starkem Maße zur weiteren wirtschaftlichen Erschließung des dortigen Gebiets bei und paßte ihre Fahrzeuge diesen Aufgaben an. Nach Ausmusterung der kleinen B-n2-Tenderlokomotiven der Ursprungsbahnen beschaffte die MFWE durch Neubauten und DRG-Ankäufe einen leistungsfähigen, interessanten Triebfahrzeugpark. Aus diesem gelangten 17 Dampflokomotiven und 2 Verbrennungstriebwagen am 1. Januar 1941 zur DRG. Eine bereits im Jahre 1931 verkaufte Lokomotive kam später als 89 6113 zur DR. Außerdem sei darauf hingewiesen, daß auch die von der DRG angekauften 91 726, 91 1803 und die große 94 423 kurzzeitig zur MFWE gehörten. Die späteren 92 6579 und 92 6580 hatten sich offensichtlich bei MFWE nicht bewährt.
Folgende Umzeichnungen wurden vorgenommen:

Bauart	Ehemalige Betriebsnummern	DRG
1'C1'-h2-Tenderlokomotiven	29''...	75 621...
C-h2-Tenderlokomotiven	2''...	89 941...
C-n2-Tenderlokomotive	1''	89 952
C-h2-Tenderlokomotiven	3''...	89 1003...
1'C-h2-Tenderlokomotiven	27...	91 231...
1'D1'-h2-Tenderlokomotiven	36...	93 006...
1'D1'-h2-Tenderlokomotiven	33...	93 1601...
(1A)(A1)-bmech-Triebwagen	T I...	749...
B-dmech-Kleinlokomotive	–	Kö 5049

4.29 Prignitzer Eisenbahn AG (PE)

Nachdem Anlagen und Fahrzeuge der PE am 1. Januar 1941 ins Eigentum der DRG überführt worden waren, übernahm die DRG mit Wirkung vom 17. März 1941 auch die Betriebsführung.

Mit der Eröffnung der Berlin-Hamburger Eisenbahn im Jahre 1846 verringerte sich der entsprechende Straßenverkehr durch die Prignitz in spürbarem Maße. Dieser Rückgang traf vor allem die an den Hamburger Chausseen gelegenen Städte Wusterhausen/Dosse, Kyritz, Perleberg sowie auch Wittstock und Pritzwalk, die vorher vom regen Güter-, Personen- und Postverkehr, von Warenumschlag und -speicherung profitiert hatten. Da jedoch außerdem die neue Bahn das Gebiet der Prignitz nur tangierte, verschlechterten sich auch für die dortige Landwirtschaft und die örtlichen Gewerbebetriebe Versand- und Wettbewerbsbedingungen.

So entstanden bald mehrere Pläne und Projekte zum Bau einer durch die Prignitz führenden Eisenbahn. Finanzierungsprobleme und die mit großer Hartnäckigkeit von Stadtvertretern und Großgrundbesitzern vorgetragenen und verfochtenen gegensätzlichen Trassierungswünsche verhinderten aber mehrere Jahre eine Einigung und damit den lange erwarteten Baubeginn. Während sich die Stadt Perleberg dann allein eine Baukonzession verschafft hatte und bereits im Jahre 1881 eine Bahnverbindung mit Wittenberge erhielt, sollte es noch drei Jahre bis zur Gründung der Prignitzer Eisenbahn AG dauern.

Am 5. Juni 1884 fand in Pritzwalk die konstituierende Versammlung der Gesellschaft statt, und am 15. August 1884 konnte mit dem Bau begonnen werden. Die sehr gründlichen Vorarbeiten, aber auch die günstigen Geländeverhältnisse ermöglichten bereits am 10. März 1885 die Aufnahme des Güterverkehrs auf dem 24,9 km langen ersten Streckenabschnitt Perleberg–Pritzwalk. Nach Fertigstellung der noch weiter etwa ostwärts verlaufenden Strecke bis Wittstock konnte dann am 31. Mai 1885 der durchgehende Güter- und Personenverkehr auf der PE zwischen Perleberg und Wittstock feierlich eröffnet werden. Die Inbetriebnahme des letzten Teilstücks der PE am 18. Mai 1895 zwischen Wittstock und der Landesgrenze zum Großherzogtum Mecklenburg-Strelitz ermöglichte nun endlich einen durchgehenden Eisenbahnbetrieb zwischen Wittenberge und Neustrelitz. Die PE hatte damit ihre Gesamtlänge von 61,5 km erreicht. Die Bedeutung der PE erhöhte sich noch dadurch, daß später von Perleberg, Pritzwalk und Wittstock aus weitere Bahnverbindungen entstanden. Die Wichtigkeit der durchgehenden Verbindung Wittenberge–Pritzwalk–Neustrelitz für den Güterverkehr gab schließlich den Hauptausschlag zur Übernahme der PE durch die DRG.

Für den Betrieb der PE hatten zunächst lange Zeit C-n2-Tenderlokomotiven genügt, die anfangs mit Namen und durchgehenden Betriebsnummern bezeichnet wurden. Nach Ausmusterung älterer Lokomotiven wurde eine Reihe recht unterschiedlicher Neubauten beschafft. Außerdem wurden einige Ankäufe getätigt. Für diese Neuzugänge wurden meist freigewordene Betriebsnummern in zweiter Besetzung vergeben. Folgende Lokomotivbauarten kamen 1941 von der PE zur DRG:

Bauart	Ehemalige Betriebsnummern	DRG
1'C1'-h2-Tenderlokomotiven	8"...	75 611...
C-h2-Tenderlokomotiven	1"...	89 911...
C-h2-Tenderlokomotive	3"...	89 921
C-h2-Tenderlokomotiven	10...	89 931...
1'C-h2-Tenderlokomotiven	4"...	91 211...
1'D1'-h2-Tenderlokomotive	6"	93 406
1'D1'-h2-Tenderlokomotiven	7"...	93 1611...

4.30 Wittenberge-Perleberger Eisenbahn (WPE)

Auch die Anlagen und Fahrzeuge der WPE gingen am 1. Januar 1941 auf die DRG über. Ab 17. März 1941 übernahm die DRG dann auch die Betriebsführung.

Obgleich sich die Stadt Perleberg sehr bemüht hatte, die entstehende Berlin-Hamburger Eisenbahn über Perleberg legen zu lassen, hatte man sich für die Hauptrichtung Spandau–Wittenberge entschieden. Den Ausschlag gab die hier vorhandene Möglichkeit, künftig einen Güterumschlag zwischen Eisenbahn und Elbschifffahrt vorzusehen.

Wie überall in der Prignitz resultierten aus diesem »Abseits« für

Stadt und Landkreis Perleberg bald erhebliche wirtschaftliche Nachteile. Da es unter den gleichfalls betroffenen Prignitz-Städten zunächst über einen eigenen Bahnbau zu keiner Einigung kam, bemühte sich nun die Stadtgemeinde Perleberg im Alleingang um eine Lösung. Verhältnismäßig schnell erwirkte man eine Konzession zum Bau einer Eisenbahn zwischen Wittenberge und Perleberg. Die erforderlichen Finanzmittel wurden teils durch Aufnahme einer Stadtanleihe, teils von der Berlin-Hamburger Eisenbahngesellschaft und vom Provinzialverband Brandenburg zur Verfügung gestellt.
Der Bau der 10,5 km langen Bahn schritt schnell voran, so daß bereits am 15. Oktober 1881 die feierliche Eröffnung erfolgen konnte. Während man sich schnell über die gemeinsame Benutzung des Anschlußbahnhofs Wittenberge mit der Berlin-Hamburger Eisenbahngesellschaft einigen konnte, hatte man in Perleberg einen eigenen Bahnhof und das Verwaltungsgebäude der WPE errichten müssen.
Perleberg wurde aber dann auch zum Verwaltungssitz der anschließend errichteten größeren Prignitzer Eisenbahn. Leider kam es nie zu einer Vereinigung beider Bahnen. Zwar wurden die Züge auf der ganzen Strecke Wittenberge–Wittstock durchgeführt, doch wechselten Lokomotiven und Personal beider Bahnen bei allen Zügen im Bahnhof Perleberg. Dieser Bahnhof wurde nach Betriebsaufnahme der PE Gemeinschaftsbahnhof, gab aber als solcher mehrfach Veranlassung zu Meinungsverschiedenheiten zwischen beiden Verwaltungen.
Eine spürbare betriebliche Verbesserung trat ab 1. Januar 1932 ein, als man beide Bahnen einer gemeinsamen Direktion unterstellte. Nunmehr konnten Betrieb und Verkehr von WPE und PE einheitlich geleitet werden. Wirtschaftsangelegenheiten und Rechnungsführung beider Bahnen blieben jedoch bis zu ihrem Übergang auf die DRG getrennt.
Während von der PE 12 Lokomotiven zur DRG kamen, wurden von der WPE nur 4 übernommen:

Bauart	Ehemalige Betriebsnummern	DRG
1'C1'-h2-Tenderlokomotive	111	75 613
C-n2-Tenderlokomotive	106	89 951
1'C-h2-Tenderlokomotiven	109...	91 221...

4.31 Eutin-Lübecker Eisenbahn (ELE)

Am 10. Mai 1941 übernahm die DRG die Betriebsführung auf der Eutin-Lübecker Eisenbahn, nachdem Anlagen und Fahrzeuge der Bahn bereits am 1. Januar 1941 Eigentum der DRG geworden waren.
Sehr energische Bemühungen der Lübecker Bürgerschaft hatten ja bereits am 15. Oktober 1851 dazu geführt, daß die Hansestadt eine Bahnverbindung zur Berlin-Hamburger Eisenbahn erhielt (vgl. Abschnitt 4.13). Durch die im Jahre 1867 erfolgte Eröffnung der Strecke Neumünster–Eutin–Neustadt/Holstein erhielt dann auch Eutin, die damalige Hauptstadt des zum Großherzogtum Oldenburg gehörenden Fürstentums Lübeck, einen ersten Anschluß an das sich entwickelnde Eisenbahnnetz.
Am 10. April 1873 wurde dann eine Verbindung beider Bahnen durch die Eutin-Lübecker Eisenbahn (33,0 km) erreicht. Das ermöglichte später den durchgehenden Güter- und Personenverkehr von Berlin über Lübeck, Pönitz und Eutin zum Kriegshafen Kiel.
Nachdem am 10. Mai 1886 noch eine 8,0 km lange Stichbahn von Pönitz nach Ahrensbök gebaut worden war, lief ab 1899 sogar der Schnellzugverkehr Berlin–Kiel über die Hauptstrecke der ELE. Hierfür stellte allerdings die LBE die erforderlichen Schnellzuglokomotiven, wie überhaupt eine enge betriebliche Zusammenarbeit zwischen ELE und LBE bestand. Beispielsweise benutzten beide Bahnen den gemeinsam errichteten, im Jahre 1908 fertiggestellten Hauptbahnhof in Lübeck. In Lübeck befand sich auch die Hauptwerkstatt der ELE.
Während sich der lokale Güterverkehr auf der ELE stets in Grenzen hielt, brachten Personendurchgangs- und Ausflugsverkehr höhere finanzielle Erträge. Zum Hauptschwerpunkt der ELE wurde aber der durchgehende Güterverkehr, der sich nach Eröffnung der DRG-Anschlußstrecke Bad Schwartau–Neustadt/Holstein im Jahre 1925 schließlich auf die Versorgung der Marinestützpunkte Kiel und Neustadt konzentrierte. Die gänzliche Übernahme dieser strategisch wichtigen Verbindungen stand dann auch im Jahre 1941

für die DRG im Vordergrund.
Im Verlaufe ihres Bestehens beschaffte die ELE einen vielgestaltigen, recht interessanten Triebfahrzeugpark, der den Hauptaufgaben der Bahn entsprach. Bei Neubauten lehnte man sich oft an bewährte Vorbilder der KPEV an oder deckte den Lokomotivbedarf durch preisgünstige Ankäufe. Die ELE beschaffte auch einen Verbrennungstriebwagen. Elf Lokomotiven und der erwähnte Triebwagen kamen 1941 zur DRG.
Die Lokomotiven trugen zunächst durchlaufende, dem jeweiligen Gesamtbestand entsprechende Betriebsnummern. Nach Ausmusterung älterer Lokomotiven wurden deren Betriebsnummern zum zweiten Male besetzt. In drei Fällen wurden sogar Drittbesetzungen vorgenommen. Es erfolgten nachstehende Übernahmen:

Bauart	Ehemalige Betriebsnummern	DRG
1B-h2-Tenderlokomotive	4″	70 201
2′B-h2-Tenderlokomotiven	5″...	72 001″...
1′C1′-h2-Tenderlokomotiven	11″...	75 631...
2′C2′-h2-Tenderlokomotiven	1‴...	78 329...
1′D1′-h2-Tenderlokomotive	15‴	86 1000
E-h2-Tenderlokomotive	16″	94 366
1A-dmech-Triebwagen	T 1001	– (nicht uz, verkauft an Neißer Kreisbahn)

4.32 Kreis Oldenburger Eisenbahn (KrOE)

Die fünfte Bahn, die gleichfalls mit Wirkung vom 1. Januar 1941 in das Eigentum der DRG überführt wurde, war die KrOE. Ab 1. August 1941 übernahm dann die DRG auch die Betriebsführung der sehr unterschiedlichen Bereiche der KrOE und hatte nunmehr auch diese für Luftwaffe und Marine strategisch wichtigen Strecken fest in der Hand. Daß die Verstaatlichung der Bahn damals eine Notwendigkeit im Hinblick auf die geplante »Vogelfluglinie« (Westeuropa–)Hamburg–Kopenhagen (–Skandinavien) gewesen wäre, dürfte angesichts der Kriegslage und des dadurch kaum realisierbaren Baubeginns nur als Vorwand gedient haben.
Geschichte und Entwicklung der KrOE nahmen einen recht wechselvollen und interessanten Verlauf, begannen jedoch relativ spät. Zwar berührte die bereits am 18. September 1844 eröffnete Altona-Kieler Eisenbahn (AKE) den holsteinischen Raum, doch bremste der Übergang dieses Gebiets an Dänemark im Jahre 1852 zunächst jede weitere Verkehrsentwicklung. Erst nach Abschluß des Preußisch-Österreichischen Krieges gegen Dänemark 1864 entfielen die Hemmnisse, auch das nordöstliche Holstein eisenbahnmäßig zu erschließen. So entstand auch auf Initiative der AKE im Jahre 1867 die Strecke Neumünster–Eutin–Neustadt/Holstein. Die ELE stellte daraufhin 1873 die Verbindung zwischen Lübeck und Eutin her. Doch für die bedeutende Landwirtschaft des Kreises Oldenburg/Holstein bestand noch immer keine Möglichkeit, den Absatz ihrer Produkte preisgünstig per Eisenbahn zu beschleunigen.
So holte ein wegen des Bahnbaus gegründetes »Comité« bei der damaligen Herzoglich Holsteinischen Landesregierung in Kiel eine entsprechende Baukonzession ein. Der Kreis Oldenburg, der preußische Staat und eine Reihe von Privatpersonen sicherten in Form einer Aktiengesellschaft die Finanzierung des Bauvorhabens. Mit dem Bau und der künftigen Betriebsführung der neuen Bahn betraute man die bereits in Holstein arbeitende, schon mehrfach erwähnte AKE. Am 30. September 1881 konnte dann endlich der erste Streckenabschnitt der Kreis Oldenburger Eisenbahn zwischen Neustadt/Holstein und Oldenburg/Holstein (23,1 km) in Betrieb genommen werden. Da sich aber hinsichtlich der Weiterführung der Bahn verschiedene Schwierigkeiten ergaben, mußten lange Zeit Pferdefuhrwerke die Weiterbeförderung von Gütern und Personen nach Heiligenhafen und in Richtung der Insel Fehmarn übernehmen.
Als am 24. Januar 1884 die AKE verstaatlicht worden war, mußten mit der KPEV erst einmal erneute Verhandlungen wegen der fortzusetzenden Betriebsführung der KrOE aufgenommen werden. Außerdem wurde der Weiterbau der Bahn durch die geologischen Gegebenheiten des dortigen Gebiets behindert. Statt einer direkten Linienführung in nördlicher Richtung nach Heiligenhafen an der Ostsee mußte durch eine kostenaufwendige Umgehungsstrecke eine wesentliche Verlängerung der Trasse in Kauf genommen werden. So dauerte es fast 18 Jah-

re, bis die wichtige Fortsetzung der Bahn von Oldenburg/Holstein über Lütjenbrode nach Heiligenhafen (20,3 km) am 17. Januar 1898 fertiggestellt werden konnte. Die nun stetig steigenden Beförderungsleistungen der KrOE bestätigten die Notwendigkeit des Bahnbaus und dessen wichtige Funktion bei der wirtschaftlichen Erschließung des Kreises Oldenburg. Doch noch immer fehlte die lange erwartete Verbindung zur Kornkammer Schleswig-Holsteins, zur Insel Fehmarn.

Die Realisierung dieses Vorhabens hing weitgehend von der Überquerung des etwa 1200 m breiten Fehmarnsunds ab, der Festland und Insel trennt. Aus technischen und finanziellen Gründen erschien der Bau einer großen Brücke als nicht durchführbar, weshalb man sich dann für die Trajektierung der Waggons mittels Dampffähre entschied. Da die Kosten für dieses Projekt nicht allein von der KrOE aufgebracht werden konnten, gründete man eine weitere Gesellschaft, in der sich finanzkräftige Teilhaber ihre Mitbestimmungsrechte hinsichtlich Linienführung und technischer Ausstattung der Bahn sicherten.

Am 23. Oktober 1903 konnte die Kleinbahn Lütjenbrode–Orth den Verkehr auf dem 7,1 km langen Streckenabschnitt Lütjenbrode–Großenbroder Fähre und auf der etwa 1,5 km langen Fährstrecke bis nach Fehmarnsund eröffnen. Mit dem Reststück Fehmarnsund–Burg/Fehmarn–Orth (20,1 km) nahm dann die Kleinbahn auch den Schienenverkehr auf der Insel am 2. September 1905 auf.

In enger Zusammenarbeit zwischen KrOE und der Kleinbahn entwickelten sich bald die Transportleistungen, wobei der Güterverkehr dominierte. Statt der ursprünglichen drei kleinen B-n2-Tenderlokomotiven der KrOE wurden nun schrittweise größere Maschinen beschafft, die weitgehend der bekannten preußischen Gattung T 3 entsprachen.

Nachdem die KED Altona lange Zeit die Betriebsführung beider Bahnen innegehabt hatte, betraute die inzwischen entstandene DRG im Jahre 1923 nunmehr die Rbd Schwerin mit dieser Aufgabe. Auftretende Unstimmigkeiten führten allerdings nach etwa zwei Jahren zur Auflösung des Vertrags. An die Stelle der DRG trat nun die benachbarte Elmshorn-Barmstedt-Oldesloer Eisenbahn.

Die Verkehrslage der Bahn verbesserte sich im Jahre 1925 durch die Inbetriebnahme der direkten, von Süden kommenden DRG-Verbindungsstrecke (Lübeck–)Bad Schwartau–Neustadt. Im gleichen Jahr beschaffte die Kleinbahn für den durchgehenden Verkehr Lütjenbrode–Orth von der AEG einen A1-bmech-Triebwagen, um zeitraubende Rangierarbeiten vor und nach dem Trajektieren der Personenwagen zu sparen. 1927 wurde eine zweite, größere Fähre in Betrieb genommen. Schließlich nahm am 1. Juli 1931 die KrOE von ihrem Amtssitz Oldenburg/Holstein aus Verwaltung und Betriebsführung beider Bahnen in eigene Regie.

Da dann im Rahmen der 1934/35 beginnenden Wiederaufrüstung mehrere Militärstützpunkte und Ausbildungsplätze im nordostholsteinischen Raum entstanden, stiegen die Anforderungen an die KrOE erneut an. So wurden vor allem zur Beschleunigung des Personenverkehrs schnellere Dampflokomotiven von der DRG gekauft und zwei weitere Triebwagen beschafft. Diese Triebwagen besaßen bemerkenswerterweise zur Unterhaltung der Reisenden eingebaute Rundfunkempfänger.

Den Fährdienst versah zunächst die Dampffähre FEHMARNSUND, die im Jahre 1903 in Danzig gebaut worden war. Bei einer Länge von rund 24 m konnte sie zwei Waggons oder später den Triebwagen mit einem Beiwagen aufnehmen. Die geringe Wasserverdrängung des Schiffes machte es leider nicht ganz unabhängig vom Seegang. So wurde es 1940 außer Dienst gestellt und zu einem Arbeitsschiff umgebaut, das sogar zeitweilig noch der DB diente.

Mit dem in Rendsburg erbauten Fährschiff FEHMARN stand dann ab 1927 ein größeres Fahrzeug zur Verfügung. Zwar hatte man für den Antrieb wiederum eine Dampfmaschine vorgesehen, doch konnten nunmehr auf einer Gleislänge von 50 m bis zu fünf Waggons trajektiert werden. Nach dem Übergang auf DRG und DB wurde die FEHMARN im Jahre 1950 völlig umgebaut. Hierbei verlängerte man das Schiff und ersetzte die Dampfmaschine durch einen Dieselmotor. In dieser Form stand die Fähre dann noch bis zur Einstellung des Fährverkehrs 1963 im Dienst. Dann gewissermaßen brotlos geworden, verkaufte man das Fährschiff an eine italienische Reederei. Seit 1965 pendelt es nun unter dem Namen PELORITANO zwischen dem italienischen Festland und der Insel Sizilien in der Straße von Messina.

Als Ersatz für die alte FEHMARNSUND beschaffte die KrOE noch

1940 ein größeres, modernes Fährschiff, die SCHLESWIG-HOLSTEIN. Durch den Antrieb mittels Dieselmotor war neben der höheren Geschwindigkeit auch ein leichteres Manövrieren möglich. Auch dieses Schiff wurde bis 1963 eingesetzt, bevor auch sein Wirkungsgebiet ins Mittelmeer verlegt wurde. Unter der Flagge einer anderen italienischen Reederei versieht es nun als FERRY CAPRI den Liniendienst zwischen Neapel und der Insel Capri.

Für dienstliche Zwecke und den einfachen Übersetzverkehr von Personen standen der KrOE außer den genannten Fährschiffen noch drei kleinere Motorboote zur Verfügung, die dann 1941 auch ins Eigentum der DRG übergingen.

Abgesehen von einem Anschlußgleis zum neuerbauten Seeflughafen Großenbrode blieben Anlagen und Betriebsmittel der KrOE nach der DRG-Übernahme 1941 und nach Kriegsende 1945 nahezu unverändert und wurden zunächst auch von der DB unter etwa gleichen Bedingungen weiterhin genutzt. Doch dann griff man die Pläne zur Realisierung der »Vogelfluglinie« auf.

Da aber der in den ersten Nachkriegsjahren stark ansteigende internationale Reiseverkehr eine möglichst schnelle Lösung verlangte, zumal die DB über keine eigene Fährverbindung mit Dänemark verfügte, entschied man sich vorerst für ein Provisorium. Unter Nutzung der bereits vorhandenen Gleisanlagen des ehemaligen Seeflughafens entstand nach kurzem Umbau der Fährbahnhof »Großenbrode Kai«, von dem aus dann am 15. Juli 1951 der Trajektverkehr nach dem traditionellen dänischen Fährhafen Gedser eröffnet werden konnte. Auf dem fast 70 km langen Seeweg wurden die dänischen Fährschiffe DANMARK und KONG FREDERIK IX eingesetzt, die dann abwechselnd von Gedser aus Warnemünde oder Großenrode Kai anliefen. Obgleich ab Mai 1953 außerdem das DB-Fährschiff DEUTSCHLAND zur Verfügung stand, erreichte die Verbindung bald die Grenzen ihrer Leistungsfähigkeit.

In enger Zusammenarbeit von DB und DSB entstand deshalb das Projekt für die Verbindung zwischen Puttgarden auf Fehmarn und Rødby Havn auf der dänischen Insel Laaland, das zu einer Verkürzung der Seestrecke auf 19 km führte. Hierzu mußten allerdings die holsteinischen Festlandsstrecken ausgebaut und die Inselstrecke auf Fehmarn völlig neu gestaltet werden. Den ohnehin geringen Personenverkehr Burg/Fehmarn–Orth stellte man am 31. Dezember 1955 ein. Da nunmehr eine Überbrückung des Fehmarnsunds vorgesehen wurde, waren umfangreiche Erdarbeiten erforderlich. Die gewaltige, 960 m lange Spannbeton-Hochbrücke setzte ja große Rampen auf beiden Seiten voraus. Seit der feierlichen Eröffnung der »Vogelfluglinie« am 15. Mai 1963 erinnert nun nach der Vergrößerung der Anlagen des Bahnhofs Burg/Fehmarn und der anschließenden Neubaustrecke bis Puttgarden kaum noch etwas an die KrOE, die eigentlich hierzu Pionierarbeit geleistet hatte.

Die Lokomotiven der KrOE wurden anfangs mit Namen und später mit durchlaufenden Betriebsnummern versehen. Wie allgemein üblich, wurden die Nummern ausgemusterter Triebfahrzeuge anschließend oft zum zweiten oder dritten Male besetzt. Die DRG übernahm 1941 von der KrOE zwölf Dampflokomotiven, drei Triebwagen und die bereits erwähnten drei Fährschiffe. Über den weiteren Verbleib zweier kleiner Rangierlokomotore und zweier Diesellokomotiven der KrOE ist nichts bekannt.

Folgende Betriebsmittel der KrOE wurden von der DRG übernommen:

Bauart	Ehemalige Betriebsnummer/ Name	DRG
Dampflokomotiven		
1'C1'-n2-Tenderlokomotiven	1III...	75 109...
C-n2-Tenderlokomotiven	4...	89 7556...
C-n2-Tenderlokomotive	5II	89 7869
D-h2-Tenderlokomotiven	10...	92 441...
Triebwagen mit Verbrennungsmotoren		
A1-bmech-Triebwagen	–	– (nicht uz)
Bo'1-del-Gepäcktriebwagen	–	137 239
(1A)(A1)-dmech-Triebwagen	–	– (nicht uz)
Fährschiffe		
Dampffähre (Arbeitsschiff)	FEHMARNSUND	
Dampffähre	FEHMARN	
Motorfähre	SCHLESWIG-HOLSTEIN	

4.33 Eisenbahnen im Großherzogtum Luxemburg (G-L, PH, CVE, CFL)

Nachdem das Großherzogtum Luxemburg im Mai 1940 von deutschen Truppen besetzt worden war, wurde es im April 1942 annektiert und dem Deutschen Reich angegliedert. Dadurch waren formal die Voraussetzungen geschaffen, die in diesem Gebiet befindlichen Eisenbahnen in das Eigentum der DRG zu überführen und der damaligen RBD Saarbrücken zu unterstellen. Die Übernahme der drei organisatorisch und technisch recht unterschiedlichen Bahnen wurde im Jahre 1942 vollzogen. So kamen die G-L am 1. April 1942, die PH am 1. Januar 1942 und die CVE am 1. April 1942 zur DRG.

Luxemburgische Wilhelm-Eisenbahn-Gesellschaft (G-L)

Die wechselvolle Geschichte des Großherzogtums Luxemburg fand auch in der Entwicklung seines Eisenbahnwesens ihren Niederschlag. Der in den luxemburgischen Nachbarländern energisch betriebene Bau von Eisenbahnen hatte Anfang der fünfziger Jahre des vorigen Jahrhunderts dazu geführt, daß die belgische »Große Luxemburgische Eisenbahn« vom Westen her die Grenzen des Großherzogtums erreichte, sich vom Süden her aus Lothringen die französische Ostbahn an Luxemburg heranschob und die »Saarbrücker Eisenbahn« ihr Netz bis an die östlichen Grenzen des Landes gebaut hatte. Im Großherzogtum selbst mit seinen reichen Erzlagern und seiner bereits bedeutenden Industrie gab es dagegen noch keine Bahn.
So gründete man eine Gesellschaft mit der Absicht des Baus und späteren Betriebs einer Eisenbahn unter Nutzung der möglichen Anschlüsse zu den Nachbarbahnen. Nach Erteilung der Konzession konstituierte sich im Jahre 1857 diese Interessengemeinschaft unter dem Namen »Société Royale Grand Ducale des Chemins de Fer Guillaume-Luxembourg« (G-L). Nach Baubeginn zeigte sich aber sehr bald, daß trotz staatlicher Zuschüsse die vorhandenen Finanzmittel wegen der schwierigen Geländeverhältnisse im Großherzogtum nur zum Errichten der West-Ost-Bahnstrekke (Arlon–)Kleinbettingen–Luxemburg–Wasserbillig(–Trier) und der Süd-Nord-Strecke (Metz–)Bettemburg–Luxemburg–Ulfingen reichten und demzufolge ein eigener Fahrzeugpark nicht mehr beschafft werden konnte! So mußte sich die G-L entschließen, die Betriebsführung anderen Bahnen zu übertragen. Obgleich das Großherzogtum Luxemburg seinerzeit noch Mitglied des Deutschen Bundes und die Hauptstadt deutsche Bundesfestung war, betraute man bemerkenswerterweise 1859 mit der Betriebsführung der Süd-Nord-Magistrale die französische Ostbahn! Die (nach der belgischen Nachbarprovinz benannte) Große Luxemburgische Eisenbahn hatte den Betrieb zwischen Kleinbettingen und der deutschen Grenze bei Wasserbillig zu übernehmen. Am 4. Oktober 1859 konnte dann mit Fahrzeugen der französischen Ostbahn der erste Zug auf luxemburgischem Gebiet zwischen Bettemburg und Kleinbettingen im Rahmen der durchgehenden Verbindung (Metz–)Thionville–Luxemburg–Arlon verkehren.
Das Ende des Deutsch-Französischen Krieges brachte im Jahre 1872 den ersten Wechsel in der Betriebsführung. Statt der französischen Ostbahn übernahmen nun die neugegründeten deutschen Reichseisenbahnen in Elsaß-Lothringen diese Aufgabe. Die belgische Gesellschaft setzte zunächst ihre Zusammenarbeit mit der G-L noch fort. Die Verkehrsleistungen stiegen, das Netz wurde weiter ausgebaut. Zum Ankauf eigener Lokomotiven und Wagen kam es hingegen noch immer nicht. So verkehrten auf den luxemburgischen Hauptstrecken weiterhin fremde Lokomotiven und trafen sich in Luxemburg Hbf.
Im Ersten Weltkrieg wurde Luxemburg durch deutsche Truppen besetzt. Die Strecken der G-L wurden zwangsweise der deutschen Militär-Generaldirektion Brüssel unterstellt und für Nachschubzwecke genutzt. Als dann im Jahre 1918 Elsaß-Lothringen wieder der französischen Oberhoheit unterstellt wurde und man die REB auflöste, wurde die Betriebsführung auf allen G-L-Strecken der französischen Ostbahn übertragen. Von 1938 bis 1940 erfüllte dann die SNCF (Région 1) diese Aufgabe. Die im Jahre 1942 zum Netz der G-L gehörenden 209,6 Streckenkilometer stellten vorwiegend die Hauptstrecken der Eisenbahnen im Großherzogtum dar. Sie wurden mit Wirkung vom 1. April 1942 ins DRG-Streckennetz überführt.

Luxemburgische Prinz-Heinrich-Eisenbahn- und Minen-Gesellschaft (PH)

Als zweite normalspurige luxemburgische Eisenbahn wurde im Jahre 1869 die »Société Prince-Henri« (PH) konzessioniert, ihr Wirkungsfeld jedoch vorwiegend auf Bau und Betrieb von Nebenstrecken orientiert. Statt eines staatlichen Zuschusses räumte man der Bahn interessanterweise das Recht auf Ausbeutung einiger Erzfelder ein, was zur eingangs genannten Firmenbezeichnung und zu der zusätzlichen Errichtung entsprechender montaner Betriebsteile führte.

Die bereits erwähnten schwierigen Geländeverhältnisse bedingten auch bei der PH auf den steigungs- und krümmungsreichen Strecken viele Kunstbauten und hinsichtlich der zu beschaffenden Triebfahrzeuge verhältnismäßig schwere und leistungsfähige Lokomotiven.

Die von Luxemburg Hbf (G-L) in westlicher Richtung über Petingen zur belgischen Grenze bei Rodingen führende Strecke wurde zur Hauptlinie der PH. Während in Petingen Anschluß zur Nord-Süd-Nebenbahn Ettelbrück–Petingen–Esch bestand, hatten die beiden anderen Teile der PH im Norden und Osten des Großherzogtums keine Verbindung miteinander. Am 4. November 1904 eröffnete die PH auch eine Schmalspurbahn (1000 mm) zwischen Grundhof und Befort. In den späteren Jahren wurde das Netz der PH nur unwesentlich erweitert. So umfaßte es im Jahre 1942 insgesamt 187,7 km, wovon 7,3 km auf die Kleinbahn entfielen.

Für den Reisezugdienst beschaffte die PH ausschließlich Tenderlokomotiven. Abgesehen von einigen Rangierlokomotiven waren dagegen für den meist schweren Güterverkehr große Schlepptenderlokomotiven vorhanden. Den nichtöffentlichen Werkverkehr bei der Erzförderung besorgten vier kleine B-n2-Tenderlokomotiven für 700-mm-Spur.

Obgleich es sich jeweils immer nur um wenige Lokomotiven handelte, wurden diese bei der PH gattungsweise unterschieden. Hierbei teilte man den einzelnen »Serien«, entsprechend der Reihenfolge ihrer Beschaffung, große Kennbuchstaben zu. Nachbeschaffungen der gleichen Serie wurden durch einen hochgestellten Strich unterschieden. Den einzelnen Serien wurden bestimmte Betriebsnummerngruppen zugeordnet. Bei Übernahme durch die DRG sah man für die eigenständigen PH-Lokomotivbauarten besondere Nummerngruppen vor, während die Lokomotiven preußischen oder badischen Ursprungs im Anschluß an gleichartige DRG-Lokomotiven eingenummert wurden.

Die PH wurde mit ihren Fahrzeugen am 1. Januar 1942 von der DRG übernommen. Offensichtlich um Miet- und Nutzungskosten zu sparen, setzte man jedoch das Übernahmedatum rückwirkend auf den 1. Januar 1941 fest! Die Umzeichnung der Lokomotiven wurde aber erst später vorgenommen. Sie geschah laut Umzeichnungsplan vom 8. 1. 1943.

Von der PH wurden 64 normalspurige und 2 schmalspurige Dampflokomotiven übernommen. Es handelte sich dabei um folgende Bauarten:

Bauart	PH-Serie	DRG
E-h2-Güterzuglokomotiven	I	57 901...
E-h2-Güterzuglokomotiven	K	57 2773...
1'E-h3-Güterzuglokomotiven	O'	58 601''...
1'E-h3-Güterzuglokomotiven	O	58 2145...
1'B1'-h2-Tenderlokomotiven	E	71 601...
1'C1'-h2-Tenderlokomotiven	H	75 641...
1'C1'-h2-Tenderlokomotiven	H'	75 651...
1'C1'-h2-Tenderlokomotiven	L	75 1121...
D-h2-Tenderlokomotiven	G	92 2701...
D-h2-Tenderlokomotiven	G'	92 2711...
C-n2-Schmalspurlokomotiven	N	99 291...

Luxemburgische Schmalspurbahnen (CVE)

Während sich in Luxemburg die Entwicklung der normalspurigen Eisenbahnen völlig auf privater Ebene vollzogen hatte, gab es bei der weiteren verkehrsmäßigen Erschließung des Landes gewisse Schwierigkeiten, bei deren Überwindung sich der Staat einschalten mußte.

Die geomorphologischen Strukturen des Großherzogtums, weitgehend mit denen Sachsens oder Württembergs vergleichbar, ließen für den weiteren Bahnbau die Anlage von Schmalspurbahnen als günstig erscheinen. So entstanden mehrer 1000-mm-Spur-Strecken, die vier verschiedenen Verwaltungen unterstanden und meist keine Verbindung untereinander hatten. Da aber die fallende

Rentabilität dieser Bahnen später den Gedanken an eine Betriebseinstellung aufkommen ließ, wurden drei von ihnen vom Staat übernommen und unter der Bezeichnung »Chemins der Fer à Voie Etroite« (CVE) einer einheitlichen Leitung unterstellt. Dadurch wurde es an einigen Stellen möglich, einen durchgehenden Reise- und Güterverkehr zu eröffnen.
Während bei den Dampflokomotiven die unterschiedlichen Betriebsnummern der Ursprungsbahnen beibehalten wurden, ordnete man die wenigen vorhandenen Verbrennungstriebwagen neu und ergänzte sie durch einige Neubauten.
Die im Jahre 1942 vorhandenen Triebfahrzeuge der CVE wurden nach einem Umzeichnungsplan vom 2. November 1942 ins DRG-Nummernschema überführt. Hierbei wurden auch zwei Elektro-Triebwagen der Luxemburger Straßenbahnen mit erfaßt, die auf der ehemaligen CV-Teilstrecke Luxemburg–Dommeldingen eingesetzt waren.

Luxemburgische Sekundärbahnen (LSB)

Zuerst waren die LSB entstanden, die am 16. Februar 1882 ihre Strecke Kruchten–Fels (12,1 km) eröffneten. Wenige Tage später konnte der Verkehr auf der Strecke Luxemburg–Aspelt–Mondorf–Remich (27,0 km) aufgenommen werden. Mitbegründer der Bahn war die Schweizerische Lokomotiv- und Maschinenfabrik Winterthur, die sich dadurch in ähnlicher Weise wie Krauss & Comp. (vgl. Abschnitt 4.16) neue Absatzmöglichkeiten für ihre Erzeugnisse sicherte. Der luxemburgische Staat förderte das Unternehmen durch die Zuerkennung von Erzabbaurechten. Nach anfänglich positiver Entwicklung drohte Anfang der dreißiger Jahre der Konkurs beider Betriebsteile, so daß sich der Staat gezwungen sah, die LSB mit Wirkung vom 1. Februar 1934 zu übernehmen und den CVE zu unterstellen.

Luxemburgische Kantonalbahnen (CC)

Als nächste Schmalspurbahn des Großherzogtums wurde am 9. April 1889 die Linie Diekirch–Vianden (13,7 km) der »Société Anonyme des Chemins de Fer Cantonnaux Luxembourgeois« (CC) im Norden des Landes eröffnet. Etwa ein Jahr später folgte die zur belgischen Grenze führende Strekke Nördingen–Martelingen (29,5 km). Auch zwischen diesen beiden Betriebsteilen bestand keine Verbindung. Wie bereits bei PH und LSB geschehen, räumte der Staat auch den CC Abbaurechte an den dortigen Erzlagerstätten ein. Da jedoch die erwarteten Verkehrsanforderungen auf beiden Linien ausblieben, stellte sich bereits in den zwanziger Jahren eine defizitäre Entwicklung ein, die nur durch die Verstaatlichung am 26. Dezember 1923 aufgehalten werden konnte. Zwei noch von den CC in Auftrag gegebene Verbrennungstriebwagen kamen erst zum Einsatz, als die Bahn bereits zum Kernstück der CVE geworden war.

Luxemburgische Vizinalbahnen (CV)

Obgleich noch in einigen Gegenden des Landes ein gewisser Verkehrsbedarf bestand, fanden sich keine Unternehmer mehr für weitere Bahnbauten im Großherzogtum. So mußte sich erstmalig der Staat engagieren, um noch einige fehlende Schienenverbindungen herzustellen. Zuerst nahm man eine Verbindungsstrecke zwischen Bettemburg und Aspelt (10,2 km) in Angriff. Nach deren Fertigstellung am 1. September 1899 übertrug man zunächst den benachbarten »Belgischen Regionalbahnen« die Betriebsführung auf dieser neuen Schmalspurbahn. Vom 1. Mai 1911 ab übernahmen die LSB diese Aufgabe. Hauptteil der »Chemins de Fer Vicinaux Luxembourgeois« (CV) wurde allerdings die 47,6 km lange Strecke Luxemburg–Dommeldingen–Echternach, deren Einweihung am 20. April 1904 erfolgen konnte. Die LSB übernahmen die Betriebsführung. Für die beiden Strecken der CV stand ein leistungsfähiger Triebfahrzeugpark zur Verfügung. Hierbei ist besonders bemerkenswert, daß man zu den vorhandenen Dampflokomotiven bereits im Jahre 1912 zwei benzol-elektrische Triebwagen beschaffte! In den dann folgenden Jahren gab es noch eine Reihe betrieblicher und organisatorischer Veränderungen. So übernahm zunächst einmal am 13. Mai 1919 die PH, die ja bereits seit 1904 eine kurze Schmalspurstrecke besaß, die Betriebsführung beider CV-Linien. Unter ihrer Regie wurde die Teilstrecke Luxemburg–Dommeldingen am 17. September 1928 elektrifiziert und nach einer ent-

sprechenden Vereinbarung mit Fahrzeugen der »Tramways électriques de la Ville de Luxembourg« (TVL, Luxemburger Straßenbahn) betrieben. Im Jahre 1930 kam es schließlich noch zu einem geringfügigen Streckenzuwachs. Da sich die LSB dazu außerstande sahen, wurde deren Strecke Kruchten–Fels auf Wunsch der Bevölkerung im Jahre 1930 mit staatlichen Mitteln bis Heffingen (2,5 km) verlängert. Weitere Ausbauprojekte konnten nicht mehr verwirklicht werden, da die wirtschaftliche Situation der CV dies nicht mehr erlaubte. Im Jahre 1934 wurden dann auch die CV vom Staat übernommen.
Eine weitere Schmalspurbahn war im Jahre 1905 im Süden des Großherzogtums entstanden. Es handelte sich um die von Vering & Wächter errichtete Verbindungsbahn zwischen dem LSB-Bahnhof Mondorf und dem lothringischen Diedenhofen, die am 31. Dezember 1934 stillgelegt wurde.
Trotz oftmals nur geringer Bauartunterschiede führten die CVE für die Dampflokomotiven der drei Ursprungsbahnen ein eigenes Gattungssystem ein. Hierdurch wurden den Lokomotiven der CV die Großbuchstaben A, B und C zugeordnet. Dann folgten die Lokomotiven der LSB mit den Gattungszeichen D, E und F. Für die Bauarten der CC sah man die Buchstaben G, H und I vor.
Folgende Triebfahrzeuge der CVE und der TVL wurden im Jahre 1942 von der DRG übernommen und umgezeichnet:

Bauart	Gattung/Betriebsnummern	DRG
Dampflokomotiven		
C-n2-Schmalspurlokomotiven	F	99 231...
C-n2-Schmalspurlokomotiven	C	99 233...
C-n2-Schmalspurlokomotiven	G	99 236...
C-n2-Schmalspurlokomotiven	H	99 241...
C-n2-Schmalspurlokomotive	I	99 243
C-n2-Schmalspurlokomotiven	D	99 244...
C-h2-Schmalspurlokomotiven	E	99 246...
1'C-n2-Schmalspurlokomotiven	B	99 271...
B'B-n4v-Schmalspurlokomotiven	A	99 281...
Elektrische Triebwagen		
Bo'Bo'-g4t-Straßenbahntriebwagen	30...	ET 199 01...
Verbrennungstriebwagen		
B'B'-dmech-Schmalspurtriebwagen	VT 1...	136 751...
Bo'2'-del-Schmalspurtriebwagen	VT 3...	136 753...
B'B'-dmech-Schmalspurtriebwagen	VT 8...	136 758...

Nationale Luxemburgische Eisenbahn-Gesellschaft (CFL)

Die besondere Nachkriegsentwicklung des luxemburgischen Eisenbahnwesens rechtfertigt einige abschließende Bemerkungen. Da nämlich die deutsche Besetzung zu einem gewaltsamen Zusammenschluß der G-L, der PH und der CVE geführt hatte, sah die neue luxemburgische Regierung nach Kriegsschluß hierin die Grundlagen zu der schon lange erstrebten Einheit der Eisenbahnen des Großherzogtums. Wenn sich auch Frankreich und Belgien wegen früherer Konzessions- und Mitbenutzungsrechte anfangs noch dem Vorhaben widersetzten, gründete man unter Beteiligung von SNCF und SNCB Mitte 1946 die »Société Nationale des Chemins de Fer Luxembourgois« (CFL), deren Bestehen mit der Ratifikation des Gründungsvertrags ab August 1947 rechtskräftig wurde.
Die zu diesem Zeitpunkt im Großherzogtum vorhandenen ehemaligen luxemburgischen, französischen, deutschen und anderen Triebfahrzeuge wurden nun in einem neuen Nummernschema erfaßt. Innerhalb der nunmehr vierstelligen Betriebsnummern der Normalspurlokomotiven entsprachen die beiden ersten Stellen der neuen Serienbezeichnung, während das hintere Ziffernpaar die Ordnungsnummer darstellte. Für die wenigen Schmalspurlokomotiven sah man nur dreistellige Betriebsnummern vor. Für die vorhandenen Verbrennungstriebwagen wurde der Kennbuchstabe Z eingeführt.
Der technische Fortschritt führte in den Jahren 1948 bis 1955 zur Stillegung der Schmalspurbahnen. Nachdem sich hier einige Dampflokomotiven aus dem Jahre 1888 hatten behaupten können, trat nun meist der Omnibus an deren Stelle. Im Bereich der normalspurigen Triebfahrzeuge trat an die Stelle der Dampflokomotive die moderne Elektro- und Dieseltraktion.
Nachstehend das CFL-Bezeichnungssystem:
– Serie 20 = zweifach gekuppelte Tenderlokomotiven

30 bis 35 = dreifach gekuppelte Tenderlokomotiven
36 bis 39 = dreifach gekuppelte Schlepptenderlokomotiven
40 bis 44 = vierfach gekuppelte Tenderlokomotiven
45 bis 47 = vierfach gekuppelte Schlepptenderlokomotiven
51 bis 56 = fünffach gekuppelte Schlepptenderlokomotiven
– Serie 3 = dreifach gekuppelte Schmalspurlokomotiven
4 = vierfach gekuppelte Schmalspurlokomotiven

Beispielsweise erhielt die nach 1945 bei CFL verbliebene 1'C-h2-Tenderlokomotive 74 593 der DRG nunmehr die CFL-Nummer 3113. Aus der D-n2-Güterzuglokomotive 55 425 der DRG wurde die CFL 4502. Die E-h2-Güterzuglokomotive Tw 1–80 der PKP wurde zur 5224. Die von der AL stammende ehemalige französische 2'C1'-h4v-Schnellzuglokomotive Nummer 1308 wurde als 3703 von CFL eingeordnet. Die im Jahre 1888 gebaute kleine C-n2-Schmalspurlokomotive der Gattung G der CVE mit der späteren DRG-Nummer 99 237 wurde erst 1954 von der CFL als Nummer 312 ausgemustert. Der Triebwagen 136 753 bekam die CFL-Nummer Z 3.

4.34 Triebfahrzeuge der Jugoslawischen Staatseisenbahnen (JDŽ)

Im Rahmen der deutsch-italienischen Hegemoniebestrebungen im südösteuropäischen Raum war die damalige jugoslawische Regierung gezwungen worden, am 25. März 1941 dem Dreimächtepakt Berlin-Rom-Tokio beizutreten. Da jedoch breite Teile der Bevölkerung und der Streitkräfte unter dem Eindruck des bereits mehrjährigen Kriegsgeschehens einer Eingliederung in eine derartige Mächtegruppierung ablehnend gegenüberstanden, kam es schon am 27. März 1941 in Belgrad zu einem Militärputsch, der zum Sturz der Regierung führte. Die erkennbare Absicht der neuen Regierung, Jugoslawiens Neutralität weiterhin zu wahren und demzufolge den aufgezwungenen Vertrag vom 25. März 1941 nicht zu ratifizieren, lieferte dann den Vorwand zu einer weiteren rücksichtslosen Aggression des Zweiten Weltkriegs: In der Zeit vom 6. bis zum 17. April 1941 wurde das Königreich Jugoslawien von deutschen, italienischen, ungarischen und bulgarischen Truppen besetzt und sofort nach einer entsprechenden Konferenz in Wien vom 20. bis 22. April 1941 unter den Aggressionsteilnehmern weitgehend aufgeteilt. Slowenien, der Nordwestteil Jugoslawiens, wurde von Italien und von Deutschland annektiert. Hierdurch wurde Laibach italienisch, während das südlich von Klagenfurt gelegene Oberkrain und die südlich von Graz gelegene Untersteiermark mit Marburg/Drau und Steinbrück/Sawe dem deutschen Staatsgebiet einverleibt wurden.
Mit Wirkung vom 1. Januar 1943 wurden der DRG die in Oberkrain und in der Untersteiermark gelegenen Eisenbahnstrecken der JDŽ mit insgesamt 335,6 Streckenkilometern und den entsprechenden Betriebsmitteln übergeben. Die Triebfahrzeuge wurden nach einem Umzeichnungsplan vom 18. Januar 1943 in das Nummernschema der DRG überführt.
Das Königreich Serbien, später Kernstück des jugoslawischen Staates, hatte bereits vor dem Ersten Weltkrieg eine wechselvolle Geschichte hinter sich, wodurch Grenzen, Wirtschaftsstruktur und Verkehrswesen mehrfach weitgehend verändert worden waren. Neben den Serbischen Staatsbahnen (Srpske Državne Železnice = SDŽ) gab es eine Reihe kleinerer Privatbahnen. Außerdem hatten die oftmals schwierigen Geländeverhältnisse und die sehr unterschiedliche Besiedlungsdichte zu einer größeren Anzahl von Schmalspurbahnen geführt.
Weder die SDŽ hatten die durch den ersten Balkankrieg 1912/13 gewonnenen türkischen Eisenbahnstrecken voll in ihr Netz integriert, noch waren die als Folge des zweiten Balkankriegs 1913 von Bulgarien übernommenen Bahnlinien und Betriebsmittel wieder voll betriebsfähig, als die Ereignisse des Jahres 1914 das Land erneut in einen Krieg stürzten. Das Ende des Ersten Weltkriegs führte durch den Zerfall der österreich-ungarischen Donaumonarchie zu erneu

ten Grenzverschiebungen und zu weiteren politischen und wirtschaftlichen Veränderungen. Unter Einschluß ehemaliger südöstlicher Landesteile Österreich-Ungarns und des Königsreichs Montenegro entstand am 1. Dezember 1918 das Königreich der Serben, Kroaten und Slowenen. Zu den neugegründeten Staatsbahnen des Königreichs der Serben, Kroaten und Slowenen (Državne železnice kraljevine Srba, Hrvata i Slovenaca = SHS) kamen nun große Teile des ehemals österreichischen Netzes der Südbahn, einige kkStB-Strecken sowie Linien der früheren österreichischen Militär- und Heeresbahnen mit den entsprechenden Betriebsmitteln. Die bereits fast unüberschaubare Typenvielfalt der SHS-Eisenbahnen wurde dann noch durch Reparationslieferungen österreichischer, ungarischer und preußischer Lokomotiven vermehrt und stellte das Werkstättenwesen vor schwierige Probleme. Hinsichtlich von Neubeschaffungen griff man deshalb auf bereits bewährte SDŽ-Bauarten zurück.

Die am 6. Januar 1929 erfolgte Umbenennung des Staates führte dann zu der bekannten Bezeichnung JDŽ (Jugoslovenske državne železnice) für die Jugoslawischen Staatseisenbahnen. Die bemerkenswertesten Eigenbeschaffungen der JDŽ waren zweifellos die 1929/30 aus Deutschland bezogenen 2'C1'-h2-Schnellzuglokomotiven der Reihe 05, die 1'D1'-h2-Schnellzuglokomotiven der Reihe 06 und die 1'E-h3-Güterzuglokomotiven der Reihe 30. Ansonsten waren die JDŽ aus wirtschaftlichen Gründen gezwungen, eine Vielzahl der vorhandenen älteren Lokomotivbauarten im Erhaltungsbestand zu belassen.

Bei den ab 1. Januar 1943 durch die DRG übernommenen JDŽ-Strecken handelte es sich vor allem um die von Villach in südöstlicher Richtung über Rosenbach/Kärnten durch den Karawankentunnel nach Steinbrück/Sawe führende Hauptstrecke. Außerdem kam die von Graz etwa in südlicher Richtung ausgehende Bahnlinie (Spielfeld-Straß–)Marburg/Drau–Steinbrück/Sawe(–Agram) zur DRG.

Die veränderte politische Struktur Jugoslawiens führte nach dem Zweiten Weltkrieg in den Jahren 1951 bis 1954 zu einer schrittweisen Überführung des Eisenbahnbetriebs von bisheriger staatlicher Zentralverwaltung in eine dezentralisierte Eisenbahner-Selbstverwaltung. So ging man ab 1. April 1954 von der Bezeichnung JDŽ zu JŽ (Jugoslovenske železnice) für die Jugoslawischen Eisenbahnen über.

Hinsichtlich der Bezeichnungsweise jugoslawischer Lokomotiven muß eingangs auf zwei Besonderheiten hingewiesen werden. Zunächst ist zu beachten, daß durch die Vielzahl der Bahnverwaltungen oder der geschichtlich bedingten Eigentumswechsel viele, sehr unterschiedliche Bezeichnungssysteme zur Anwendung kamen und über längere oder kürzere Zeiträume, teilweise sogar gleichzeitig, Gültigkeit besaßen. Es muß zweifellos als zweite Besonderheit angesehen werden, daß von SDŽ oder SHS vorgesehene ordnungsgemäße Umzeichnungen nie durchgeführt wurden, so daß manche Lokomotive noch sehr lange Zeit ihre (nicht mehr ohne weiteres erklärbare) Ursprungsbezeichnung trug. Beispielsweise fuhren ehemalige deutsche Heeresfeldbahnlokomotiven des Ersten Weltkriegs noch bis 1933 unter ihrer alten HF-Nummer. Dagegen wurden aus den Ursprungsbezeichnungen der beiden auf der Treidelbahn am Eisernen Tor eingesetzten ehemals preußischen T 13 Kattowitz 7927 und Kattowitz 7958 erst 1953 analog der JDŽ-Bezeichnungsweise einfach die 79-27 und 79-58.

Die Lokomotiven der SDŽ waren analog ihrem Verwendungszweck gruppenweise mit Ordnungsnummern versehen worden. Gattungs- oder Reihenbezeichnungen gab es noch nicht. Folgende Nummerngruppen wurden unterschieden:

1 bis 99	=	Güterzuglokomotiven
100 bis 199	=	Personenzug- und Schnellzuglokomotiven
200 bis 299	=	Lokalbahn- und Rangierlokomotiven
300 bis 350	=	(ältere) Baulokomotiven
351 bis 599	=	Schmalspurlokomotiven

Für die letzten Lieferungen und Zugänge an die SDŽ erweiterte man das bisherige System und übernahm es zunächst auch bei SHS. Bei dieser Erweiterung wurden allerdings die Einteilungskriterien für die Vergabe der Betriebsnummern völlig verändert. Für den ursprünglichen Triebfahrzeugpark der SDŽ wurden auch unter der neuen SHS-Regie die alten Nummern beibehalten. Es handelte sich um folgende Erweiterungen:

600 bis 699	=	Lokomotiven mit drei gekuppelten Achsen

700 bis 799	=	Lokomotiven mit vier gekuppelten Achsen
(800 bis 899)	=	Lokomotiven mit fünf gekuppelten Achsen (nur vorgesehen, keine solchen Zugänge)
801 bis 805	=	Schmalspurlokomotiven
001 bis 099	=	eigentlich nur für die Kriegszeit bestimmte Lokomotiven

Beispielsweise erhielten die noch von der SDŽ beschafften 1'C-h2-Güterzuglokomotiven die Betriebsnummern 601 bis 623, während die nach Kriegsschluß bei SHS verbliebenen ehemaligen preußischen 1'C-n2v- und 1'C-n2-Güterzuglokomotiven der KPEV-Gattungen G 5[2] und G 5[3] zu 651 bis 667 wurden.

Ein drittes, gleichzeitig bei SHS gültiges Bezeichnungssystem entwickelte man speziell für die aus den Reparationslieferungen stammenden Neuzugänge. Hierbei lehnte man sich an die beiden gültigen Schemata an, vergab aber nunmehr vierstellige Ordnungsnummern. Die neue Tausenderstelle war dabei von der bisherigen Hunderterstelle abgeleitet worden. Dies betraf folgende SHS-Nummerngruppen:

1001 bis 1120 (abgeleitet von 101 bis 126)	=	1'C1'-h4-Schnellzuglokomotiven
2001 bis 2050 (abgeleitet von 201 bis 216)	=	C-n2-Rangierlokomotiven
6001 bis 6200 (abgeleitet von 601 bis 623)	=	Lokomotiven mit drei gekuppelten Achsen
7001 bis 7100 (ohne entsprechende Vorbilder)	=	Lokomotiven mit vier gekuppelten Achsen

Abgesehen von den vorher bei SDŽ nie vorhanden gewesenen derartigen Stückzahlen, entsprachen diese Reparationslieferungen bewährten SDŽ-Bauarten, mit denen sie später bei JDŽ auch gemeinsam genummert wurden. So entstammten die Betriebsnummern 6037 und 612 (später bei JDŽ: 20-037 und 20-213) den 1'C-Güterzuglokomotiven.

Innerhalb der vierten, gleichzeitig gültigen, weitestgehenden Bezeichnungsregelung bei SHS wurden nun auch erstmalig Reihenbezeichnungen benutzt. Bei den nach Beendigung des Ersten Weltkriegs von der kkStB, der österreichischen Südbahn und der MÁV übernommenen Lokomotiven und bei einigen späteren Nachbestellungen in Österreich und in Ungarn beließ man nämlich einfach die ursprünglichen Reihenbezeichnungen und Ordnungsnummern! Obgleich die entsprechenden Bauarten meist nur jeweils in bestimmten Gegenden des Landes konzentriert waren, stellt dieses wohl einmalige Vorgehen einer Bahnverwaltung den heutigen Lokomotivhistoriker oder Eisenbahnfreund zuweilen vor kaum lösbare Probleme und Fragen. Immerhin lagen den österreichischen und den ungarischen Reihenbezeichnungen völlig unterschiedliche Einteilungskriterien zugrunde.

So folgten mitunter den ehemaligen österreichischen Reihen (Reihe und Ordnungsnummer durch Punkt getrennt) solche ungarischer Herkunft (Reihe und Ordnungsnummer durch Komma getrennt), oder innerhalb einer einzigen Reihe gab es völlig grundverschiedene Lokomotiven! Hierzu zwei erläuternde Beispiele:

Süd- und SHS-Reihe 17	=	2'B-n2-Schnellzuglokomotiven
Süd- und SHS-Reihe 18	=	1B-n2-Personenzuglokomotiven
Süd- und SHS-Reihe 19	=	2'B-n2-Personenzuglokomotiven
MÁV- und SHS-Reihe 20	=	B-n2v-Tenderlokomotiven für Lokalbahnen
SHS-Lokomotive 380,004	=	kleine C-n2-Tenderlokomotive vom Jahre 1880 (ex StEG/MÁV)
SHS-Lokomotive 380.117	=	große 1'E-h4v-Güterzuglokomotive vom Jahre 1912 (ex kkStB)

In Anlehnung an das sehr informative ČSD-Bezeichnungssystem (vgl. Abschnitt 4.17) wurde von der SHS ein eigenes Schema entwickelt, das endlich eine gewisse Einheitlichkeit in dem allgemeinen Durcheinander bringen sollte. Dieses (fünfte!) System kam ab 1929 jedoch nur noch bei vier Neubau-Lieferungen zur Anwendung. Dem Schema für die neuen, dreistelligen Reihennummern lag der Schlüssel zugrunde:

erste Ziffer = Anzahl der gekuppelten Achsen
zweite Ziffer = Achslast in t unter Weglassung der vorderen Zehnerstelle
dritte Ziffer = Anzahl der Laufachsen, jedoch multipliziert mit 3

Nachstehend die nach diesem Schema bezeichneten SHS-Lokomotiven:

389.301 bis 389.340 = 2′C1′-h2-Schnellzuglokomotiven mit 18 t Achslast und drei Laufachsen
486.301 bis 486.330 = 1′D1′-h2-Schnellzuglokomotiven mit 18 t Achslast und zwei Laufachsen
540.315 bis 540.318 = E-h2-Güterzuglokomotiven mit 14 t Achslast und ohne Laufachsen
583.901 bis 583.940 = 1′E-h3-Güterzuglokomotiven mit 18 t Achslast und einer Laufachse

Neben diesen fünf Bezeichnungssystemen für die Normalspur gab es bei SHS für die Schmalspurlokomotiven außerdem noch mehrere andere Schemata.

Die JDŽ führten dann endlich ab 1933 für alle vorhandenen Triebfahrzeuge ein neues, einheitliches Bezeichnungssystem mit zwei- oder dreistelligen Reihennummern ein, denen nun nach einem Bindestrich die jeweils dreistellige Ordnungsnummer folgte. Bei der Festlegung der einzelnen Reihenbezeichnungen ließ man sich vom Verwendungszweck, von der Bauart und von der Achsfolge der Lokomotiven leiten, ordnete aber mitunter weitgehende Bauartvarianten der gleichen Reihe zu.

Da man nach 1945 durch die Vielfalt des nunmehr vorhandenen Triebfahrzeugparks gewisse Schwierigkeiten bei der Zuordnung bestimmter Bauarten bekam, erweiterte man das System durch Einführung bestimmter zusätzlicher Indizes:

06-001 bis 06-030 = 1′D1′-h2-Schnellzuglokomotiven (ex SHS-Reihe 486)
06′-101 bis 06′-105 = 2′D-h2-Schnellzuglokomotiven (ex BBÖ-Reihe 113/DRG-Baureihe 33)
06′′-201 bis 06′′-213 = 2′D-h2-Schnellzuglokomotiven (ex MÁV-Reihe 424)

Eigenartigerweise erhielten die moderneren, in größerer Stückzahl vorhandenen Lokomotiven zweistellige Reihennummern. Dagegen wurden älteren, voraussichtlich also nicht mehr lange zum Betriebspark zählenden oder zahlenmäßig geringen Bauarten entsprechende dreistellige Bezeichnungen zugewiesen. Die Grenzen für die Einweisung in den voraussichtlich nur noch vorübergehenden Betriebspark waren: älter als 25 Jahre, weniger als 5 Exemplare vorhanden.

Eine Sonderregelung traf man allerdings hinsichtlich der Bezeichnungsweise der Lokomotiven für die 600-mm-Spur. Hier wurde einer gleichbleibenden Reihenbezeichnung nach einem Punkt die

Bauart	JDŽ-Reihe	DRG
1′C1′-h2-Personenzuglokomotive	106	35 389
1′C1′-h2v-Personenzuglokomotiven	106	35 390...
2′C-h2-Personenzuglokomotiven	109	38 501...
2′C-h2-Personenzuglokomotiven	03	38 4118...
1′D1′-h2-Personenzuglokomotiven	06	39 401...
C-n2-Güterzuglokomotiven	124	53 7151′′...
1′C-n2v-Güterzuglokomotiven	131	54 041′′...
1′C-n2v-Güterzuglokomotiven	131	54 081...
1′C-n2v-Güterzuglokomotiven	128	54 655′′...
D-n2-Güterzuglokomotive	133	55 5865
D-n2-Güterzuglokomotiven	132	55 6201...
1′D-n2v-Güterzuglokomotiven	24	56 3372...
1′D-h2-Güterzuglokomotiven	25	56 3534...
1′D-n2v-Güterzuglokomotiven	24	56 4201...
E-h2-Güterzuglokomotiven	28	57 378...
E-h2v-Güterzuglokomotiven	28	57 486...
E-n2v-Güterzuglokomotiven	134	57 801...
1′C1′-n2v-Tenderlokomotiven	116	75 791...
1′C1′-h2v-Tenderlokomotive	116	75 836
1′C1′-h2-Tenderlokomotiven	17	75 1401...
1′C1′-n2v-Tenderlokomotiven	51	90 1101...
1′C1′-h2-Tenderlokomotive	51	90 1111
D-n2v-Tenderlokomotiven	52	92 2329...
1′C-n2v-Tenderlokomotiven	153	98 1381...
1′C-n2v-Tenderlokomotiven	153	98 1391...
C-n2-Tenderlokomotiven	151	98 7041...
C-n2-Tenderlokomotive	151	98 7051
D-n2-Schmalspurlokomotiven	81	99 831...
C1′-n2-Schmalspurlokomotiven	188	99 7823...

Anzahl der gekuppelten Achsen angefügt. Dann erst folgten Bindestrich und Ordnungsnummer.
Im Gegensatz zu den Nachbarländern erhielten bei den JDŽ die Lokomotiven und deren Tender gleichlautende Betriebsnummern. Nach dem Umzeichnungsplan vom 18. Januar 1943 wurden Lokomotiven folgender JDŽ-Reihen von der DRG übernommen (siehe Seite 158):

Nachstehend das vom Jahre 1933 an gültige JDŽ-Bezeichnungsschema:

JDŽ-Reihen regulär	JDŽ-Reihen vorübergehend		
01 bis 14 und	101 bis 114	=	Schnellzug- und Personenzuglokomotiven
15 bis 19 und	115 bis 119	=	Tenderlokomotiven für Schnellzug- und Personenzugdienst
20 bis 49 und	120 bis 149	=	Güterzuglokomotiven
50 bis 59 und	150 bis 159	=	Tenderlokomotiven für Güterzug- und Lokalbahndienst
60 bis 69 und	160 bis 169	=	Rangierlokomotiven
–	170 bis 179	=	Schmalspurlokomotiven (760-mm-Spur) mit zwei gekuppelten Achsen
70 bis 79 und	180 bis 189	=	Schmalspurlokomotiven (760-mm-Spur) mit drei gekuppelten Achsen
80 bis 87	–	=	Schmalspurlokomotiven (760-mm-Spur) mit vier gekuppelten Achsen
88 bis 89	–	=	Schmalspurlokomotiven (760-mm-Spur) mit fünf gekuppelten Achsen
90 bis 94	–	=	Schmalspurlokomotiven (760-mm-Spur), Mallet-Bauarten
–	190 bis 194	=	Schmalspurlokomotiven (760-mm-Spur), einzelne Exemplare
95 bis 98 und	195 bis 198	=	Zahnradlokomotiven (760-mm-Spur)
99.2		=	Schmalspurlokomotiven (600-mm-Spur) mit zwei gekuppelten Achsen
99.3		=	Schmalspurlokomotiven (600-mm-Spur) mit drei gekuppelten Achsen
99.4		=	Schmalspurlokomotiven (600-mm-Spur) mit vier gekuppelten Achsen

4.35 Schipkau-Finsterwalder Eisenbahn-Gesellschaft (SFiE)

Am 1. Juli 1943 wurden Strecken und Betriebsmittel der SFiE in das DRG-Eigentum überführt und der RBD Halle unterstellt. Damit entstand für die DRG die Möglichkeit, auch diese wichtige Verbindungsbahn für den durchgehenden Güterverkehr voll zu nutzen oder im Falle kriegsbedingter Streckenunterbrechungen für Umleitungen vorzusehen.

Größere Braunkohlevorkommen, reiche Tonlagerstätten, mehrere Ziegeleien und eine größere Glashütte ließen in den achtziger Jahren des vorigen Jahrhunderts am westlichen Rande des Senftenberger Braunkohlegebiets das Fehlen einer Bahnverbindung deutlich werden. Außerdem lag der Gedanke nahe, durch eine Eisenbahn landwirtschaftliche Produkte dieser Gegend über Finsterwalde schneller nach Cottbus und Berlin transportieren zu können. Mit einem nennenswerten Personenverkehr wurde dagegen nicht gerechnet. Gewisse Erfahrungen der dort bereits einige Zeit als Kohlenbahn in Betrieb befindlichen Zschipkau-Meuroweiche-Senftenberger Eisenbahn (Zsch-M-S) konnten bei diesen Überlegungen genutzt werden.

Bestimmte Auflagen der preußischen Provinzialregierung, bestehende Rechte und Interessen der anschließenden KPEV-Strecken, aber auch finanzielle Probleme erschwerten zunächst die Projektierung eines Bahnbaus und den ursprünglich beabsichtigten Ankauf der bereits bestehenden Zsch-M-S (7,4 km). Nachdem dann jedoch »Wir, Wilhelm, von Gottes Gnaden, König von Preußen etc.« am 16. Dezember 1885 eine entsprechende Konzession erteilt hatte, konnte der Bau der Eisenbahn zwischen Zschipkau und Finsterwalde begonnen werden. Die erforderlichen Finanzmittel waren von der Provinz Brandenburg, den Kreisen Luckau und Calau, der Stadt Finsterwalde sowie einer Reihe privater Teilhaber aufgebracht worden. Die Bahn bekam in Finsterwalde, das zum Verwaltungssitz gewählt worden war, Anschluß an die wichtige KPEV-Strecke Cottbus–Finsterwalde–Doberlug-Kirchhain–Falkenberg–Halle/Saale. In Zschipkau schloß sich die Zsch-M-S an (die später per 25. Juni 1904 von der KPEV angekauft wurde).

Am 20. September 1887 konnte die 20,2 km lange Strecke Finsterwalde–Sallgast–Zschipkau mit zwei B-n2-Tenderlokomotiven eröffnet werden. Doch schon sehr bald zeigte sich, daß die beschafften Betriebsmittel für den sich sofort stark entwickelnden Güterverkehr nicht ausreichten.

Die wirtschaftlichen Erfolge ermutigten die ZFE, von Sallgast aus in südlicher Richtung den Bau einer Kleinbahn in Angriff zu nehmen. Nachdem man zunächst auf dieser Stichbahn am 29. März 1896 den Betrieb bis Friedrichsthal aufnehmen konnte, wurde am 16. Dezember 1897 der Anschluß zu den bekannten »Mitteldeutschen Stahlwerken« in Lauchhammer hergestellt. Die Umwandlung der (steuerbegünstigten, mit leichterem Oberbau und einfacheren Sicherheitseinrichtungen zugelassenen) Kleinbahn in eine Nebenbahn schuf schließlich die Voraussetzung, einen Anschluß an den KPEV-Bahnhof Lauchhammer zu errichten. Am 1. September 1902 konnte dann der durchgehende Verkehr Sallgast–Friedrichsthal–Lauchhammer aufgenommen werden, wodurch nunmehr auch die Güterabfuhr von der ZFE in südöstlicher Richtung direkt möglich wurde.

Auf der ZFE, deren Streckenlänge sich nunmehr auf 33,0 km belief, wurden außer den bereits erwähnten beiden kleinen dann C-n2-Tenderlokomotiven eingesetzt, die der bekannten preußischen Gattung T 3 entsprachen. Nach der Beschaffung verstärkter C-n2-Tenderlokomotiven ging man wegen der immer größer werdenden Zuglasten zur vierfach gekuppelten Tenderlokomotive über. Zur Rationalisierung des Personenverkehrs wurden ab 1933 zwei kleine Leichttriebwagen eingesetzt, denen dann im nächsten Jahre ein in eigener Werkstatt aus älteren Wagen und einem dreiachsigen Gepäcktriebwagen gebildeter Triebzug folgte.

Nachdem die Fahrzeuge der Bahn jahrelang die Initialen ZFE getragen hatten, wurde im Jahre 1938 eine Änderung erforderlich, als nämlich staatlicherseits die Schreibweise des Ortsnamens **Zs**chipkau in **S**chipkau vereinfacht wurde.

Die Dampflokomotiven trugen durchlaufende Betriebsnummern, wozu bis zur Nummer 11 noch Namen einiger für den Bau der Bahn bedeutsamer Persönlichkeiten und einige der durch die Bahn berührter Ortschaften kamen. Die vergebenen Betriebsnummern wurden nur einmalig genutzt.

Außer einem Schienenauto für Inspektionszwecke kamen von der

SFiE zehn Dampflokomotiven und die bereits erwähnten drei Verbrennungstriebwagen zur Deutschen Reichsbahn-Gesellschaft. Dabei handelte es sich um folgende Bauarten:

Bauart	Ehemalige Betriebsnummer	DRG
C-n2-Tenderlokomotiven	11...	89 7560...
D-n2-Tenderlokomotive	16	92 991
D-h2-Tenderlokomotiven	17...	92 992...
A1-dmech-Triebwagen	31...	– (nicht uz)
Bo'1-del-Triebwagen	·	– (nicht uz)

an bereits vorhandene Lokomotiven gleicher Bauart vorgenommen. In manchen Fällen wurde auch keine Umzeichnung mehr vorgesehen.

4.36 Sowjetische Triebfahrzeuge

Die territoriale Eskalation der mit immer größerer Härte geführten, allmählich auch auf alle zivilen Lebens- und Wirtschaftsbereiche ausgedehnten Kriegshandlungen stellte an das Transportwesen immer höhere Anforderungen, die schließlich nicht mehr lösbar waren.
Da sich die Fronten anfangs immer weiter entfernten und sich damit die deutschen Transportwege in kaum vorstellbarer Weise verlängerten, trat bereits in den Jahren 1941/42 ein empfindlicher Lokomotivmangel ein, dem man zunächst durch den forcierten Bau der Kriegslokomotiven zu begegnen suchte. Ab 1942 setzten dann jedoch auch spürbare Verluste im Triebfahrzeugpark ein, da sich die Aktivitäten der vor allem in sowjetischen und jugoslawischen Gebieten inzwischen hinter den Fronten entstandenen Widerstands- und Partisanengruppen vor allem auf die Störung des Transportwesens konzentrierten. Ab 1943/44 wirkte sich außerdem der Luftkrieg in immer stärkerem Maße aus.
So griffen schließlich DRG, Ostbahn und die für das Transportwesen zuständigen Wehrmachtsdienststellen auf jede betriebsfähige Lokomotive zurück, unabhängig von Alter, Bauart und Eigentümer. In der Lokomotiv-Ausbesserung mußten teilweise erhebliche Kompromisse eingegangen werden, da geforderte Reparaturfristen, beschränkte Ausbesserungsmöglichkeiten und Materialprobleme oftmals nur noch Provisorien zuließen.
So konnten auch zahlreiche noch ordnungsgemäß erfaßte aufgefundene, wiederhergestellte oder »erbeutete« Triebfahrzeuge nicht mehr umgezeichnet werden. Sie liefen dann weiter unter ihrer jeweiligen Ursprungsbezeichnung, deren Zustandekommen, Bedeutung und Herkunft schließlich nur noch einem kleinen Kreis von Experten bekannt waren. Die Übernahme dieser Triebfahrzeuge erfolgte vorwiegend noch 1944/45. Dabei gestatteten die betrieblichen Verhältnisse nicht mehr das Ordnen nach ursprünglicher Betriebsnummer und auch nicht mehr das Aufstellen ordentlicher Umzeichnungspläne. Mitunter erfolgte die Übernahme nur durch Verfügung oder Befehl örtlicher Dienststellen. Die Einordnung wurde vorwiegend im Anschluß

Lokomotiven sowjetischen Ursprungs

Nach der am 22. Juni 1941 begonnenen deutschen Aggression hatten DRG und Ostbahn eine Reihe von Eisenbahnstrecken und -anlagen in der Sowjetunion zu übernehmen und wieder betriebsfähig zu machen. Hierbei waren zunächst einmal die durch den erbitterten Widerstand der sowjetischen Truppen bedingten weitgehenden Zerstörungen und Sprengungen von Anlagen und Fahrzeugen sowie die Fahrzeugrückführungen ins Hinterland zu berücksichtigen. Andererseits bot auch die größere Spurweite von 1524 mm ein enormes Hindernis für die schnelle Wiederinbetriebnahme.
So konnten nur wenige Triebfahrzeuge zeitweilig genutzt werden. Nach erfolgter Umspurung erhielt beispielsweise nur eine kleine B-n2-Tenderlokomotive eine DRG-Betriebsnummer. Es handelte sich dabei um eine ehemalige Werklokomotive, die als 88 7401" ins DRG-Nummernschema aufgenommen wurde.

Lokomotiven polnischen Ursprungs

Nachdem im Rahmen des am 23. August 1939 zwischen dem Deutschen Reich und der UdSSR abgeschlossenen Nichtangriffsvertrags eine entsprechende

Übereinkunft über den künftigen Verlauf der deutsch-sowjetischen Grenzen erzielt worden war, hatte am 17. September 1939 die Sowjetarmee die bis dahin ostpolnischen Gebiete besetzt, um die von Ukrainern und Belorussen bewohnten Gebiete unter ihren Schutz zu stellen (vgl. Abschnitt 4.21). Da dieser Raum durch den deutschen Angriff im Jahre 1941 zum Kriegsgebiet wurde, fand man dort noch viele Lokomotiven der ehemaligen PKP vor. Die Übernahme dieser Triebfahrzeuge verlief insofern nicht völlig problemlos, da die Sowjetischen Eisenbahnen in zahlreichen Fällen diese Lokomotiven bereits umgespurt hatten. In anderen Fällen hatte die überraschende deutsche Aggression die Umspurungsarbeiten unterbrochen, so daß für die in einzelnen Werkstätten aufgebockten Fahrzeuge die erforderlichen Radsätze fehlten. Alle Triebfahrzeuge trugen noch die alten PKP-Nummern.

Folgende ehemalige PKP-Lokomotiven wurden in den Jahren 1942/45 erfaßt und zur Umzeichnung seitens DRG und Ostbahn vorgesehen (s. Tabelle):

Bauart	PKP-Gattung	DRG
2'D1'-h2-Schnellzuglokomotiven	Pu 29	12 201...
2'B-n2v-Schnellzuglokomotiven	Pd 4	13 003"...
2'B-n2v-Schnellzuglokomotiven	Pd 13	13 101"...
2'B-n2v-Schnellzuglokomotiven	Pd 14	13 151"...
2'B-n2v-Schnellzuglokomotive	Pd 14	13 170
2'B-n2v-Schnellzuglokomotiven	Pd 1	13 339...
2'B-h2-Schnellzuglokomotiven	Pd 2	13 402...
2'B-h2-Schnellzuglokomotiven	Pd 5	13 549...
1'C2'-h4v-Schnellzuglokomotiven	Pn 12	16 045...
1'C2'-n4v-Schnellzuglokomotiven	Pn 11	16 054...
1'C2'-h4v-Schnellzuglokomotiven	Pn 12	16 061...
2'C-h4-Schnellzuglokomotiven	Pk 1	17 174...
2'C-h4-Schnellzuglokomotive	Pk 1	17 180
2'C-h4v-Schnellzuglokomotiven	Pk 2	17 1218...
2'C1'-h2-Schnellzuglokomotiven	Pm 36	18 601...
1'D1'-h2-Schnellzuglokomotiven	Pt 31	19 167...
2'D-h2-Personenzuglokomotiven	Os 24	33 211...
1'C1'-n2v-Personenzuglokomotiven	Ol 11	35 130...
1'C1'-h2-Personenzuglokomotiven	Ol 12	35 392...
1'C1'-h2v-Personenzuglokomotive	Ol 12	35 398
1'C1'-h2-Personenzuglokomotiven	Ol 12	35 399...
1'C1'-h2-Personenzuglokomotive	Ol 103	35 704
1'C1'-h2-Personenzuglokomotiven	Ol 12	35 801...
1'C1'-h2v-Personenzuglokomotiven	Ol 12	35 803...
1'C1'-h2-Personenzuglokomotiven	Ol 12	35 819...
2'B-n2v-Personenzuglokomotiven	Od 2	36 508...
1'C-h2-Personenzuglokomotiven	Oi 1	37 174...
1'C-h2-Personenzuglokomotiven	Oi 1	37 251...
1'C-h2-Personenzuglokomotiven	Oi 101	37 414...
2'C-h2-Personenzuglokomotiven	Ok 1	38 3886...
2'C-h2-Personenzuglokomotiven	Ok 1	38 3900...
2'C-h2-Personenzuglokomotiven	Ok 22	38 4612...
C-n2v-Güterzuglokomotiven	Th 24	53 7217...
C-n2v-Güterzuglokomotive	Th 3	53 7706
1'C-n2v-Güterzuglokomotiven	Ti 12	54 043"...
1'C-h2v-Güterzuglokomotiven	Ti 16	54 070"...
1'C-n2v-Güterzuglokomotiven	Ti 11	54 166...
1'C-n2-Güterzuglokomotive	Ti 3	54 657"
1'C-n2v-Güterzuglokomotiven	Ti 2	54 701...
1'C-n2v-Güterzuglokomotiven	Ti 4	54 1187...
1'C-n2v-Güterzuglokomotiven	Ti 4	54 1220...
D-n2-Güterzuglokomotiven	Tp 1	55 279"...
D-n2v-Güterzuglokomotiven	Tp 2	55 847"...
D-h2-Güterzuglokomotiven	Tp 3	55 1678"...
D-h2-Güterzuglokomotiven	Tp 4	55 3493"...
D-n2-Güterzuglokomotiven	Tp 15	55 5866...
D-n2-Güterzuglokomotiven	Tp 17	55 5927...
D-n2-Güterzuglokomotiven	Tp 106	55 5964...
D-n2-Güterzuglokomotiven	Tp 104	55 6141...
D-n2v-Güterzuglokomotiven	Tp 104	55 6143...
D-n2v-Güterzuglokomotive	Tp 102	55 6151
1'D-n2v-Güterzuglokomotiven	Tr 11	56 3391...
1'D-h2-Güterzuglokomotiven	Tr 12	56 3538...
1'D-h2-Güterzuglokomotiven	Tr 20	56 3796...
1'D-h2-Güterzuglokomotiven	Tr 21	56 4019...
1'D-n2v-Güterzuglokomotiven	Tr 103	56 4151...
1'D-n2v-Güterzuglokomotiven	Tr 11	56 4251...
E-n2v-Güterzuglokomotiven	Tw 11	57 012"...
E-h2-Güterzuglokomotiven	Tw 12	57 394...

Triebfahrzeuge litauischen Ursprungs

Am 17. September 1939 hatte die Sowjetarmee auch das am 9. Oktober 1920 widerrechtlich von Polen annektierte, ursprünglich litauische Wilna-Gebiet (vgl. Abschnitte 4.21 und 4.20) besetzt, das dann im Rahmen eines sowjetisch-litauischen Vertrages am 10. Oktober 1939 an Litauen zurückgegeben wurde. Dadurch erhielten die LG eine Anzahl polnischer Lokomotiven, die teils er-

Bauart	PKP-Gattung	DRG
E-h2v-Güterzuglokomotiven	Tw 12	57 498...
E-h2-Güterzuglokomotive	Tw 12	57 500
E-h2-Güterzuglokomotiven	Tw 12	57 651...
E-h2v-Güterzuglokomotive	Tw 12	57 653
E-h2-Güterzuglokomotiven	Tw 12	57 654...
E-h2-Güterzuglokomotiven	Tw 1	57 2784...
1'E-h2-Güterzuglokomotiven	Ty 23	58 2742...
1'E-h2-Güterzuglokomotive	Ty 37	58 2929
1'C-n2-Tenderlokomotiven	OKi 1	74 273''...
1'C1'-h2-Tenderlokomotiven	OKl 101	75 507...
1'C1'-h2-Tenderlokomotiven	OKl 101	75 589...
1'C1'-n2v-Tenderlokomotiven	OKl 12	75 869...
1'C1'-h2-Tenderlokomotiven	OKl 27	75 1308...
2'C1'-h2-Tenderlokomotiven	OKm 11	77 289...
C-n2-Tenderlokomotive	TKh 1	89 7565
C-n2-Tenderlokomotiven	TKh 17	89 8104''...
C-n2-Tenderlokomotive	TKh 12	89 8151
C1'-n2-Tenderlokomotiven	TKi 1	90 250...
1'C-n2-Tenderlokomotiven	TKi 3	91 938''...
D-n2-Tenderlokomotive	TKp 1	92 996
D-n2-Tenderlokomotive	TKp 101	92 2119
D-h2v-Tenderlokomotiven	TKp 12	92 2801...
1'D1'-h2-Tenderlokomotiven	TKt 1	93 448...
1'D1'-h2-Tenderlokomotive	TKt 2	93 1264
E-h2-Tenderlokomotive	TKw 1	94 490
E-h2-Tenderlokomotiven	TKw 1	94 1413...
1'E1'-h2-Tenderlokomotive	OKz 32	95 318
B-n2-Schmalspurlokomotiven	D 1	99 1503...
C-n2-Schmalspurlokomotiven	C 1	99 1518...
D-n2-Schmalspurlokomotiven	D 3	99 1579...
E-n2-Schmalspurlokomotive	Es	99 1617
D-n2-Schmalspurlokomotiven	–	99 1632...

neut mit Betriebsnummern der im Jahre 1939 an die DRG abgegebenen LG-Lokomotiven versehen, teils im Anschluß an die noch vorhandenen Nummerngruppen eingeordnet wurden.
Die veränderten gesellschaftlichen Verhältnisse in Litauen führten nach dem Sturz der damaligen Regierung dazu, daß das Land am 3. August 1940 als Sozialistische Sowjetrepublik von der UdSSR annektiert wurde. So wurde im Jahre 1941 auch dieses Gebiet vom Kriegsgeschehen heimgesucht. In den Jahren 1942/45 wurden folgende LG-Triebfahrzeuge von der DRG erfaßt und zur Umzeichnung vorgesehen (Tab. unten):

Bauart	LG-Gattung	DRG
2'C-h4-Schnellzuglokomotive	Gr	17 179
1'C-h2-Personenzuglokomotiven	K 6	37 255...
2'C-h2-Personenzuglokomotive	K 8	38 3899
1'C-n2-Güterzuglokomotive	P 5.4	54 1219
D-n2-Güterzuglokomotive	P 7.1	55 277''
D-n2v-Güterzuglokomotiven	P 7.2	55 851''...
D-n2v-Güterzuglokomotive	P 7.2 (ex PKP: Tp 2) (Wilna)	55 886''
D-h2-Güterzuglokomotiven	P 8	55 3492''...
1'C-n2-Tenderlokomotiven	T 9.3	91 942''...
D-n2-Schmalspurlokomotive	K 4	99 1631
B-dmech-Triebwagen	–	– (1944 verkauft an Regentalbahn)
(1A)(A1)-dmech-Triebwagen	–	– (nach späterem Umbau auf B'2'-dhvdr bis Oktober 1976 im Dienst der Britischen Rheinarmee als VT 36 3628/636 801-3)

Triebfahrzeuge lettischen Ursprungs

In der Folge des Ersten Weltkriegs war im Februar 1922 die bürgerlich-demokratische Republik Lettland entstanden. Ursprünglich zum russischen Staatsgebiet gehörend, dominierte natürlich dort zunächst die 1524-mm-Spur beim Eisenbahnwesen. Das wechselvolle Kriegsgeschehen brachte es dann mit sich, daß deutsche Truppen verschiedene Strecken im Süden des Landes auf Regelspur umstellten. Außerdem entstanden neben den älteren 750-mm-Schmalspurstrecken noch solche für 600-mm-Spur, die von den Deutschen Heeresfeldbahnen zu Nachschubzwecken angelegt wurden.
Der Triebfahrzeugpark der Lettischen Staatsbahnen bestand anfangs vor allem aus ehemals russischen und preußischen Lokomotiven sowie aus Fahrzeugen der ehemaligen Heeresfeldbahnen.

Nachdem man im Jahre 1923 für die Breitspurstrecken eine Anzahl von Lokomotiven in Finnland und Polen angekauft hatte, ging man zur Beschaffung eigener Bauarten über. Besonders bemerkenswert waren dabei die modernen, kleinen 1'A1'-h2-Tenderlokomotiven der Gattung Tk, die von 1928 ab auch von deutschen Firmen geliefert worden waren. Sehr bekannt wurden auch die 1'C1'-h2-Tenderlokomotiven, deren austauschbare Kuppelradsätze mit Durchmessern von 1400 mm und 1700 mm einen wahlweisen Einsatz im Güterzugdienst oder im Personenzugdienst gestatteten.

Am 5. August 1940 wurde Lettland als Sozialistische Sowjetrepublik in die UdSSR eingegliedert. Streckennetz und Fahrzeuge wurden von den Sowjetischen Eisenbahnen übernommen. Hierbei blieben jedoch die Lokomotivbezeichnungen, abgesehen von der Umstellung auf kyrillische Buchstaben, unverändert. Im Rahmen der durch die deutsche Aggression im Jahre 1941 entstandenen Kampfhandlungen wurden auch lettische Triebfahrzeuge von der DRG benutzt oder abtransportiert.

Das Bezeichnungssystem für die Lokomotivbauarten der Lettischen Staatsbahn (Lett) bestand aus einem Großbuchstaben, einem oder zwei kleinen Zusatzbuchstaben sowie der Ordnungsnummer. Diese Ordnungsnummern waren, mit 1 beginnend, gruppenweise fortlaufend bestimmten Bauarten zugeordnet. Die Nummerngruppen 601 bis 666 und 681 bis 697 bezeichneten die Schmalspurlokomotiven für 600-mm-Spur. Für die 750-mm-Spur waren die Nummerngruppen 701 bis 704, 751 bis 758, 760 bis 769, 771 bis 773 und 781 bis 786 bestimmt. Der Gattungsbezeichnung dienten folgende Buchstaben:

A	=	Schnellzuglokomotiven (hierunter auch ehemalige preußische P 3^1, P 4^1, P 4^2, S 3, S 5^2)
B	=	ältere Personenzuglokomotiven mit zwei oder drei gekuppelten Achsen (hierunter auch P 6)
C	=	moderne Personenzuglokomotiven mit drei gekuppelten Achsen
D	=	Güterzuglokomotiven mit vier gekuppelten Achsen (finnische Bauart)
M, P	=	ältere Güterzuglokomotiven verschiedener Achsfolgen (hierunter auch G 3, G 4^1, G 4^2, G 5^4)
R	=	neue Güterzuglokomotiven
S	=	ältere Güterzuglokomotiven mit vier gekuppelten Achsen (hierunter auch G 7^1, G 7^2, G 7^3)
T	=	Tenderlokomotiven (hierunter auch ehemalige preußische T 7, T 9^3 und Heeresfeldbahnlokomotiven)
n	=	Regelspur (1435 mm)
k	=	Breitspur (1524 mm)
p	=	Schmalspur (750 mm)
l	=	Schmalspur (600 mm)
t	=	für Normalspur und Breitspur umsetzbar

Beispielsweise wurde eine 1'C-h2-Personenzuglokomotive der Gattung Bn von der DRG umgezeichnet zu 37 257.

Auch eine Anzahl der modernen 1'C1'-h2-Tenderlokomotiven der Gattung Ct wurde von der DRG konfisziert und fand sich 1945/46 in der britischen und der amerikanischen Besatzungszone Deutschlands wieder. Hiervon blieb die Ct 131 bei der Osthannoverschen Eisenbahn unter der Nummer 75 098 immerhin noch bis zum Jahre 1964 im Dienst.

Die beiden 1A-dmech-Triebwagen A 6 und A 11 wurden 1944 von der DRG nach Österreich verbracht und befanden sich 1945/46 in der ÖBB-Hauptwerkstätte St. Pölten.

Die spätere 99 3310 der DR ist gleichfalls lettischen Ursprungs. Diese D-n2-Schmalspurlokomotive, zuerst die 1638 der HF, dann in Lettland zur Ml 631 umgezeichnet, war auch im Jahre 1944 von der DRG abtransportiert und als Werklokomotive an einen Braunkohletagebau der Oberlausitz verliehen worden.

Vom ehemals lettischen 750-mm-Schmalspurnetz hatte die DRG auch den Abtransport von Teilen der drei im Jahre 1939 in der Werkstatt Libau aus zwei Personenwagen und einem Mittelteil zusammengebauten 2'(1A)(A1)2'-dmech-Triebwagen 901, 902 und 903 verfügt. Hieraus ging dann später der 137 600 der DR hervor, der wegen seiner außergewöhnlichen Länge und seiner charakteristischen Kopfform die Scherzbezeichnung »Lindwurm« erhielt.

4.37 Triebfahrzeuge unterschiedlicher Herkunft, nach 1945 von der DR(Ost) und der DR(West) übernommen

Die bedingungslosen Kapitulationen der Deutschen Wehrmacht am 7. Mai 1945 vor den Westmächten in Reims und am 8. Mai 1945 vor den Mächten der östlichen Antihitlerkoalition in Berlin-Karlshorst beendeten in Europa den furchtbarsten Krieg der Menschheitsgeschichte. Kampfhandlungen, Bombenangriffe und Selbstzerstörungen hatten innerhalb kurzer Zeit das in mehr als einhundert Jahren entstandene leistungsfähige, sichere und zuverlässige deutsche Eisenbahnwesen zerstört oder weitgehend lahmgelegt. Die großen Anlagen und weite Teile des Streckennetzes der DRG waren verwüstet. Hohe Personalverluste und viele Totalschäden an Triebfahrzeugen und Waggons ließen eine Wiederaufnahme des Schienenverkehrs oftmals kaum noch erwarten.
Durch die Kapitulation wurde nun auch die von den Siegermächten am 12. September 1944 in London vorbereitete und am 4. Februar 1945 in Jalta endgültig beschlossene Aufteilung Deutschlands in vier Besatzungszonen wirksam, faktisch das Ende einer einheitlichen Verwaltung und Betriebsführung der DRG. In den sehr unterschiedlich durch das furchtbare Kriegsgeschehen in Mitleidenschaft gezogenen Besatzungszonen wurden nun recht divergierende Entwicklungen des Verkehrswesens eingeleitet. Die Provisorien der DR(Ost) und DR(West) entstanden.
Vor beiden Verwaltungen standen zunächst etwa die gleichen Aufgaben:

- Wiederherstellung der Betriebsfähigkeit der Anlagen
- Aufarbeitung der noch reparaturwürdigen Fahrzeuge
- Zerlegung der Fahrzeugwracks zur Materialgewinnung
- Rückführung konfiszierter und unrechtmäßig erworbener Fahrzeuge
- Transport lebenswichtiger Güter
- Abwicklung des Militärverkehrs der Besatzungsmächte
- Nutzung aller verbliebenen verfügbaren Fahrzeuge

Die von den Besatzungsmächten angestrebten recht unterschiedlichen gesellschaftlichen Verhältnisse beeinflußten in der Folgezeit allerdings teilweise sehr die Lösung dieser Aufgaben und die weitere Entwicklung.
Durch den am 11. August 1945 erlassenen Befehl Nr. 8 des Befehlshabers der militärischen Gruppe der Okkupationszone und des Befehlshabers der Transportabteilung der Sowjetischen Militär Administration in Deutschland wurden die in ihrer Besatzungszone gelegenen Teile der ehemaligen DRG ab 1. September 1945 den deutschen Eisenbahnern übergeben. Etwa ab 1948 wurde dafür die Bezeichnung DR legitim.
Die territorialen Veränderungen durch Gebietsabtretungen und neue Grenzziehungen erforderten hier die Bildung einer neuen Rbd in Greifswald am 21. Juli 1945 (zunächst mit Sitz in Pasewalk, ab 10. Oktober 1945 in Greifswald), die Wiedereröffnung der am 1. Oktober 1931 geschlossenen Rbd Magdeburg am 18. August 1945 sowie die Neugründung einer Rbd in Cottbus am 1. Oktober 1946. Diese Verwaltungsstruktur bestand bis zum Jahre 1990. Mit Wirkung vom 15. Oktober 1990 wurden im Rahmen weitgehender Rationalisierungsmaßnahmen bei der DR die Rbds Greifswald, Magdeburg und Cottbus wieder aufgelöst und ihre Arbeitsbereiche den Rbds Schwerin, Halle bzw. Berlin zugeordnet.
Das Fehlen nutzbarer Steinkohlevorräte zwang hier zunächst bei den Dampflokomotiven zur Verfeuerung von Braunkohlenbriketts und trieb dann die Weiterentwicklung der Braunkohlenstaubfeuerung voran.
Nachdem in der britischen und amerikanischen Besatzungszone die dortigen Militärregierungen am 2. Dezember 1946 den Zusammenschluß der ihnen unterstellten Gebiete zum Vereinigten Wirtschaftsgebiet verfügt hatten, wurde erst am 12. September 1948 eine zentrale Verwaltung für den Verkehr des Vereinigten Wirtschaftsgebietes unter maßgeblicher deutscher Mitbeteiligung geschaffen. Die am 7. September 1949 erfolgte Bildung der Bundesrepublik Deutschland schuf dann die rechtliche Voraussetzung, für die Teile der DR (West) beider Zonen die Bezeichnung Deutsche Bundesbahn (DB) zu gebrauchen.
Zwischen DR (Ost) bzw. DR und der DR (West) gab es eine Anzahl legaler und illegaler Fahrzeugverschiebungen, die kaum bekannt sein dürften:
Als beispielsweise das Land Thüringen im Juli 1945 von den amerikanischen Truppen geräumt wurde, um vereinbarungsgemäß von sowjetischen Besatzungstruppen übernommen zu werden, verfug-

ten amerikanische Stellen das Abfahren einer Anzahl von Dampflokomotiven und auch einiger elektrischer Lokomotiven aus dem Erfurter Direktionsbezirk [also DR (Ost)]. So gelangten u. a. folgende Dampflokomotiven zur DR (West), der späteren DB:

38 2483, 38 2709, 38 2757
42 2331, 42 2333, 42 2334, 42 2335, 42 2336, 42 2337, 42 2338, 42 2339
44 096, 44 198, 44 235, 44 286, 44 287, 44 331, 44 456, 44 457, 44 465, 44 467, 44 709, 44 811, 44 984, 44 985, 44 990, 44 997, 44 1055, 44 1057, 44 1061, 44 1062, 44 1097, 44 1482, 44 1483, 44 1484, 44 1535, 44 1594, 44 1737, 44 1738, 44 1797, 44 1798,
50 1694
52 1686
62 011, 62 013
86 235, 86 626, 86 739, 86 740, 86 749

Noch bestehende dienstliche und persönliche Kontakte zwischen den durch die neue Zoneneinteilung getrennten Dienststellen von DR (Ost) und DR (West) sowie auch Proteste der zuständigen Militärbefehlshaber trugen im Oktober 1945 dazu bei, den akuten Lokomotivmangel bei der DR (Ost) durch eine Überweisung einsatzfähiger Lokomotiven etwas zu mildern. So stellte die DR (West) eine Reihe von 2'C-h2-Personenzuglokomotiven und eine größere Anzahl überzähliger 1'E-h2-Güterzuglokomotiven zur Verfügung. Auch einige der abgefahrenen Güterzuglokomotiven der Baureihe 44 kehrten zurück. Folgende Lokomotiven rollten über die Grenze:

38 1230'', 38 1312, 38 1438, 38 1681, 38 1709, 38 1975, 38 2055, 38 2116, 38 2160, 38 3042, 38 3071, 38 3082, 38 3456, 38 3681, 38 4009
44 198, 44 235, 44 641, 44 811, 44 1347
52 015, 52 042, 52 098, 52 156, 52 382, 52 407, 52 409, 52 510, 52 541, 52 1129, 52 1297, 52 1537, 52 1539, 52 1562, 52 1623, 52 1633, 52 1635, 52 1636, 52 1651, 52 1655, 52 1664, 52 1690, 52 1701, 52 2177, 52 2237, 52 2455, 52 2526, 52 2528, 52 2534, 52 2585, 52 2590, 52 2634, 52 2765, 52 3107, 52 3134, 52 3269, 52 3318, 52 3689, 52 3837, 52 4773, 52 4876, 52 5008, 52 5082, 52 5142, 52 5177, 52 5201, 52 5313, 52 5374, 52 5509, 52 5663, 52 6057, 52 6260, 52 6306, 52 6662, 52 6996, 52 7251, 52 7511, 52 7525, 52 7605, 52 7709

Auf Initiative Max Baumbergs, des späteren Leiters der VESM Halle/Saale, kam schließlich am 29. Juli 1948 der spektakuläre Tausch der bei der DR verbliebenen 2'C1'-h4v-Schnellzuglokomotive 18 434 gegen die bei der DR (West) von der Ausmusterung bedrohte 18 314 (über Hof und Gutenfürst) zustande.
Später gingen einige elektrische Lokomotiven nach entsprechenden Vereinbarungen von DR an DB. Dagegen wurden seitens der DR Verbrennungstriebwagen angekauft, als sie bei DB für den Schnellverkehr nicht mehr benötigt wurden. Es handelte sich dabei um fünf zweiteilige VT der Bauart Hamburg und vier dreiteilige Einheiten der Bauart Köln:

137 149 a/b, 137 152 a/b, 137 227 a/b, 137 231 a/b, 137 232 a/b, 137 275 a/b/c, 137 853 a/b/c, 137 856 a/b/c, 137 858 a/b/c

Recht wechselvoll verlief dagegen die Entwicklung in der französischen Besatzungszone. Hier ordnete die Militärregierung zunächst am 25. Juli 1945 die Loslösung des Saarlands vom übrigen Besatzungsgebiet an. Die (erzwungene) Gründung der »Saarländischen Eisenbahnen« trennte dann am 1. April 1947 diesen Teil von dem übrigen südwestdeutschen Schienenverkehrsnetz ab und führte sogar zu separaten Lokomotivbeschaffungen. Die Société Alsacienne de Constructions Mécaniques in Mulhouse (früher zeitweilig Mülhausen/Elsaß) lieferte im Jahre 1956 unter den Fabriknummern 10 038 bis 10 047 die zehn B-dhydr-Rangierlokomotiven V 45 001 bis V 45 010.
Für das übrige Gebiet der französischen Besatzungszone wurde am 30. August 1947 die »Betriebsvereinigung der Südwestdeutschen Eisenbahnen« (SWDE) geschaffen, deren Verwaltung zwar ab 15. Oktober 1949 auch die Bezeichnung »Deutsche Bundesbahn« übernahm, jedoch noch in einer gewissen Abhängigkeit von der Militärregierung verblieb. Erst am 1. Juni 1952 ging sie dann vollständig in der DB auf.
Es kam aber auch zu zahlreichen Fahrzeugübernahmen. Die letzten Kriegswirren und das Kriegsende mit den kurzfristig verfügten Umstationierungen, mit befohlenen und spontan durchgeführten Räumungs- und Fluchtaktionen, mit zuweilen planlos angeordneten Materialrückführungen, mit Fahrzeuganmietungen und

Fahrzeugbeschlagnahmen, mit »herrenlos« gewordenem oder nicht mehr identifizierbarem rollendem Material hinterließen überall im Nachkriegsdeutschland noch brauchbare Lokomotiven zahlreicher ausländischer Bahnverwaltungen, einiger Privatbahnen, mehrerer ehemaliger deutscher Großbetriebe, Institutionen und Wehrmachtsdienststellen.
Der großer Mangel an einsatzfähigen Triebfahrzeugen zwang in allen Besatzungszonen zur Nutzung sämtlicher Reserven. Hierbei spielten zunächst Herkunft, Bauart oder Alter der Fahrzeuge keine Rolle. Die »aufgefundenen« Lokomotiven wurden nach kurzer Überprüfung des Grades ihrer Einsatzfähigkeit von DR (Ost) oder DR (West) übernommen und nach gegebenenfalls notwendiger Aufarbeitung in Dienst gestellt. Bei der Festlegung der neuen Betriebsnummern schloß man oftmals an vorhandene Nummerngruppen an oder setzte nur vor die jeweilige Ursprungsbezeichnung eine sinngemäße Baureihennummer. Hierfür einige signifikante Beispiele:

Bauart	Ursprung	Übernahme durch/als	
	Belgien		
D-h2-Güterzuglokomotive	SNCB: 8170 (ex KPEV G 8[1])	DR (Ost):	55 8170
	Frankreich		
2'C1'-h4v-Schnellzuglokomotive	Paris–Orléans: 3557/SNCF (2): 231-E-18	DR:	07 1001
2'D1'-h4v-Schnellzuglokomotive	Est: 241-004/SNCF (1): 241-A-4	DR:	08 1001
2'C-h2-Personenzuglokomotive	Alsace–Lorraine: 2357/SNCF (1): (230-F-357)	DR (West):	38 2357''
1'C-n2-Tenderlokomotive	Paris–Lyon–Méditerranée: 5773/SNCF (5): (130-TC-523)	DR:	74 365
	Großbritannien		
C-n2i-Güterzuglokomotive	Great Western Railway: 2552/War Department: 93-200	DR (Ost):	53 7607''
	Litauen		
1'C-n2-Tenderlokomotive	Lietuvos Gelezinkeliai: 719 (ex KPEV T 9[3])	DR (Ost):	91 1846
	Luxemburg		
C-n2-Tenderlokomotive	Prinz-Heinrich-Eisenbahn: 152 (Gatt. F)/Werklok 6230	DR (Ost):	89 7566
	Niederlande		
C-n2-Tenderlokomotive	Limburgsche Tramweg Matt-schappij: 52/Werklok 2547	DR:	89 7570
	ehemalige dt. Privatbahnen		
C-n2-Tenderlokomotive	Klb. Grünberg–Sprottau (Schles.): 4	DR:	89 953
C-n2-Tenderlokomotive	Klb. Kirchbarkau–Preetz (Holst.): 4/Dt. Wehrmacht	DR (West):	89 7354''
C-n2-Tenderlokomotive	Klb. Polkwitz-Raudten (Schles.): »GR. R. VOLMERSTEIN«	DR (Ost):	89 7567
	ehemalige Betriebe/Institutionen		
C-n2-Tenderlokomotive	Zuckerfabrik Maltsch (Schles.)	DR:	89 955
C-n2-Tenderlokomotive	Dynamit-Nobel AG, Troisdorf (Rheinl.)/Dt. Wehrmacht	DR:	89 7575
B-n2-Tenderlokomotive	SS-Lager Oranienburg-Sachsenhausen: 24 915	DR (Ost):	98 139
	ehemalige deutsche Wehrmacht		
D-n2-Tenderlokomotive	Heeres-Munitionsanstalt Sperenberg (Mark)	DR (Ost):	92 997
C-dhydr-Verbrennungslokomotive	(unbekannte) Dienststelle: V 36 273	DR (West):	V 36 106
Do + Do-del-Verbrennungslokomotive	(unbekannte) Dienststelle: D 311 03 A/B	DB:	V 188 001a/b

4.38 Görlitzer Kreisbahn AG (GörlK)

Am 2. Juli 1948 übernahm die DR Betrieb und Fahrzeuge der in der damaligen sowjetischen Besatzungszone Deutschlands gelegenen Görlitzer Kreisbahn AG.
Größere westlich von Görlitz bei Königshain gelegene Granitvorkommen hatten dort gegen Ende des 18. Jahrhunderts zur Anlage zahlreicher Steinbrüche geführt. Nachdem anfangs das für die Befestigung von Straßen und für den Hochbau sehr gesuchte Gestein mit Pferdefuhrwerken abtransportiert worden war, gab es etwa vom Jahre 1888 an erste Überlegungen seitens der Steinbruchbesitzer, hierfür die wirtschaftlichere Abfuhr durch eine Eisenbahn vorzusehen. Außerdem drängten auch mehrere Görlitzer Betriebe zum Bahnbau, da die in der Nähe inzwischen in Betrieb genommenen Stadteisenbahnen in Forst (vgl. Abschnitt 4.19) und Spremberg sehr zum wirtschaftlichen Aufschwung der dortigen Industrie beigetragen hatten.
Am 20. Juli 1903 konstituierte sich in Görlitz unter Mitbeteiligung des Preußischen Staates die »Görlitzer Kreisbahn Aktien-Gesellschaft«. Nach Überprüfung und Abwägung mehrerer Projekte hinsichtlich der künftigen Streckenführung entschied man sich für die Verbindung Görlitz–Königshain-Hochstein–Krischa-Tetta–Weißenberg/Sachsen.Die schwierigen Geländeverhältnisse und ein juristisches Problem behinderten anfangs Bahnbau und Betriebsführung. So mußte für das starke Gefälle (1:20) von Königshain hinunter ins Tal des Schwarzen Schöps Zahnradbetrieb vorgesehen werden, der von der Maschinenfabrik Esslingen im Jahre 1903 durch Einbau einer Zahnstange nach dem System Abt ermöglicht wurde. Vom 31. Mai 1905 an war dann eine Bedienung des Güter- und Personenverkehrs zwischen dem Bahnhof Görlitz-West der GörlK und Krischa-Tetta und des Güterverkehrs der Stadtanschlüsse möglich (22,1 km Streckenlänge).
Die Weiterführung der Bahn bis Weißenberg verzögerte sich allerdings zunächst, da in Sachsen die Errichtung privater Normalspurbahnen nicht gestattet war. Doch schließlich erteilte die Königlich Sächsische Regierung ausnahmsweise die beantragte Genehmigung, so daß am 17. Dezember 1913 der durchgehende Verkehr Görlitz–Buchholz/Niederschlesien (wie inzwischen die Station Krischa-Tetta umbenannt worden war) –Weißenberg/Sachsen (insgesamt 26,7 km Streckenlänge) möglich wurde. Dort entstand nun ein Anschluß an die Strecke Löbau–Weißenberg–Radibor–Bautzen der KSäStB.
Bei der Betriebseröffnung waren drei C-n2(4)-Zahnradlokomotiven vorhanden, die bereits im Jahre 1899 von der Maschinenfabrik Esslingen gebaut worden waren. Nach Ersatz des aufwendigen Zahnradbetriebs durch Adhäsionsbetrieb Anfang der dreißiger Jahre kam davon die Nr. 1 der GörlK als Werklokomotive zur Zukkerfabrik Strasburg, wo sie erst im Jahre 1948 zerlegt wurde. An die Stelle der Zahnradlokomotiven traten drei leistungsfähige D-h2-Tenderlokomotiven, die allerdings für die Gefällestrecke mit Riggenbach-Gegendruckbremse ausgerüstet worden waren. Im Jahre 1948 waren bei der GörlK noch vier Lokomotiven vorhanden, die von der DR im Anschluß an vorhandene gleichartige Bauarten nummernmäßig eingeordnet wurden:

Bauart	Ehemalige Betriebsnummern	DR
C-n2-Tenderlokomotive	21	89 7571
D-h2-Tenderlokomotiven	181...	92 2901...
B-bmech-Triebwagen	1031	135 500

Außerdem war nach 1945 auf der Görlk noch die C-n2-Tenderlokomotive Nr. 4 des ehemaligen Lauchhammerwerkes Riesa im Dienst. Diese wurde jedoch erst im Oktober 1953 von der DR als 89 6240 übernommen.

4.39 Nichtreichsbahneigene Eisenbahnen des öffentlichen Verkehrs in der DDR

Mit Wirkung vom 1. Januar 1950 wurden in der DDR fast sämliche nichtreichsbahneigene Eisenbahnen des öffentlichen Verkehrs von der DR übernommen und der zentralen Verwaltung der jeweiligen Rbd unterstellt. Damit fanden die sehr unterschiedlichen, oft recht merkwürdigen und individualistisch geprägten Entwicklungen vieler ehemaliger Privatbahnen ihr Ende.
Eine kluge, vorausschauende Betriebsführung, erwartungsgemä-

ße Erträge aus dem Güter- und Personenverkehr sowie eine gesunde Investitionsbereitschaft bei der Beschaffung und Unterhaltung der Betriebsmittel, bei Entwicklung, Bau und Erhaltung der Betriebsanlagen und Strecken waren entscheidende Faktoren für Fortbestehen, Weiterentwicklung oder Niedergang einer Bahn. Die oft bedenkenlose Durchsetzung individualistischer Wünsche vieler Hauptaktionäre oder Finanziers hinsichtlich eines für sie vorteilhaften Streckenverlaufs »ihrer« Bahn, kurzsichtiges, profitbedingtes »Sparen« beim Bahnbau und bei der Beschaffung der Betriebsmittel schränkten oftmals einen langjährigen, sicheren Betrieb und ein erfolgreiches Behaupten im gegenseitigen Konkurrenzkampf ein. Außerdem hatten natürlich die beiden Weltkriege und ihre Folgen auch Einfluß auf die Entwicklung vieler Privatbahnen im genannten Territorium.

Einige Bahnen gingen bald wieder ein oder verloren ihre Selbständigkeit. Das betraf beispielsweise die Kleinbahn-AG Tangermünde–Lüderitz (750-mm-Spur), die am 25. Februar 1904 eröffnet worden war. Sie mußte bereits am 7. Oktober 1917 den durchgehenden Verkehr wieder einstellen, da sich an den wegen einer verfehlten Sparpolitik viel zu leicht ausgeführten Anlagen und Betriebsmitteln allgemeine Verfallserscheinungen und technische Mängel zeigten.

Hingegen führten bei anderen Bahnen die Aufgabe der Selbständigkeit und der Zusammenschluß mit angrenzenden oder benachbarten Konkurrenten oftmals zu positiven Entwicklungen. Die Ruppiner Eisenbahn ist auf diese Weise entstanden. Hier vereinigte sich zunächst im Jahre 1913 die am 16. Dezember 1898 eröffnete Kremmen-Neuruppin-Wittstocker-Eisenbahn mit der am 1. November 1902 in Betrieb genommenen Ruppiner Kreisbahn. Im Jahre 1920 kam außerdem die seit dem 18. Mai 1899 betriebene Löwenberg-Lindow-Rheinsberger Eisenbahn, dazu. Schließlich trat noch die bereits am 12. September 1880 eröffnete Paulinenaue-Neuruppiner Eisenbahn im Jahre 1923 hinzu.

Wenn das Verkehrsaufkommen die ursprünglichen Erwartungen weit übertraf, entschloß man sich auch mitunter zur Umspurung ursprünglicher Schmalspurbahnen. So war die Salzwedeler Kleinbahnen-GmbH am 15. Oktober 1901 als 1000-mm-Spur-Bahn eröffnet worden. Über zwei Jahrzehnte hinweg wurde sie dann als Schmalspurbahn betrieben, wovon noch lange ihre kleine C-n2-Lokomotive Nr. 5, die spätere 99 5611 der DR, zeugte. Man hatte sie verkauft, nachdem man die Bahn am 2. Oktober 1926 auf Regelspur umgestellt hatte.

Die am 26. Juli 1897 in Betrieb genommene Buckower Kleinbahn (750-mm-Spur) veränderte dagegen bei der Umspurung auf 1435 mm am 15. Mai 1930 völlig ihren ursprünglichen Charakter. Man verließ nämlich dabei auch den Dampflokomotivbetrieb und stellte auf elektrischen Betrieb (Oberleitung, 800 V Gleichstrom) um. Seit dem Jahre 1981 werden die dortigen Triebwagen mit 600 V Gleichstrom gefahren.

Die beiden Weltkriege forderten natürlich auch von den Privatbahnen ihren Tribut. Dabei ging es zunächst um Fahrzeugabgaben oder Verluste durch direkte Kriegseinwirkungen. Weit mehr aber beeinflußten die Kriegsfolgen bei einzelnen Bahnen deren gesamte Existenz. Als Beispiel sei hier zunächst die Kleinbahn Freienwalde–Zehden genannt, die erst am 5. Oktober 1930 eröffnet worden war.

Diese ursprünglich die Oder überschreitende Regelspurbahn wurde 1945 durch die neue Grenzziehung unterbrochen, so daß für einige Jahre nur noch ein Teilbetrieb zwischen Bad Freienwalde und Hohenwutzen möglich war. Hierfür stand noch ein recht moderner Bo'2'-del-Triebwagen, der spätere 137 526 der DR, zur Verfügung.

In anderen Fällen führten Reparationsforderungen und Demontagen in den Jahren 1945/46 sofort zur völligen Betriebseinstellung. Das trifft für die am 26. Juni 1887 bzw. am 30. Oktober 1896 eröffneten Schmalspurbahnen Weimar–Rastenberg (1000-mm-Spur) und Dessau–Radegast–Köthen (750-mm-Spur) zu. Inzwischen ist auch die am 13. April 1913 zwischen Silberhausen (bei Leinefelde) und Hüpstedt eröffnete regelspurige Obereichsfelder Kleinbahn fast vergessen.

Betriebsführung, technische Überwachung, Fahrzeugausbesserung und gegenseitiges Ausleihen von Triebfahrzeugen wurden für viele Privatbahnen sehr erleichtert, nachdem sie sich einem Dachverband, einer privaten oder öffentlichen Verwaltung, unterstellt hatten.

Von der »Centralverwaltung für Secundairbahnen«, Hermann Bachstein GmbH, Berlin SW 11, wurden beispielsweise die Weimar-Berka-Blankenhainer Eisen-

bahn und die Wenigentaft-Oechsener Eisenbahn betreut.
Zum Arbeitsbereich der GmbH Lenz & Co., Berlin-Wilmersdorf, gehörten die Greifswald-Grimmener Eisenbahn und die bereits erwähnte Görlitzer Kreisbahn.
Dem Landeskleinbahnamt der Provinz Hannover, Hannover, unterstand die Kleinbahn Neuhaus/Elbe–Brahlstorf.
Das Landeskleinbahnamt der Provinz Sachsen, Merseburg, war u. a. zuständig für die Obereichsfelder Kleinbahn und die Prettin-Annaburger Kleinbahn.
Der Landesbahndirektion Pommern, Stettin, unterstanden die Franzburger Bahnen Süd und die Rügenschen Bahnen.
Von besonderer Bedeutung war jedoch zweifellos die Landesverkehrsdirektion Mark Brandenburg, Potsdam. Hier führte man nämlich ab 1940 für alle unterstellten Bahnen einheitliche Lokomotivbezeichnungen ein. Innerhalb der jeweils zweiteiligen Bezeichnung symbolisierte zunächst eine ein- oder zweistellige Kennzahl den Eigentümer. Nach einem Bindestrich folgte dann die Ordnungsnummer. Diese war von der Bauart der Lokomotive abhängig. Zur Verdeutlichung mögen folgende Übersichten dienen:

Kennzahl:

1	=	Brandenburgische Städtebahn
2	=	Müncheberger Kleinbahn (später an Oderbruchbahn)
3	=	Oderbruchbahn (Fürstenwalde–Wriezen etc.)
4	=	Krsb. Beeskow–Fürstenwalde (»Scharmützelseebahn«)
5	=	Ostprignitzer Krsklb. (Pritzwalk–Putlitz etc., Regelspur)
6	=	Westprignitzer Krsklb. (Perleberg–Putlitz etc., Regelspur)
7	=	Dahme–Uckroer Eisenbahn
8	=	Friedeberger Klb. (Friedeberg/Neumark–Alt Libbehne/Pommern)
9	=	Friedeberger Stadtbahn
01	=	Altlandsberger Kleinbahn
02	=	Lehniner Kleinbahn
03	=	Klb. Küstrin–Hammer/Krs. Oststernberg (Neumark)
04	=	Klb. Freienwalde–Zehden
05	=	Weststernberger Klb. (Kunersdorf–Ziebingen)
06	=	frei
07	=	Ostprignitzer Krsklb. (Kyritz–Hoppenrade etc., 750-mm-Spur)
08	=	Westprignitzer Krsklb. (Perleberg–Hoppenrade etc., 750-mm-Spur)
09	=	Spreewaldbahn

Ordnungsnummer:

1– 19	=	B-n2-Tenderlokomotiven
20– 39	=	C-n2-Tenderlokomotiven
40– 59	=	C-h2-Tenderlokomotiven
60– 79	=	1′C-h2-Tenderlokomotiven
80– 99	=	C1′-n2-Tenderlokomotiven
100–119	=	1′C1′-h2-Tenderlokomotiven
120–139	=	D-n2-Tenderlokomotiven
140–159	=	D-h2-Tenderlokomotiven
160–179	=	vorgesehen für 1′D-...
180–199	=	vorgesehen für D1′-...
200–219	=	1′D1′-h2-Tenderlokomotiven/vorgesehen auch für E-...
220–239	=	vorgesehen für 1′E-...
240–259	=	vorgesehen für 1′E1′-...
300–319	=	B-Diesellokomotiven für Rangierdienst
320–339	=	B-Diesellokomotiven für Streckendienst
340–399	=	frei
400–419	=	C-Diesellokomotiven für Rangierdienst
420–439	=	C-Diesellokomotiven für Streckendienst

Beispiele:

B-n2-Tenderlokomotive der Brandenburgischen Städtebahn	=	1-10	(später DR: 98 6204)
C-n2-Schmalspurlokomotive der Spreewaldbahn	=	09-26	(später DR: 99 5707)
C1′-n2-Schmalspurlokomotive der Ostprignitzer Krsklb.	=	07-80	(später DR: 99 4711)
D-h2-Tenderlokomotive der Krsb. Beeskow–Fürstenwalde	=	4-140	(später DR: 92 6383)

1'D1'-h2-Tenderlokomotive der Brandenburgischen Städtebahn	=	1-200	(später DR: 93 6476)
1'D1'-h2-Tenderlokomotive der Oderbruchbahn	=	3-200	(später DR: 93 6678)
B-dm-Rangierlokomotive der Brandenburgischen Städtebahn	=	1-301	(später DR: ?)

Es zeigte sich aber sehr bald, daß die großen Unterschiede hinsichtlich des technischen Zustands der einzelnen Bahnen, ihrer verfügbaren einsatzfähigen Fahrzeuge sowie ihrer materiell-technischen Voraussetzungen für Betrieb, Unterhaltung und Ausbesserung einen ökonomischen, zuverlässigen Betrieb teilweise unmöglich machten und durch die Zersplitterung zu viele Arbeitskräfte für Unterhaltung und Ausbesserung gebunden wurden. Außerdem kam es auf eine einheitliche Betriebsführung an. So entstand der Gedanke, diese Bahnen dem Betrieb der DR anzugliedern und sie der jeweils zuständigen Rbd zu unterstellen. Dabei handelte es sich um folgende Bahnen:

Die veränderten gesellschaftlichen und politischen Gegebenheiten nach dem Ende des Zweiten Weltkriegs führten in der sowjetischen Besatzungszone Deutschlands sehr bald zur Änderung der Besitzverhältnisse bei den Privatbahnen. Ein im damaligen Lande Sachsen am 30. Juni 1946 durchgeführter Volksentscheid brachte ein eindeutiges Votum für die Enteignung der größeren Betriebe und leitete den Prozeß der Überführung der nichtreichsbahneigenen Eisenbahnen des öffentlichen Verkehrs in Volkseigentum ein. Diese Bahnen wurden dadurch zunächst den provisorischen Länder- oder Kommunalverwaltungen unterstellt. Hieraus ergab sich auch die juristische Grundlage, die im Rahmen von Räumungs- oder Fluchtbewegungen gegen Ende des Krieges von anderen Bahnen auf das Territorium der sowjetischen Besatzungszone verschlagenen Fahrzeuge vorerst zu nutzen.

Rbd Berlin
Altlandsberger Kleinbahn, Kreisbahn Beeskow–Fürstenwalde, Brandenburgische Städtebahn, Kleinbahn Brandenburg–Röthehof, Buckower Kleinbahn, Jüterbog-Luckenwalder Kreiskleinbahnen (750-mm-Spur), Königs Wusterhausen-Mittenwalde-Töpchiner Kleinbahn, Lehniner Kleinbahn, Oderbruchbahn, Osthavelländische Kreisbahnen, Kreisbahn Rathenow–Senzke–Nauen (750-mm-Spur), Ruppiner Eisenbahn AG, Strausberg-Herzfelder Kleinbahn, Teltower Eisenbahn

Rbd Cottbus
Dahme-Uckroer Eisenbahn, Kleinbahn Horka, (1937/45: Wehrkirch)–Rothenburg–Priebus, Niederlausitzer Eisenbahn, Spreewaldbahn (1000-mm-Spur)

Rbd Dresden
Kleinbahn Neuburxdorf–Mühlberg, Schleizer Kreisbahn AG

Rbd Erfurt
Arnstadt-Ichtershausener Eisenbahn, Kleinbahn Erfurt–Nottleben, Gera-Meuselwitz-Wuitzer Eisenbahn (1000-mm-Spur), Hohenebra-Ebelebener Eisenbahn, Ilmenau-Großbreitenbacher Eisenbahn, Kyffhäuser Kleinbahn AG, Langensalzaer Kleinbahn AG, Mühlhausen-Ebelebener Eisenbahn, Oberweißbacher Bergbahn AG, Kleinbahn Rennsteig–Frauenwald, Trusebahn AG (750-mm-Spur), Weimar-Berka-Blankenhainer Eisenbahn, Wenigentaft-Oechsener Eisenbahn, Wutha-Ruhlaer Eisenbahn

Rbd Greifswald
Demminer Kleinbahnen (West und Ost) (600-mm-Spur und 750-mm-Spur), Eberswalde-Finowfurter Eisenbahn, Franzburger Kreisbahnen Nord (1000-mm-Spur), Franzburger Südbahn, Greifswald-Grimmener Eisenbahn, Kleinbahn Klockow–Pasewalk (750-mm-Spur), Mecklenburg-Pommersche Schmalspurbahn AG (600-mm-Spur), Neubrandenburg-Friedländer Eisenbahn, Prenzlauer Kreisbahn, Rügensche Kleinbahnen AG (750-mm-Spur), Schönermark-Dammer Eisenbahn, Stralsund Tribseer Eisenbahn

Rbd Halle
Kleinbahn Bergwitz–Kemberg GmbH, Delitzscher Kleinbahn AG, Dessau-Wörlitzer Eisenbahn AG, Halle-Hettstedter Eisenbahn (1435-mm-Spur und 1000-mm-Spur), Prettin-Annaburger Kleinbahn AG, Kleinbahn AG Schildau–Mockrehna

Rbd Magdeburg
Altmärkische Eisenbahn AG, Aschersleben-Schneidlingen-Nienhagener Kleinbahn, Kleinbahn AG Bebitz–Alsleben, Kleinbahn AG Gardelegen–Neuhaldensleben–Weferlingen, Genthiner Eisenbahn AG, Gernrode-Harzgeroder Eisenbahngesellschaft (1000-mm-Spur), Kleinbahn mbH Goldbeck–Werben, Halberstadt-Blankenburger Eisenbahn, Haldenslebener Eisenbahn, Kleinbahn AG Heudeber–Mattierzoll, Kleinbahnen des Kreises Jerichow I (750-mm-Spur), Kleinbahn AG Könnern–Rothenburg, Marienborn-Beendorfer Kleinbahngesellschaft, Nauendorf-Gerlebogker Eisenbahn AG, Nordhausen-Wernigeroder Eisenbahn (1000-mm-Spur), Kleinbahn AG Osterburg–Deutsch Pretzier, Osterwieck-Wasserlebener Eisenbahn AG, Salzwedeler Kleinbahnen GmbH, Stendaler Kleinbahn AG, Stendal-Tangermünder Eisenbahngesellschaft, Kleinbahn AG Wallwitz–Wettin, Kleinbahn Wegenstedt–Calvörde, Kleinbahn AG Wolmirstedt–Colbitz

Rbd Schwerin
Boizenburger Stadt- und Hafenbahn, Kleinbahn Neuhaus–Brahlstorf, Mecklenburgische Bäderbahn (Rövershagen–Graal-Müritz), Ost- und Westprignitzer Kreiskleinbahnen (1435-mm-Spur und 750-mm-Spur)

Der von diesen ehemaligen Privatbahnen seitens der DR übernommene Triebfahrzeugpark wies eine bunte Typenvielfalt auf und war größtenteils stark überaltert. Nur in wenigen Fällen handelte es sich um modernere, leistungsfähige Fahrzeuge. Ein oftmals bedenkenloses Gewinnstreben der ursprünglichen Besitzer und Verwaltungen, aber auch Geldmangel und schließlich kriegsbedingte Beschaffungsschwierigkeiten und Lieferausfälle hatten immer wieder zur Notwendigkeit des Einsatzes vieler völlig veralteter, unwirtschaftlich arbeitender und reparaturanfälliger Lokomotiven geführt. Vielfach deckten die Privatbahnen ihren Bedarf durch kostengünstigen Ankauf von Triebfahrzeugen, die von der DRG oder anderen Bahnen bereits abgestellt oder ausgemustert worden waren. Einige Lokomotiven wechselten dabei recht häufig den Besitzer und natürlich auch ihre Betriebsnummer.

Das war beispielsweise bei einer C-h2-Tenderlokomotive der preußischen Gattung T 8 der Fall, die zuerst nach ihrer im Jahre 1906 durch LHW erfolgten Anlieferung als Elberfeld 7004 in Dienst gestellt worden war. Bei DRG zur 89 011 umgezeichnet, wurde sie bereits im Jahre 1925 von der Dahme-Uckroer Eisenbahn angekauft und dann als Nr. 1^{II} bezeichnet. Im Jahre 1938 erfolgte ein Weiterverkauf an die Brandenburgische Städtebahn. Dort trug sie zunächst die Betriebsnummer 61 und wurde dann im Jahre 1940 nach dem bereits erläuterten Schema zur 1–40. Ab 1. Januar 1950 wurde sie dann bei DR noch zur 89 6476.

Ein ähnlich »bewegtes Leben« war der bekannten 1'D1'-h2(4v)-Zahnradlokomotive der preußischen Gattung T 28 beschieden: Sie begann als Erfurt 9101. Dann trug sie die DRG-Nummer 97 401. Im Jahre 1931 wurde sie von der Eutin-Lübecker Eisenbahn angekauft. Nach Ausbau des Zahnradtriebwerks lief sie dann als 1'D1'-h2-Tenderlokomotive unter der Betriebsnummer 17. Im Jahre 1938 gelangte sie durch Verkauf an die Brandenburgische Städtebahn. So erhielt sie noch die Betriebsnummern 59, 1-203 und schließlich 93 6576.

Zahlreiche Privatbahnverwaltungen waren aber auch um technischen Fortschritt bemüht. Genannt seien hier die Versuche mit dem Wasserröhren-Kessel der Bauart Stroomann. Die Ruppiner Kreisbahn hatte ihn beispielsweise auf ihrer 1'B-h2-Tenderlokomotive Nr. 15 (später bei der Ruppiner Eisenbahn AG als RE 20 und schließlich bei DR als 70 6376) erprobt. Die Brandenburgische Städtebahn setzte diese Kesselbauart zeitweise auf ihrer D-n2-Tenderlokomotive LANDRAT v. TSCHIRSCHKY ein.

Um die Nachteile der unwirtschaftlichen Typenvielfalt zu überwinden, hatte sich eine Reihe von Bahnverwaltungen entschlossen, die konstruktiv gut durchdachten, zeitgemäßen und inzwischen bewährten Lokomotiv-Bauarten zu beschaffen, die vom **E**ngeren **L**okomotiv-**N**ormen-**A**usschuß (ELNA) entworfen worden waren. Diese ELNA-Lokomotiven wurden von verschiedenen Lokomotivfabriken in mehreren, weitgehend übereinstimmenden Ausführungen geliefert. So bot man die leichteren Typen 1, 2 und 3, die mittelschweren Typen 4, 5 und 6 sowie die verstärkte Bauart 6 für die unterschiedlichen Betriebsbedingungen der Bahnen an. Zur besseren Charakterisierung dieser Lokomotiven für das Ausbesserungswesen empfahl man sogar für diese Typen einheitliche Betriebsnummern. Diese Betriebsnummern wurden dann tatsächlich von vielen Eigentümern dieser ELNA-Lokomotiven übernommen, obwohl dadurch völlig gleiche Nummern bei den betreffenden Bahnen entstanden. Nachstehend eine Übersicht der entworfenen ELNA-Typen mit den jeweils dafür empfohlenen Betriebsnummern:

ELNA-Typ 1 (leicht)
C-n2- oder C-h2-Tenderlokomotiven
ELNA-Typ 2 (leicht)
1'C-n2- oder 1'C-h2-Tenderlokomotiven:
Betriebsnummern jeweils ab 141
ELNA-Typ 3 (leicht)
D-n2- oder D-h2-Tenderlokomotiven:
Betriebsnummern jeweils ab 171
ELNA-Typ 4 (mittelschwer)
C-n2- oder C-h2-Tenderlokomotiven
ELNA-Typ 5 (mittelschwer)
1'C-n2- oder 1'C-h2-Tenderlokomotiven:
Betriebsnummern jeweils ab 151
ELNA-Typ 6 (mittelschwer)
D-n2- oder D-h2-Tenderlokomotiven:
Betriebsnummern jeweils ab 181
ELNA-Typ 6 (verstärkt)
D-n2- oder D-h2-Tenderlokomotiven:
Betriebsnummern jeweils ab 191

Durch die gleichzeitige Anwendung des empfohlenen Nummernsystems gab es dann allerdings bei völlig oder nahezu bauartgleichen 1'C-h2-Tenderlokomotiven die Betriebsnummer 141 beispielsweise bei folgenden Bahnen:

Mecklenburgische Bäderbahn	(später bei DR als 91 6176)
Strausberg-Herzfelder Kleinbahn	(später: 91 6276)
Mühlhausen-Ebelebener Eisenbahn	(später: 91 6277)
Stralsund-Tribseer Eisenbahn	(später: 91 6279)
Greifswald-Grimmener Eisenbahn	(später: 91 6280)
Kleinbahn Horka-Rothenburg-Priebus	(später: 91 6376)
Kleinbahn AG Jauer-Maltsch	(später: 91 6494)
Liegnitz-Rawitscher Eisenbahngesellschaft	(später: 91 6497)
Ohlauer Kleinbahn AG	(später: 91 6780)

Wegen ihres sehr regen Güter- und Personenverkehrs und ihrer besonderen Betriebsbedingungen nahm die Halberstadt-Blankenburger Eisenbahn unter den Privatbahnen eine gewisse Sonderstellung ein. Hier hatte man auf der Strecke Blankenburg–Tanne für die starken Steigungen und Gefälle von 1:25 bis 1:16,6 elf Zahnstangenabschnitte nach dem System Abt einrichten müssen. Als jedoch während des Ersten Weltkriegs die dort eingesetzten Zahnradlokomotiven die Grenzen ihrer Leistungsfähigkeit erreicht hatten und man dem Gedanken an neue, leistungsfähigere Lokomotiven nähertreten mußte, setzte sich der damalige Direktor der HBE, Regierungsbaumeister a. D. Otto Steinhoff, mit bewundernswürdigem Weitblick und beharrlicher Konsequenz für den Ersatz des empfindlichen und umständlichen Zahnradbetriebs durch reinen Adhäsionsbetrieb ein. Er löste damit eine regelrechte Revolutionierung des Steilrampenbetriebs aus. Die nach eingehenden Versuchen mit vorhandenen leichteren HBE-Lokomotiven in enger Zusammenarbeit zwischen Direktor Otto Steinhoff und Oberingenieur August Meister, Chefkonstrukteur der Borsigwerke, in den Jahren 1919/20 entstandenen mächtigen 1'E1'-h2-Tenderlokomotiven erregten überall großes Aufsehen. So wurden MAMMUT und WISENT, denen im Jahre 1921 noch BÜFFEL und ELCH folgten (ab 1. Januar 1950 bei DR als 95 6676 bis 95 6679), zum Wegbereiter der bekannten leistungsfähigen T 20, der späteren Baureihe 95^{0} der DRG. Dadurch konn-

Bauart	Ehemalige Betriebsnummern	DR
1'C-h2-Tenderlokomotiven	01''...	74 6611...
1'C-n2-Tenderlokomotiven	07...	74 6621...
C-n2-Tenderlokomotiven	11''... (ex TeFri)	89 6409...
1'C-h2-Tenderlokomotiven	05...	91 6581...
C1'-h2-Tenderlokomotiven	03...	91 6590...
1'D1'-h2-Tenderlokomotiven	010...	93 6679...
B-dhydr-Rangierlokomotive	2001	V 20 005
1A-del-Triebwagen	T 2	135 553
(1A)(A1)-dmech-Triebwagen	T 4	137 528
Bo'2'-del-Triebwagen	T 1	137 559
(A1A)Bo'-del-Triebwagen	T 5	137 560

4.41 Gräflich v. Arnimsche Kleinbahn Muskau (Waldeisenbahn Muskau)

Am 1. Januar 1951 wurde als letzter selbständiger, geschlossener Eisenbahnbetrieb der DDR die sogenannte Waldeisenbahn Muskau von der Deutschen Reichsbahn übernommen und der Rbd Cottbus unterstellt. Dabei handelte es sich allerdings nicht (wie auch bei vergleichbaren Wald- und Forstbahnen in Ungarn und in der ČSFR) um eine Bahn für den öffentlichen Güter- und Personenverkehr. Die Waldeisenbahn Muskau war vielmehr nur für betriebsinterne Gütertransporte errichtet worden und nahm somit immer eine gewisse Sonderstellung ein.
Hermann Fürst von Pückler, nach ihm wurde das bekannte »Pückler-Eis« benannt, hatte in der Mitte des vorigen Jahrhunderts auf seinen Besitztümern südöstlich von Cottbus um die Schlösser Muskau und Branitz ausgedehnte Landschaftsparks und Waldaufforstungen errichten lassen. Als später die reichen Waldbestände und Rohstoffvorkommen auf dem Gebiete der »Standesherrschaft« zur Errichtung zahlreicher Sägewerke, Ton- und Kiesgruben, Ziegeleien, Glashütten, Braunkohlegruben, Brikettfabriken und Güter führten, ließ Graf Arnim von Pückler zur Bewältigung der zunehmenden Transportaufgaben im Jahre 1895 eine 600-mm-Spur-Bahn bauen. Nach anfänglichem Pferdebetrieb wurden ab 1896 auch kleine Dampflokomotiven eingesetzt. Das vornehmlich im Kreis Weißwasser angelegte Streckennetz erreichte schließlich eine Länge von fast 100 km und wurde in seiner Linienführung den jeweiligen betrieblichen Bedürfnissen angepaßt, wie es in Tagebauanlagen und im Grubenbetrieb üblich ist. Für die auch nach dem Ersten Weltkrieg weiterhin gestiegenen Transportanforderungen beschaffte die Gräflich v. Arnimsche Kleinbahn Muskau preisgünstig eine Reihe von D-n2-Schmalspur-Tenderlokomotiven der ehemaligen Deutschen Heeresfeldbahn.
Nach 1945 wurden Betrieb und Fahrzeuge zunächst dem Rat der Stadt Muskau unterstellt. Im Jahr darauf übernahm die Hauptverwaltung Land- und Forstwirtschaft die Leitung der Waldbahn. Am 1. April 1949 wurde sie dem VEB Kraftverkehr Sachsen angeschlossen. Unter der Regie der DR wurden in den Jahren 1952/56 nochmals drei ehemalige HF-Lokomotiven beschafft, nachdem sie im benachbarten Braunkohlewerk »Frieden« (Welzow) nicht mehr benötigt wurden. Nach der am 29. März 1978 erfolgten offiziellen Betriebseinstellung der Waldeisenbahn Muskau wurden einige der kleinen Dampflokomotiven an Interessenten verkauft.
Folgende Lokomotivbauarten gelangten am 1. Januar 1951 zur DR und wurden nach den Kriterien des bereits im Abschnitt 4.39 erläuterten Umzeichnungsplans vom 12. Dezember 1949 nummernmäßig eingeordnet:

Bauart	Ehemalige Betriebsnummern	DR
C-n2-Schmalspurlokomotive (m. Hilfstender)	1	99 3301
D-n2-Schmalspurlokomotiven	2...	99 3311...
B-dmech-Kleinlokomotive		Kö 0409

te nun der umständliche Zahnradbetrieb auf zahlreichen Strecken der DRG und auch des Auslands durch leistungsfähigere Reibungslokomotiven übernommen werden. Die Impulse dazu waren von der HBE, einer Privatbahn, ausgegangen.
Einige Privatbahnen steigerten ihre Wettbewerbsfähigkeit und ihren Reisekomfort auch durch den Einsatz moderner Verbrennungstriebwagen. Leider wurden diese Entwicklung jedoch durch den Ausbruch des Zweiten Weltkriegs und den dadurch bedingten Treibstoffmangel jäh unterbrochen.
Neben den modernen del-Triebwagen der Brandenburgischen Städtebahn müssen die zweiteiligen del-Triebwagen der Weimar-Berka-Blankenhainer Eisenbahn besonders erwähnt werden. Die Ruppiner Eisenbahn führte sogar mit ihren Triebwagen nach entsprechenden Vereinbarungen mit der DRG einen durchgehenden Schnellverkehr von Meyenburg über Neuruppin bis zum Stettiner Bahnhof in Berlin durch.
Nachdem die sehr unterschiedlichen Triebfahrzeuge zunächst noch für kurze Zeit auf ihren Stammstrecken verblieben waren, sah sich die DR bald genötigt, die älteren Lokomotiven schrittweise aus dem Verkehr zu ziehen und sie durch wirtschaftlichere Bauarten zu ersetzen. Dies wurde teils durch die Konzentration völlig oder nahezu bauartgleicher Triebfahrzeuge in bestimmten Bw und teils durch den Einsatz verfügbarer DR-Lokomotiven realisiert. Den Triebwagen der Privatbahnen war meist kein langes Leben mehr beschieden.
Hinsichtlich der nummernmäßigen Einordnung der von den Privatbahnen zu übernehmenden Triebfahrzeuge ging die DR einen besonderen Weg. Man fügte nämlich die Fahrzeuge nicht einfach den bereits innerhalb der bekannten Baureihen vorhandenen vergleichbaren oder ähnlichen Bauarten an, sondern sah für die Regelspurlokomotiven die bisher von DRG und DR noch ungenutzten Ordnungsnummernbereiche von 5001 bis 7000 vor. Bei den Schmalspurlokomotiven und den Triebwagen ergaben sich ebenfalls derartige Möglichkeiten.
Aber auch bei der Bildung bzw. Festsetzung der einzelnen Ordnungsnummern versuchte man, bestimmte technische Charakteristika zu berücksichtigen und deutlich zu machen.
Innerhalb des Umzeichnungsplans vom 12. Dezember 1949 lassen bei den stets vierstelligen Ordnungsnummern der regelspurigen Dampflokomotiven die beiden ersten Stellen Rückschlüsse auf die Achslast und die folgenden beiden Stellen Rückschlüsse auf die Dampfart zu.
Im ersteren Falle war die jeweilige Achslast (in Mp) zur konstanten Basiszahl 50 zu addieren.
Bei den letzten beiden Stellen symbolisierte der Zahlenbereich 01 bis 75, daß es sich um eine Naßdampflokomotive handelte. Für Heißdampflokomotiven wurden dagegen Zahlen von 76 bis 99 vorgesehen.
Beispielsweise hatte also die aus dem Jahre 1910 stammende C-n2-Tenderlokomotive 11c der ehemaligen Greifswald-Grimmener Eisenbahn, bei der DR nunmehr als 89 5902, eine Achslast von nur 9 Mp (50 + 9 = 59) und war eine Naßdampflokomotive.
Dagegen erhielt die von der Lübeck-Büchener Eisenbahn stammende schwere D-h2-Tenderlokomotive 92 0098 der ehemaligen Weimar-Berka-Blankenhainer Eisenbahn mit ihrer Achslast von 18 Mp und ihrem Schmidt-Überhitzer die Betriebsnummer 92 6878 von der DR.
Es muß in diesem Zusammenhang jedoch darauf hingewiesen werden, daß man sich bei der Zuordnung der Baureihenbezeichnung nicht immer an die ursprünglichen Kriterien der DRG hielt. So ordnete man zum Beispiel die der preußischen T 12 entsprechende 1'C-h2-Tenderlokomotive STAATSMINISTER HARTWIEG der Halberstadt-Blankenburger Eisenbahn zunächst falsch als 91 6778 ein, setzte sie dann aber im Jahre 1952 auf die richtige Nummer 74 6778.
Bei der Bildung der vierstelligen Ordnungsnummern für die sehr unterschiedlichen Schmalspurlokomotiven innerhalb der Stammnummer 99 ging man leider wieder anders vor. Man wollte nämlich dabei sogar Spurweite, Achslast und Art der Unterbringung der Vorräte berücksichtigen.
Hier waren Lokomotiven für die Spurweiten 600 mm, 750 mm und 1000 mm zu erwarten, denen dann als erste Ziffer ihrer Ordnungsnummer dafür eine 3, eine 4 oder eine 5 bzw. 6 zugeordnet wurde.
Die zweite Ziffer wurde direkt von der Achslast abgeleitet, jedoch mußte man für 10 und 11 Mp die Sonderregelung treffen, hierfür nur eine 0 oder eine 1 einzusetzen.
Innerhalb der verbleibenden beiden restlichen Stellen sah man die Zahlen 01 bis 50 gruppenweise für Tenderlokomotiven und Zahlen ab 51 für die wenigen

schmalspurigen Schlepptenderlokomotiven vor.
Als erläutende Beispiele seien dazu genannt:
die 99 4711, eine C1'-n2-Tenderlokomotive für 750-mm-Spur mit einer Achslast von 7 Mp,
die 99 5904, eine B'B-n4v-Tenderlokomotive für 1000-mm-Spur mit einer Achslast von 9 Mp,
die 99 6101, eine C-h2-Tenderlokomotive gleichfalls für 1000-mm-Spur, Achslast jedoch 11 Mp, sowie
die 99 3462, eine D-h2-Lokomotive mit Schlepptender für 600-mm-Spur und einer Achslast von 4 Mp.
Auch hier hielt man sich jedoch nicht immer strikt an diese komplizierten Regeln, wie die 99 4541 mit ihrem Schlepptender oder die 99 4551 mit 8 Mp Achslast beweisen.
Der Umzeichnungsplan vom 24. Dezember 1949 für Verbrennungstriebwagen, Elektrotriebwagen, Steuerwagen und Beiwagen lehnte sich weitgehend an die Einordnungskriterien für die dreistelligen Reihenbezeichnungen der DRG an, sah aber für die gleichfalls dreistelligen Ordnungsnummern den unbesetzten Zahlenraum ab 500 vor.
Während jedoch die DRG für ihre zweiachsigen Triebwagen mit Vergasermotoren grundsätzlich die Stammnummer 133 vorsah und die zweiachsigen Dieseltriebwagen an ihrer Reihenbezeichnung 135 erkennbar waren, legte die DR für die Zuordnung zu 133 oder 135 nun andere Kriterien zugrunde.
Leichtere, schienenomnibusähnliche Triebwagen ohne ordentliche Zug-und Stoßvorrichtungen wurden nämlich ohne Rücksicht auf ihre zur Zeit der Übernahme eingebaute Motorbauart bei 133 eingeordnet. Die Schmalspurfahrzeuge erhielten keine besondere Kennzeichnung. Sie wurden lediglich in der Nummerngruppe 133 521 bis 133 525 zusammengefaßt.
Bei der Stammnummer 135 bezeichnete man zunächst die bmech-Triebwagen als 135 501 bis 135 503, die dmech-Triebwagen (mit Ausnahme des falsch eingeordneten 135 513) als 135 509 bis 135 550 und die del-Triebwagen als 135 551 bis 135 553 sowie als 135 513. Durch Umbauten und Korrekturen falscher Einordnungen ergaben sich allerdings später zahlreiche Wechsel von 133 zu 135 und umgekehrt!
Dier vier-, fünf- und sechsachsigen Verbrennungstriebwagen der ehemaligen Privatbahnen wurden unterschieden in dmech-Triebwagen (Nummernbereich von 137 511 bis 137 532), del-Triebwagen (Nummernbereich von 137 551 bis 137 566) und dhydr-Triebwagen (Nummer 137 571). Hierin waren die Triebwagen für die 1000-mm-Spur als 137 531 bis 137 532 und 137 561 bis 137 566 enthalten. Versehentlich war der Bo'2'-del-Triebwagen Nummer 1001 der ehemaligen Kreisbahn Beeskow–Fürstenwalde als 137 526 in die falsche Nummerngruppe geraten.
Für die Bo-g^{2}t-Elektrotriebwagen der Buckower Kleinbahn, der Schleizer Kreisbahn AG und der Oberweißbacher Bergbahn AG sowie für die zugehörigen Beiwagen wurden die bisher noch unbesetzten Reihenbezeichnungen ET 188 und EB 188 gewählt.
Ein von der Oderbruchbahn stammender einzelner Dampftriebwagen erhielt die Bezeichnung DT 151 bei der DR.

4.40 Niederbarnimer Eisenbahn AG (NbnEb)

Mit Wirkung vom 1. Juli 1950 wurden Betrieb und Fahrzeuge der Niederbarnimer Eisenbahn AG von der DR übernommen und der Rbd Berlin unterstellt. Die besondere geographische Lage der Bahn, von der Streckenteile im französischen Sektor von Berlin (West) lagen, aber auch die sich daraus ergebenden, besonders komplizierten Eigentumsverhältnisse hatten die Überführung in das DR-Eigentum verzögert.
Zur verkehrsmäßigen Erschließung des etwa zwischen Oranienburg und Eberswalde gelegenen Berliner Vorort-, Versorgungs- und Ausflugsgebiets waren ab 1895 mehrere Projekte erarbeitet worden, über deren Linienführung und Finanzierung jedoch zwischen Beteiligten, Provinzial- und Kreisverwaltungen und möglichen Aktionären zunächst keine Einigung erzielt werden konnte.
Schließlich einigte man sich auf die Errichtung einer von Berlin ausgehenden Stichbahn bis Basdorf mit einer dann anschließenden Verzweigung nach Liebenwalde bzw. nach Groß Schönebeck (Schorfheide). Am 21. Mai 1901 konnte das Unternehmen als »Reinickendorf-Liebenwalde-Groß Schönebecker Eisenbahn AG« den Personenverkehr aufnehmen.
Die neue Bahn nahm ihren Anfang an der Station Reinickendorf-Rosenthal (ab 3. Oktober 1937 umbenannt in Berlin-Wilhelmsruh) der ehemaligen preußischen Nordbahn. In der Nähe des Abzweigbahnhofs Basdorf wurde die Hauptwerkstatt angelegt. Einschließlich einer Gleisverbindung zwischen dem Anfangsbahnhof Reinickendorf-Rosenthal und dem Güterbahnhof Schönholz der KPEV betrug die Streckenlänge zunächst etwa 62 km. Als aber am 1. Juli 1925 die nur dem Güterverkehr und der Versorgung von Industrieanschlüssen dienende »Industriebahn Tegel-Friedrichsfelde« ins Eigentum der Reinickendorf-Liebenwalde-Groß Schönebecker Eisenbahn AG überging, kamen hierzu noch die etwa 25 km zwischen Tegel-Hafen, Lübars, Rosenthal (hier Anschluß an die Rei-Li), Blankenburg, Weißensee und Friedrichsfelde.
Neben der Beförderung von Gütern aus Land- und Forstwirtschaft lag der Schwerpunkt auf der Personenbeförderung im Vorort- und Ausflugsverkehr. Der durch größere Heidegebiete führende Streckenverlauf brachte der Bahn im Volksmund den liebevollen Namen »Heidekrautbahn« ein. Offiziell nannte sie sich allerdings vom Jahre 1927 an »Niederbarnimer Eisenbahn AG«, damit auf die hügeligen Erhebungen des Barnim nördlich und nordöstlich von Berlin hindeutend.
Die wirtschaftliche Entwicklung der Bahn ließ mehrmals ihre Verlängerung über Groß Schönebeck nach Templin oder über Liebenwalde nach Zehdenick oder sogar ihre Teilelektrifizierung in den Bereich des Möglichen rücken. Doch Inflation und Weltwirtschaftskrise verhinderten diese Entwicklungen. Später aber ermöglichten die gestiegenen Erträge einen Ausbau der Anlagen, eine Modernisierung des Lokomotivparks und eine Neubeschaffung komfortabler Verbrennungstriebwagen. Bemerkenswerterweise bot die Bahn ihren Reisenden kostengünstige kombinierte Bahn-Schiffs-Ausflugsfahrten zum Werbellinsee und zum Schiffshebewerk Niederfinow an.
Nachdem die NbnEb von der DR übernommen worden war, führte man viele Züge bis zum Stettiner Bahnhof in Berlin durch und erreichte damit einen Höhepunkt der Bahn. Die zum 18. Mai 1952 verfügte Schließung des inzwischen in »Nordbahnhof« umbenannten altehrwürdigen Fernbahnhofs unterbrach leider schnell wieder diese positive Entwicklung.
Obgleich die Umzeichnung der von der NbnEb übernommenen Triebfahrzeuge nach den Richtlinien der Umzeichnungspläne vom 12. Dezember 1949 bzw. 24. Dezember 1949 hätte erfolgen müssen, traten bei der Einordnung der Dampflokomotiven mehrere verwirrende Abweichungen auf, auf die nachstehend hingewiesen werden muß:
Für die 1'C-h2-Tenderlokomotiven 01'' und 02'' sowie für die 1'C-n2-Tenderlokomotiven 07, 08 und 09 wäre mit ihren Kuppelraddurchmessern von 1350 bzw. 1400 mm die Baureihenbezeichnung 91 angemessener gewesen. Die C1'-h2-Tenderlokomotiven 03 und 04 hätten unter der Stammnummer 90 eingeordnet werden, die 01'' und 02''als Heißdampflokomotiven Ordnungsnummern ab 76 bekommen müssen!
Es handelte sich um folgende Übernahmen (siehe Tabelle Seite 177 oben):

4.42 Von der DR oder der DB übernommene Einzelfahrzeuge unterschiedlichen Ursprungs

Am Schluß dieser einführenden Betrachtung über Entwicklung und Zustandekommen des Triebfahrzeugparks von DRG, DR und DB soll noch darauf hingewiesen werden, daß sowohl DR als auch DB in der Zeit nach 1951 noch eine ganze Reihe unterschiedlicher Triebfahrzeuge übernahmen oder kauften.
Geschichtlich determinierte Gegebenheiten, Umstrukturierung von Produktionsbetrieben und damit verbundene Änderungen im Werkbahnverkehr, Betriebseinstellungen einzelner Eisenbahnen und daraus resultierende günstige Verkaufsangebote, aber auch auftretende betriebliche Notwendigkeiten bedingten diese wenig bekannten Zugänge.
Im Anschluß an die Übernahme der Privatbahnen der DDR (vgl. Abschnitt 4.39) wurden verschiedene Dampflokomotiven übernommen und nach den Kriterien des Umzeichnungsplans der DR vom 12. Dezember 1949 eingeordnet. Hierbei handelte es sich beispielsweise um eine 1'C-h2-Tenderlokomotive der ehemaligen Liegnitz-Rawitscher Eisenbahn, deren Stammstrecken nunmehr außerhalb der Grenzen lagen. Eine C-n2-Tenderlokomotive stammte von den Lauchhammer-Werken in Riesa, einem demontierten ehemaligen Rüstungsbetrieb. Die Betriebseinstellung der Spremberger Stadtbahn am 31. Dezember 1956 schuf die Notwendigkeit, zwei kleine, leistungsfähige Dampflokomotiven für 1000-mm-Spur zum Verkauf anzubieten. Für den Betrieb der Waldeisenbahn Muskau (vgl. Abschnitt 4.41) war es günstig, drei ehemalige HF-Lokomotiven übernehmen zu können, die das Braunkohlenwerk »Frieden« angeboten hatte. Leider kam ein Ankauf der von den Leunawerken angebotenen großen 1'D2'-h2-Tenderlokomotiven Nr. 41 bis 45 nicht zustande. Die konstruktiven Merkmale der im Jahre 1957 vom LKM unter den Liefernummern 121 073 bis 121 077 gebauten Werklokomotiven entsprachen völlig denen der Bauartreihe 65^{10} der DR.

1'C-h2-Tenderlokomotive Nr. 141 der ehemaligen Liegnitz-Rawitscher Eisenbahn	ab 5.51 = 91 6497
C-n2-Tenderlokomotive Nr. 6 der ehemaligen Lauchhammerwerke Riesa	ab 12.53 = 98 6401
B-h2-Schmalspurlokomotive Nr. 11 der ehemaligen Spremberger Stadtbahn	ab 4.56 = 99 5001
B-n2-Schmalspurlokomotive Nr. 12 der ehemaligen Spremberger Stadtbahn	ab 4.56 = 99 5201
D-n2-Schmalspurlokomotive ex HF 1914/PKP 4241/BKW »Frieden«	ab 52 = 99 3317
D-n2-Schmalspurlokomotive ex HF 2301/PKP 4243/BKW »Frieden«	ab 10.53 = 99 3318
D-n2-Schmalspurlokomotive ex HF 1638/Lett Ml 631/BKW »Frieden«	ab 56 = 99 3310

In anderen Fällen lehnte man sich bei der Umzeichnung übernommener Dampflokomotiven an den alten Umzeichnungsplan der DRG an. Das geschah beispielsweise bei einer von der KSäStB und einer von der LBE stammenden kleinen B-n2-Lokomotive, die, zeitweilig als Werklokomotive eingesetzt, wieder in den aktiven Bestand der DR überführt wurden. Im Falle dreier Schmalspurlokomotiven, die von der Wismut AG, Seelingstädt (bei Gera), angekauft worden waren, wählte man Betriebsnummern im Anschluß an die auf der 900-mm-Spur-Strekke Doberan–Kühlungsborn eingesetzten vorhandenen Lokomotiven. Für diese Lokomotiven, die 99 321, 99 322 und 99 323, sollten die angekauften Triebfahrzeuge als Verstärkung und Reserve dienen.

B-n2-Tenderlokomotive der ehemaligen KSäStB Nr. 898/ab 1892: 1449/DRG 98 7069/WL II	ab 11.53 = 98 7051"
B-n2-Tenderlokomotive Nr. 105 PRIWALL der ehemaligen LBE/DRG 88 7002/WL 1	ab 5.52 = 98 7087
C-h2-Schmalspurlokomotive Nr. 22 der Wismut AG	ab 4.59 = 99 331
C-h2-Schmalspurlokomotive Nr. 44 der Wismut AG	ab 5.59 = 99 332
C-n2-Schmalspurlokomotive Nr. 1 der Wismut AG	ab 12.60 = 99 333